Linguistische Arbeiten 529

Herausgegeben von Klaus von Heusinger, Gereon Müller,
Ingo Plag, Beatrice Primus, Elisabeth Stark und Richard Wiese

Lucia Grimaldi

Italienische Vergleichskonstruktionen

Max Niemeyer Verlag
Tübingen 2009

D188 – Dissertation Freie Universität Berlin

Bibliografische Information der Deutschen Nationalbibliothek

Die Deutsche Nationalbibliothek verzeichnet diese Publikation in der Deutschen Nationalbibliografie; detaillierte bibliografische Daten sind im Internet über *http://dnb.ddb.de* abrufbar.

ISBN 978-3-484-30529-8 ISSN 0344-6727

Ein Imprint der Walter de Gruyter GmbH & Co. KG
http://www.niemeyer.de

Gedruckt auf alterungsbeständigem Papier.
Druck und Einband: AZ Druck und Datentechnik GmbH, Kempten

Inhaltsverzeichnis

Abkürzungsverzeichnis

/…/	Phonologische Transkriptionen stehen in schrägen Klammern
[…]	Formale Merkmale stehen in eckigen Klammern
<...>	θ-spezifische Angaben stehen in spitzen Klammern
( )	Fakultative Elemente stehen in runden Klammern
°	Element mit Kopfstatus
*	ungrammatisch
?	Grammatikalität fraglich
??	Grammatikalität sehr fraglich
#	semantisch inakzeptabel
<	kleiner
>	größer
≤	kleiner gleich
≥	größer gleich
Ø	nicht overt realisiert
¬	nicht
θ	(Theta); thematisch
φ	Kongruenzmerkmale
∃	Existenzquantor
∀	Allquantor
λ	Lambda-Operator
∩	geschnitten mit
A'-Bewegung	Nicht-Argumentbewegung bzw. Operatorbewegung
A-Bewegung	Argumentbewegung
AdvP	Adverbialphrase
AgrP	*Agreement Phrase*; Kongruenzphrase
Akk.	Akkusativ
Anm.	Anmerkung
*a*P	*light adjective*-Phrase
AP	Adjektivphrase
A-P	Artikulatorisch-Perzeptives System
ATB	*Across the Board*-Bewegung
AuxP	Auxiliarphrase
bzw.	beziehungsweise
ca.	circa
CD	*Comparative Deletion*
CE	*Comparative Ellipsis*
C-I	*Conceptional-Intentional System*; Konzeptuell-Intentionales System
CNPC	*Complex NP Constraint*
CoP	Koordinatorphrase
CP	*Complementizer Phrase*; Komplementiererphrase
CR	*Conjunction Reduction*

d.h.	das heißt
DEF	Definitheitsmerkmal
DegP	*Degree Phrase*; Gradphrase
DM	*Distributed Morphology*
DP	Determiniererphrase
DPA	*Default Positive Amount*
dt.	deutsch
e	*empty category*; leere Kategorie (nach Bewegung oder Ellipse)
EQ	*equality*-Relation
ER	(aus: *-er*) Komparativrelation
<e, t>	Semantischer Typ: Prädikat
<e>	Semantischer Typ: Entität
<E>(-Position)	Ereignis-Position (referentielle Position für Verben)
engl.	englisch
EPP	1. *Extended Projection Principle* 2. Für Phrasenbewegung verantwortliches Merkmal
et al.	*et alii*
EXC	*exceed*-Relation
EXT	*extent*-Relation
f.	1. feminin 2. folgende (sg.)
ff.	folgende (pl.)
FH-Analyse	*Functional Head Analysis*; Analyse als funktionaler Kopf
FinP	Finitheitsphrase
Fn.	Fußnote
FocP	Fokusphrase
Fok	Fokusmerkmal
ForceP	*Force Phrase*
FP	nicht näher spezifizierte funktionale maximale Projektion
frz.	französisch
f-Selektion	Selektion eines Elements durch einen funktionalen Kopf
<G>(-Position)	Grad-Position
gdw.	genau dann, wenn
GG	Generative Grammatik
grP	grammatische Präposition
HAF	*Head Attraction Feature*
HMC	*Head Movement Constraint*
I, Infl	*Inflection*; Flexion
i.e.	*id est*
Ind.	Indikativ
Inf.	Infinitiv
inkl.	inklusive
it.	italienisch
K	Kasusmarker
kat.	katalanisch
KK	Komparativkonstruktion

KP	Kasusphrase
lexP	lexikalische Präposition
LF	Logische Form
LI	*Lexical Item*; Lexikalischer Eintrag
<M>-Position	Art und Weise-Position
m.E.	meines Erachtens
MAX	Höchstwert
max	Maximale Projektion (im neueren Minimalismus)
MIN	Mindestwert
min	Minimale Projektion = Kopf (im neueren Minimalismus)
ModP	Modalitätsphrase
MP	Maßphrase
Nom	Nominativ
*n*P	*light noun*-Phrase
NP	Nominalphrase
NumP	Numerusphrase
o.g.	oben genannt
o.J.	ohne Jahr
Op	Operator
PDP	*Predicative Determiner Phrase*
Pers.	Person
PF	Phonologische Form
PHON	Phonologische Komponente; Schnittstelle zum Artikulatorisch-Perzeptiven System
pl.	Plural
PLP	Pluralphrase
POS	Positiv-Relation
PP	Präpositionalphrase
Präs.	Präsens
Pro	Phonologisch leeres Pronomen
PrP	Prädikationsphrase
<Q>(-Position)	Quantitätsposition
QP	Quantifiziererphrase
<R>(-Position)	Referentielle Position (des Nomens)
Ref	Merkmal für die referentielle Position
RM	*Relativized Minimality*; Relativierte Minimalität
RNR	*Right Node Raising*
S	Satz
s.	siehe
s.v.	*sub voce*
SC	*Small Clause*
SEM	Semantische Komponente; Schnittstelle zum Konzeptuell-Intentionalen System
sg.	Singular
span.	spanisch
Spec	*specifier*; Spezifikator

srd.	sardisch
SUF	*sufficient*-Relation
t	*trace* (‚Spur' einer Bewegung)
<t>	Semantischer Typ: Wahrheitswert
Temp. Erg.	Temporale Ergänzung
TP	Tempusphrase
TR	*Than*-XP-*Raising*
u.a.	unter anderem/n
u.v.a.m.	und viele(s) andere mehr
usw.	und so weiter
V-Komplement	Vergleichskomplement
vgl.	vergleiche
VK	Vergleichskonstruktion
VP	Verbalphrase
*v*P	*light verb*-Phrase
vs.	versus
wh	(aus engl. *who*, *what* usw.) Interrogativ- bzw. Relativsatzoperator
X'	(X-bar) Zwischenprojektionsebene
XP	Maximale Projektion unbestimmter Zugehörigkeit
z.B.	zum Beispiel

1 Einleitung

1.1 Gegenstand und Ziel der Untersuchung

Schlägt man in italienischen Grammatiken unter den Stichworten *comparazione*, *frasi comparative* oder *comparazione dell'aggettivo* nach, findet man z.B. Daten des folgenden Typs:

(1-1) a. Anna è (tanto) alta quanto Maria.
b. Anna è più alta di Maria.

Jeder italienische Sprecher und jede Grammatik würde diese Beispiele wohl als Vergleichskonstruktionen einstufen. Doch bereits bei diesen strukturell relativ ähnlichen Beispielen lässt sich auf den ersten Blick nur schwerlich bestimmen, auf welchen syntaktischen Kriterien dieses Urteil beruhen könnte:

> Den Vergleich hinsichtlich seiner syntaktischen Strukturen zu untersuchen, bedeutet, von einem Begriff auszugehen, der einer hierarchisch höheren Ebene angehört. Eine syntaktische Theorie als solche ist nicht in der Lage zu sagen, was ein Vergleich ist [...]. (Schwarze 1970: 319)

In der Tat handelt es sich bei einem Vergleich zunächst um etwas, das auf einer konzeptuellen Ebene stattfindet. Wir betrachten Gegenstände oder Sachverhalte der außersprachlichen Welt und stellen Parallelen oder Abweichungen fest. Für die sprachliche Realisierung des Vergleichens gibt es sowohl in verschiedenen Sprachen als auch innerhalb einer Einzelsprache unterschiedliche Möglichkeiten. Um die sprachliche und außersprachliche Ebene auseinanderhalten zu können, wird der Terminus *Vergleichskonstruktion* für den sprachlichen Ausdruck eines Vergleichs mit bestimmten (noch näher zu beschreibenden) Mitteln verwendet und der Begriff *Vergleich* der konzeptuellen, außersprachlichen Ebene vorbehalten.

Vergleichskonstruktionen (VKen) sind komplexe Gebilde, deren syntaktische und semantische Struktur in der Forschung bislang keine einheitliche Analyse erfahren hat. Darüber hinaus existiert weder eine einheitliche Terminologie noch besteht Einklang darüber, welche Phänomene als VKen behandelt werden sollen. Relativ unkontrovers erscheint die Zuordnung von so genannten Äquativen (vgl. (1-1)a und (1-2)a) und Komparativen (vgl. (1-1)b und (1-2)b) zu den VKen:

(1-2) a. Anna ist so groß wie Maria.
b. Anna ist größer als Maria.

Zur Bezeichnung der Bestandteile von VKen wird in der vorliegenden Arbeit die folgende Terminologie verwendet (für eine ausführliche Erläuterung vgl. Abschnitt 2.2):

(1-3) Terminologie

-er/so	*groß*	*als/wie*	*Maria*
Komparator	Restriktor	Standardmarker	Vergleichsstandard
		Vergleichskomplement	

Der Begriff *Konstruktion* wird hier übrigens explizit nicht im Sinne eines Form-Bedeutungspaares, also eines Saussureschen Zeichens, verwendet, wie dies im Rahmen der so genannten Konstruktionsgrammatik (vgl. u.a. Goldberg 1995) üblich ist. Vielmehr sollen Vergleichskonstruktionen als syntaktische Strukturen aufgefasst werden, die durch Regeln generiert werden (zum theoretischen Rahmen, vgl. Abschnitt 1.4).

Eines der Hauptprobleme der syntaktischen Erfassung von VKen besteht darin, ihre interne Struktur zu bestimmen. Dies soll im Folgenden anhand des italienischen Beispiels (1-1)b verdeutlicht werden. Bei einer syntaktischen Analyse dieser Komparativkonstruktion muss zunächst festgelegt werden, wie der Komparator *più*, der Restriktor *alta* und das Vergleichskomplement *di Maria* strukturell zusammengefügt sind. Hierfür bestehen theoretisch die folgenden vier Möglichkeiten:[1]

(1-4) Mögliche Konstituentenstrukturen für VKen

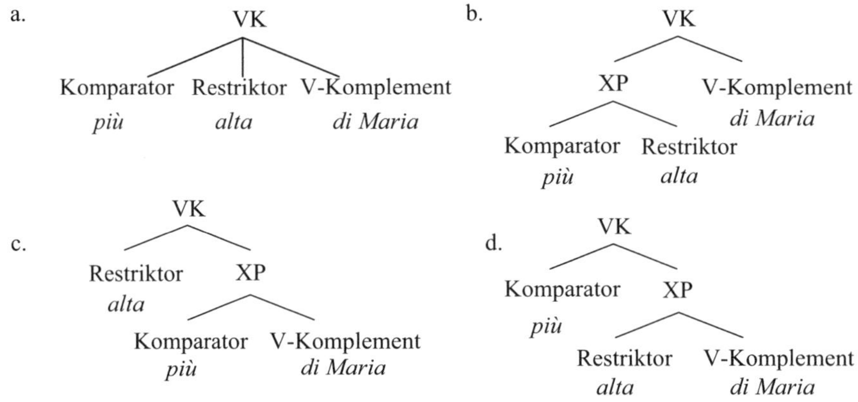

Mit Ausnahme von (1-4)d sind all diese Strukturen innerhalb der VK-Forschung bereits angenommen worden.[2] In der vorliegenden Arbeit wird eine syntaktische Analyse vorgeschlagen, die Struktur (1-4)c postuliert. Darüber hinaus wird der Anspruch erhoben, eine Lösung anzubieten, die einerseits VKen mit verschiedenen Restriktoren (z.B. Adjektive, Nomina, Verben) und andererseits verschiedene Typen von VKen einheitlich erfasst. Diesbezüglich muss zunächst die Frage beantwortet werden, was unter einer VK überhaupt zu verstehen ist. Innerhalb der Forschungsliteratur wird diese Frage meist nicht explizit thematisiert, sondern lediglich durch das Anführen von Beispielen wie etwa (1-2) implizit beantwortet. Die

---

1 Berücksichtigt man nicht nur die hierarchische Struktur, sondern auch die lineare Anordnung, ergeben sich natürlich noch weitere Möglichkeiten: Die Linearisierung soll jedoch zunächst außer Acht gelassen werden.

2 Die Struktur (1-4)d lässt sich anhand einfacher syntaktischer Konstituententests ausschließen:
i. *Anna è alta di Maria.
ii. *Alta di Maria, Anna lo è (di) più.
Diese ungrammatischen Daten zeigen zum einen, dass Restriktor und Vergleichskomplement ohne Komparator keine Konstituente bilden können (vgl. i), und zum anderen, dass sie nicht gemeinsam topikalisierbar sind (vgl. ii). Daher wird (1-4)d im Folgenden vernachlässigt.

fehlende Festlegung des Untersuchungsgegenstands führt letztlich dazu, dass der Begriff *Vergleichskonstruktion* sowie alle damit verwandten Termini uneinheitlich verwendet werden. Daher soll die vorliegende Arbeit zunächst auch eine Definition und Typologie von VKen liefern, die auf semantischen und vor allem morphosyntaktischen Kriterien basiert.

Im Italienischen ist die Vielfalt der unter VKen subsumierbaren Gebilde bekanntlich groß, und eine syntaktische Analyse der Daten wird oftmals dadurch erschwert, dass die Grammatikalitätsurteile von MuttersprachlerInnen, deskriptiven Grammatiken und LinguistInnen teilweise stark divergieren.[3] Ein weiteres Problem besteht darin, dass sich die Forschung auf Komparative wie (1-1)b oder (1-2)b (traditionell: „Vergleiche der Ungleichheit") konzentriert. Zwar hat sich die Erkenntnis durchgesetzt, dass die in traditionellen Grammatiken vorwiegend unter dem Stichwort „Steigerung des Adjektivs" behandelten Strukturen bei weitem nicht die Vielfalt des Phänomens erfassen können (vgl. u.a. Donati 2000: III, Stefanelli 1990: 307); dennoch gibt es bis heute weder innerhalb der Generativen Grammatik (GG) noch im Rahmen anderer theoretischer Richtungen Untersuchungen, welche das gesamte Feld der VKen im Italienischen berücksichtigen. So finden bereits Äquative wie (1-1)a (traditionell: „Vergleiche der Gleichheit") in der Forschung zum Italienischen in der Regel kaum Beachtung.[4] Doch gerade im Italienischen erweisen sich Äquativkonstruktionen als ausgesprochen interessant, weil sie einige Besonderheiten gegenüber Komparativen sowie gegenüber Äquativen in anderen Sprachen aufweisen. Darüber hinaus gibt es weitere graduierende Konstruktionen, die ebenfalls als VKen angesehen werden können, da sie – besonders was ihre interne Struktur und ihre Semantik angeht – starke Ähnlichkeiten mit Komparativen und Äquativen aufweisen. Zu diesen Konstruktionen, die in der vorliegenden Arbeit als Ausmaß-VKen bezeichnet werden sollen, gehört z.B. (1-5):

(1-5) Gianni è troppo vecchio per andare a scuola.

Ziel dieser Arbeit ist es, eine einheitliche syntaktische Analyse italienischer VKen im Rahmen der Generativen Grammatik in ihrer neuesten minimalistischen Ausprägung (Chomsky 1995ff.) zu liefern, welche die breite Vielfalt dieser Konstruktionen (nicht nur) im Italienischen berücksichtigt.

1.2 Probleme der Analyse von Vergleichskonstruktionen

Neben der bereits genannten grundlegenden Frage nach der internen Struktur weisen VKen zahlreiche weitere Probleme auf, die im Rahmen der vorliegenden Arbeit thematisiert und im Folgenden kurz erläutert werden sollen.

---

3 Donati führt diesen Umstand auf einen möglicherweise aktuell stattfindenden syntaktischen Wandelprozess zurück (vgl. Donati 2000: 6).

4 Eine Ausnahme bildet Price (1990), die Komparative und Äquative gleichermaßen untersucht. Allerdings wird das Italienische in dieser Arbeit nur vergleichend herangezogen (die Untersuchung ist dem Spanischen und Französischen gewidmet). Außerdem handelt es sich um eine vorwiegend deskriptive Arbeit, die sich auf bestimmte Aspekte insbesondere von Komparativen konzentriert (z.B. Negation). Sie strebt jedoch keine syntaktische Analyse der internen Struktur von VKen an.

Eine der Herausforderungen für eine Analyse von VKen, die möglichst viele Typen berücksichtigen möchte, besteht darin, dass die hier als Komparatoren bezeichneten Elemente (z.B. it. *più* oder *troppo*) dazu dienen, Relationen zwischen Graden bzw. Quantitäten auszudrücken. Eine adäquate Erfassung von VKen muss daher die Syntax und Semantik der Graduierung bzw. Quantifizierung im Allgemeinen berücksichtigen. Hierbei liegen die Probleme einerseits darin, dass quantifizierende und graduierende Ausdrücke sowohl im Sprachvergleich als auch innerhalb einer Einzelsprache ein sehr heterogenes Verhalten aufweisen, so dass trotz der zahlreichen Untersuchungen zu dieser Thematik auch zum Italienischen (vgl. u.a. Cardinaletti & Giusti 2005, Crisma 1991, Giusti 1993, Zamparelli 2000) keine einheitliche Position zu erkennen ist.[5] Andererseits kann man feststellen, dass die Erkenntnisse zur Syntax der Quantifizierung und Graduierung bei der Untersuchung von VKen oftmals zu wenig Beachtung finden und umgekehrt. So behandeln Untersuchungen zur Graduierung und Quantifizierung zwar die in VKen involvierten Komparatoren (z.B. it. *più, troppo* usw.) und ihr Verhältnis zu den verschiedenen Restriktoren (Adjektive, Nomina usw.), jedoch vernachlässigen sie in der Regel die Frage nach der Einbettung des Vergleichskomplements (vgl. u.a. Corver 1990, Doetjes 1997, Zamparelli 2000). Umgekehrt finden die Vielfalt und die unterschiedlichen Distributionseigenschaften der Komparatoren im Rahmen der VK-Forschung kaum Berücksichtigung. Die im Verlauf dieser Arbeit entwickelte VK-Analyse stellt einen Versuch dar, das von der Forschung zu Graduierungs- und Quantifizierungsausdrücken identifizierte heterogene Verhalten der so genannten Komparatoren angemessen zu berücksichtigen und in eine allgemeine minimalistisch orientierte syntaktische Analyse von VKen zu integrieren. Dabei wird die Hypothese aufgestellt, dass sich die unterschiedliche Distribution der Komparatoren am besten auf morphologischer Ebene erfassen lässt. Zu diesem Zweck wird in der vorliegenden Arbeit die *Distributed Morphology* als morphologische Theorie gewählt, da sie – wie Pomino (2005, 2008) zeigt – mit neueren minimalistischen Annahmen besonders kompatibel ist.

Ein weiterer Aspekt, der in der vorliegenden Arbeit Berücksichtigung finden soll, liegt in den so genannten attributiven VKen:

(1-6) Più bei ragazzi di Gianni hanno partecipato al concorso.

Dieser Satz ist im Italienischen ambig und weist die folgenden Interpretationsmöglichkeiten auf:

(1-7) a. ‚Schönere Jungen als Gianni haben am Wettbewerb teilgenommen.'
b. ‚Mehr schöne Jungen als Gianni haben am Wettbewerb teilgenommen.'

Lediglich in der Interpretation (1-7)a liegt eine attributive VK vor. Die Struktur dieser Konstruktionen wird in zahlreichen VK-Analysen außer Acht gelassen und lässt sich mit vielen bisherigen Ansätzen nicht erfassen. Es soll gezeigt werden, dass der hier erarbeitete Analysevorschlag in der Lage ist, auch attributive VKen angemessen zu berücksichtigen.

---

5 Dies gilt ebenso für das Englische, obwohl hier zumindest die Syntax und Semantik der Graduierung im Rahmen der Generativen Grammatik deutlich besser untersucht sind. Für zwei konkurrierende Analysen vgl. etwa Neeleman et al. (2004) und Corver (1990ff.)

Weiterhin sollen zwei „klassische" Fragen der VK-Forschung thematisiert werden, welche die interne Struktur des Vergleichskomplements in Komparativen und in Äquativen betreffen. Der erste Punkt betrifft so genannte phrasale Komparative, d.h. Komparativkonstruktionen, in denen der Vergleichsstandard nicht durch einen vollständigen Satz realisiert wird (vgl. z.B. (1-8)a im Gegensatz zu (1-8)b):

(1-8) a. Anna compra più pomodori di Gianni. (Phrasal)
b. Anna compra più biscotti di quanti ne ha comprati Gianni. (Satzhaft)

Eine der innerhalb der VK-Forschung am meisten diskutierten Fragen lautet, ob Vergleichsphrasen wie die in (1-8)a (also: *Gianni*) als basisgeneriert (vgl. u.a. Kennedy 1999, Napoli & Nespor 1986) oder vielmehr als elliptisch (vgl. u.a. Bresnan 1973, Donati 2000, Lechner 2004) betrachtet werden sollten und – falls Letzteres zutrifft – ob sie aus satzhaften Konstruktionen wie (1-8)b deriviert sind. Das Italienische weist dabei die Besonderheit auf, dass es über zwei Typen von phrasalen Konstruktionen verfügt, nämlich neben Konstruktionen wie (1-8)a, die durch den Standardmarker *di* eingeleitet werden, auch noch durch *che* eingeleitete Vergleichsphrasen:[6]

(1-9) Anna compra più pomodori che zucchine.

Für das Italienische stellt sich also zusätzlich die Frage, ob beide phrasalen Typen dieselbe Analyse erhalten sollten oder ob gemäß den beiden genannten Lösungsansätzen ein Typ als basisgeneriert und der andere als elliptisch und demnach als deriviert zu analysieren ist.

Ein weiterer Punkt, der die Berücksichtigung italienischer Daten auch aus übereinzelsprachlicher Perspektive interessant macht, betrifft die interne Syntax des Vergleichssatzes: Daten wie (1-8)b scheinen eine Forschungsrichtung zu bestätigen, welche die Analyse von Vergleichssätzen als Fälle von *wh*-Bewegung vorgeschlagen hat (vgl. Chomsky 1977). Das Auftreten des *wh*-Elements *quanto* im Italienischen scheint zusätzliche Evidenz für eine solche Analyse zu liefern.

Die eben genannten Aspekte werden hier zwar im Zusammenhang mit dem Italienischen behandelt und sind – wie gesagt – am Beispiel des Italienischen teilweise besonders auffällig, ähnliche Fragen stellen sich jedoch prinzipiell auch bei der Untersuchung anderer Sprachen. Daher wird in der vorliegenden Arbeit eine Analyse von VKen angestrebt, die auch jenseits des Italienischen Anwendung findet. Dabei werden insbesondere dann auch Daten aus anderen Sprachen herangezogen, wenn sie Unterschiede zum Italienischen aufweisen und daher womöglich empirische Evidenz gegen die für das Italienische getroffenen Annahmen liefern könnten.

---

[6] Hingegen findet man beispielsweise im Englischen und im Deutschen jeweils nur einen Standardmarker in Komparativen, nämlich engl. *than* bzw. dt. *als*. Zwar tritt *wie* in manchen Varietäten des Deutschen auch als Komparativ-Standardmarker auf, in diesem Fall ersetzt es jedoch *als* und steht zu diesem nicht in komplementärer Distribution, was bei it. *di* und *che* weitestgehend der Fall ist. Im Französischen und Spanischen ist ebenfalls eine Unterscheidung zwischen *de* und *que* anzutreffen, jedoch weisen diese – wie sich zeigen wird – eine unterschiedliche Distribution gegenüber den italienischen Standardmarkern auf.

1.3 Allgemeine Bemerkungen zum Forschungsstand

Was die Forschungslage zu VKen angeht, ist zu sagen, dass es eine fast unüberschaubare Reihe an Arbeiten gibt, dass jedoch – wie bereits angedeutet – nicht alle Autoren denselben Untersuchungsgegenstand behandeln. Eine umfassende syntaktische Analyse, die alle in der vorliegenden Arbeit angeführten Konstruktionen berücksichtigt, existiert für das Italienische bislang noch nicht. Obwohl beispielsweise die ausführlichste Monographie über die Syntax italienischer VKen aus generativer Sicht (s. Donati 2000) den viel versprechenden Titel „Sintassi della comparazione" trägt, werden dort ausschließlich Komparative behandelt. Ansonsten beschränkt sich die Literatur über italienische VKen auf vereinzelte Aufsätze, oftmals mit diachroner Ausrichtung (u.a. Boer 1998, Stefanelli 1990, 1993), die sich ebenfalls vorwiegend auf Komparative oder gar nur einzelne Aspekte dieses VK-Typs (vgl. Belletti 2001b, Bracco 1980, Napoli & Nespor 1976, 1986) konzentrieren. Auch in Arbeiten zu anderen Sprachen lässt sich eine Konzentration auf Komparative und (gelegentlich) auf Äquative feststellen. Selten finden hingegen die hier als Ausmaß-VKen bezeichneten Konstruktionen (vgl. z.B. (1-5)) Beachtung. Der Großteil der Untersuchungen widmet sich in der Regel nur einem bestimmten Typ von VKen bzw. sogar nur einem bestimmten Aspekt.

Dass Komparative innerhalb der linguistischen Forschung insgesamt mehr Aufmerksamkeit als Äquative erfahren haben, gilt für alle linguistischen Richtungen, u.a. auch für die Typologie: „In contrast to the comparison of inequality, other types of comparison have as yet not been the subject of extensive typological investigation" (Stassen 2001: 997). Auch Haspelmath & Buchholz konstatieren ähnliche Verhältnisse: „[...] so far there has been only very little cross-linguistic work on equative constructions" (Haspelmath & Buchholz 1998: 277). Dabei beschränken sie ihr Urteil über die seltene Berücksichtigung von Äquativen nicht auf typologische Studien, sondern beziehen es auf linguistische Studien im Allgemeinen: „Even special works on individual languages or language families are rare [...]" (Haspelmath & Buchholz 1998: 330, Fn. 2).

Insgesamt lässt sich der Forschungsstand zum Thema Vergleichskonstruktionen somit als äußerst heterogen und zum Teil fragmentarisch charakterisieren. Aus diesem Grund wird in der vorliegenden Arbeit auf einen ausführlichen allgemeinen Forschungsüberblick verzichtet. Vielmehr wird die Diskussion der relevanten Beiträge in die entsprechenden thematischen Blöcke eingebettet.

Aufgrund der generativen syntaktischen Ausrichtung der vorliegenden Arbeit wird sich die Forschungsauswertung vor allem auf Arbeiten im generativen Rahmen konzentrieren. Ein erster Schwerpunkt innerhalb der generativen VK-Forschung ist in den siebziger Jahren zu verorten. Die zwischen Bresnan (1973, 1975) und Chomsky (1977) entbrannte Debatte über die Analyse von VKen zieht bis zur Mitte der achtziger Jahre eine Vielzahl von Arbeiten nach sich, u.a. auch vereinzelte Aufsätze zum Italienischen (vgl. Bracco 1980, Napoli & Nespor 1976, Napoli 1983). Ein weiterer Höhepunkt ist erst wieder in den neunziger Jahren zu verzeichnen, als im Zuge der theoretischen Neuerungen des *Minimalist Program* (Chomsky 1995ff.) und der Antisymmetriehypothese von Kayne (1994) verschiedene syntaktische Phänomene eine theoretische Revision erfahren. In diesem Zusammenhang ist auch die bereits erwähnte Monographie von Donati (2000) zur Syntax italienischer Komparative zu verorten, die sich von der hier vorliegenden Arbeit jedoch nicht nur durch ihre Einschränkung auf den Komparativtyp unterscheidet, sondern – wie sich zeigen wird – in beinahe allen Aspekten der syntaktischen Analyse.

1.4 Theoretischer Rahmen

1.4.1 Das Grammatikmodell

Als theoretischer Rahmen wurde in der vorliegenden Arbeit der Minimalismus gemäß Chomsky (1995ff.) gewählt. Da dieses Modell seit seiner Einführung einige Modifikationen erfahren hat, darunter einige, die für die hier erarbeitete Analyse von besonderer Bedeutung sind, soll das darin postulierte Grammatikmodell im Folgenden kurz skizziert werden.

Gemäß dem frühen Minimalismus (Chomsky 1995) werden lexikalische Einträge voll flektiert aus dem Lexikon über die Enumeration in die syntaktische Derivation eingefügt (*Merge*):

(1-10) Grammatikmodell des frühen Minimalismus (Chomsky 1995)

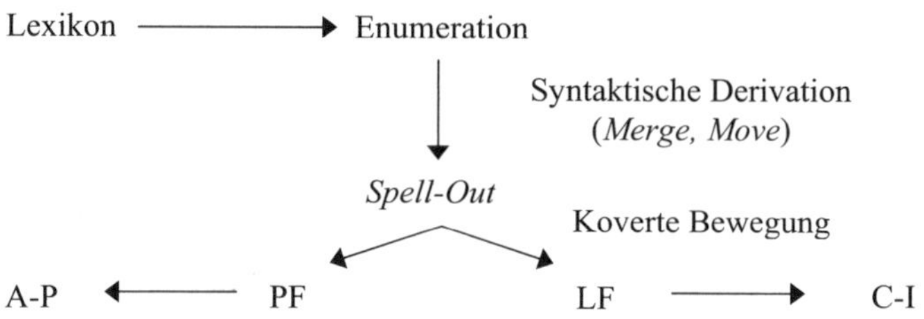

Zwischen der Enumeration und dem so genannten *Spell-Out* vollzieht sich die Syntax im engen Sinne (*Narrow Syntax*): Hier werden die Merkmale der durch *Merge* eingesetzten lexikalischen Einträge durch *Feature Checking* überprüft. Die Merkmalsüberprüfung kann nur in bestimmten lokalen Konfigurationen erfolgen, nämlich jeweils in der Kopf/Kopf- und Spezifikator/Kopf-Relation. Darüber hinaus spielt eine dritte Konfiguration eine Rolle, die Kopf/Komplement-Relation, die u.a. für die Zuweisung von thematischen (θ-)Rollen relevant ist:

(1-11) Konfigurationen für *Feature Checking* und θ-Rollen-Zuweisung

a. Kopf/Kopf-Relation b. Spezifikator/Kopf-Relation c. Kopf/Komplement-Relation

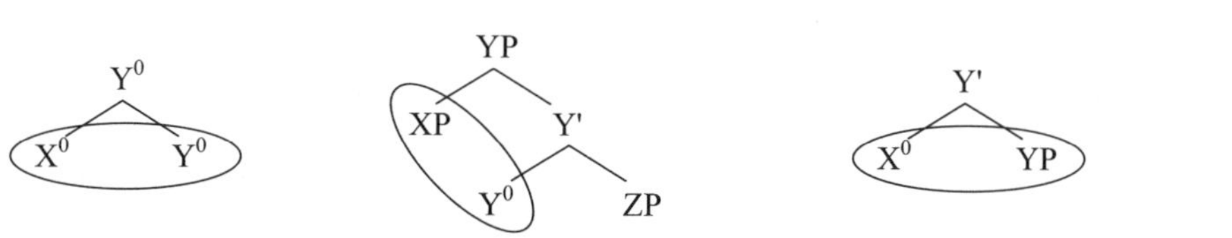

In manchen Fällen müssen lexikalische Einträge erst durch Bewegung (*Move*) in eine entsprechende *Checking*-Konfiguration (also (1-11)a bzw. b) gebracht werden. Diese Bewegung erfolgt innerhalb der syntaktischen Derivation, wenn die zu überprüfenden Merkmale „stark" sind, d.h. wenn sie weder für die Semantik noch für die Phonologie relevant sind. Solche Merkmale müssen nach Abschluss des *Checking*-Vorgangs getilgt werden. Die Überprüfung der Merkmale ist im frühen Minimalismus somit der eigentliche Grund für die Bewegungsprozesse. Sobald die Enumeration leer und die Überprüfung der starken Merkmale abgeschlossen ist, erfolgt das so genannte *Spell-Out*, bei dem die syntaktische Struktur an die phonologische Form (PF) und logische Form (LF) übergeben wird. Auf PF und LF finden postsyntaktische Prozesse statt. Auf LF erfolgt beispielsweise die so genannte koverte Bewegung,[7] durch die „schwache" Merkmale überprüft werden können. Die Repräsentationsebenen PF und LF bilden jeweils die Schnittstellen zum konzeptuell-intentionalen (C-I) und zum artikulatorisch-perzeptiven (A-P) System, in denen die sprachlichen Informationen weiterverarbeitet werden müssen.[8] Das eben beschriebene Grammatikmodell des frühen Minimalismus hat seit seiner Einführung wie gesagt einige Revisionen erfahren, teils durch Chomsky selbst (vgl. Chomsky 2000ff.), teils durch den Einfluss anderer linguistischer Arbeiten. Im Folgenden sollen die für die vorliegende Untersuchung relevanten Abweichungen zu dem eben genannten Modell erläutert werden.

Eine wesentliche Voraussetzung für die hier erarbeitete Analyse besteht in der durch die *Distributed Morphology* (DM, vgl. u.a. Halle & Marantz 1994) geprägten Annahme, dass lexikalische Einträge nicht voll flektiert in die Derivation gelangen, sondern als Bündel von formalen Merkmalen. Das phonologische Material wird erst nach Abschluss der syntaktischen Derivation (hier: nach *Spell-Out*) in die syntaktischen Endknoten eingesetzt:

> *Late Insertion.* The terminal nodes that are organized into the familiar hierarchical structures by the principles and operations of the syntax proper are complexes of semantic and syntactic features but systematically lack all phonological features. The phonological features are supplied – after the syntax – by the insertion of Vocabulary Items into the terminal nodes. (Halle & Marantz 1994: 275)

Zwischen *Spell-Out* und dieser späten Vokabeleinsetzung können (teilweise einzelsprachspezifische) morphologische Prozesse (so genannte *Mapping*-Prozesse) ablaufen, die lediglich die syntaktischen Endknoten, nicht jedoch die syntaktische Struktur selbst modifizieren (vgl. Pomino 2008: 87). Berücksichtigt man die genannten DM-Annahmen, erhält man das folgende Grammatikmodell:

---

[7] Diese Bewegung heißt kovert, weil sie keine Auswirkungen auf die phonologische Realisierung und damit auf die Linearisierung der Endknoten hat.

[8] PF und LF werden im neueren Minimalismus als Repräsentationsebenen abgeschafft und durch PHON und SEM, die jedoch nur noch reinen Schnittstellenstatus besitzen, „ersetzt". Da die Termini PF und LF in der gegenwärtigen Forschungsdiskussion weiterhin Anwendung finden (vgl. u.a. Chomsky 2005) und dieser rein theorieinterne Unterschied für die Zwecke der vorliegenden Untersuchung irrelevant ist, wird auf diese Modifikation im Folgenden verzichtet.

(1-12) Minimalistisches Grammatikmodell mit DM-Annahmen (modifiziert aus Pomino 2005: 116)

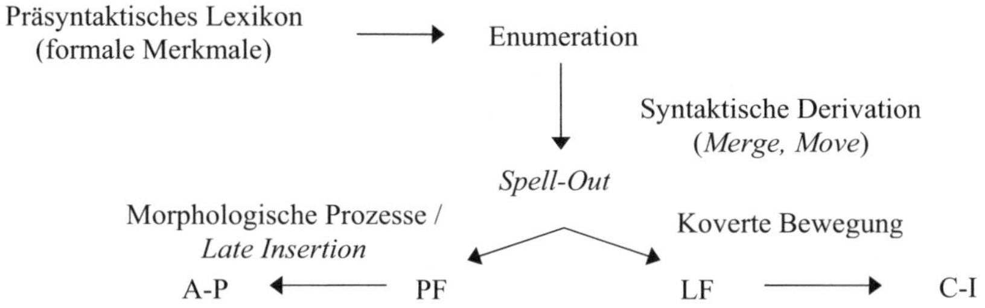

Innerhalb der *Distributed Morphology* ist nach wie vor umstritten, ob alle Morpheme erst postsyntaktisch mit phonologischem Material versehen werden (vgl. u.a. Halle & Marantz 1994) oder ob dies lediglich für funktionale Morpheme gilt (vgl. u.a. Embick & Noyer 2004, Pomino 2008). Da eine abstrakte, rein merkmalsbasierte Repräsentation lexikalischer Morpheme problematisch erscheint, wird hier für die letzte Lösung plädiert.[9]

Die Merkmalsüberprüfung wird im neueren Minimalismus durch die Einführung des Sondenkonzepts und der Operation *Agree* ersetzt (vgl. Chomsky 2000).[10] Diese Operation besteht darin, dass (bestimmte) funktionale Elemente so genannte Sonden (*Probes*) tragen. Dabei handelt es sich um nicht instantiierte Merkmale bzw. Merkmalsbündel, die während der syntaktischen Derivation mit geeigneten Werten versehen werden müssen.

---

9 Für eine ausführliche Argumentation vgl. Pomino (2008: 75ff.).

10 Eine weitere theoretische Modifikation, die hier vernachlässigt wird, stellen die so genannten Phasen dar. Mit diesem Konzept führt Chomsky (2001a) eine Segmentierung des syntaktischen Derivationsprozesses ein. Demnach erfolgt die Derivation der syntaktischen Struktur nicht in einem einzigen Schritt, an dessen Ende mit *Spell-Out* die Übergabe der Struktur an die Schnittstellen erfolgt, sondern in mehreren Phasen, die jeweils mit einer Übergabeoperation (*Transfer*) abgeschlossen werden. Die Folge ist, dass bereits übergebene Teile der syntaktischen Struktur für die weitere Derivation nicht mehr zur Verfügung stehen (*Phase Impenetrability Condition*). Gerade die neueren Arbeiten Chomskys (2000ff.) konzentrieren sich vorwiegend auf die Struktur des Satzes und damit auf die so genannten *Core Functional Categories* C, T und *v*. Diese Schwerpunktsetzung hat zur Folge, dass auch das Phasenkonzept auf die Derivation des Satzes zugeschnitten ist und dass allein *v*P und CP als Phasen betrachtet werden. Für die vorliegende Arbeit sind jedoch insbesondere auch die funktionale Struktur der Adjektiv- und der Nominalphrase relevant. Was letztere betrifft, weist Chomsky zumindest auf die Möglichkeit hin, dass es sich bei der DP um eine Phase handeln könnte (vgl. Chomsky 2005: 9), eine Annahme, die jedoch innerhalb der Forschung kontrovers diskutiert wird (vgl. u.a. Matushansky 2005b, Svenonius 2005). Selbst wenn man die DP als Phase ansähe, wäre dies für den Zweck der vorliegenden Arbeit nicht interessant, da hier vorwiegend DP-interne Vorgänge betrachtet werden. Somit ist die Frage, ob die DP im weiteren Verlauf der Derivation noch zur Verfügung steht oder nicht, aus der hier eingenommenen Perspektive irrelevant. Vielmehr wäre eine genauere Analyse der funktionalen Struktur der Nominalphrase notwendig, die auch die Frage berücksichtigt, welche DP-internen funktionalen Kategorien als Phasen in Frage kommen. Eine solche Untersuchung würde den Rahmen dieser Arbeit jedoch sprengen. Ähnliches gilt für die funktionale Struktur der Adjektivphrase, deren Einordnung in das Phasenmodell die zusätzliche Schwierigkeit aufweist, dass sie zumindest innerhalb der Syntax wenig erforscht ist (vgl. Zamparelli 2000: 35).

Dies soll im Folgenden am Beispiel der Subjekt-Verb-Kongruenz vereinfacht illustriert werden.[11] Die funktionale Kategorie T (*Tense*) weist neben Merkmalen für Tempus und Modus (und dem noch näher zu erläuternden EPP-Merkmal) uninstantiierte Kongruenzmerkmale (φ-Merkmale) für Person und Numerus auf. Zum Zeitpunkt der Einsetzung von T^0 sieht die syntaktische Derivation (vereinfacht) wie folgt aus:

(1-13) Einsetzung von T^0 in die syntaktische Derivation

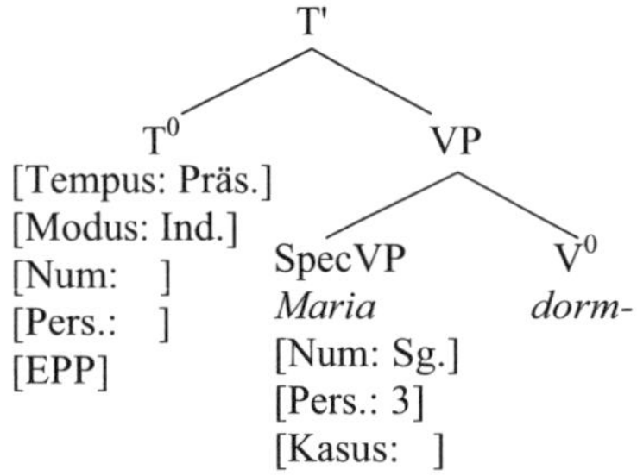

Die uninstantiierten φ-Merkmale fungieren als Sonde, die innerhalb der syntaktischen Struktur nach geeigneten Zielen sucht. Sie findet die DP *Maria*, welche entsprechende instantiierte Merkmale aufweist. Damit die DP als Ziel für die Sonde sichtbar ist, muss sie ebenfalls ein uninstantiiertes Merkmal besitzen. Tatsächlich benötigt die DP noch einen Wert für ihr Kasusmerkmal und stellt daher ein geeignetes Ziel (*Goal*) für die Sonde dar. Die Operation *Agree* kann somit erfolgen. Dabei werden die Numerus- und Personmerkmale des sondentragenden T-Kopfes mit den Werten der DP instantiiert. Als Nebeneffekt erhält die DP Nominativkasus und wird in Folge des erfolgreichen *Agree*-Prozesses für Bewegung (*Move*) freigeschaltet. Eine weitere Voraussetzung für die Bewegung ist, dass der Sondenträger ein EPP-Merkmal aufweist. Da dies im Fall von T^0 zutrifft, kann die DP *Maria* nach SpecTP bewegt werden:[12]

(1-14) *Agree* und *Move*

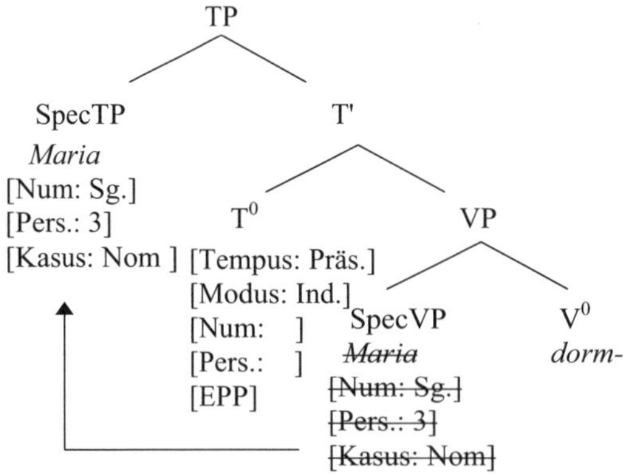

---

[11] Für eine genaue Darstellung vgl. Mensching (2005: 129ff.) und Mensching & Remberger (2006).

[12] Unabhängig vom hier erläuterten Sondierungsprozess erfolgt im Italienischen eine Bewegung des verbalen Kopfes nach T^0, die in (1-14) nicht dargestellt ist.

Ein wesentlicher Unterschied zwischen dem Sondenansatz des späten Minimalismus und dem früheren *Feature Checking* besteht darin, dass Bewegung nicht mehr Voraussetzung für die Merkmalsüberprüfung ist. Vielmehr ist Bewegung eine mögliche, aber nicht notwendige Folge des erfolgreichen *Agree*-Prozesses (vgl. Mensching 2005: 130).

Eine weitere Neuerung des späten Minimalismus besteht darin, dass die Operation *Move* als Sonderfall von *Merge* reinterpretiert wird. Es handelt sich dabei um so genanntes *Internal Merge* (vgl. Chomsky 2001b), da hierbei ein in der Derivation bereits vorhandenes Element an anderer Stelle erneut eingefügt wird. Hingegen wird die direkte Einsetzung aus der Enumeration als *External Merge* bezeichnet. Im Gegensatz zum frühen Minimalismus gibt es im Hinblick auf Ökonomieprinzipien keinen prinzipiellen Unterschied mehr zwischen *External* und *Internal Merge*. Beide Operationen erfordern einen gleich hohen Aufwand.

Die Frage, welche funktionale Kategorien Sondenträger sein können, wird bei Chomsky lediglich für die so genannten *Core Functional Categories* beantwortet, nämlich *v*, T und C, die bei der Derivation des einfachen Satzes eine wesentliche Rolle spielen. In der vorliegenden Arbeit wird davon ausgegangen, dass auch funktionale Kategorien der Nominal- und Adjektivphrase Sonden tragen können.

Es sei schließlich angemerkt, dass der potentielle Sondierungsbereich von Sonden durch das so genannte c-Kommando bestimmt wird (hier zitiert nach Müller & Riemer 1998: 74):

(1-15) c-Kommando
Ein Knoten α c-kommandiert einen Knoten β gdw.:
a. weder α β noch β α dominiert und
b. der erste verzweigende Knoten, der α dominiert, auch β dominiert.

Um diese technische Definition zu veranschaulichen, ist es hilfreich, eine einfache Baumstruktur näher zu betrachten:

(1-16)

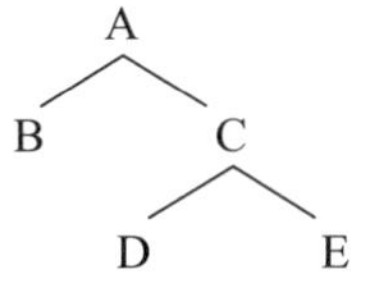

In (1-16) c-kommandieren sich B und C gegenseitig, da der erste verzweigende Knoten, der B dominiert (nämlich A) auch C dominiert und A und B sich nicht gegenseitig dominieren. Ähnliches gilt für D und E, die darüber hinaus von B c-kommandiert werden, da der erste verzweigende Knoten, der B dominiert (also A) auch D und E dominiert und B, D und E nicht dominiert. Allerdings ist das c-Kommando im letzten Fall nicht gegenseitig: D und E c-kommandieren B nicht, da Bedingung (1-15)b nicht erfüllt ist. Der erste verzweigende Knoten, der D und E dominiert, ist nämlich C, das B wiederum nicht dominiert.

Obwohl die o.g. Definition von c-Kommando im Grunde symmetrisch ist, d.h. keine Richtung des c-Kommandos vorgibt, hat sich spätestens seit der so genannten Antisymmetriehypothese von Kayne (1994) die Tendenz durchgesetzt, dass c-Kommando nur von links nach rechts im Baum wirken darf. Dies folgt aus der Tatsache, dass von asymmetrischen Bäumen ausgegangen wird, die nur in eine Richtung nach oben aufgebaut werden, d.h. die Operation *Merge* setzt neue Elemente immer links von einer bestehenden Struktur ein. Wenn also beispielsweise eine sondentragende Kategorie durch *Merge* in den Baum eingesetzt wird, gibt es zu diesem Zeitpunkt nur zu ihrer Rechten eine bereits derivierte Struktur, die zu ihrem Sondierungsbereich gehören kann. Wenn Sonden aber nur nach unten (= rechts) sondieren dürfen, können sie auch nur Elemente für Bewegung freischalten, die im Baum weiter rechts als sie selbst stehen und die dementsprechend nach links bewegt werden. Diese Übereinkunft wird auch in der vorliegenden Arbeit eingehalten, damit die Forschungsergebnisse innerhalb der Theorie vergleichbar bleiben. Wenn also B in (1-16) als Sonde fungierte, würde der durch das c-Kommando festgelegte Sondierungsbereich C, D und E umfassen, wobei nur D und E als Endknoten potentielle Ziele darstellen würden.

Ein wesentlicher Aspekt, in dem sich die vorliegende Arbeit von neueren minimalistischen Annahmen unterscheidet, betrifft den Status der Kopfbewegung. Chomsky (2000, 2001a) macht auf den Umstand aufmerksam, dass Kopfbewegung lediglich phonologische, aber keinerlei semantische Effekte aufweist. Demnach sei es auch nicht nötig, sie bereits in der Syntax zu postulieren. Sie wird im neueren Minimalismus daher als postsyntaktische Operation behandelt, die erst auf PF (also nach *Spell-Out*) stattfindet. Diese Auffassung hat sich jedoch bislang nicht allgemein durchgesetzt, zumindest nicht in dieser radikalen Form. Die Ansichten reichen von einer totalen Ablehnung der PF-Kopfbewegung (vgl. u.a. Donati 2000) bis hin zu einer relativierten Akzeptanz, bei der rein phonologische Kopfbewegung zwar vorgesehen, jedoch nicht als einzige Möglichkeit zugelassen wird (vgl. u.a. Grewendorf 2002). Ein häufig anzutreffender Einwand gegen die Annahme reiner PF-Kopfbewegung lautet, dass Kopfbewegung zwar innerhalb des einfachen Satzes keine semantischen Effekte aufweise (also z.B. V^0-v^0-T^0-Bewegung), dass dies jedoch nicht für alle Fälle von Kopfbewegung gelten müsse:

> Berücksichtigt man jedoch die Satztyp-relevanten Effekte von Verb-Zweit Strukturen oder die semantischen Effekte, die mit Inkorporationsprozessen im Sinne von Baker (1988) verbunden sind, dann scheint die Hypothese vom phonologischen Charakter der Kopfbewegung kaum uneingeschränkte Geltung beanspruchen zu können. (Grewendorf 2002: 315)

Im Rahmen dieser Arbeit werden noch weitere Fälle von Kopfbewegung diskutiert, die ebenfalls nicht als reine PF-Phänomene angesehen werden können. Es wird jedoch nicht grundsätzlich ausgeschlossen, dass Kopfbewegung ohne semantische Funktion auf PF erfolgen kann. Als Motor für Kopfbewegung wird hier in Anlehnung an Pomino (2008: 46) ein so genanntes *Head Attraction Feature* (HAF) angenommen, parallel zum (generalisierten) EPP-Merkmal, das Phrasenbewegung auslöst.

1.4.2 Semantische Rollen

Gemäß Chomsky (1981) gibt es eine Korrelation zwischen der Semantik lexikalischer Elemente und der syntaktischen Struktur. Demnach weisen lexikalische Elemente ein so genanntes θ-Raster auf, das eine bestimmte Anzahl von zu füllenden semantischen Lücken eröffnet, die in der Syntax durch Argumente realisiert werden müssen.[13] Diese Lizensierung syntaktischer Positionen durch semantische Anforderungen eines lexikalischen Eintrags findet im so genannten θ-Kriterium Ausdruck:

(1-17) θ-Kriterium (zitiert nach Müller & Riemer 1998: 34):
  a. Jedes Argument muss genau eine θ-Rolle erhalten.
  b. Jede θ-Rolle muss genau einem Argument zugewiesen werden.

Higginbotham (1985) erweitert das θ-Raster um die so genannten referentiellen θ-Positionen.[14] Demzufolge weisen lexikalische Kategorien neben den „klassischen" θ-Positionen (<Agens>, <Thema>, usw.) eine referentielle Position auf: die <R(eferentielle)>-Position bei Nomina (in Anlehnung an Williams 1981) und die <E(reignis)>-Position bei Verben (in Anlehnung an Davidson 1980). Zwarts (1992) überträgt die Annahme referentieller Positionen auf weitere lexikalische Kategorien und postuliert für Adjektive eine referentielle <G(rad)>-Position.[15] Im Unterschied zu den klassischen θ-Positionen werden referentielle Positionen nicht einem Argument als θ-Rollen zugewiesen (so genannte θ-Markierung), sondern „gebunden" (durch so genannte θ-Bindung). Dabei bindet ein funktionales Element als Operator die jeweilige referentielle Position des lexikalischen Elements. Bei den Verben übernimmt der funktionale Kopf T^0 diese Funktion,[16] bei den Nomina ist es der Determinierekopf (D^0), für die Bindung der referentiellen Position von Adjektiven ist der Kopf einer Gradphrase (Deg^0) zuständig. Daraus ergibt sich nach Higginbotham eine verallgemeinerte Formulierung des zweiten Teils des θ-Kriteriums (also von (1-17)b):

(1-18) Jede θ-Position wird entladen.[17]

Die Entladung kann je nach Art der θ-Position entweder durch θ-Markierung oder durch θ-Bindung erfolgen.

Neben der referentiellen Position und den traditionellen θ-Rollen bezieht Higginbotham auch die Lizensierung fakultativer Ergänzungen bzw. Modifikatoren in seine Überlegungen

---

13 Wobei Argumente gelegentlich implizit bleiben dürfen:
  i. Maria mangia.
  In i. wird das interne Argument (also das direkte Objekt) des Verbs *mangiare* nicht realisiert. Es ist umstritten, ob in einem solchen Fall zwei lexikalische Einträge für *mangiare* anzunehmen sind (transitiv vs. intransitiv) oder ob das interne Argument unter gewissen Bedingungen implizit bleiben kann.

14 Im Folgenden wird der Terminus *θ-Position* zur Bezeichnung einer Lücke im θ-Raster eines lexikalischen Elements, der Begriff *θ-Rolle* hingegen für die semantische Rolle, die ein lexikalisches Element einem anderen zuweist. So enthält beispielsweise das θ-Raster des Verbs *kaufen* die θ-Positionen <Agens> und <Thema>: Diese Positionen bewirken eine Zuweisung gleichnamiger θ-Rollen an die jeweiligen Argument-DPen.

15 Für lexikalische Präpositionen postuliert Zwarts außerdem eine referentielle <S(pace)>-Position.

16 Gemäß früheren Phasen der Generativen Grammatik nennt Higginbotham den entsprechenden Kopf nicht T, sondern I(*nflection*). Diese wissenschaftshistorisch motivierte Abweichung soll hier außer Acht gelassen werden.

17 „Every thematic position is discharged" (Higginbotham 1985: 561). Die deutsche Übersetzung wird in Anlehnung an Gabriel (2002: 76) übernommen.

mit ein, da diese ebenfalls syntaktisch und semantisch mit dem modifizierten lexikalischen Element verknüpft werden müssen. Darunter fallen typischerweise Adverbien in der Verbalphrase und Adjektive in der Nominalphrase. Higginbotham nimmt an, dass diese dadurch lizensiert werden, dass eine θ-Position des Modifikators mit einer θ-Position des modifizierten Elements identifiziert wird. Wenn z.B. das Verb *walk* durch das Adverb *quickly* modifiziert wird, wird die θ-Position <Thema> des Adverbs (die seinem externen Argument zugewiesen wird) mit der referentiellen Position (<E>) des Verbs identifiziert. Die sich daraus ergebende semantische Verknüpfung kann folgendermaßen paraphrasiert werden (vgl. Higginbotham 1985: 562):

(1-19) ‚Das Ereignis ist ein Laufen und das Ereignis ist schnell'.

Daraus leitet Higginbotham (1985) eine dritte Möglichkeit der Entladung ab, die so genannte θ-Identifikation (vgl. Higginbotham 1985: 564). Die drei Möglichkeiten der Entladung lassen sich mit den folgenden syntaktischen Konfigurationen kombinieren:

(1-20) Arten der θ-Entladung

Art der Entladung	θ-Bindung	θ-Markierung	θ-Identifikation
Syntaktische Konfiguration	Funktionaler Kopf bindet die referentielle Position seines lexikalischen Komplements.	Lexikalischer Kopf weist einem Argument in seiner Spezifikator- bzw. Komplementposition eine θ-Rolle zu.	θ-Position eines Adjunkts wird mit einer θ-Position des modifizierten lexikalischen Elements identifiziert.

Am Beispiel der Verbalphrase seien die genannten Entladungskonfigurationen noch einmal graphisch veranschaulicht:

(1-21) Beispiel für verschiedene Entladungskonfigurationen für das θ-Raster des Verbs

a. θ-Bindung b. θ-Markierung c. θ-Identifikation

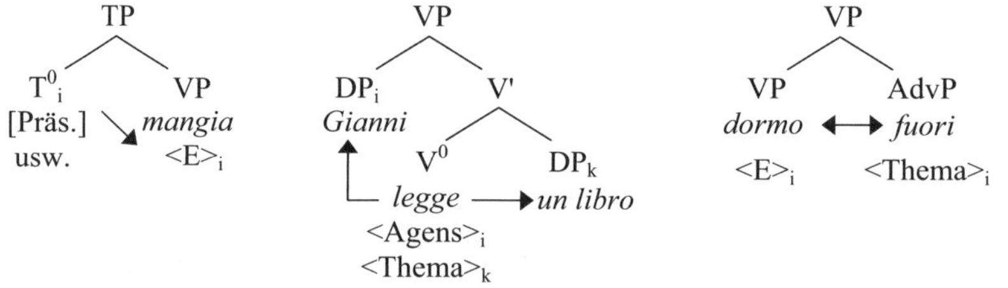

T-Kopf bindet referentielle Ereignisposition des Verbs.

V-Kopf weist seinen Argumenten in der Spezifikator- und Komplementposition die θ-Rollen <Agens> und <Thema> zu.

Externes Argument der modifizierenden AdvP wird mit der Ereignisposition des Verbs identifiziert und gesättigt.

Es gibt jedoch Fälle von Modifikatoren, deren Lizensierung nicht dadurch erklärbar ist, dass ihre eigenen thematischen Anforderungen zu einer θ-Identifikation mit einer θ-Position des modifizierten Elements führen. Higginbotham nennt hier z.B. die folgenden Fälle (vgl. Higginbotham 1985: 567):

(1-22) a. former congressman.
b. postman where I live.

Für die Lizensierung der entsprechenden Modifikatoren (*former* bzw. *where I live*) genügt es hier nicht, dass eine ihrer thematischen Positionen mit einer Position des modifizierten Elements (*congressman* bzw. *postman*) identifiziert wird, denn die folgenden Paraphrasen entsprechen nicht den semantischen Verhältnissen in (1-22)a und b:

(1-23) a. ‚x is congressman and x is former'.
b. ‚x is postman und x is where I live'.

Die korrekten semantischen Beschreibungen für die genannten Beispiele müssen vielmehr folgendermaßen lauten (vgl. Higginbotham 1985: 568):

(1-24) a. ‚x is a congressman at some time t that is former'.
b. ‚x is a postman at some place l and l is where I live'.

Demnach muss die θ-Position <Thema> der entsprechenden Modifikatoren mit einer temporalen bzw. räumlichen θ-Position des modifizierten Elements verbunden werden. Das würde bedeuten, dass das θ-Raster der Nomina *congressman* und *postman* zusätzlich zu einer θ-Position für das externe Argument (<Thema>) und zu einer referentiellen Position eine temporale bzw. eine lokale Position aufweisen müssen (vgl. Higginbotham 1985: 567). Dies entspräche faktisch einer Erweiterung des üblichen θ-Rasters um im klassischen Sinn eher als fakultativ angesehene, also „potentielle" Positionen. Alternativ schlägt Higginbotham in Anlehnung an Larson eine kontextuelle Einstufung solcher θ-Positionen vor:

> An alternative method, due to Larson (1983), would locate the spatio-temporal relativity that these modifications exhibit in the circumstances of the utterance of the phrases in question, without building positions into their thematic grids. Whichever method is correct, it seems that no question of semantic principle arise that would show the need for a fundamental change in the methods adopted here. (Higginbotham 1985: 568)

Es wird jedoch nicht deutlich, wie eine solche Lösung mit (1-18) kompatibel sein sollte, da hier im Grunde θ-Positionen (z.B. <Zeit> bzw. <Ort>) entladen würden, die nicht im θ-Raster der entsprechenden lexikalischen Ausdrücke vorkommen. Im Folgenden wird daher für die erste Lösung plädiert, bei der das θ-Raster um einige typischerweise mit Adjunkten besetzten θ-Positionen erweitert wird, die hier als *potentielle* θ-Positionen bezeichnet werden sollen.

Die Übertragung des Prinzips der θ-Bindung auf andere lexikalische Kategorien erfordert eine Reanalyse gewisser funktionaler Elemente, beispielsweise der Determinierer. Gemäß Higginbotham (1985) dienen Determinierer wie der bestimmte Artikel dazu, die referentielle Rolle des Nomens zu binden, d.h. seine Referenz festzulegen. Zu diesem Zweck ist die traditionelle Analyse der Nominalphrase, bei der Elemente wie der bestimmte Artikel gemäß dem X-bar-Schema in der Spezifikatorposition der jeweiligen lexikalischen Kategorie angesiedelt werden, nicht geeignet:

(1-25) Traditionelle Analyse der NP

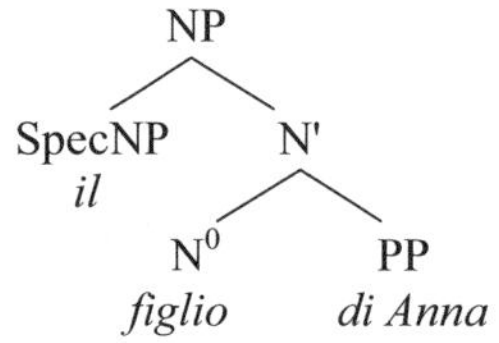

Eine Alternative liefert die u.a. durch Abney (1987) eingeführte Reanalyse des Determinierers im Rahmen der so genannten DP-Hypothese, deren Unterschied gegenüber der traditionellen Analyse anhand der folgenden Graphik deutlich wird:

(1-26) DP-Hypothese (Abney 1987)

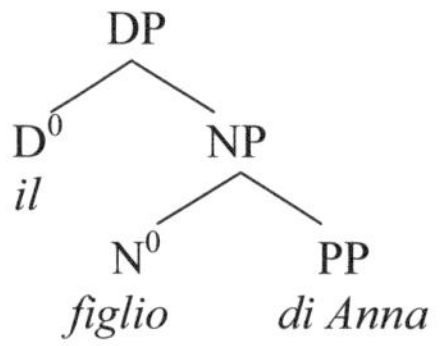

In (1-26) besetzt der Determinierer *il* eine Kopfposition und selegiert die Nominalphrase als Komplement. Anschließend projiziert der Determiniererkopf, so dass die gesamte Projektion den Status einer DP erhält. Die DP verhält sich also zur Nominalphrase ebenso wie die TP zur Verbalphrase. Diese Analyse überträgt Abney auch auf Adjektive, bei denen Gradmodifikatoren die Rolle funktionaler Köpfe (Deg^0) gegenüber der AP einnehmen, die somit die referentielle Gradposition des Adjektivs binden können:

(1-27) Analysen der Adjektivphrase

a. Traditionell b. Abney (1987)

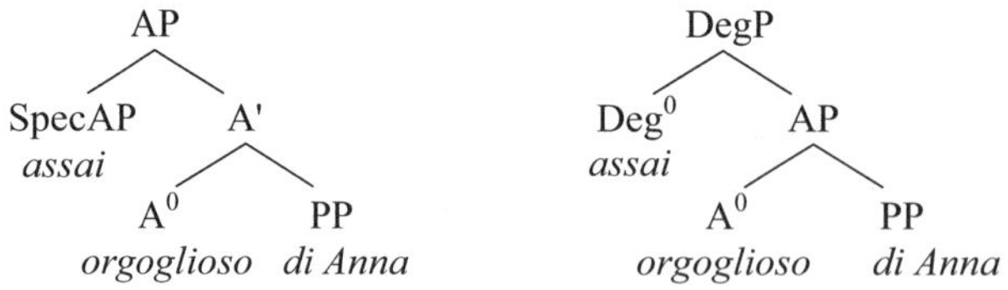

Aufgrund der Generalisierung der Relation zwischen funktionalen Kategorien und ihren jeweiligen lexikalischen Komplementen wird diese Analyse auch als *Functional Head Analysis* (FH-Analyse) bezeichnet. Eine wesentliche Annahme der FH-Analyse besteht darin, dass funktionale Kategorien ein anderes Verhältnis zu ihrem Komplement aufweisen als lexikalische Kategorien. Während letztere ihrem Komplement eine θ-Rolle zuweisen (z.B.

das Verb an das direkte Objekt), weisen funktionale Kategorien keine θ-Rollen zu, sondern binden wie gesagt die referentielle θ-Position ihres lexikalischen Komplements. Diese Selektionsbeziehung wird von Abney als funktionale bzw. f-Selektion bezeichnet. Eine weitere wichtige Annahme der FH-Analyse besteht darin, dass funktionale Köpfe nur eine einzige lexikalische Kategorie selegieren können: „Functional elements permit only one complement, which is in general not an argument" (Abney 1987: 44). Demnach können TPen nur VPen selegieren, DPen nur NPen und DegPen nur APen. Diese Bedingung ist insofern wichtig, als die kategoriale Markierung der funktionalen Kategorien im Wesentlichen der ihres lexikalischen Komplements entspricht: So verhalten sich etwa DPen extern wie Nominalphrasen, d.h. sie werden in Umgebungen eingesetzt, in denen traditionell Nominalphrasen eingesetzt werden, z.B. in Argumentpositionen der Verbalphrase. Grimshaw (2005: 4) bezeichnet funktionale Kategorien daher auch als „erweiterte" Projektionen ihrer entsprechenden lexikalischen Kategorie.

Die FH-Analyse hat sich in der neueren generativen Forschung weitestgehend durchgesetzt. Sie hat jedoch einige Modifikationen und Erweiterungen erfahren: So wird mittlerweile für alle lexikalischen Kategorien angenommen, dass sie nicht nur eine, sondern mehrere übereinander liegende funktionale Projektionen aufweisen. Diese Annahme wird auch in der vorliegenden Arbeit vertreten.

1.5 Aufbau der Arbeit

Im nächsten Kapitel soll zunächst eine Beschreibung und Systematisierung der zahlreichen Typen italienischer VKen sowie eine vorläufige Definition des Untersuchungsgegenstands geliefert werden, bevor in Kapitel 3 eine Analyse von VKen in Angriff genommen wird. Dabei liegt der Schwerpunkt zunächst auf der internen Struktur der VK. Wie in Abschnitt 1.1 angekündigt wird ein Ansatz vom Typ (1-4)c vertreten, d.h. es wird angenommen, dass Komparator und Vergleichskomplement zuerst miteinander verknüpft werden und die VK im engen Sinne bilden, die anschließend mit dem Restriktor kombiniert wird. Der Vorteil der hier präsentierten Analyse, die auf dem in Abschnitt 1.4.1 vorgestellten Grammatikmodell basiert, besteht darin, dass sie eine einheitliche Behandlung von VKen mit verschiedenen Restriktoren ermöglicht, ohne auf konstruktionsspezifische Mechanismen zurückzugreifen. Kapitel 4 beschäftigt sich anschließend mit der Struktur des Komparators sowie mit der Frage, wie man das teilweise unterschiedliche Verhalten von VKen mit verschiedenen Komparatoren erklären kann. Es wird u.a. gezeigt, dass sich die Heterogenität allein auf postsyntaktische Phänomene zurückführen lässt, die im Rahmen der *Distributed Morphology* adäquat erfasst werden können. Am Beispiel des Italienischen werden Vokabeleinträge für die Komparatoren aller hier berücksichtigten Konstruktionstypen erarbeitet. Kapitel 5 behandelt weitere Derivationsschritte, die für die Ableitung nominaler, verbaler und adjektivischer(/adverbialer) VKen notwendig sind. Schließlich befasst sich Kapitel 6 mit der Struktur des Vergleichskomplements in bestimmten Arten von VKen, nämlich in Komparativen und Äquativen. Sowohl die Struktur von phrasalen als auch diejenige satzhafter VKen ist in der Literatur immer wieder Gegenstand zahlreicher Diskussionen (vgl. 1.2). Die Berücksichtigung italienischer Daten bietet hier den Vorteil, dass es durch seine sehr heterogene Datenlage zahlreiche syntaktische Unterschiede overt realisiert, die für andere Sprachen lediglich abstrakt postuliert wurden. Es wird eine Analyse der verschiedenen Vergleichskomplementtypen präsentiert, die mit den sonstigen Annahmen der vorliegenden Arbeit kompatibel ist. In Kapitel 7 folgt schließlich eine Zusammenfassung der erzielten Ergebnisse.

2 Typologie von Vergleichskonstruktionen

Im vorliegenden Kapitel soll eine systematische Darstellung der Strukturen erfolgen, die im Italienischen unter dem Begriff *Vergleichskonstruktionen* (VKen) subsumiert werden können. Bevor eine solche Typologie italienischer VKen im Detail ermittelt werden kann, soll jedoch im nächsten Abschnitt erläutert werden, unter welchen Prämissen die entsprechenden Strukturen als VKen bezeichnet werden können.

2.1 Vergleiche und Vergleichskonstruktionen

Wie in Kapitel 1 bereits angedeutet, werden die Termini *Vergleich* und/oder *Vergleichskonstruktion* in den verschiedenen Untersuchungen selten definiert; in der Regel wird implizit der Eindruck vermittelt, es handele sich um ein klar umrissenes Feld von Konstruktionen, für welche die jeweils aufgeführten Beispiele in irgendeiner Form repräsentativ sind. Tatsächlich sind die Konstruktionen, die in den verschiedenen Untersuchungen berücksichtigt werden, zum Teil sehr heterogen.

Wichtig erscheint zunächst eine klare Trennung zwischen der Vergleichskonstruktion auf syntaktischer und dem Vergleich auf konzeptueller Ebene. Demnach wird durch einen Vergleich eine Ähnlichkeit/Differenz zwischen Gegenständen oder Sachverhalten erkannt (oder sogar erst hergestellt, vgl. Blank 1997), während die VK eine von mehreren Möglichkeiten darstellt, einen Vergleich sprachlich zu realisieren, z.B. wie folgt:

(2-1) a. Maria è più alta di Anna.
b. Maria è (tanto) alta quanto Anna.
c. Maria è alta come Anna.

Ebenso wie man einen Vergleich nur schwerlich syntaktisch charakterisieren kann, erscheint es problematisch, eine VK allein durch semantische Kriterien zu definieren, wie dies beispielsweise Stassen tut:

> A construction in natural language counts as a comparative construction, if that construction has the semantic function of assigning a graded (i.e. non identical) position on a predicative scale to two (possibly complex) objects. (Stassen 1985: 24)

Zum einen schließt diese Definition die Daten in (2-1)b und c aus (da es sich hierbei um so genannte „Vergleiche der Gleichheit" handelt), was sich jedoch möglicherweise durch kleinere Modifikationen vermeiden ließe. Zum anderen weist beispielsweise Kennedy darauf hin, dass eine solche Charakterisierung zu allgemein ist, um ausschließlich VKen zu erfassen. In der Tat würde sie eine Einstufung aller folgenden englischen Daten als VKen ermöglichen (vgl. Kennedy 2005: 2):[1]

---

[1] Die folgenden Überlegungen Kennedys beziehen sich auf eine sehr verbreitete, aber sehr enge Deutung des englischen Begriffs *comparative construction*: „Like most of the work on this topic, I

(2-2) a. Kim is taller than Lee.
b. Kim's height exceeds Lee's height.
c. {Compared to, With respect to} Lee, Kim is tall.
d. {Comparatively, With respect to Kim and Lee}, Kim is tall and Lee is not.

Das Problem besteht darin, dass man im Englischen intuitiv wohl nur (2-2)a als VK einstufen würde (Kennedy 2005: 3). Tatsächlich werden auch nur Konstruktionen wie (2-2)a in Untersuchungen zu englischen VKen behandelt, nicht jedoch Daten wie (2-2)b-d. Kennedy schlägt drei zusätzliche (ebenfalls semantische) Bedingungen vor, um Stassens Definition so weit einzuschränken, dass zumindest (2-2)c und d nicht mehr erfasst werden.[2] Jedoch kann er dadurch (2-2)b nicht aus der Definition ausschließen. Somit muss er letztendlich auf einen etwas vagen Begriff von „Natürlichkeit" (*naturalness*) ausweichen, dem zufolge (2-2)a im Englischen „natürlicher/kolloquialer" sei als (2-2)b (vgl. Kennedy 2005: 3).[3]

Meines Erachtens liegt das Problem von Stassens Definition vielmehr darin, dass sich VKen (im Gegensatz zu Vergleichen) nicht ohne Rückgriff auf morphosyntaktische Kriterien definieren lassen. Es ist natürlich kein Zufall, dass sich Stassen, der VKen aus einer typologischen Perspektive betrachtet, für eine semantische Definition entscheidet. Dies geht

---

am going to focus almost exclusively today on comparatives of superiority (*more* comparatives)" (Kennedy 2005: 1).

2 Es handelt sich dabei um folgende Bedingungen (vgl. Kennedy 2005: 2): 1. die Unabhängigkeit der Wahrheitsbedingungen von der jeweiligen Positivkonstruktion, d.h die Vergleichskonstruktion darf nicht implizieren, dass Kim groß ist; 2. die Akzeptabilität der Konstruktion auch bei nur leicht unterschiedlichen Graden, z.B. bei nur einem Zentimeter Größenunterschied zwischen Kim und Lee; 3. die Möglichkeit einer expliziten differentiellen Maßphrase, z.B. *drei Zentimeter*. Ohne genauer auf diese Kriterien einzugehen, die für unsere Überlegungen nicht relevant sind, sei darauf hingewiesen, dass nach Kennedy alle drei Bedingungen sowohl (2-2)c als auch (2-2)d aus der VK-Definition ausschließen, obwohl dies zumindest für das erste Kriterium nicht unbedingt nachvollziehbar erscheint. Es ist unklar, wozu drei Kriterien nötig sind, wenn jedes von ihnen allein ausreichen würde, um das gewünschte Ergebnis zu erreichen.

3 Man beachte, dass diese Begriffe (im Englischen *natural* und *colloquial*) im Zusammenhang mit VKen keineswegs synonym verwendet werden dürfen. So können VKen durchaus dem von Kennedy als ‚natürlich' bezeichneten Typ angehören, ohne als kolloquial eingestuft werden zu müssen. Man betrachte etwa das folgende Beispiel, das man in Anbetracht seiner Komplexität wohl nicht als „kolloquial" bezeichnen würde, zumindest wenn man darunter so etwas wie konzeptionelle Mündlichkeit (im Sinne von Koch & Österreicher 1990) versteht (Beispiel aus Serianni 1988: 519, Hervorhebung der VK L.G.):

i. I suoi confratelli lo avevano messo a giorno della situazione politica che era *molto più tesa di quanto non apparisse alla calma distaccata di villa Salina* (Tomasi di Lampedusa, Il Gattopardo, 38).

Die Idee eines „natürlicheren" Typs geht übrigens ebenfalls auf Stassen zurück, der bei der Typologisierung der 110 in seiner Studie berücksichtigten Sprachen feststellt: „[...] quite a few languages appear to have more than one alternative to express NP-comparison" (Stassen 1985: 26, wobei hier mit NP-*comparison* ein adjektivischer Vergleich zwischen zwei jeweils durch eine NP realisierten Individuen gemeint ist, vgl. Abschnitt 2.3.2.1). Daher unterscheidet Stassen in den besagten Sprachen zwischen primären und sekundären VKen. Dabei wird die primäre Konstruktion als „[...] more ‚natural' or ‚unmarked' than its possible alternatives" (Stassen 1985: 27) eingestuft. Der Begriff *unmarked* erscheint in diesem Zusammenhang angemessener als Kennedys *colloquial*.

aus dem Versuch hervor, ein (universales) Kriterium zu finden, um VKen übereinzelsprachlich vergleichen zu können. Die daraus resultierende Definition ist jedoch einerseits zu eng, weil sie zahlreiche Typen von VKen ausschließt (z.B. (2-1)b und c, aber auch nominale Komparativkonstruktionen wie *..più biscotti di Gianni*, vgl. Abschnitt 2.3.2.2), andererseits zu weit, weil sie zum Teil morphosyntaktisch sehr heterogene Typen von VKen umfasst, u.a. auch Konstruktionen, die in der einschlägigen Forschungsliteratur nicht als VKen behandelt werden. Aus typologischer Perspektive kann man tatsächlich behaupten, dass (2-2)b-d Komparativkonstruktionen darstellen. Dies wird deutlich, wenn man Komparativkonstruktionen in verschiedenen Sprachen betrachtet, bei denen Stassen insgesamt sechs Typen ermittelt:

(2-3) Typen von Komparativkonstruktionen nach Stassen (1985: 39ff.)

a. Separative Comparative (Standardmarker mit separativer Bedeutung):

Nihon-go	wa	doits-go	yori	muzukash-i	(Japanisch)
Japanese	top	German	from	difficult	

‚Japanese is more difficult than German'.

b. Allative Comparative (Standardmarker mit zielgerichteter Bedeutung):

Sapuk	ol-kondi	to	l -kibulekeny	(Maasai)
is-big	the-deer	to	the-waterbuck	

‚The deer is bigger than the waterbuck'.

c. Locative Comparative (Standardmarker mit lokaler Bedeutung):

Gamga	-qla'ul	-ik	quetvu	-ci	-um	(Chuckchee)
all	-men	-on	strong	-more	-1SG	

‚I'm stronger than all men'.

d. Exceed Comparative:

Vang	qui	hon	bac	(Vietnamesisch)
gold	valuable	exceed	silver	

‚Gold is worth more than silver'.

e. Conjoined Comparative:

Kaw	-ohra	naha	Waraka,	kaw	naha	Kaywerye	(Hixkaryana)
tall	-not	he-is	Waraka	tall	he-is	Kaywerye	

‚Kaywerye is taller than Waraka'.

f. Particle Comparative:

Bill is taller than John (Englisch)

Von den genannten sechs Typen sind vier im Englischen möglich: (2-2)a entspräche Typ (2-3)f., der u.a. im Deutschen (und in den romanischen Sprachen)[4] den unmarkierten Typ darstellt, Konstruktionen wie (2-2)b fallen bei Stassen unter den Typ des *Exceed-Comparative*, (2-2)c kann als *Allative Comparative* und (2-2)d schließlich als *Conjoined Comparative* angesehen werden. Nur der Partikel-Typ (2-2)a stellt jedoch eine (unmarkierte) VK des Englischen dar.

---

4 Stassen berücksichtigt in seiner Studie explizit nur das Französische und das Lateinische unter den romanischen Sprachen. Allerdings findet das Italienische im Zusammenhang mit Partikelkomparativen ebenfalls kurz Erwähnung (Stassen 1985: 217, 337).

Eine zusätzliche semantische Einschränkung der Definition von VK im Sinne Kennedys ist demnach nicht nur unbefriedigend, da sie nicht alle unerwünschten Konstruktionen eliminiert, sondern auch nicht sinnvoll, denn sie würde den universalen Anspruch der Definition, die möglichst für alle Sprachen gelten soll, zunichte machen. Außerdem ist sie unnötig, denn das gewünschte Ergebnis (nämlich der Ausschluss markierter Konstruktionen) wird auch allein durch den Verweis auf die „Unmarkiertheit" geleistet, ein zwar etwas vager Begriff, auf den Kennedy aber ohnehin nicht verzichten kann, wenn er nur (2-2)a in seiner Definition englischer VKen erhalten will.

Man kann zusammenfassend festhalten, dass sich eine genaue Definition von VKen offensichtlich weder allein durch semantische noch allein durch morphosyntaktische Kriterien formulieren lässt, sondern dass unter VKen verschiedene Konstruktionstypen mit ähnlichen Wahrheitsbedingungen fallen, die sich jedoch insbesondere durch morphosyntaktische Eigenschaften unterscheiden. In der einschlägigen Forschungsliteratur wird (in der Regel implizit) derjenige Typ als VK begriffen, der den unmarkierten Fall einer VK in der jeweiligen Sprache darstellt. Im Falle des Italienischen sowie aller anderen hier berücksichtigten Sprachen entspricht der unmarkierte Fall Stassens *Particle Comparative*.

Ich gehe im Einklang mit Andersen (1983: 118) davon aus, dass die entscheidende Merkmale des Partikel-Typs ein Komparator (in (2-3)f: *-er*) und ein Standardmarker (in (2-3)f: *than*) sind. Ersterer bestimmt die Art der Vergleichsrelation (hier: Differenz) und ist in den anderen Typen gemäß Andersen nicht, oder zumindest nicht immer, vorhanden; letzterer, der bei Stassen und Andersen der Vergleichspartikel entspricht, führt den Standard des Vergleichs ein. Im Fall des Partikeltyps ist der kategoriale Status sowie die Bedeutung des Standardmarkers übereinzelsprachlich recht variabel:

> The internal diversification of this set of comparatives [i.e. particle comparatives, Anm. L.G.] is brought out by the fact that the comparative particles which are involved in the various constructions cannot be shown to have the same origin or categorial status for all the languages in this class. (Stassen 1985: 46)

Weiterhin ist für den Partikel-Typ bezeichnend, dass Komparator und Standardmarker für eine gewisse Zweiteiligkeit der Struktur der VK sorgen.[5]

Diese Charakterisierung kann jedoch nur eine erste Annäherung an eine Definition von VKen darstellen. Will man die Syntax von VKen zumindest in den Sprachen vergleichen, die denselben unmarkierten Typ aufweisen, braucht man einen theoretischen Rahmen, der möglichst auf einzelsprachlich bedingte Strukturen verzichtet. Einen solchen Rahmen liefert die Generative Grammatik, eine Theorie, die in den letzten 40 Jahren zahlreiche Arbeiten zu VKen hervorgebracht hat (vgl. Abschnitt 1.3). Aufgrund ihres Anspruchs, universell

---

[5] Diese Zweiteiligkeit scheint für VKen typisch zu sein. Schwarze bemerkt, dass diese auch dann erhalten bleibt, wenn mehr als zwei Gegenstände/Sachverhalte verglichen werden: „Vergleiche mit mehr als zwei Termen werden durch syntaktische Koordination oder Subordination so realisiert, daß in der Gesamtstruktur des Satzes immer eine Zweiteiligkeit erhalten bleibt" (Schwarze 1970: 359). Vgl. etwa das folgende Beispiel:

i. Gianna e Maria sono più alte di Anna.

Bezeichnenderweise werden VKen innerhalb der Valenzgrammatik in Anlehnung an den Begriff der bifiden Blätter in der Botanik, „[...] die durch einen ziemlich tiefen und schmalen Einschnitt fast in zwei Teile gespalten erscheinen [...]" (Tesnière 1980: 236) , als *bifide* Sätze bezeichnet.

gültige Strukturen abzubilden, die lediglich durch systematisch beschreibbare Parametrisierungen von Sprache zu Sprache abweichen, eignet sich die Generative Grammatik hervorragend für eine syntaktische Analyse von VKen, da sie eine übereinzelsprachliche Vergleichbarkeit gewährleistet. Dass sich letztendlich nicht alle VK-Typen in den Sprachen der Welt durch ein einziges syntaktisches Muster erfassen lassen, liegt an der oben bereits erwähnten Möglichkeit, Vergleiche durch verschiedene sprachliche Mittel zu realisieren.

Im Folgenden wird vorläufig von einer VK-Definition ausgegangen, die den o.g. Partikel-Typ und somit den für das Italienische und die weiteren in der vorliegenden Arbeit berücksichtigten Sprachen unmarkierten VK-Typ erfasst. Die Definition wird insofern erweitert, als semantisch das Vorliegen einer Vergleichsrelation zwischen einem Referenz- und einem Standardwert hinreichend ist: Somit wird nicht nur die in den von Stassen ausschließlich behandelten Komparativen wesentliche MEHR- bzw. WENIGER-Relation berücksichtigt, sondern auch weitere, noch näher zu charakterisierende Vergleichsrelationen. Morphosyntaktisch gesehen wird vorläufig die Präsenz eines Komparators und eines Standardmarkers als definitorisches Kriterium für VKen angesehen. Eine genauere Definition kann allerdings erst geliefert werden, wenn eine detaillierte syntaktische Analyse von VKen vorliegt. Darüber hinaus muss man verschiedene Subtypen von VKen unterscheiden, die in den Abschnitten 2.3 bis 2.7 für das Italienische beschrieben werden sollen. Dabei wird sich zeigen, dass eine Definition von VKen, die morphosyntaktische Kriterien berücksichtigt, auch Konstruktionen erfasst, die durch eine rein semantische Definition im Sinne Stassens nicht in Erscheinung treten würden. Bevor eine Typologisierung italienischer VKen vorgenommen wird, sollen jedoch noch weitere terminologische Präzisierungen erfolgen.

2.2 Terminologische Klärungen

Zum Terminus *Vergleichskonstruktion* sowie zu seinen italienischen Entsprechungen *comparativa* bzw. *comparazione* (sowie engl. *comparative* bzw. *comparison*) sei angemerkt, dass diese Bezeichnungen in der Literatur in mindestens drei konkurrierenden Verwendungen vorkommen: In einem engen Sinne bezeichnen sie lediglich Komparativkonstruktionen, die in Abschnitt 1.1 informell ‚Vergleiche der Ungleichheit' genannt wurden. In einem weiteren Sinne werden dieselben Begriffe auch als Oberbegriffe für Komparative und Äquative verwendet. Schließlich findet man – wenn auch seltener – eine noch weiter gefasste Definition, die alle in den Abschnitten 2.3 bis 2.7 berücksichtigten Konstruktionen einbezieht.

Dass Begriffe wie *Komparativ* und *Komparation* auch als Oberbegriffe für alle VKen dienen können, ist kein Zufall, sondern spiegelt die in Abschnitt 1.1 bereits angedeutete allgemeine Tendenz wider, Komparative im engeren Sinne als repräsentativ für das gesamte Spektrum der VKen zu behandeln. Dass Komparativkonstruktionen salienter sind als z.B. Äquative oder andere VKen, könnte u.a. daran liegen, dass viele Untersuchungen ihren Ausgang bei der Steigerung des Adjektivs nehmen, bei der der auffälligste Grad der Komparativ ist, besonders dann, wenn er synthetisch gebildet wird (z.B. dt. *größer*, engl.

taller).[6] Diese Tendenz wird im Italienischen durch die Orientierung der traditionellen Grammatik auf das Lateinische unterstützt – das ebenfalls synthetische Komparativbildung aufweist – und hat dazu geführt, dass Komparativkonstruktionen auch hier überproportional viel Beachtung erfahren, obwohl sie sich strukturell nicht wesentlich von anderen VK-Typen unterscheiden, da der Komparativ praktisch ausschließlich analytisch gebildet wird (z.B. it. *più alto*). Dies gilt analog für die anderen romanischen Sprachen.[7] Um Missverständnissen vorzubeugen, wird der Begriff *Komparativ* im Folgenden im oben erläuterten engen Sinne verwendet, der Begriff *Vergleichskonstruktion* hingegen in seinem weitesten Sinne, nämlich als Oberbegriff für Komparativ- und Äquativkonstruktionen sowie für weitere Typen, die in den folgenden Abschnitten detaillierter beschrieben werden.[8] Vor einer systematischen Darstellung der verschiedenen VK-Typen im Italienischen sollen jedoch einige Termini eingeführt werden, die für die Charakterisierung von VKen und ihrer Unterschiede unerlässlich sind.

Es wurde bislang davon ausgegangen, dass in VKen aus semantischer Sicht zwei Grade verglichen werden. Diese Charakterisierung greift allerdings zu kurz, wie aus den folgenden Beispielen deutlich wird:

(2-4) a. Maria compra più pomodori di Laura.
b. Maria si comporta come Laura.

Diese Daten zeigen, dass in VKen auch Quantitäten (2-4)a oder Qualitäten (2-4)b verglichen werden können. In jedem Fall kann man jedoch sagen, dass es einen Referenzwert im weitesten Sinne gibt, der durch die gesamte VK bestimmt wird, und einen Standardwert, dessen sprachliche Realisierung durch den Standardmarker eingeführt und in der vorliegen-

---

6 Diese synthetische Formenbildung liegt in den betreffenden Sprachen zwar auch beim Superlativ vor, jedoch werden Superlativkonstruktionen selten im Zusammenhang mit VKen behandelt. Diese zeigen im Italienischen zwar einige formale Ähnlichkeiten mit Komparativen, verhalten sich aber strukturell sehr unterschiedlich, weshalb sie aus der vorliegenden Untersuchung ausgeschlossen werden. Für eine ausführliche Beschreibung vgl. Matushansky (2005a).

7 In der generativen Forschung hat die starke Konzentration auf das Englische vermutlich zusätzlich dazu beigetragen, dass dem synthetischen Komparativ und damit den Komparativkonstruktionen größere Beachtung geschenkt wurde als anderen VK-Typen.

8 Die auf formalen Kriterien beruhenden Termini *Komparative* bzw. *Äquative* sind den in italienischen Grammatiken durchaus üblichen Bezeichnungen *comparative di disuguaglianza* bzw. *uguaglianza* vorzuziehen, da letztere suggerieren, dass Komparative immer eine Ungleichheitsrelation herstellen, Äquative hingegen immer eine Gleichheitsrelation. Gutiérrez Ordoñez (1994: 16) weist in diesem Zusammenhang darauf hin, dass formale Merkmale (hier: die unterschiedlichen Komparatoren in Komparativen und Äquativen) nicht zwangsläufig mit semantischen Kriterien wie etwa Ungleichheit oder Gleichheit übereinstimmen müssen. Anhand des folgenden Beispiels kann die potentielle Diskrepanz zwischen semantischen und formalen Aspekten illustriert werden:
i. Gianni non è tanto alto quanto Luca.
In i liegt formal gesehen eine Äquativkonstruktion vor, obwohl hier eine Differenz zwischen Giannis und Lucas Größe ausgedrückt wird.

den Arbeit als *Vergleichsstandard* bezeichnet werden soll.[9] Der Standardwert kann in VKen mehr oder weniger explizit zum Ausdruck kommen:

(2-5) a. Anna è più alta di Luca
b. Anna è più alta di due metri.

Im zweiten Beispiel ist der Standardwert explizit realisiert, nämlich durch eine so genannte Maßphrase (*due metri*), im ersten Fall ist der Standardwert die Größe von Luca; jedoch wird nur die DP *Luca* als Vergleichsstandard realisiert. Inwiefern das semantisch fehlende Material syntaktisch (wenn auch kovert) postuliert werden muss, ist vermutlich eine der am meisten umstrittenen Fragen innerhalb der VK-Forschung.

Formal gesehen kann der Vergleichsstandard sowohl aus einem vollständigen (in der Regel finiten) Satz (*Vergleichssatz*) als auch aus einer nicht satzhaften Konstituente (*Vergleichsphrase*)[10] bestehen. Er wird durch den so genannten *Standardmarker* eingeführt. Zur Bezeichnung des Komplexes aus Standardmarker und Vergleichsstandard soll hingegen der Terminus *Vergleichskomplement* dienen.[11] Die Art der Relation zwischen Standard- und Referenzwert wird durch den jeweiligen *Komparator* bestimmt.[12] Somit bildet dieser den semantischen Kopf der VK. Außerdem spielt der Komparator insofern eine herausragende Rolle in VKen, als er in vielen Sprachen (inklusive dem Italienischen) offensichtlich Auswirkungen auf die Art des Standardmarkers hat. Die sprachliche Realisierung der Hinsicht, in Bezug auf die Referenz- und Standardwert verglichen werden, wird in Anlehnung an

---

9 Damit wird die in der Semantik übliche Terminologie übernommen (vgl. u.a. Kennedy 1999). Es gibt in der Literatur zahlreiche konkurrierende Begriffe, um die Realisierung des Standardwerts zu bezeichnen: Relativ verbreitet ist beispielsweise *zweiter Vergleichsterm* (vgl. u.a. Donati 2000), der dem *ersten Vergleichsterm* als Terminus für den Referenzwert gegenübergestellt wird. Diese Bezeichnungen erscheinen jedoch zu neutral, da die Rolle der bezeichneten Elemente innerhalb der VK undurchsichtig bleibt. Ein weiteres parallelisierendes Begriffspaar, *Vergleichsgegenstand* und *Vergleichsobjekt*, findet sich bei Reiter (1979); es erscheint jedoch aufgrund der starken Bedeutungsähnlichkeit ungünstig (vgl. aber Grimaldi 2000, wo letzteres als *Vergleichsmaß* bezeichnet wird, was dem hier vorgeschlagenen *Vergleichsstandard* näher kommt). Begriffspaare wie z.B. *comparandum*/*comparatum* (Burger 1973) sowie *Verglichenes*/*Vergleichendes* (Schwarze 1970) haben schließlich den Nachteil, dass sie leicht verwechselbar sind und somit eine eindeutige Zuordnung erschweren.

10 Ob es sich dabei um eine Phrase im Sinne einer Konstituente handelt, ist in der Literatur umstritten. Zu einer ausführlichen Diskussion über den Status der Vergleichsphrase, vgl. Abschnitt 6.1.

11 Im Englischen findet sich dafür gelegentlich die Bezeichnung *second associate* (vgl. u.a. Galant 1998, Rijkhoek 1998), für die jedoch m.E. keine passende deutsche Entsprechung möglich ist, die nicht in dem einen oder anderen Ansatz bereits mit anderen Bedeutungen versehen wäre, z.B. *zweiter Vergleichsterm*, der bei Schwarze (1995) und Donati (2000) mit dem hier verwendeten *Vergleichsstandard* synonym ist.

12 Der Begriff *Komparator* ist zwar nicht optimal, weil er vorwiegend mit Komparativen assoziiert werden könnte. Dieser Terminus ist in der Literatur jedoch so weit verbreitet, dass ein Verzicht darauf mehr Nach- als Vorteile mit sich bringen würde (vgl. u.a. Donati 2000, Schwarze 1995). Daher wird er beibehalten und nach Bedarf durch die Art der jeweiligen VK präzisiert: Komparativ-Komparator, Äquativ-Komparator usw.

Larson (1991) als *Restriktor* bezeichnet.[13] Dieser repräsentiert die Domäne, über die der Komparator quantifiziert. Je nach Wortart des Restriktors können verschiedene Subtypen von VKen unterschieden werden (nominal, adjektivisch usw.). Zur besseren Übersicht soll die verwendete Terminologie anhand eines Beispiels veranschaulicht werden:

(2-6) Terminologische Konventionen

più	*alta*	*di*	(*quanto lo è*) *Maria*
Komparator	Restriktor	Standardmarker	Vergleichsstandard
Semantischer (und syntaktischer) Kopf der VK	Domäne der Quantifikation	Leitet den Vergleichsstandard ein	Tritt als Vergleichssatz (z.B. *quanto lo è Maria*) oder als Vergleichsphrase (z.B. *Maria*) auf
		Vergleichskomplement	

Das Besondere an VKen gemäß unserer vorläufigen Definition aus Abschnitt 2.1 besteht in den morphosyntaktischen Mitteln, die bei der Realisierung der Vergleichsrelation zum Einsatz kommen. So können beliebige Lexeme (mit einigen semantisch motivierten Einschränkungen)[14] als Restriktoren fungieren, die durch die Verknüpfung mit einem Komparator und einem Standardmarker (+ Vergleichsstandard) eine VK bilden.[15]

In den folgenden Abschnitten sollen die verschiedenen Konstruktionen, die die oben genannten syntaktischen und semantischen Kriterien erfüllen und somit als VKen bezeichnet werden können, systematisch für das Italienische dargestellt werden. Folgende Kriterien wurden bei der Typologisierung zugrunde gelegt:

(2-7) Kriterien zur Typologisierung italienischer VKen:

- Art des Komparators (z.B. *più, troppo* usw.);
- Wortart des Restriktors (NP, AP usw.);
- Art des Standardmarkers (z.B. *di, che* usw.);
- Struktur des Vergleichsstandards (Satz bzw. Phrase);
- Anzahl der Restriktoren (1 bzw. 2);

Die verschiedenen Kriterien haben nicht die gleiche Relevanz für die Typenbildung: So spielt die Art des Komparators für die Typologisierung von VKen eine übergeordnete Rolle

---

13 Larson (1991) führt die θ-Rolle <Restrict> für die NP bzw. AP in nominalen bzw. adjektivischen VKen vorwiegend aus semantischen Gründen ein: „In the former, NP functions to restrict a quantification over individuals [...]. In the latter, AP functions to restrict a quantification over degrees of A [...]“ (Larson 1991: 48).

14 Ausgeschlossen sind beispielsweise nicht graduierbare Adjektive:
i. *Maria è più morta di Laura.
Man beachte, dass eine Interpretation in der Regel nicht vollkommen ausgeschlossen ist: Gemäß dem Kooperationsprinzip (Grice 1993) würde der Hörer vermutlich versuchen, den entsprechenden Restriktor als graduierbar zu reanalysieren.

15 Bei der Angabe von Sprachbeispielen für VKen werden in der Regel vollständige Sätze angeführt. Streng genommen bilden jedoch nur die in (2-6) aufgeführten Komponenten die eigentliche VK. Alles andere gehört zum Kontext der VK. Dieser Unterschied wird im Folgenden – sofern nicht explizit angegeben – vernachlässigt.

gegenüber beispielsweise der Wortart des Restriktors. Auch sind nicht alle Kriterien für alle VK-Typen relevant. Im Folgenden sollen die in dieser Arbeit berücksichtigten Typen von VKen anhand italienischer Daten vorgestellt und kurz charakterisiert werden.[16] Ausschlaggebend für die folgende Typologie ist zunächst die Art des Komparators, anhand derer die folgenden Haupttypen ermittelt wurden: Komparative (Abschnitt 2.3), Äquative (Abschnitt 2.4), Similative (Abschnitt 2.5), sowie Ausmaß-VKen (Abschnitt 2.6). Sodann wird eine feinere Untergliederung nach Art des Restriktors, des Standardmarkers, der Struktur des Vergleichsstandards sowie der Anzahl der Restriktoren vorgenommen.

2.3 Komparativkonstruktionen

Komparativkonstruktionen (KKen) stellen einen besonders salienten Typ von VKen dar, in denen der Komparator sowohl als freies Morphem (z.B. it. *più*/ *meno*) als auch als Affix (z.B. engl. *-er* und dt. *-er*) auftreten kann. Die in Komparativen ausgedrückte Vergleichsrelation ist eine Differenz zwischen dem Standard- und dem Referenzwert. Da die Relation vom Komparator bestimmt wird, sollen im Folgenden zunächst die im Italienischen möglichen Komparatoren eingeführt werden. In Abschnitt 2.3.2 wird dann auf die potentiellen Restriktoren in KKen eingegangen. Sodann werden die Standardmarker behandelt, die in italienischen Komparativen auftreten können. Dabei wird der Schwerpunkt in Abschnitt 2.3.3 auf Standardmarkern liegen, die Vergleichssätze einleiten, Abschnitt 2.3.4 befasst sich hingegen mit den Standardmarkern in phrasalen Komparativen. Schließlich wird in Abschnitt 2.3.5 auf so genannte Subkomparative eingegangen. Einige der im Zusammenhang mit Komparativkonstruktionen besprochenen Aspekte betreffen nicht allein diesen, sondern auch weitere VK-Typen. In diesen Fällen wird ausdrücklich nicht von Komparativkonstruktionen, sondern allgemein von VKen gesprochen.

2.3.1 Der Komparator

2.3.1.1 *più* und *meno*

Im Italienischen gibt es zwei Elemente, die eine Komparativkonstruktion einführen können, nämlich *più* und *meno*, die traditionell jeweils mit den so genannten *comparative di maggioranza* (vgl. (2-8)a) bzw. *minoranza* (vgl. (2-8)a) in Verbindung gebracht werden:

(2-8) a. Laura è *più* alta di Maria.
b. Laura è *meno* alta di Maria.

Dabei drückt *più* eine MEHR-, *meno* eine WENIGER-Relation aus. Semantisch gesehen gibt es in Komparativen also zwei Möglichkeiten, wie der Referenzwert (in (2-8): Lauras

---

16 Eine detaillierte Charakterisierung der ermittelten Typen wird im Rahmen der Analyse in den Kapiteln 3-6 erfolgen.

Größe) gegenüber dem Standardwert (in (2-8): Marias Größe) auf einer Skala angeordnet werden kann:

(2-9) Anordnung der Werte gemäß (2-8)a

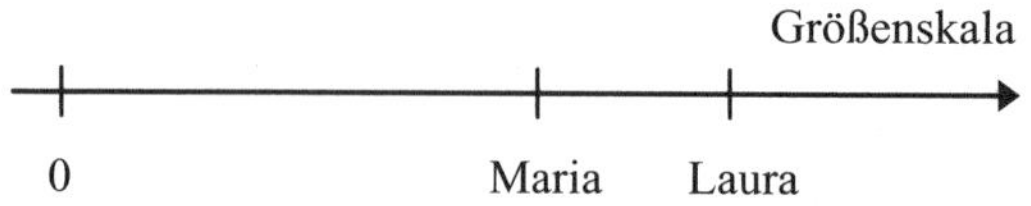

(2-10) Anordnung der Werte gemäß (2-8)b

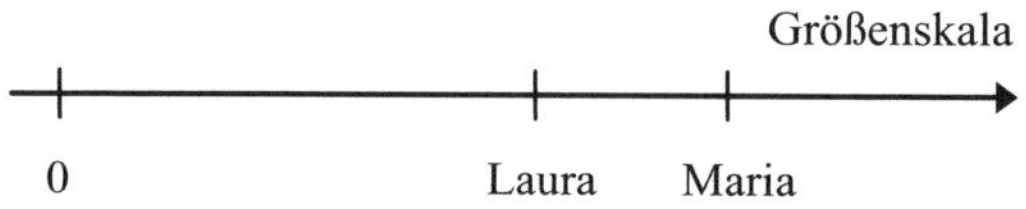

Da sich *più* und *meno* scheinbar lediglich in der Reihenfolge der Anordnung von Referenz- und Standardwert unterscheiden, werden in der Regel beide als mögliche Komparatoren für italienische Komparative eingestuft (vgl. u.a. Belletti 1991: 837). Allerdings verhalten sie sich bei näherer Betrachtung nicht vollkommen parallel. Es wurde beispielsweise beobachtet, dass in italienischen Komparativen mit nominalem Restriktor fakultativ ein quantifizierendes Element (*tanto*)[17] auftreten kann (vgl. Donati 2000: 112):

(2-11) Laura compra *più tanti* pomodori di Maria.[18]

In der entsprechenden *comparativa di minoranza* ist das overte Auftreten des Quantifizierers hingegen nicht möglich:

(2-12) Laura compra *meno (*tanti)* pomodori di Maria.

(2-12) kann jedoch durch eine synonyme Konstruktion ersetzt werden, in der *più* mit dem overten negativen Quantifizierer *poco* auftritt:

(2-13) Laura compra *più pochi* pomodori di Maria.

---

[17] Über den genauen Status von *tanto* wird in Abschnitt 4.5.5 noch zu diskutieren sein.

[18] Dabei handelt es sich gemäß Donati nicht um eine Konstruktion des Standarditalienischen, sondern von „varietà colloquiali rilassate" (Donati 2000: 112). Ich werde im Folgenden den deutschen Terminus *Umgangssprache* in einem vortheoretischen Sinne verwenden, da nicht ganz klar ist, wie diese Daten genau zuzuordnen sind (ob z.B. dem *italiano parlato* oder einem Substandard). Ihre Beurteilung erscheint insgesamt schwierig, und auch die Sprecherbefragungen sind oftmals widersprüchlich. Ich persönlich empfinde (2-11) als marginal, aber in jedem Fall als „besser" als die entsprechende von Donati ebenfalls als ungrammatisch eingestufte adjektivische VK (Donati 2000: 122):

i. *Maria è più tanto intelligente di Paolo.

Hingegen erscheint die negative adjektivische Variante weniger abweichend:

ii. ?Maria è più poco intelligente di Paolo.

Eine mögliche Erklärung für diesen Umstand wird in Abschnit 4.5.2 geliefert.

Diese Daten scheinen nahezulegen, dass *più* und *meno* unterschiedliche Komplexitätsgrade aufweisen: Die Inakzeptabilität von (2-12) suggeriert, dass *meno* möglicherweise bereits ein quantifizierendes Element enthält oder aber aus sonstigen Gründen nicht mit einem Quantifizierer kombinierbar ist. Außerdem kann *più* offensichtlich auch eine WENIGER-Relation ausdrücken, sofern es mit dem passenden Quantifizierer verknüpft wird. Es stellt sich daher die Frage, ob es sich bei *meno* und *più* tatsächlich um gleichwertige Komparatoren handelt. Ähnliche strukturelle Asymmetrien zwischen MEHR- und WENIGER-Komparativen sind übrigens auch in anderen Sprachen zu beobachten, z.B. im Deutschen und Sardischen:

(2-14) dt. a. Maria ist schön*er* als Peter.
b. Maria ist *wenig-er* schön als Peter.
(2-15) srd. a. Maria est *prus* alta de Perdu.
b. Maria est *prus pagu* alta de Perdu.

Hier ist in den b-Beispielen mehr phonologisches und morphologisches Material involviert, was auf eine größere Komplexität der jeweiligen Strukturen schließen lassen könnte.

Es gibt noch eine dritte Möglichkeit, wie die Reihenfolge der Anordnung von Referenz- und Standardwert auf einer Skala realisiert werden kann, nämlich durch die Polarität des jeweiligen adjektivischen Restriktors (weshalb diese Möglichkeit auf adjektivische Komparative beschränkt ist):

(2-16) a. Laura è più *alta* di Maria.
b. Laura è più *bassa* di Maria.[19]

Die „Richtung" der Skala kann im Italienischen somit durch die jeweiligen Komparatoren (*più* vs. *meno*), durch die Verknüpfung von *più* mit einem positiven (*tanto*) bzw. negativen (*poco*) Quantifizierer[20] oder aber durch die Polarität des Adjektivs bestimmt werden.

2.3.1.2 Synthetische Komparativformen

In den romanischen Sprachen gibt es keine produktive synthetische Bildung von Komparativ- und Superlativformen, wie sie etwa im Klassischen Latein üblich war, wie aus der Gegenüberstellung eines lateinischen Komparativsatzes mit einigen romanischen Entsprechungen in (2-17) deutlich wird, wobei in letzteren durchweg eine freie Form und kein Affix als Komparator auftritt:

---

[19] Adjektive wie *basso* werden in der Semantik als „negativ" bezeichnet (Krifka 2004: 5). Sie zeichnen sich dadurch aus, dass sie die Skala ihres antonymen Adjektivs (hier: *alto*) „umdrehen". Eine weitere häufig beobachtete Eigenschaft dieser Adjektive besteht darin, dass sie nicht mit Maßphrasen verknüpft werden können:
i. Maria è alta 2 metri.
ii. *Maria è bassa 2 metri.
Dieser Umstand, der die Semantik der Adjektive im Allgemeinen betrifft, wird in der strukturalistischen Linguistik übrigens darauf zurückgeführt, dass bei antonymischen Adjektiven die Positivform unmarkiert ist.

[20] Diese Möglichkeit besteht nicht in italienischen adjektivischen Komparativen, sondern nur in nominalen und verbalen Komparativen. Der Grund wird in Abschnitt 4.5.2 erläutert.

(2-17) klat. MARIA JOHANNE ALTIOR EST.[21]
it. Maria è più alta di Gianni.
srd. Maria est prus arta de Juanne.
sp. María es más alta que Juán.

Im Italienischen existieren – ebenso wie in den anderen romanischen Sprachen – noch einige wenige „synthetische“ Komparativformen, die jedoch nicht durch Flexion eines Positivstammes gebildet werden, sondern direkt aus lateinischen Komparativformen abstammen.[22] Die synthetische Komparativbildung ist im Italienischen nicht produktiv, d.h. es kann kein Komparativsuffix identifiziert werden, das die Rolle eines Komparators (analog zu engl. *-er* und dt. *-er*) übernehmen könnte. Es handelt sich bei den in (2-18) aufgeführten Formen somit durchgehend um Suppletivformen. In der Regel werden für das Italienische folgende synthetische Komparativformen aufgeführt:

(2-18) Synthetische und analytische Komparativformen (vgl. Belletti 1991: 850, Serianni 1988: 185)

Positivform	Synthetische Komparativform	Analytische Komparativform
buono/bravo	*migliore*	*più buono*
cattivo	*peggiore*	*più cattivo*
grande	*maggiore*	*più grande*
piccolo	*minore*	*più piccolo*
alto	*superiore*	*più alto*
basso	*inferiore*	*più basso*

Aufgrund der fehlenden formalen Ähnlichkeit zwischen Positivform und komparativischer Suppletivform, ist die Zuordnung zu einem adjektivischen Paradigma nicht immer eindeutig und teilweise kontextuell variabel. So lassen sich etwa *minore* und *maggiore* je nach Kontext sowohl als Steigerungsformen zu *piccolo* und *grande* als auch zu *vecchio* und *giovane* bzw. *alto* und *basso* einordnen.

---

21 Ebenfalls typisch für den Übergang zu den romanischen Sprachen ist der Schwund der morphologischen Kasusmarkierung des Vergleichsstandards (hier durch den Ablativ JOHANNE). Diese ist wie die meisten Kasusmarkierungen durch syntaktische Mittel ersetzt worden. Es gibt auch im Lateinischen VKen mit einen syntaktischen Standardmarker, nämlich *quam*. In diesem Fall „erbt“ der Vergleichsstandard seinen Kasus von dem Element, mit dem er in Kontrast steht (so genannte *derived case comparatives*, vgl. u.a. Stassen 1985: 28). Solche Konstruktionen sind im Deutschen die Regel, wo sich der Kasus des Vergleichsstandards immer nach seiner Entsprechung außerhalb des Vergleichskomplements richtet:
i. Anna liebt Maria mehr als ich. (Entsprechung = Anna).
ii. Anna liebt Maria mehr als mich. (Entsprechung = Maria).
Im Italienischen werden beide Beispiele gleich realisiert:
iii. Anna ama Maria più di me. (Entsprechung = Anna bzw. Maria).
Auf diese Ambiguität wird in Abschnitt 2.3.4 näher eingegangen.

22 Die Bezeichnung „synthetisch“ erscheint für diese Formen also im Grunde nicht gerechtfertigt, da sie synchron betrachtet nicht segmentierbar sind. Serianni zieht daher den Terminus *organisch* vor (vgl. Serianni 1988: 185). In Abschnitt 5.4.3 wird gezeigt, dass diese Formen nichtsdestotrotz syntaktisch komplex sind und lediglich ihre phonologische Realisierung „organisch“ ist. Daher wird der Begriff *synthetisch* beibehalten.

Betrachtet man die syntaktische Distribution der synthetischen Komparativformen in (2-18), stellt man fest, dass lediglich *migliore* und *peggiore* als vollwertige Komparativformen angesehen werden können, da sie als einzige regelmäßig in einer VK im in Abschnitt 2.1 definierten Sinne auftreten können:

(2-19) a. Maria è *migliore di* (quanto non lo sia) Gianni.
b. Maria è *peggiore di* (quanto non lo sia) Gianni.

Sowohl *migliore* als auch *peggiore* scheinen einen impliziten Komparator zu enthalten, der hier den für italienische Komparative typischen Standardmarker *di* lizensiert. Darüber hinaus kann der Standardwert sowohl durch einen Vergleichssatz als auch durch eine Vergleichsphrase realisiert werden.

Dies gilt im Fall von *maggiore* und *minore* nicht in gleichem Maße. Zwar führt Zingarelli (1999) die folgenden scheinbar vollkommen regelhaften VKen mit *maggiore* und *minore* auf:

(2-20) a. Il nostro giardino è *maggiore del* vostro. (Zingarelli 1999: s.v.)
b. Il mio giardino è *minore del* tuo. (Zingarelli 1999: s.v.)

Jedoch erscheinen diese Beispiele relativ markiert, und bei näherer Betrachtung ist die Distribution dieser Formen weniger frei als die der entsprechenden analytischen Formen:

(2-21) a. ?Maria è *maggiore* di Gianni.
b. ?Maria è *minore* di Gianni.
(2-22) a. Maria è *più grande* di Gianni.
b. Maria è *più piccola* di Gianni.

Während die analytischen Komparativkonstruktionen in (2-22) vollkommen grammatisch sind, wirken die Konstruktionen mit *maggiore* und *minore* mindestens ungewöhnlich, was m.E. auch für die Beispiele in (2-20) gilt. Die Marginalität von (2-20) wird übrigens noch deutlicher, wenn der Vergleichsstandard durch einen Vergleichssatz realisiert wird:

(2-23) a. ??Il nostro giardino è maggiore di *quanto non lo sia il vostro*.
b. ??Il mio giardino è minore di *quanto non lo sia il tuo*.

Den höchsten Akzeptabilitätsgrad scheint die Verwendung von *maggiore* und *minore* im modernen Italienisch vorwiegend dann aufzuweisen, wenn der Standardwert durch eine Altersangabe oder eine sonstige Phrase realisiert wird, die eine Kardinalzahl enthält:[23]

---

[23] Eine Testsuche in der Suchmaschine *Google* ergab, dass *maggiore* und *minore* überwiegend in nicht-komparativischen Konstruktionen auftreten: Unter den ersten 100 Treffern für die Wortkette *maggiore di* fanden sich lediglich 12 Komparativkonstruktionen (gesamt: ca. 219.000), bei *minore di* immerhin 39, wobei 30 davon die wohl als feste Wendung einzustufende Kombination *minore di* x *anni* enthielten (gesamt: ca. 83.400). Zum Vergleich: Im Falle von *peggiore di* waren 57% der ersten 100 Konstruktionen echte KKen (gesamt: ca. 26.000), bei *migliore di* 43% (gesamt: ca. 98.700) (*Google,* 23.09.2004).

(2-24) a. Questo film è vietato ai minori di *18 anni*.
b. 6 è maggiore di *5*, 5 è minore di *6*. (Belletti 1991: 850)

Im Falle von *superiore* und *inferiore* weicht das syntaktische Verhalten vollkommen von den üblichen Komparativkonstruktionen ab. Der Standardmarker *di* ist hier nicht möglich, stattdessen fordern beide Formen die Präposition *a*, um einen Vergleichsstandard einleiten zu können:

(2-25) Qui capita raramente che la temperatura sia *inferiore/superiore a/*di* 20°. (Belletti 1991: 851)

Aus diesem Grund werden diese Formen unter den so genannten „lexikalischen“ VKen subsumiert, die aufgrund ihrer Idiosynkrasie nicht zum Gegenstand dieser vorwiegend syntaktisch ausgerichteten Arbeit gehören (vgl. Abschnitt 2.7).

Es gibt noch weitere diachrone Relikte lateinischer Komparativformen im Italienischen, die jedoch aus synchroner Perspektive keine vergleichende Bedeutung mehr aufweisen, so dass sie auch keine VK lizensieren können (vgl. Zingarelli 1999: s.v.):[24]

(2-26) a. posteriore: ‚che sta dietro'.
b. anteriore: ‚che si trova davanti nel tempo o nello spazio'.
c. interiore: ‚che sta dentro'.
d. esteriore: ‚che è, avviene o appare al di fuori'.

Insgesamt kann man festhalten, dass es im Italienischen keine produktive synthetische Komparativform gibt, und dass von den genannten Suppletivformen lediglich *migliore* und *peggiore* einen impliziten Komparator zu enthalten scheinen, der wie *più* und *meno* eine Komparativkonstruktion einführen kann.

2.3.2 Der Restriktor

Als Restriktor wird in Anlehnung an Larson (1991) derjenige Teil der VK bezeichnet, über den der Komparator Skopus hat. Er repräsentiert die Hinsicht des Vergleichs zwischen Standard- und Referenzwert. Syntaktisch kann er einfach (z.B. ein Adjektiv oder ein Nomen) oder auch komplex sein (z.B. eine vollständige VP inklusive adverbiale Ergänzungen). Anhand der Kategorie des Restriktors sollen im Folgenden verschiedene Subtypen von Komparativen bestimmt werden. Um die Zahl der Beispiele begrenzt zu halten, werden nur phrasale VKen berücksichtigt, in der Regel sind jedoch – wenn nicht anders angegeben – auch satzhafte Realisierungen des Vergleichsstandards möglich.

---

24 In Zingarelli (1999: s.v.) werden weiterhin folgende relativ seltene Formen aufgeführt, die jedoch in der Regel keine Komparativbedeutung aufweisen und keine VK lizensieren, weshalb sie für die vorliegenden Zwecke ebenfalls nicht relevant sind: *citeriore* (‚che è di qua'), *ulteriore* (‚che si trova al di là [...], che è nuovo'), *deteriore* (‚peggiore, scadente'), *posteroanteriore* (‚che ha direzione dal dietro verso la parte anteriore del corpo'), *poziore* (‚che conferisce un diritto di prelazione'), *priore* (Substantiv), *recenziore* (‚più recente'), *seniore* (Substantiv), *seriore* (‚posteriore'), *viciniore* (‚più vicino, limitrofo').

2.3.2.1 Adjektivische Komparative

Der adjektivische Typ wird, wie bereits mehrmals erwähnt, in der Literatur am häufigsten behandelt. Er dient dazu, zwei Grade einer durch das Adjektiv bezeichneten Eigenschaft zu vergleichen:

(2-27) Anna è più/meno *bella* di Maria.

Interessant ist, dass das Auftreten in Komparativkonstruktionen eine besondere Eigenschaft graduierbarer Adjektive zu neutralisieren scheint:[25] So impliziert beispielsweise die Positivform des Adjektivs *alto* eine überdurchschnittliche Größe, so dass das folgende Beispiel nicht einfach bedeutet, dass Anna irgendein Grad an Größe zukommt, sondern dass sie überdurchschnittlich groß ist:

(2-28) Anna è *alta.*

Die Implikation einer überdurchschnittlichen Größe ist in (2-27) hingegen keineswegs vorhanden, was dazu führt, dass (2-29)a im Gegensatz zu (2-29)b nicht zu einem Widerspruch führt:

(2-29) a. Anna è più alta di Maria, *ma non è alta.*
b. #Anna è alta, *ma non è alta.*

In der Regel werden adjektivische Restriktoren im Italienischen prädikativ verwendet, d.h. sie treten als so genannte Prädikatsnomina oder Prädikativa mit einer Kopula auf (vgl. (2-27)). Darüber hinaus können adjektivische VKen in postnominaler Stellung auftreten (in den folgenden Beispielen wird die adjektivische VK jeweils kursiv markiert):

(2-30) Ho incontrato una donna *più/meno bella di Maria.*

Einen besonderen Fall bilden so genannte attributive Komparative (vgl. Kennedy & Merchant 2000a, Lechner 2004), in denen ein pränominales Adjektiv als Restriktor einer adjektivischen VK fungiert:

(2-31) Gianni è un *miglior(e)/peggior(e)* scrittore, *di quanto non lo sia tu.*

Attributive Komparative sind im Italienischen nicht nur mit den synthetischen Komparativformen *migliore* und *peggiore* möglich, sondern auch mit analytischen, allerdings nur mit bestimmten – bevorzugt einsilbigen – Adjektiven, wobei das Auftreten der negativen Komparation mit *meno* nicht möglich ist:

(2-32) Gianni è un *più/*meno bel/buon/bravo* ragazzo *di Luca.*

---

[25] Eine genaue Charakterisierung solcher Adjektive findet sich u.a. in Krifka (2004).

Hingegen ist das Auftreten von *meno* in postnominalen adjektivischen VKen (ebenso wie in prädikativen) unproblematisch:

(2-33) Gianni è un ragazzo *meno bello/buono/bravo di Luca.*

Attributive VKen können Nominalphrasen im Singular und Plural modifizieren. Im ersten Fall muss die NP durch den unbestimmten Artikel determiniert sein:

(2-34) Ho visto un/*il *più bel* ragazzo *di Gianni.*

Man beachte, dass die Inakzeptabilität des bestimmten Artikels nicht gilt, wenn die adjektivische VK postnominal auftritt:

(2-35) Ho visto un/il ragazzo *più bello di Gianni.*

Diese Asymmetrie scheint einen Hinweis dafür zu liefern, dass die Konstruktionen in (2-34) und (2-35) unterschiedliche Strukturen aufweisen. Zusätzliche Evidenz liefert in diesem Zusammenhang auch der seit Bresnan (1973) viel zitierte Umstand, dass attributive Komparative semantisch inakzeptable Ergebnisse liefern, wenn die NP im Vergleichsstandard nicht dieselben semantischen Merkmale aufweist, wie die durch die attributive VK modifizierte NP:

(2-36) #Ho incontrato un più bell'uomo di Maria.

Diese semantische Inakzeptabilität kommt nicht zustande, wenn das Adjektiv postnominal auftritt:

(2-37) Ho incontrato un uomo più/meno bello di Maria.

Wenn attributive VKen eine Plural-NP modifizieren, weisen sie im Italienischen dieselbe Form auf wie nominale VKen, in denen der nominale Restriktor durch ein Adjektiv modifiziert wird:

(2-38) Ho incontrato più bei ragazzi di Gianni.

Das betreffende Beispiel hat zwei mögliche Lesarten, die in der deutschen Übersetzung zum Ausdruck kommen:

(2-39) a. ‚Ich habe schönere Jungen gesehen als Gianni' (Attributive VK).
b. ‚Ich habe mehr schöne Jungen gesehen als Gianni' (Nominale VK).

Demnach ergeben sich für (2-38) zwei verschiedene Strukturen, die hier durch entsprechende Klammerung gekennzeichnet werden sollen:

(2-40) a. Ho incontrato [[più bei] ragazzi] di Gianni (Attributive VK).
b. Ho incontrato [più [bei ragazzi]] di Gianni (Nominale VK).

Diese Ambiguität kann übrigens auch im Italienischen aufgelöst werden, wenn eine synthetische Komparativform verwendet wird:

(2-41) a. Ho incontrato [[migliori] ragazzi] di Gianni (Attributive VK).
b. Ho incontrato [più [bravi ragazzi]] di Gianni (Nominale VK).

Auf die eben schon erwähnten nominalen Komparativkonstruktionen soll im Folgenden ausführlicher eingegangen werden.

2.3.2.2 Nominale Komparative

In nominalen Komparativen werden nicht zwei Grade, sondern zwei Quantitäten verglichen. Im folgenden Beispiel wird etwa die Menge der durch Laura erworbenen Tomaten der Menge der durch Maria erworbenen Tomaten gegenübergestellt:

(2-42) Laura compra più/meno *pomodori* di Maria.

Neben zählbaren Nomina (im Plural, vgl. (2-42)) kommen auch Massennomina (im Singular) als mögliche nominale Restriktoren in Frage:

(2-43) Laura compra più/meno latte di Maria.

Die modifizierte Nominalphrase darf dabei nie durch einen Determinierer begleitet werden, worauf beispielsweise die Ungrammatikalität des folgenden Beispiels beruht:[26]

(2-44) *Laura compra più/meno i pomodori/il latte di Maria.

Ausgehend von einer erweiterten Nominalphrase im Sinne der DP-Analyse, derzufolge die NP von einer bzw. mehreren funktionalen Kategorien selegiert wird, wird dem nominalen Restriktor in den meisten Ansätzen daher kein DP-Status, sondern eine reduzierte (z.B. QP) bzw. gar keine funktionale Struktur (also NP) zugeschrieben. Eine in Abschnitt 2.3.1.1 bereits erwähnte Besonderheit nominaler Komparative im Italienischen ist das fakultative Auftreten eines quantifizierenden und mit dem Nomen kongruierenden Elements in der Umgangssprache:

(2-45) a. Laura compra più *tanti* pomodori di Maria.
b. Laura compra più *pochi* pomodori di Maria.

Eine weitere Charakteristik nominaler VKen besteht darin, dass sie in allen Argument- und Adjunktpositionen vorkommen können, (vgl. Belletti 1991: 835, die nominale VK wird im Folgenden kursiv hervorgehoben):

---

[26] Eine Interpretation dieser Beispiele ist nur möglich, wenn nicht Quantitäten von Tomaten bzw. Milch verglichen werden, sondern wenn das Ereignis des Kaufens von Tomaten bzw. von Milch quantifiziert wird. In diesem Fall liegt jedoch keine nominale, sondern eine verbale VK vor, vgl. Abschnitt 2.3.2.4.

(2-46) a. *Più/meno persone di quante tu non creda* hanno visitato la mostra. (Subjekt)
b. Ho incontrato *più/meno persone di quante tu non creda.* (Direktes Objekt)
c. Ho telefonato a *più/meno persone di quante tu non creda.* (Indirektes Objekt)
d. Ho parlato con *più/meno persone di quante tu non creda.* (Präpositionales Objekt)
e. Ho dormito *più/meno ore di quante non immaginassi di poter dormire.* (Temp. Erg.)

Somit scheinen nominale VKen die Distribution vollwertiger DPen aufzuweisen. Das zeigt sich vor allem darin, dass sie auch in Subjektposition auftreten können (vgl. (2-46)a), wo determiniererlose Nominalphrasen im Italienischen auch dann nicht lizensiert sind, wenn sie durch ein pränominales Adjektiv modifiziert werden:

(2-47) a. *Queste/le* persone sono belle.
b. *Persone sono belle.
c. **Brave/intelligenti* persone sono belle.

Wenn die nominale VK nicht in satzfinaler Position steht, z.B. weil sie – wie in (2-46)a – ein präverbales Subjekt ist, wird das Vergleichskomplement gelegentlich nicht direkt an den nominalen Restriktor angehängt, sondern es erscheint in satzfinaler Position:

(2-48) *Più/meno persone* hanno visitato la mostra *di quante tu non creda.*

Eine mögliche Erklärung für die relative Flexibilität dieser Daten wird in Abschnitt 5.1 geliefert. Von den nominalen VKen sind übrigens Konstruktionen wie die folgende zu unterscheiden:

(2-49) Amo più Gianni che Luca.

Hier besteht der scheinbare Restriktor aus einem Eigennamen, nämlich *Gianni*. Problematisch ist dabei, dass Eigennamen inhärent determiniert sind und ihnen in der Regel daher DP-Status zugesprochen wird (vgl. u.a. Longobardi 2001). Wenn Gianni der Restriktor der VK wäre, würde hier somit eine VK mit DP-Restriktor vorliegen, ein Umstand, der – wie oben gezeigt wurde – ansonsten nicht möglich ist. Viel gravierender ist jedoch, dass die DP *Gianni* überhaupt nicht quantifizierbar ist, da sie weder ein zählbares noch ein Massennomen darstellt. Demnach ist sie auch aus semantischer Sicht als Restriktor der VK ungeeignet. Man kann davon ausgehen, dass hier nur scheinbar ein nominaler Restriktor vorliegt. Vielmehr bildet das Lieben die Hinsicht des Vergleichs, so dass von einer verbalen VK ausgegangen werden muss, auf die in Abschnitt 2.3.2.4 ausführlich eingegangen wird.

Konstruktionen, in denen die Nominalphrase prädikativ verwendet wird, verhalten sich eher wie adjektivische VKen, da hier keine Quantität, sondern ein Grad des Zutreffens eines nominalen Prädikats die Vergleichshinsicht darstellt:

(2-50) Anna è più donna di quanto non lo sia Maria.

Vermutlich wird hier das Nomen als graduierbares Adjektiv reanalysiert. Demnach sind solche Fälle nicht als nominale VKen zu behandeln.

2.3.2.3 Adverbiale Komparative

Die adverbialen Komparative verhalten sich in vielerlei Hinsicht analog zu den in Abschnitt 2.3.2.1 genannten adjektivischen Konstruktionen, mit dem Unterschied, dass VKen mit adverbialem Restriktor keine Nomina modifizieren, sondern in der Regel als adverbiale Ergänzungen eines Verbs auftreten, so etwa in folgendem Beispiel:

(2-51) Laura si comporta *più prudentemente di Maria.*

Vereinzelt gibt es Fälle, in denen adverbiale Restriktoren als Prädikativa in einer Kopulastruktur auftreten:

(2-52) Laura è *più fuori (di testa) di Maria.*

Dabei handelt es sich jedoch um lexikalisierte Metaphern, die sich – ähnlich wie (2-50) – im Grunde wie Adjektive verhalten.

Ebenso wie in den adjektivischen und im Unterschied zu nominalen Komparativen kann *più* in adverbialen VKen nicht von einem Quantifizierer (*tanto/poco*) begleitet werden:

(2-53) *Laura si comporta *più tanto/poco prudentemente* di Maria.

In der Forschungsliteratur werden zum adverbialen Typ gelegentlich auch so genannte „implizit adverbiale" VKen gezählt (vgl. Donati 2000, Izvorski 1995):

(2-54) We read books more than they read magazines. (Izvorski 1995: 12)

Solche Konstruktionen werden in der vorliegenden Arbeit als VKen mit verbalem Restriktor behandelt. Diese werden im nächsten Abschnitt diskutiert.

2.3.2.4 Verbale Komparative

Verbale VKen weisen gegenüber den bisher genannten VKen die Besonderheit auf, dass der Komparator in der Regel nicht vor, sondern nach dem (verbalen) Restriktor auftritt:

(2-55) a. Laura dorme più di Maria.
b. *Laura più dorme di Maria.

Nicht zuletzt aus diesem Grund werden verbale VKen in der Forschungsliteratur häufig nicht als solche, sondern als implizit adverbial eingestuft. Die dabei zugrunde liegende Motivation soll im Folgenden genauer diskutiert werden.

In einem Aufsatz zu vorwiegend englischen Komparativkonstruktionen vertritt Izvorski die Meinung, dass VKen abhängig von der Art des Restriktors adjektivisch, adverbial oder nominal sein können (vgl. Izvorski 1995: Fn.2). Dabei führt sie für adverbiale VKen das folgende Beispiel an (vgl. (2-54), hier wiederholt):

(2-56) We read books more than they read magazines. (Izvorski 1995: 12)

Hier ist jedoch kein Adverb sichtbar, das als Restriktor fungieren könnte. Was *de facto* verglichen wird, sind zwei durch Verbalphrasen realisierte Tätigkeiten, nämlich das Lesen von Büchern mit dem Lesen von Zeitschriften. Was die Interpretation solcher Beispiele zugegebenermaßen erschwert, ist die Tatsache, dass man sich eine Quantifizierung oder Graduierung des Bücher-Lesens nicht ohne Rückgriff auf irgendwelche Teilaspekte dieses Ereignisses vorstellen kann: sei es die Quantität der gelesenen Bücher oder beispielsweise die Zeit, die man mit dem Lesen von Büchern verbringt. Genau darauf basiert auch Izvorskis Einstufung von (2-56) als adverbial, wie dies aus folgendem Zitat deutlich wird: „[It] means something like *We read books on more occasions/for a longer period of time than they read magazines*" (Izvorski 1995: 12). Allerdings müsste ein solches zugrunde liegendes „implizites" Adverb so allgemein sein, dass es alle möglichen Interpretationen von (2-56) zulässt. Auf dieses Problem wird weiter unten zurückzukommen sein.

Verwunderlich erscheint Izvorskis weitere Begründung für den adverbialen Status von (2-56), nämlich dass sich der Komplex aus Komparator und Vergleichskomplement (hier: *more ... than magazines*) insgesamt wie ein adverbialer Modifikator der VP *read books* verhalte. Dies hat prinzipiell nichts mit der Kategorie des Restriktors zu tun. Betrachtet man entsprechende nominale (2-57)a und adjektivische (2-57)b VKen, stößt man auf ähnliche Verhältnisse:

(2-57) a. We read *more* books *than magazines.* (Izvorski 1995: 12)
b. John is tall*er than Mary is.* (Izvorski 1995: 12)

In (2-57)a hat der Komplex aus Komparator und Vergleichskomplement, also *more ... than magazines* auch nicht die Funktion einer Nominalphrase, sondern die eines (quantifizierenden) Adjektivs (bzw. eines Quantifizierers); trotzdem liegt hier zweifellos (auch gemäß Izvorski) eine nominale VK vor, da der entsprechende Komplex (aus Komparator und Vergleichskomplement) einen nominalen Restriktor (nämlich *books*) modifiziert. Ähnliches gilt für (2-57)b, mit dem Unterschied, dass hier *-er ... than Mary is* einen adjektivischen Restriktor (nämlich *tall*) modifiziert und demnach keine adjektivische, sondern adverbiale Funktion aufweist.

Auch Donati vertritt die Meinung, dass VKen wie (2-56) implizit adverbial seien. Als Argument führt sie an, dass in diesen Konstruktionen zwei Grade einer Eigenschaft des Prädikats verglichen würden und dass diese implizite Eigenschaft von Natur aus adverbial sei (vgl. Donati 2000: V):

(2-58) Mario spende più di Gianni. (Donati 2000: 138)

Hier stellt sich ebenfalls die Frage, welches Adverb in (2-58) den impliziten Restriktor bilden könnte. Denkbar wäre ein Quantifizierer[27] wie it. *tanto*, da dieses lediglich eine positive

---

27 Der Status quantifizierender Elemente ist innerhalb der Forschung umstritten. Dass diese sowohl adverbiale als auch adjektivische Funktion haben können, wird in Abschnitt 4.4 genauer erläutert. Dass *tanto* kein „normales" direktes Objekt von *spendere* sein kann, wird u.a. dadurch deutlich, dass es in einer Passivkonstruktion nicht lizensiert wäre:

Menge bzw. einen positiven Grad ausdrückt ([+]) und dadurch hinreichend allgemein ist, um beispielsweise die verschiedenen möglichen Interpretationen von Daten wie (2-56) zuzulassen:[28]

(2-59) Mario spende più *tanto* di Gianni.

Man beachte, dass (2-59) im Italienischen möglich, allerdings einem ebenso informellen Stil zuzurechnen ist, wie die bereits genannten nominalen Komparativkonstruktionen mit overtem *tanto*:

(2-60) Maria compra più *tanti* pomodori di Gianni.

Wenn man *tanto* in (2-59) als adverbial einstuft, ist es genauso legitim, *tanti* in (2-60) als adjektivisch anzusehen. Es stellt sich dann jedoch die Frage, weshalb (2-60) von Donati nicht als implizit adjektivisch eingestuft wird. Noch deutlicher wird diese Parallelität zwischen verbalen und nominalen VKen in englischen (und deutschen) Äquativkonstruktionen, auf die in Abschnitt 2.4.1 näher eingegangen wird. Es kann zunächst festgehalten werden, dass sowohl in nominalen als auch in verbalen VKen ein implizites quantifizierendes Element aufzutreten scheint, das gelegentlich – abhängig von der jeweiligen Sprache und vom VK-Typ – auch overt realisiert wird. Dieses quantifizierende Element kann aufgrund seiner Distribution in verbalen VKen als eher adverbialer, in nominalen VKen eher als adjektivischer Modifikator eingestuft werden. Es wäre natürlich möglich, diesen Quantifizierer als eigentlichen Restriktor der entsprechenden VKen anzusehen: Dann müsste dies jedoch sowohl für verbale als auch für nominale VKen gelten. Letztendlich würde dies dazu führen, dass man die Existenz nominaler VKen ebenfalls leugnen müsste, was jedoch weder Donati noch Izvorski (und m.W. auch kein anderer VK-Forscher) tut.

Hier soll an der Hypothese festgehalten werden, dass in den genannten Fällen das Nomen bzw. das Verb den Restriktor der VK bilden. Nichtsdestotrotz erscheint die Intuition richtig, dass in nominalen und verbalen VKen ein implizites (oder explizites) quantifizierendes Element enthalten ist. Dies soll im Rahmen der geplanten Analyse von VKen Berücksichtigung finden.

Ein weiteres Argument, das für die Existenz verbaler VKen spricht, liefert das Zapotekische (Mexiko). In den meisten Sprachen, die produktive Komparativsuffixe aufweisen, können diese nur an Adjektive (bzw. Adverbien) affigieren und mit diesen synthetische Komparativformen bilden. Im Zapotekischen können hingegen auch Nomina und Verben

---

i. *Tanto viene speso da Mario.

Außerdem kann es auch mit intransitiven Verben wie *dormire* auftreten:

ii. Mario dorme tanto.

[28] It. *tanto* hat übrigens mehrere Bedeutungen, die in den folgenden Beispielen deutlich werden:

i. Maria mangia tanti pomodori da scoppiare (‚so viel').

ii. Maria mangia così tanti pomodori da scoppiare (‚viel', im Sinne einer neutralen positiven Menge).

iii. Maria mangia tanti pomodori (‚viel', im Sinne einer großen positiven Menge).

In Abschnitt 4.5.5 wird auf diese Mehrdeutigkeit näher eingegangen.

mit dem Komparativsuffix *-ru* verknüpft werden. Für letztere führt Galant (1998: 124) u.a. das folgende Beispiel an:

(2-61) W -ta'ihsy -ru' Rodriiegw cah Lijeb.
PERF -sleep -er Rodrigo than Felipe
‚Rodrigo slept more than Felipe'.

Es kann zusammenfassend festgehalten werden, dass die Postulierung verbaler VKen mindestens genauso berechtigt ist wie die nominaler VKen. Eine Besonderheit liegt tatsächlich darin, dass sich verbale VKen in Bezug auf die Stellung des Komparators von VKen mit adjektivischem und nominalem Restriktor unterscheiden. Dass dieser in verbalen VKen dem Restriktor folgt und nicht vorausgeht, entspricht jedoch den üblichen Stellungsverhältnissen quantifizierender bzw. graduierender Elemente innerhalb der VP, auch hier im Gegensatz zu den Verhältnissen in NPen, APen und AdvPen. Dies kann anhand der Distribution des Quantifizierers *molto* im Vergleich zum Komparator *più* verdeutlicht werden:

(2-62) a. Anna è *molto/più* intelligente.
b. Anna ha *molte/più* doti.
c. Anna corre *molto/più* velocemente.
d. Anna dorme *molto/di più*.[29]

Der Komparator *più* verhält sich somit nicht anders als andere graduierende bzw. quantifizierende Modifikatoren. Bei letzteren würde man nicht annehmen, dass sie ein implizites Adverb modifizieren.

Eine weitere Besonderheit verbaler VKen besteht darin, dass der Komparator in manchen Fällen vor einem Argument bzw. Adjunkt des Verbs auftritt, wobei auf den ersten Blick der Eindruck entstehen könnte, dass eine nominale oder präpositionale VK vorliegt:

(2-63) a. Amo *più Gianni* che Luca.
b. Gioco *più con il computer* che con il gameboy.

Dass in (2-63)a nicht die Nominalphrase *Gianni*, sondern das Verb den Restriktor der VK bilden muss, wurde bereits in Abschnitt 2.3.2.2 verdeutlicht (vgl. die Diskussion von Beispiel (2-49)). Auf die Verhältnisse in (2-63)b soll im nächsten Abschnitt eingegangen werden.

2.3.2.5 „Präpositionale" Komparative

Laut Belletti (1991) können in VKen auch Präpositionalphrasen als Restriktor fungieren, eine Annahme, die sie mit folgenden Beispielen belegt (vgl. Belletti 1991: 840f.):

---

[29] Dass *più* in diesem Beispiel in Begleitung von *di* auftreten muss, liegt daran, dass kein overtes Vergleichskomplement vorliegt. Die genauen Umstände für das Auftreten von *di* sind jedoch ziemlich undurchsichtig, weshalb sie im Rahmen der vorliegenden Arbeit auch nicht endgültig geklärt werden konnten. Einige Aspekte dieses Phänomens werden in Grimaldi (2005a: 430f.) erläutert.

(2-64) a. In questo paese si parla *meno con i locali* che con ospiti stranieri.
b. Quel libro tratta *più di problemi specifici* che di questioni generali.

Betrachtet man allerdings genauer, was hier im Skopus des Komparators steht, stellt man fest, dass hierfür nicht die Präpositionalphrasen allein in Frage kommen, sondern die gesamte VP, also in (2-64)a beispielsweise der Akt des Mit-den-Ortsansässigen-Sprechens mit dem Akt des Mit-fremden-Gästen-Sprechens. Das wird u.a. daran deutlich, dass die natürlichste Interpretation dieser VK eine temporale ist: Man verbringt mehr Zeit mit dem Sprechen mit Fremden als mit dem Sprechen mit Ortsansässigen. Diese Interpretation wäre jedoch nicht möglich, wenn die PP allein und nicht das Verb den Restriktor der VK bilden würde. Noch deutlicher zeigt sich dieser Umstand, wenn man den Komplex aus Komparator und Vergleichskomplement (hier: *meno ... che con ospiti stranieri*) mit einem quantifizierenden Modifikator ersetzt, z.B. *molto*:

(2-65) In questo paese si parla *molto* con i locali.

In diesem Fall würde man *molto* ebenfalls nicht als Modifikator der PP einstufen. Es spricht somit einiges dafür, dass man es hier letztendlich mit verbalen VKen zu tun hat, bei denen der Komparator – aus Gründen, die noch zu klären sein werden – zwischen dem Verb und einem seiner Argumente bzw. Adjunkte steht.

Ein letzter Fall, der zu den präpositionalen VKen gezählt werden könnte, betrifft Präpositionalphrasen, die als Prädikativa in Kopulastrukturen auftreten:

(2-66) a. La nostra casa è più *a sinistra* della tua.
b. Maria è più *in gamba* di Eva

Auch hier ist – analog zu Beispiel (2-52) – zu sagen, dass die betroffenen PPen ein gewisses Maß an Lexikalisierung aufweisen, was im Fall von (2-66)b vollkommen eindeutig ist, aber auch in (2-66)a u.a. am Fehlen eines Determinierers zwischen der Präposition und der Nominalphrase zu erkennen ist. Man beachte, dass die entsprechende PP mit Determinierer durchaus möglich ist (vgl. (2-67)a), nicht jedoch in Verbindung mit einer zu (2-66)a parallelen prädikativen VK (vgl. (2-67)b):

(2-67) a. La nostra casa è *alla sinistra* della chiesa.
b. *La nostra casa è più *alla sinistra* della tua.

Es kann also davon ausgegangen werden, dass in (2-66) als Adjektive reanalysierte fixierte PPen vorliegen.

Man kann zusammenfassend festhalten, dass es keine VKen mit präpositionalem Restriktor gibt: Bei den in der Literatur aufgeführten scheinbar präpositionalen Konstruktionen handelt es sich entweder um verbale VKen oder um VKen mit einer als Adjektiv reanalysierten lexikalisierten PP. Die einzigen möglichen Restriktoren in Komparativkonstruktionen sind demnach Adjektive, Adverbien, Nomina und Verben.

2.3.3 Der Standardmarker in satzhaften Komparativen

In Abschnitt 2.2 wurde bereits darauf hingewiesen, dass der Standardwert in VKen sowohl durch einen Satz (Vergleichssatz) als auch durch eine Phrase (Vergleichsphrase) realisiert werden kann. In italienischen Komparativkonstruktionen kann dies in beiden Fällen sowohl durch den Standardmarker *che* als auch durch *di* erfolgen. Im vorliegenden Abschnitt sollen zunächst die Eigenschaften komparativischer Vergleichssätze erörtert werden (eine Darstellung phrasaler Komparative folgt in Abschnitt 2.3.4). Als satzhafte Komparative werden wie gesagt Komparativkonstruktionen bezeichnet, in denen der Standardwert durch einen finiten Satz realisiert wird. Dabei sind im Italienischen die folgenden Typen zu unterscheiden:

(2-68) a. Der *wh*-Typ.
b. Der *che*-Typ.
c. Der *di quello che*-Typ.

In den folgenden Unterabschnitten werden diese drei Konstruktionstypen näher erläutert.

2.3.3.1 Der *wh*-Typ

Dieser Typ stellt die im Standarditalienischen favorisierte Option für satzhafte Komparative dar. Charakteristischerweise leitet der Standardmarker *di* eine satzhafte Konstruktion ein, die das overte *wh*-Element[30] *quanto* (oder ein anderes *wh*-Element, s. unten) enthält. Daher wird dieser Typ von Vergleichssatz im Folgenden als *wh*-Typ bezeichnet.[31] Dieser sei durch das folgende Beispiel illustriert:

(2-69) Anna ha comprato più pomodori di *quanti* non ne abbia comprati Laura.

Eine Besonderheit des Vergleichssatzes in (2-69) besteht darin, dass hier Konjunktiv und Negation auftreten können: Besonders im Fall der Negationspartikel *non* ist dies insofern erstaunlich, als im Vergleichssatz in (2-69) keinerlei negative Bedeutung vorliegt, wie dies an der entsprechenden deutschen Übersetzung deutlich zu erkennen ist:

(2-70) ‚Anna hat mehr Tomaten gekauft *als Laura gekauft hat*'.

---

[30] In der GG werden Interrogativ- und Relativpronomina als *wh*-Elemente bezeichnet, da diese im Englischen in der Regel mit der Graphemfolge <wh> beginnen, z.B. *who, where* usw. Das Charakteristische dieser Elemente besteht darin, dass es sich dabei nicht um referentielle Ausdrücke handelt (wie dies die traditionelle Bezeichnung *Pronomen* nahelegt), sondern um Operatoren, d.h. um Ausdrücke, die auf Variablen operieren. Als solche unterliegen sie einem besonderen Typ von Bewegung, nämlich der so genannten Operator- bzw. *wh*-Bewegung (vgl. Abschnitt 6.2.1).

[31] In der Literatur wird dieser Typ unumstritten als satzhaft charakterisiert, mit Ausnahme von Price (1990: 148), die ihn als phrasal einstuft. Dieser Einstufung liegt die Präsupposition zugrunde, dass hier ein verstecktes nominales Element vorhanden sei, das einen Relativsatz einleitet. Allerdings ist das entscheidende Kriterium für die hier vorgenommene Einstufung als satzhaften Vergleichsstandard nicht, ob dieser *ausschließlich* aus einer CP besteht, sondern ob er eine CP *enthält*.

Sowohl die genaue Distribution als auch die tatsächliche Notwendigkeit sowie Motivation von Konjunktiv und Negation in Komparativkonstruktionen werden in der Literatur sehr uneinheitlich beurteilt. Zumindest in Komparativsätzen des *wh*-Typs ist ihr Auftreten jedoch sicherlich nicht obligatorisch (vgl. u.a. Agard & Di Pietro 1965: 82, Battaglia & Pernicone 1951: 569, Belletti 2001a, Wandruszka 1991 u.v.a.m.).[32]

Das *wh*-Element *quanto* ist im Italienischen nicht auf den Komparativsatz beschränkt, sondern es ist auch in anderen Konstruktionen zu finden, u.a. in so genannten Freien Relativsätzen ((2-71)a), in Interrogativen (b) und in Exklamativen (c) (Beispiele aus Bracco 1980: 20):

(2-71) a. Ho letto quanto hai scritto.
b. Quanto è alto Gianni?
c. Quanto è alto Gianni!

Es gibt jedoch einen grundsätzlichen Unterschied zwischen Vergleichssätzen und Freien Relativsätzen auf der einen Seite und Interrogativen und Exklamativen auf der anderen: Während letztere eine *quanto*-Phrase mit nominalem Komplement erlauben, gilt dies für erstere nicht:

(2-72) a. *Ho letto più libri di quanti fumetti hai letto tu.[33]
b. *Ho letto quanti fumetti hai scritto.
c. Quanti fumetti hai letto?
d. Quanti fumetti hai letto!

---

32 Das Auftreten von Konjunktiv und Negation in (italienischen) Komparativen ist ein nach wie vor ungelöstes Problem, das m.E. einerseits auf allgemeine semantische Eigenschaften von Komparativen andererseits aber auch auf syntaktische Eigenschaften des Vergleichssatzes selbst zurückzuführen ist. So scheint die Indefinitheit des Vergleichssatzes Voraussetzung für das Auftreten einer Negationspartikel zu sein, weshalb diese beispielsweise im italienischen *wh*-Typ, nicht jedoch im *di quello che*-Typ (vgl. 2.3.3.3) lizensiert ist. In der Forschung besteht (bis auf wenige Ausnahmen, vgl. u.a. Seuren 1973) weitestgehend Einigkeit darüber, dass die Negationspartikel *non* keine echte Negation realisiert. Eine genaue Darstellung dieser Thematik würde viel Raum einnehmen und eine zu starke Schwerpunktsetzung auf Komparative mit sich bringen, weshalb dieser Fragenkomplex aus der vorliegenden Untersuchung ausgeschlossen wurde. Im Übrigen ist auch in anderen Sprachen Negation in Komparativen zu finden: Im Französischen ist beispielsweise die Negationspartikel *ne* anzutreffen, allerdings ist hier der Konjunktiv unüblich (vgl. Price 1990: 151). Ein weiterer Unterschied besteht darin, dass die Negation im Italienischen in phrasalen Komparativen lizensiert ist, im Französischen jedoch nicht. Dies lässt sich wohl dadurch erklären, dass frz. *ne* ein Klitikum ist und daher einen overt realisierten T^0-Kopf als *Host* benötigt. Weitere romanische Sprachen, die Negationspartikeln in Komparativen lizensieren, sind nach Price (1990) das Friaulische, das Spanische, das Katalanische, das Okzitanische und das Wallonische.

33 Entgegen der hier in Anlehnung an Donati (2000) vertretenen Ansicht sind solche Beispiele nach Bracco nicht absolut ungrammatisch („not in general totally unacceptable", vgl. Bracco 1980: 21). Daher markiert er sie lediglich mit einem Fragezeichen. Eine Einstufung der entsprechenden Freien Relativsätze nimmt er hingegen nicht vor. Belletti vermutet eine höhere Akzeptabilität, wenn das Subjekt postverbal steht. Dies ist in (2-72) auch der Fall, doch das Beispiel erscheint dennoch inakzeptabel, was m.E. übrigens auch für das von Belletti als grammatisch eingestufte folgende Beispiel gilt (vgl. Belletti 1991: 841):

i. [*]Ho visto più persone io in un'ora, di quante telefonate hai ricevuto tu in tutta la giornata.

Man beachte, dass dieser Grammatikalitätsunterschied nicht davon abhängt, ob es sich bei dem *quanto*-Satz um einen Matrix- oder um einen eingebetteten Satz handelt. Dies wird aus der Betrachtung eines entsprechenden eingebetteten Interrogativsatzes deutlich:

(2-73) Mi chiedo *quanti fumetti tu abbia letto.*

Eine weitere Besonderheit dieses Typs liegt darin, dass das *wh*-Element *quanto* in nominalen VKen Kongruenz mit dem nominalem Restriktor im Matrixsatz aufweist:

(2-74) a. Ho letto più *fumetti* di *quanti* ne hai letti tu.
b. Ho letto più *novelle* di *quante* ne hai lette tu.
c. Ho bevuto più *acqua* di *quanta* ne hai bevuta tu.
d. Ho bevuto più *latte* di *quanto* ne hai bevuto tu.

Auch das Partizip richtet sich in Numerus und Genus nach den Merkmalen des *wh*-Elements. Auffällig ist hier außerdem das Auftreten des klitischen Elements (*ne*), das im Italienischen u.a. von (indefiniten) Quantifizierern modifizierte Nominalphrasen substituiert:

(2-75) a. Ho letto molti libri: ne ho letti molti.
b. Ho letto alcuni libri: ne ho letti alcuni.

Dass auch in diesen Fällen Partizipkongruenz zu beobachten ist, kann auf die Präsenz des Klitikums *ne* zurückgeführt werden (vgl. u.a. Belletti 1992, Belletti & Rizzi 1996, Rizzi 1982). Ist der Restriktor nicht nominal, ist auch keine Kongruenz des *wh*-Elements (und des Partizips) zu verzeichnen, sondern es wird die unmarkierte Form *quanto* gewählt:

(2-76) a. Abbiamo giocato più di *quanto* abbia giocato tu. (verbaler Restriktor)
b. Questi ragazzi sono più belli di *quanto* non siano furbi. (adjektivischer Restriktor)
c. Gianni è ferito più gravemente di *quanto* non ci aspettassimo. (adverbialer Restriktor)

Aufgrund der o.g. obligatorischen Kongruenz von *quanto* mit nominalen Restriktoren (sowie der Partizipialkongruenz und des Auftretens des Klitikums *ne*) ermöglichen Vergleichssätze dieses Typs in ambigen Fällen eine genaue Identifizierung des Restriktors:

(2-77) a. Maria compra più *pomodori* di *quanti* ne ha comprati ieri (nominaler Restr.).
b. Maria *compra* più pomodori di *quanto* abbia mai fatto prima (verbaler Restr.).

In diesen Beispielen ist der Matrixsatz identisch, und die Position von *più* lässt zunächst auf einen nominalen Restriktor schließen. Bei Betrachtung des Vergleichssatzes wird jedoch deutlich, dass in Beispiel (2-77)a Mengen von Tomaten verglichen werden, in Beispiel (2-77)b hingegen eine Quantifizierung des Ereignisses des Tomaten-Kaufens erfolgt, die sich auf mehrere Teilaspekte dieses Ereignisses beziehen kann, u.a. auch auf die Dauer oder die Häufigkeit des Kaufens. Diese Ambiguität entsteht aus dem in Abschnitt 2.3.2.4 bereits erläuterten Umstand, dass der Komparator in verbalen VKen gelegentlich vor einem Argument des Verbs auftreten kann.

Neben *quanto* gibt es weitere *wh*-Elemente, die in durch den Standardmarker *di* eingeleiteten Komparativsätzen auftreten können. Es handelt sich dabei um *come* sowie in selteneren Fällen *quando* und *dove* (Beispiele aus Herczeg 1978: 340f.):

(2-78) a. [...] apparve più bella di come l'avesse intervista negli spazi stellari (Lampedusa).
b. [...] aveva le guance più colorite e gli occhi più vivi di quando era partita (Moravia).
c. Vedeva poco più lontano di dove metteva il piede (Bacchelli).

Aufgrund ihres adverbialen Charakters sind diese Vergleichssätze in VKen mit einem nominalen Restriktor nicht kompatibel:

(2-79) *Anna ha comprato più pomodori di dove/come/quando pensavo.

Da das *wh*-Element im Vergleichssatz dazu dient, den Standardwert zu realisieren und dieser in (2-79) einer Quantität von Tomaten entspricht, ist hier ein adverbiales *wh*-Element ausgeschlossen.

2.3.3.2 Der *che*-Typ

Der Grammatikalitätsgrad dieses Typs ist im Italienischen nicht so eindeutig zu bestimmen und wird in Grammatiken bzw. linguistischen Untersuchungen unterschiedlich bewertet. Die Urteile reichen von absolut ungrammatisch bis hin zu vollkommen unproblematisch. Dies soll anhand einiger Auszüge aus der Forschungsliteratur kurz illustriert werden.

Eine radikale Ablehnung dieses Typs für das Standarditalienische vertritt beispielsweise Belletti in der *Grande grammatica italiana di consultazione*:

> Tuttavia la comparativa con *che* non può essere una frase; più precisamente, non può contenere il verbo, come si vede dall'impossibilità di frasi come le seguenti:
> a. *Gianni ha scritto più che (non) abbia letto.
> b. *Gianni è altrettanto intelligente che (Francesco) (non) sia furbo. (Belletti 1991: 848)

Auch Schwarze erklärt *che*-Komparativsätze zunächst für ungrammatisch: „Ein *che*-Satz, wie er dem dt. Komplement mit *als* entspräche, ist nicht möglich, s. z.B.: **Carlo è più malato che sembri*" (Schwarze 1995: 683). Diese grundsätzliche Ablehnung wird jedoch relativiert, als er wenig später sowohl einen lediglich mit einem Fragezeichen markierten als auch einen als völlig grammatisch bewerteten Vergleichssatz mit *che* anführt:

(2-80) a. ?Il vestito è più bello che non sembri a prima vista. (Schwarze 1995: 688)
b. La notte fu meno tormentata che non avessi temuto. (Schwarze 1995: 689)

Zu (2-80)b merkt er lediglich an, dass „die Ausdrucksweise mit *di quanto* wesentlich geläufiger" (Schwarze 1995: 689) sei. Auffällig ist, dass sowohl in diesen mehr oder weniger grammatischen Beispielen als auch in den obigen von Belletti als ungrammatisch eingestuften Daten Konjunktiv und Negation auftreten. Diese scheinen somit keine wesentliche Rolle für die (Un)-Grammatikalität des *che*-Typs zu spielen.

Auch Donati bewertet *che*-Vergleichssätze zwar als marginal, aber als immerhin möglich:

> [...] l'opzione con *di quanto* non è l'unica in italiano per le comparative frasali [i.e. satzhafte Komparative][34]. C'è anche la possibilità, marginale ma reale, di costruire la frase subordinata con *che*. (26) illustra qualche esempio di questa costruzione:
>
> (26) a. ?Maria ha mangiato più biscotti che non pensasse.
>
> b. ??Maria ha mangiato più biscotti che Mario non abbia mangiato caramelle.
>
> (Donati 2000: 205)

Eine ähnliche Meinung vertritt Wandruszka, der folgende lediglich als leicht abweichend markierte Beispiele anführt (Wandruszka 1991: 459):

(2-81) a. ?Antonio è più intelligente che io non credessi.
b. ?Ti troverai in una situazione peggiore che non sia stata quella dell'anno scorso.

Hingegen wird in anderen Grammatiken die Konstruktion mit *che* als vollkommen regelmäßig zugelassen. So zitiert Serianni (1988: 519) einige Beispiele aus dem literarischen Italienisch (was für diese Grammatik üblich ist):

(2-82) a. [...] egli sapeva molto più che non dicesse (Levi, *Cristo si è fermato a Eboli*).
b. [...] tenta d'ingannarli [...] più che non farebbe con altri (Leopardi, *Pensieri*, XIX).

Man muss bei diesen Beispielen jedoch besonders berücksichtigen, dass der satzhafte *che*-Typ im Altitalienischen die Regel war (allerdings ohne Konjunktiv, vgl. Stefanelli 1993: 47). Es ist somit grundsätzlich nicht auszuschließen, dass er in der „konservativeren" Literatursprache besonders stark vertreten sein könnte und dadurch auch in normativen Grammatiken eine relativ große Rolle spielt. Eine solche Vermutung äußert auch Donati in Bezug auf den satzhaften *che*-Typ:

> [...] secondo la maggior parte delle grammatiche più diffuse dell'italiano, [...] è perfettamente ammesso, quando non è addirittura presentato come l'unico modo di costruire una comparativa di tipo frasale. Questo giudizio si scontra però con il parere dei parlanti, che generalmente concordano a escludere questa possibilità o a ritenerla per lo meno molto marginale. Sembra quindi di assistere a un contrasto netto tra l'uso ‚vivo' e la norma grammaticale. (Donati 2000: 141, Fn. 5)

Price (1990) stuft *che*-Komparativsätze, die für sie den einzigen wirklich satzhaften Typ im Italienischen darstellen (vgl. Fn. 31), als grammatisch ein. Sie verknüpft jedoch deren Grammatikalität mit dem obligatorischen Auftreten von Negation und – zumindest für das „formale Standarditalienisch" – Konjunktiv, eine Meinung, die – wie sie selbst einräumt – nicht von allen italienischen Grammatiken geteilt wird (vgl. Price 1990: 151f.). Auf den obligatorischen Konjunktiv im *che*-Typ führt sie schließlich auch dessen geringere Geläufigkeit zurück: „[...] the perceived formality of the subjunctive mood, however, then reduces the frequency of use of the sentential construction" (Price 1990: 159). Auch diese Begrün-

---

34 Mit *comparative frasali* sind im Italienischen satzhafte und gerade nicht phrasale Komparative gemeint (it. *frase* ‚Satz'). Phrasale Komparative werden hingegen als *comparative sintagmatiche* bezeichnet.

dung ist nicht wirklich überzeugend: Denn der Konjunktiv kann auch in *wh*-Vergleichssätzen auftreten, ohne dass diese deshalb von den Sprechern als markiert eingestuft würden (vgl. auch Abschnitt 2.3.3.1). Zwar sind alle hier als grammatisch aufgeführten *che*-Vergleichssätze ohne Konjunktiv und Negation in der Tat weniger akzeptabel, es gibt jedoch auch Fälle, in denen dieser Typ trotz Konjunktiv und Negation nicht möglich ist, was – wie bereits erwähnt – dadurch deutlich wird, dass alle in diesem Abschnitt bisher als ungrammatisch oder marginal eingestuften Beispiele sowohl Konjunktiv als auch Negation aufweisen. Die Erklärung für die unterschiedlichen Grammatikalitätsurteile muss also woanders liegen.[35]

Betrachtet man die bisher als grammatisch eingestuften Beispiele sowie die folgenden *che*-Vergleichssätze, die Price (1990: 150ff.) anführt, etwas genauer, fallen einige Gemeinsamkeiten auf:

(2-83) a. Maria è più intelligente che tu non creda.
b. L'inglese è meno difficile che io non credessi.
c. Luigi è più alto che non pensassi.
d. È arrivato più presto che non mi aspettassi.
e. Abbiamo studiato più che tu non voglia ammettere.

Zum einen handelt es sich nie um nominale VKen, d.h. der Restriktor wird nie durch ein Nomen realisiert, sondern nur durch Adjektive ((2-80)b und (2-83)a-c), Adverbien ((2-83)d) und Verben ((2-82) sowie (2-83)e). Darüber hinaus ist eine gewisse Tendenz zu Vergleichssätzen mit epistemischen Verben zu konstatieren. In jedem Fall bleibt der eigentliche Vergleichsstandard implizit und scheint in einem getilgten Satz enthalten zu sein, der wiederum von dem finiten (oft epistemischen) Verb im Vergleichssatz selegiert werden müsste.[36] Dies soll anhand von (2-83)a kurz erläutert werden. Hier wird Marias Intelligenz in der wirklichen Welt mit ihrer Intelligenz in der (nach Meinung des Sprechers) vom Hörer für wirklich gehaltenen Welt verglichen. Der Standardwert ist somit der Grad von Marias Intelligenz in der (vom Sprecher postulierten) Vorstellungswelt des Hörers. Im Vergleichssatz wird jedoch nur die Charakterisierung der Welt explizit realisiert, und nicht der eigentliche Wert. Man könnte (2-83)a etwa folgendermaßen paraphrasieren:

(2-84) Maria è più intelligente che tu non creda che sia intelligente.

---

[35] Price formuliert ihre Annahme, dass finite Verbformen in Komparativsätzen nicht lizensiert sind, als so genanntes *Tensed Verb Constraint*: „The most obvious syntactic reason for the existence of a tensed verb constraint in the comparatives of inequality appears to be that the presence of a tensed verb in the second half of the comparison might lead to a preferential interpretation of the clause as an ordinary tensed clause introduced by the standard subordinator *que*." (Price 1990: 61). Diese Beschränkung gegen satzhafte *che/que*-Komparative im Romanischen könne jedoch entweder durch Negation (z.B. im französischen *que*-Komparativsatz) oder aber durch besondere Wortstellung (z.B. im spanischen *que*-Komparativsatz) umgangen werden. Allerdings sind italienische *che*-Komparativsätze – wie gesagt – auch dann oft ungrammatisch, wenn Negation (und Konjunktiv) auftreten, so dass auch die Postulierung eines *Tensed Verb Constraint* keine plausible Erklärung für die oben beschriebene Situation darstellt.

[36] Eine Ausnahme bildet (2-82)b: Hier scheint das finite Verb *fare* eher so etwas wie ein Pro-Verb zu sein, das eingesetzt wird, um die Finitheitsmerkmale (vor allem den Konditional) realisieren zu können, ohne das Verb des Matrixsatzes wiederholen zu müssen.

Es bleibt festzuhalten, dass der satzhafte *che*-Typ im Italienischen weniger üblich ist als der *wh*-Typ und dass er auf wenige, möglicherweise elliptische Kontexte beschränkt ist. Da eine genauere Einschätzung dieses umstrittenen Vergleichssatztyps eine Korpusanalyse voraussetzen würde, die im Rahmen der vorliegenden Arbeit nicht geleistet werden kann, wird der *che*-Typ im Rahmen der Analyse nur am Rande berücksichtigt werden (vgl. Abschnitt 6.2.4).

2.3.3.3 Der *di quello che*-Typ

Dieser Typ von Vergleichssatz kann deshalb als satzhaft eingestuft werden, weil er eine finite CP enthält. Hier liegt eine Relativsatzstruktur vor, in der ein pronominaler Antezedens (*quello*) durch einen restriktiven Relativsatz eingeschränkt wird:

(2-85) Ho letto più libri di quelli [$_{CP}$ che hai letto tu].

Dabei dient die finite CP dazu, den Standardwert festzulegen, so dass eine Einstufung dieses Komparativtyps als satzhaft durchaus gerechtfertigt erscheint.

Eine weitere Gemeinsamkeit des *di quello che*-Typs mit dem *wh*-Typ liegt darin, dass das Pronomen *quello* in nominalen Komparativen Kongruenz mit dem Restriktor aufweist, wie das Beispiel (2-85) zeigt. Betrachtet man jedoch den entsprechenden *wh*-Typ mit *di quanto*, fallen zwei wesentliche Unterschiede auf:

(2-86) a. Ho letto più libri di *quanti ne* hai *letti* tu.
b. Ho letto più libri di *quelli* che hai *letto* tu.

In (2-85) (hier wiederholt als (2-86)b) tritt weder das Klitikum *ne* auf, noch weist das Partizip Kongruenz mit dem nominalen Restriktor im Matrixsatz auf. Das bestätigt die bereits in Abschnitt 2.3.3.1 erwähnte Beobachtung, dass die Partizipialkongruenz nicht von der Kongruenz des *wh*-Elements mit dem nominalen Restriktor, sondern vom Auftreten von *ne* abhängt. Dass *ne* im *di quello che*-Typ nicht lizensiert ist, liegt an der definiten Natur des Demonstrativpronomens, denn *ne* kann wie gesagt lediglich mit indefiniten Elementen koindiziert werden. Diese Definitheit führt auch dazu, dass die durch den *di quello che*-Vergleichssatz intendierten Bücher in (2-86)b als spezifisch präsentiert werden. Dies trifft für den entsprechenden *wh*-Typ hingegen nicht zu.

Ein weiterer Unterschied liegt laut Donati (2000: 71) darin, dass die im Vergleichssatz (2-86)b genannten Bücher in der Menge der im Matrixsatz bezeichneten Bücher enthalten sind. Er könne wie folgt interpretiert werden: ‚Ich habe die Bücher gelesen, die du gelesen hast + weitere Bücher'. Wesentlich sei hier die Teilidentität der verglichenen Mengen.

Diese Beobachtung trifft allerdings für VKen mit nicht-nominalem Restriktor nicht zu. In diesen Fällen scheint der *di quello che*-Typ mit dem entsprechenden *wh*-Typ synonym zu sein:

(2-87) a. Gianni dorme più di quello che/quanto è ragionevole.
b. Gianni è più bello di quello che/quanto sei tu.
c. Gianni è ferito più gravemente di quello che/quanto ci aspettavamo.

Da der *di quello che*-Typ keine Besonderheiten gegenüber gewöhnlichen Relativsätzen aufweist, wird er im Rahmen der vorliegenden Arbeit ebenfalls nur am Rande berücksichtigt (vgl. Abschnitt 6.2.4).

Zu den satzhaften Komparativen ist abschließend zu sagen, dass sie deutlich seltener auftreten als ihre phrasalen Entsprechungen:

> Die satzhafte Variante wird nur dann gebraucht, wenn es Gründe dafür gibt, ein Verb zu verwenden. Ein solcher Grund kann sein, daß man eine bestimmte Modalität durch ein Verb ausdrücken möchte [...] oder daß der Vergleichsterm [i.e. der Vergleichsstandard, Anm. L.G.] nur indirekt genannt wird [...]. (Schwarze 1995: 683)

2.3.4 Der Standardmarker in phrasalen Komparativen

In Abschnitt 1.2 wurde bereits darauf hingewiesen, dass es im Italienischen zwei Arten von phrasalen Komparativen gibt, je nachdem, ob die Vergleichsphrase mit *di* oder *che* eingeleitet wird:

(2-88) Laura è più intelligente *di* Maria.
(2-89) Laura è più intelligente *che* furba.

In der Regel sind sich Grammatiken und linguistische Forschungsliteratur darüber einig, dass die beiden Standardmarker unterschiedliche Arten von Konstruktionen markieren; lediglich in den Angaben über die Distribution der beiden Standardmarker sowie in der jeweiligen Analyse der Konstruktionen bestehen Unstimmigkeiten. Der Schwerpunkt der vorliegenden Darstellung soll zunächst auf der Distribution der beiden Standardmarker liegen, da es hier zunächst um eine Beschreibung der Daten geht. In Abschnitt 6.1 wird auf die jeweiligen Analysen im Einzelnen eingegangen.

2.3.4.1 *di*-Komparative

Gemäß Donati ist die Distribution der beiden Standardmarker komplementär, und die Sprecherurteile können als vollkommen eindeutig eingestuft werden. Lediglich in einigen regionalen Varietäten gebe es eine Tendenz zur Aufhebung der Komplementarität:

> A nord le comparative sintagmatiche tendono a uniformarsi tutte al modello con *che*, probabilmente per influsso del dialetto. L'italiano centrale e meridionale conserva invece due forme ben distinte, *che* e *di*, chiaramente differenziate quanto alla distribuzione: non c'è esitazione nei giudizi, e la complementarietà delle due costruzioni è nettissima. (Donati 2000: 137)

Die einfache Distributionsregel, die sie dabei angibt, ist von der Kategorie der Vergleichsphrase abhängig: Handelt es sich dabei um eine DP, wird der Standardmarker *di* gewählt, ansonsten wird *che* eingesetzt (Donati 2000: 141). Dies würde die Verhältnisse in (2-88) und (2-89) korrekt vorhersagen. Die Einschätzung, dass *di* DPen einführt, ist relativ unumstritten und wird vielfach mit dem präpositionalen Status von *di* in Verbindung gebracht.

Dieser sei auch für die Akkusativ-Markierung der durch *di* regierten Phrase verantwortlich (vgl. Napoli & Nespor 1986: 627):[37]

(2-90) Maria è più alta di *te*.

Napoli & Nespor sind weiterhin der Meinung, dass *di* als Standardmarker exakt die gleichen Phrasentypen regieren könne wie die entsprechende Präposition, nämlich „[...] NP's, infinitivals, adverbs with deictic value [...], and QP's" (Napoli & Nespor 1986: 623):[38]

(2-91) a. Amo Carlo più di *Luca*. (NP)
b. [*]Mi piace più mangiare di *bere*. (Infinitivsatz)
c. Oggi è più caldo di *ieri*. (AdvP)
d. Pesa più di *quanto tu non creda*. (QP)

Abgesehen von (2-91)b, das entgegen den Angaben von Napoli & Nespor als eindeutig ungrammatisch einzustufen ist (vgl. auch Donati 2000: 140), muss man offenbar neben Donatis DPen auch Adverbien und QPen als mögliche durch den Standardmarker *di* selegierbare Vergleichsphrasen zulassen. Erstere stellen für Donati kein Problem dar, da sie diesem Adverbtyp in Anlehnung an Cinque (1999) nominalen Charakter zuspricht und solche Adverbien entsprechend dem neueren Stand der Theorie daher ebenfalls als DPen einstuft (vgl. Donati 2000: 140). (2-91)d kann zunächst ausgeklammert werden, da es sich dabei gemäß der hier vorgenommenen Typologisierung nicht um eine Vergleichsphrase, sondern um einen Vergleichssatz des *wh*-Typs handelt.[39] Somit wird Donatis Regel durch diese Beispiele nicht ernsthaft in Frage gestellt.

Was *di* in keinem Fall selegieren darf, sind Nominalphrasen, die keinen DP-Status aufweisen, z.B. determiniererlose NPen:[40]

(2-92) *Maria mangia più biscotti di caramelle. (Donati 2000: 140)

Mögliche Komplemente von *di* sind hingegen so genannte Maßphrasen (MPen):

(2-93) Anna pesà più di 70 chili.

Der Status von MPen sowie die darunter zu subsumierenden Daten sind zwar nicht eindeutig geklärt, jedoch weisen MPen einige Unterschiede zu DPen auf. So können sie beispiels-

---

37 Im Folgenden wird gemäß der in der GG üblichen Terminologie der Terminus *Akkusativ* für den traditionellen *casus obliquus* und der Terminus *Nominativ* für den *casus rectus* verwendet.

38 Unter NP verstehen Napoli & Nespor die Nominalphrase mit Argumentstatus, die in der jüngeren Forschung als DP aufgefasst wird.

39 Dass ihn Napoli & Nespor nichtsdestotrotz aufführen, liegt daran, dass sie unter Berufung auf Bracco (1980) von einem QP-Status dieses Vergleichssatztyps ausgehen, vgl. Napoli & Nespor (1986: 623, Fn. 5). Auf den Status des *wh*-Vergleichssatzes wird in Abschnitt 6.2.2 genauer eingegangen.

40 Somit erweist sich Abneys (1987) DP-Hypothese und die daraus resultierende Differenzierung zwischen NP und DP für die Distribution der Standarmarker im Italienischen als entscheidend.

weise nur scheinbar als direkte Objekte auftreten, was durch die Unmöglichkeit der Passivierung deutlich wird:

(2-94) a. Mario pesa 50 kg.
b. *50 kg vengono pesati da Mario.
c. Mario pesa la farina.
d. La farina viene pesata da Mario.

Offensichtlich ist das Verb *pesare* in (2-94)a und b nicht transitiv.[41] In der Tat können MPen auch mit intransitiven Verben auftreten und scheinen somit eher Adjunktstatus zu besitzen:

(2-95) Mario dorme due ore.

Was die Verhältnisse in VKen betrifft, unterscheiden sich MPen von DPen u.a. darin, dass sie (vermutlich nicht nur) im Italienischen nicht als Vergleichsstandard in Äquativkonstruktionen auftreten dürfen (vgl. Grimaldi 2005a: 432f.). Darüber hinaus ist oftmals bemerkt worden, dass auch im Französischen und Spanischen, in denen phrasale Komparative in der Regel nur mit *que* eingeleitet werden, gerade Komparative mit einer Maßphrase als Vergleichsstandard eine Ausnahme bilden und durch *de* eingeleitet werden (können):[42]

(2-96) frz. J'ai plus de/que cent francs (Price 1990: 70).
sp. Tengo más de/que mil pesetas (Price 1990: 27).

Donatis DP-Regel muss somit zumindest um die MPen erweitert werden.

Man kann zunächst festhalten, dass der Standardmarker *di* offensichtlich Akkusativkasus vergibt, was für seine Einstufung als Präposition (bzw. Kasusmarker) zu sprechen scheint. Darüber hinaus kann *di* DPen (inkl. DP-Adverbien wie *ieri, oggi, domani* usw.) und Maßphrasen selegieren. Stimmt Donatis Hypothese, der zufolge *di* und *che* eine komplementäre Distribution aufweisen, müsste in allen anderen Kontexten *che* als Standardmarker für phrasale Komparative auftreten. Dies soll im nächsten Abschnitt anhand konkreter Daten

---

41 Allerdings auch nicht unakkusativisch, im Gegensatz etwa zu Zamparellis Annahmen (vgl. Zamparelli 2000: 295): Man beachte, dass *pesare* nicht mit dem Hilfsverb *essere* kompatibel ist:
i. Gianna ha pesato 50 kg.
ii. *Gianna è pesata 50 kg.

42 Auch hier sind die Urteile leider nicht ganz einheitlich. Laut Price (1990: 70) sind sowohl im Französischen als auch im Spanischen beide Varianten möglich: „As in Spanish, there is also [i.e. im Französischen] an alternation between the preposition *de* and *que* after *plus/moins* when the second half of the comparison contains a number or refers to a quantity [...]". Hingegen stuft Pinkham (1982: 167), die allerdings nur das Französische behandelt, die Variante mit *que* als ungrammatisch ein:
i. Elle a plus de deux filles.
ii. *Elle a plus que deux filles.
Eine genauere Untersuchung der Verhältnisse im Französischen und Spanischen würde den Rahmen dieser Arbeit sprengen. Allerdings ist allein die Möglichkeit der Standardmarkierung mit *de* ein wichtiger Hinweis, dass hier ein struktureller Unterschied zu DPen vorliegen muss.

sowie anhand der Angaben in Grammatiken und in der Forschungsliteratur überprüft werden.

2.3.4.2 *che*-Komparative

Als Beispiel für die Distribution von *che* in phrasalen Komparativen führt Donati die folgenden Daten auf (vgl. Donati 2000: 138):

(2-97) a. Maria mangia più biscotti che caramelle.
b. Mario è più simpatico che intelligente.
c. Mario guida più prudentemente che velocemente.
d. [*]Mario spende più che guadagna.

Das letzte Beispiel wird von Donati als grammatisch eingestuft, was angesichts der Tatsache, dass es eine finite Verbform enthält und somit gemäß der (auch bei Donati üblichen) Definition von phrasalen Komparativen in diesem Zusammenhang gar nicht vorkommen dürfte, überraschend erscheint. Hinzu kommt, dass es sich dabei um einen satzhaften *che*-Komparativ handelt, den Donati selbst als eher marginal einstuft (vgl. Abschnitt 2.3.3.2). Somit muss die von Donati postulierte Distribution von *che* (nämlich komplementär zu *di*), zumindest um die finiten Verbformen reduziert werden. Es wird sich im Laufe dieses Abschnitts zeigen, dass Donatis Erwähnung (auch nach ihren eigenen Annahmen) extrem marginalen Beispiels (2-97)d in diesem Zusammenhang kein Zufall ist, sondern aus der typischen Distribution von *che* in phrasalen Komparativen folgt.

Unproblematisch erscheinen entsprechende verbale Daten mit infiniter Verbform:

(2-98) Ama più scherzare che parlare. (Napoli & Nespor 1986: 643)

Bei den eben genannten Beispielen handelt es sich durchwegs um so genannte Subkomparative, d.h. um Komparative, in denen nicht zwei Grade/Quantitäten einer einzigen (durch den Restriktor ausgedrückten) Eigenschaft, sondern zwei Grade/Quantitäten von zwei verschiedenen Eigenschaften verglichen werden.[43] Betrachtet man die Daten genauer, fällt auf, dass die von *che* eingeleitete Konstituente exakt dieselbe Struktur aufweist wie die Konstituente, die *che* vorausgeht und die in der Regel unmittelbar von *più* eingeleitet wird. Man kann die Distribution von *che* also darauf zurückführen, dass ein direkter Kontrast zwischen zwei strukturell parallelen Termen hergestellt wird (vgl. Price 1990: 148f.).[44]

Die Postulierung einer solchen Distributionsregel, die *che* bei direktem Kontrast favorisiert, erklärt auch, weshalb Donati das Beispiel (2-97)d anführt, obwohl es sich – wie gesagt – um ein ungrammatisches oder zumindest stark marginales Beispiel handelt, das darüber hinaus nicht einmal phrasal ist. Hier werden nämlich zwei finite Verben direkt kontras-

---

[43] Dabei wird eine Eigenschaft durch den Restriktor, die andere durch seine parallele Entsprechung im Vergleichsstandard ausgedrückt. Daher kann hier auch informell von zwei Restriktoren gesprochen werden. Dieser Typ wird in Abschnitt 2.3.5 ausführlich erläutert.

[44] Sie beruft sich dabei auf verschiedene Grammatiken, u.a. Agard & Di Pietro (1965) und Lepschy & Lepschy (1988).

tiert, wobei ein paralleles verbales Beispiel zu den nominalen, adjektivischen und adverbialen Daten in (2-97)a-c entsteht. Der direkte Kontrast scheint Donati zur Auswahl der entsprechenden Daten veranlasst zu haben.

Die direkte Kontrastierung zweier kategorial identischer Terme liefert in der Tat die optimale Umgebung für *che*, was unter anderem auch daran deutlich wird, dass in solchen Fällen *che* sogar vor DPen lizensiert ist und dort sogar bessere Grammatikalitätsurteile als *di* erzielt (Beispiele aus Napoli & Nespor 1986: 638):

(2-99) a. ??Considero Giorgio più intelligente che Luigi.
b. Considero più intelligente Giorgio che Luigi.

Während (2-99)a nur im Norditalienischen möglich ist (wenn auch markierter als die Entsprechung mit *di*), erscheint (2-99)b mit *che* deutlich besser als die entsprechende Alternative mit *di*, obwohl der Vergleichsstandard durch eine DP ausgedrückt wird. Hier liegt also ein Fall vor, in dem die DP-Regel von Donati keine Anwendung findet bzw. der eben genannten Regel des direkten Kontrasts offenbar untergeordnet ist. Im Zusammenhang mit DPen sind die Standardmarker *di* und *che* teilweise austauschbar, wobei je nach Stellung von *più* unterschiedliche Grammatikalitätsurteile und Interpretationen entstehen:

(2-100) a. Luca ama più Martina che *Camilla*. (Patiens; Beispiel aus Napoli & Nespor 1986: 633)
b. ??Luca ama più Martina di *Camilla*. (Patiens)
c. Luca ama Martina più di *Camilla*. (Agens bzw. Patiens)
d. ??Luca ama Martina più che *Camilla*. (Agens bzw. Patiens)

Theoretisch wären in diesem Kontext zwei Interpretationen möglich:

(2-101) a. ‚Luca liebt Martina mehr als er Camilla liebt.' (Camilla = Patiens)
b. ‚Luca liebt Martina mehr als Camilla Martina liebt.' (Camilla = Agens)

Die Beispiele (2-100)a und b lassen jedoch nur eine Interpretation der DP *Camilla* als Patiens zu: Somit wird dem Vergleichsstandard die gleiche θ-Rolle zugewiesen wie der damit kontrastierten DP (*Martina*). Dagegen sind in (2-100)c und d, in denen *più* der DP *Martina* nachgestellt wird und damit kein unmittelbarer Kontrast entsteht, beide in (2-101) genannten Interpretationen zugänglich. Der direkte Kontrast scheint somit eine Interpretation zu erzwingen, die den durch *che* unmittelbar kontrastierten Termen die gleiche syntaktische Struktur und semantische Rolle zuspricht. Was die Grammatikalität der entsprechenden Beispiele angeht, so wird bei direktem Kontrast eindeutig *che* vorgezogen, ansonsten *di*.

Eine Umgebung, in der *che* auch im Norditalienischen gemäß Belletti immer ausgeschlossen ist, stellen Vergleichsphrasen mit Personalpronomina dar:

(2-102) *Gianni ha mangiato più dolci che te. (Belletti 1991: 839)

Dieser Umstand wird von Donati auf die von ihr formulierte DP-Regel zurückgeführt. Es wurde jedoch gezeigt, dass diese nicht immer zutrifft. Die Akzeptabilität verbessert sich übrigens auch hier etwas, wenn ein direkter Kontrast vorliegt, jedoch bleibt das Beispiel immer noch etwas markierter als etwa (2-100)a:

(2-103) ?Gianni ama più Maria che *te*.

Dieser Fall bringt jedoch einen sehr interessanten Umstand zu Tage: Man beachte, dass das Personalpronomen (2-103) Akkusativkasus trägt. Dies liegt nicht etwa daran, dass *che* Kasus zuweist, sondern dass das Personalpronomen im direkten Kontrast mit einer Objekt-DP steht und daher dieselbe Struktur aufweisen muss, wobei im Fall der Personalpronomina der Akkusativkasus overt markiert wird. Wählt man hingegen Beispiele, in denen ein Personalpronomen mit einem Subjekt kontrastiert wird, steht dieses im Nominativ:[45]

(2-104) a. [?]Hai lavorato più tu che *io/*me*.
b. [[?]]Sei stato scocciato tu più che *io/*me*. (Napoli & Nespor 1986: 636)

Somit scheint *che* so genannte *derived case comparatives* zu fordern (vgl. Stassen 1985: 28), bei denen der Kasus des Vergleichsstandards durch das damit kontrastierende Element bestimmt wird, während *di* auch dann Akkusativkasus vergibt, wenn der Vergleichsstandard eindeutig ein logisches Subjekt ist:

(2-105) Gianni mangia più biscotti di *me*.

Damit gehört *di* gemäß Stassens Definition zu den Standardmarkern, die so genannte *fixed case comparatives* lizensieren.[46]

Ein Problem für die Hypothese stellt auf den ersten Blick der folgende Fall dar.

(2-106) [??]Io sono molto più stanco che te. (Battaglia & Pernicone 1951: 164)

Zwar wurde bereits darauf hingewiesen, dass solche Daten nur im Norditalienischen unmarkiert sind, in dem insgesamt eine Tendenz zu *che* als „Universalstandardmarker" zu verzeichnen ist (übrigens ähnlich wie frz. *que* und sp. *que*). Somit ist die Tatsache, dass kein direkter Kontrast vorliegt und trotzdem *che* vorkommt, nicht weiter bedenklich. Ein Problem stellt jedoch der Umstand dar, dass das Pronomen entgegen allen Erwartungen Akkusativkasus aufweist. Da es in diesem Beispiel offensichtlich einem Subjekt gegenübergestellt wird, wäre hier Nominativkasus zu erwarten. Dieser ist auch möglich, sofern ein echtes kontrastierendes Beispiel gebildet wird:

(2-107) [?]Sono molto più stanco io che tu.

Höchstwahrscheinlich lässt sich das Auftreten von *te* statt *tu* in (2-106) ebenfalls auf die Verhältnisse im Norditalienischen zurückzuführen: Hier ist nämlich für die zweite Person (nicht jedoch für die erste) eine deutliche Tendenz zu einer Neutralisierung der Kasusopposition im pronominalen Paradigma zugunsten von *te* zu beobachten:

(2-108) Te come stai?

---

45 Gemäß Napoli & Nespor (1986) sind die entsprechenden Beispiele vollkommen grammatisch.

46 Somit stellt das Italienische, was dieses Typologisierungskriterium betrifft, einen Mischtyp dar. Dies gilt – wie gesagt – auch für das Lateinische, das mit dem *ablativus comparativus* (*fixed case*) und dem Standardmarker *quam* (*derived case*) beide Typen aufweist.

Auch im Standarditalienischen gibt es gelegentlich Fälle, in denen *te* favorisiert wird, obwohl es syntaktisch und semantisch keinen Grund für die Akkusativmarkierung gibt. Hingegen ist der Akkusativ im Fall der ersten Person ausgeschlossen:

(2-109) a. Io e *te/*tu*.
b. Tu e(d) *io/*me*.

Insgesamt ist zu sagen, dass aufgrund der geringen Kompatibilität von *che* mit Personalpronomina Aussagen über die Kasusmarkierung der von *che* eingeleiteten Vergleichsphrasen schwer zu treffen sind. Jedoch kann man im deutlichen Gegensatz zu *di* feststellen, dass der Nominativkasus nach *che* in jedem Fall möglich ist.

Einen Fall, in dem *che* scheinbar niemals auftreten darf (m.E. auch nicht im Norditalienischen), stellen hingegen die im letzten Abschnitt bereits erwähnten phrasalen Komparative mit Maßphrasen dar:

(2-110) *Anna pesà più che 70 chili.

Dies liegt vermutlich daran, dass in solchen Fällen ein direkter Kontrast nicht möglich ist.[47] Unter die phrasalen *che*-VKen fallen schließlich Beispiele, in denen die Vergleichs„phrase" relativ komplex ist und zumindest oberflächlich gesehen keine Konstituente bildet:

(2-111) Laura ha comprato più *pomodori al mercato ieri* che *zucchine dall'ortolano venerdì*.

Auffällig ist hierbei die absolute strukturelle Parallelität der Vergleichsphrase mit ihrer zwischen *più* und *che* angesiedelten Entsprechung. Jegliche Veränderung der Reihenfolge in einem der beiden Terme führt zu schlechteren Grammatikalitätsurteilen. Ebenfalls negativ wirkt sich das Fehlen eines Elements in nur einem Term aus:

(2-112) ??Laura ha comprato più pomodori al mercato ieri che zucchine.

Man beachte, dass in Fällen wie (2-111), in denen die Vergleichsphrase scheinbar aus mehreren Konstituenten besteht, der Standardmarker *di* vollkommen ausgeschlossen ist (selbst wenn ihm eine DP unmittelbar folgt).

Solche Vergleichsphrasen haben dazu geführt, dass phrasale *che*-Komparative vielfach als reduziert satzhafte VKen analysiert werden (vgl. Donati 2000, Price 1990). Auf die verschiedenen Analysen für phrasale *che*- und *di*-Komparative wird in Abschnitt 6.1 eingegangen. Insgesamt kann jedoch festgehalten werden, dass phrasale *che*-Komparative in der Regel dazu dienen, einen direkten Kontrast zwischen dem Vergleichsstandard und einer (strukturell parallelen) Entsprechung im ersten Teil des Vergleichs zu realisieren.

---

[47] Die einzige Möglichkeit besteht eventuell in so genannten „metalinguistischen" VKen:
i. Anna pesa 20 più/piuttosto che 30 kg.
Solche Konstruktionen werden jedoch aus Gründen, die noch zu erläutern sind, aus der vorliegenden Untersuchung ausgeschlossen (vgl. Abschnitt 2.3.5).

2.3.5 Subkomparative

Die so genannten *Subkomparative*[48] werden in der Forschungsliteratur traditionell von „normalen" Komparativen abgegrenzt. Der Unterschied wird in der Regel zunächst semantisch definiert. Jedoch ergeben sich aus der semantischen Differenzierung oftmals auch Annahmen über unterschiedliche strukturelle Eigenschaften (vgl. u.a. Bresnan 1973; Corver 1993; Kennedy 1999). Eine übliche Definition findet sich etwa bei Price:

> Comparison may, however, be of two different kinds: full or partial [entspricht der Unterscheidung: Komparativ vs. Subkomparativ, Anm. L.G.]. Full comparison involves comparing two categories which are identical with regard to lexical features, though they may be referentially distinct, in the case of nouns. Partial comparison, on the other hand, involves comparing categories which are necessarily lexically distinct. (Price 1990: 10)

Überträgt man die genannten Überlegungen in die hier verwendete Terminologie, kann man sagen, dass in den bisher behandelten „gewöhnlichen" Komparativen nur ein (overter) Restriktor vorkommt, d.h. es werden zwei Grade bzw. Quantitäten im Hinblick auf eine, durch den Restriktor ausgedrückte Hinsicht verglichen. Hingegen ist in Subkomparativen im Standard des Vergleichs eine overte Entsprechung zum Restriktor vorhanden, den man informell als „zweiten Restriktor" bezeichnen könnte. In diesem Fall beziehen sich die verglichenen Grade/Quantitäten auf zwei verschiedene Hinsichten. Die folgenden Gegenüberstellungen einer Komparativ- (a) und einer Subkomparativkonstruktion (b) sollen den Unterschied verdeutlichen:

(2-113) a. Laura è più bella di Maria.
b. Laura è più bella che intelligente.
(2-114) a. Maria compra più pomodori di Laura.
b. Maria compra più pomodori che zucchine.

In (2-113)a werden zwei Werte von einer Eigenschaft (Schönheit) verglichen, in b hingegen zwei Werte (hier: Grade) von zwei verschiedenen Eigenschaften (nämlich Schönheit und Intelligenz). In (2-114)a stellen die Tomaten die Hinsicht des Vergleichs dar (also die „Eigenschaft" im weitesten Sinne), und zwei Werte (hier: Quantitäten) von Tomaten werden einander gegenübergestellt. In (2-114)a hingegen wird eine Quantität von Tomaten mit einer Quantität von Zucchini verglichen. Somit gibt es zwei Hinsichten (oder Eigenschaften) und zwei Werte (oder Quantitäten).

Belletti verortet den Unterschied zwischen den beiden Konstruktionstypen auch darin, dass im ersten, nicht jedoch im zweiten Fall zwei Individuen im Vergleich involviert sind: „Il processo di comparazione può stabilirsi in due modi fondamentali: tra due individui rispetto ad una ‚proprietà' o tra due ‚proprietà' rispetto ad un unico individuo" (Belletti 1991: 833). Allerdings trifft diese Definition nicht immer die Verhältnisse in Subkompara-

---

48 Analog zum üblichen englischen Terminus *subcomparatives.* Anscheinend hängt der Begriff mit der von Bresnan (1973) für solche Konstruktionen postulierten Operation *Comparative Subdeletion* zusammen. Außerhalb der GG ist auch der Terminus *partial comparison* (vs. *full comparison* für „normale" Komparative) üblich, vgl. Price (1990).

tiven. Man könnte nämlich (2-113)b so modifizieren, dass es eine Vergleichsrelation zwischen zwei Individuen (sowie zwei Werte und zwei Hinsichten) herstellt:

(2-115) Laura è più bella che Maria intelligente.

Auch bei dieser Konstruktion handelt es sich um einen Subkomparativ, obwohl zwei Individuen im Vergleich involviert sind. Wesentlich ist, dass hier zwei verschiedene Hinsichten (bei Belletti: *proprietà*) vorkommen.

Bellettis Definition weist übrigens auf eine Ambiguität mancher Subkomparative hin, die in der Forschungsliteratur nur selten Erwähnung findet (Ausnahme: Napoli & Nespor 1986). Im Grunde gibt es nämlich zwei Lesarten für (2-113)b:

(2-116) a. ‚Der Grad von Lauras Schönheit übertrifft den Grad ihrer Intelligenz'.
b. ‚Es ist das Prädikat *schön*, das auf Laura zutrifft, und nicht das Prädikat *intelligent*'.

Diese zweite Interpretation scheint nur dann zur Verfügung zu stehen, wenn nur ein Individuum im Vergleich involviert ist. Eine entsprechende Lesart für (2-115) lässt sich m.E. schlechter konstruieren. Schwarze definiert diese Ambiguität folgendermaßen:

> Das Zutreffen von Prädikaten auf ein Argument kann mit den gleichen sprachlichen Mitteln verglichen werden, wie der Grad des Bestehens von Eigenschaften desselben Arguments. Sätze wie (40) [i.e. *È più furbo che intelligente*, Anm. L.G.] können also in zwei Weisen gedeutet werden, als Aussagen über einen Gegenstand und als Aussagen über die eigene Wortwahl. (Schwarze 1995: 683)

Demnach involviert die zweite Interpretation im Grunde so etwas wie eine metasprachliche Äußerung.[49] Konstruktionen dieses Typs werden daher aus der vorliegenden Untersuchung ausgeschlossen.

Interessant ist, dass sich phrasale Subkomparative im Italienischen strukturell offensichtlich nicht von phrasalen *che*-Komparativen unterscheiden, was an folgendem Beispiel deutlich wird:

(2-117) Luca ama più Martina che Camilla. (Napoli & Nespor 1986: 634)

Hier werden eigentlich zwei Grade einer einzigen Hinsicht, nämlich des Liebens, verglichen. Somit liegt nach der bisherigen Definition kein Subkomparativ vor. Dass sich solche Beispiele scheinbar analog zu Subkomparativen verhalten, könnte einerseits dahingehend interpretiert werden, dass sie ebenfalls als Subkomparative gewertet werden müssen, da der Restriktor sich aus der gesamten Verbalphrase zusammensetzt und somit in (2-117) streng genommen zwei verschiedene Hinsichten vorlägen (also: ‚Martina lieben' vs. ‚Camilla lieben'). Daraus würde folgen, dass es sich bei allen phrasalen *che*-Komparativen (im Stan-

---

49 Napoli & Nespor (1986: 633) machen darauf aufmerksam, dass diese Interpretation, die sie als *absolute negative reading* bezeichnen, vor allem dann favorisiert wird, wenn *più* dem ersten verglichenen Term nachgestellt ist:
i. Luca ama Martina più che Camilla.
Eine weitere Möglichkeit zur Herausstellung der zweiten Lesart ist das Ersetzen von *più* durch *piuttosto* (dt. *eher*), vgl. Schwarze (1995: 683).

darditalienischen) um Subkomparative handelt. Damit wäre der Unterschied zwischen phrasalen *che-* und *di-*Komparativen mit dem Unterschied zwischen phrasalen Subkomparativen und phrasalen Komparativen gleichzusetzen. Alternativ könnte man folgern, dass es keinen besonderen strukturellen Unterschied zwischen Komparativen und Subkomparativen gibt und dass die strukturelle Grenze vielmehr zwischen phrasalen *che-* und *di-*Komparativen verläuft. Demnach wären phrasale Subkomparative lediglich Fälle von phrasalen *che-*Komparativen, in denen der Vergleichsstandard im unmittelbaren Kontrast mit dem (lexikalisch davon verschiedenen) Restriktor steht (weshalb hier auch informell von zwei „Restriktoren" gesprochen wurde). Im Grunde führen jedoch beide Alternativen zu einer gemeinsamen Analyse für alle phrasalen *che-*Komparative.

Für satzhafte Subkomparative ist keine Besonderheit hinsichtlich des Standardmarkers zu verzeichnen. Diese werden – ebenso wie satzhafte Komparative – mit dem *wh-*Typ gebildet und daher mit *di* eingeleitet, was ebenfalls darauf hindeuten könnte, dass die semantische Unterscheidung zwischen Komparativen und Subkomparativen keine strukturellen Unterschiede nach sich zieht:[50]

(2-118) a. Maria è più intelligente di quanto non lo sia Laura.
b. Maria è più intelligente di quanto non sia furba.

In diesem Fall verhalten sich die Komparativ- und Subkomparativkonstruktion offenbar völlig parallel, mit dem einzigen Unterschied, dass der Restriktor im Vergleichssatz in (2-118)a durch ein Klitikum (*lo*) wieder aufgenommen, während ihm in b ein anderes Adjektiv (*furba*) gegenübergestellt wird („zweiter Restriktor"). Man beachte, dass eine explizite Wiederholung des Restriktors auch in (2-118)a möglich wäre:

(2-119) Maria è più intelligente di quanto non sia intelligente Laura.

Dies würde zu einer gewissen Redundanz, jedoch sicher nicht zu Ungrammatikalität führen. Demnach können Subkomparative als strukturell parallel zu den Komparativen angesehen werden: „[...] comparative e subcomparative non presentano alcuna differenza strutturale che giustifichi la netta separazione operata da Bresnan" (Donati 2000: 52).

Eine Besonderheit satzhafter Subkomparative im Italienischen, die hingegen im Englischen, Französischen oder Deutschen nicht zu beobachten ist, betrifft nominale VKen. Satzhafte Subkomparative mit nominalem Restriktor sind im Italienischen nicht möglich:

(2-120) it. *Maria ha letto più libri di quante (lettere) non abbia scritto (lettere).
engl. Mary has read more books than she has written letters.
frz. Marie a lu plus de livres qu'elle n'a écrit de lettres.
dt. Maria hat mehr Bücher gelesen als sie Briefe geschrieben hat.

---

50 Dass *che* in subkomparativischen Vergleichssätzen nicht möglich ist, hat mit dem bereits erwähnten Umstand zu tun, dass der einzige im Standarditalienischen geduldete satzhafte *che-*Typ nur implizite Vergleichsstandards zulässt (vgl. Abschnitt 2.3.3.2), wodurch die Realisierung der zweiten Hinsicht und damit eine Unterscheidung zwischen Komparativen und Subkomparativen nicht möglich ist:
i. Mario è più alto che tu non creda (~~che sia alto~~).
ii. Mario è più alto che tu non creda (~~che sia grasso~~).

Bei der Ungrammatikalität des italienischen Beispiels spielt gemäß Donati (2000: 2) die Anwesenheit eines overten *wh*-Elements, das mit dem Nomen kongruiert, eine Rolle. Tatsächlich lässt eine kleine Abwandlung von (2-120) das Ergebnis grammatisch werden:

(2-121) Maria ha letto più libri di *quanto* non abbia scritto lettere.

In (2-121) ist der Restriktor jedoch nicht mehr die NP *libri*, sondern die VP *leggere libri*: Somit ist die Subkomparativkonstruktion wieder möglich.

Ein weiterer bemerkenswerter Umstand, der nicht nur das Italienische betrifft, besteht darin, dass synthetische Komparativformen in phrasalen Subkomparativen offensichtlich nicht lizensiert sind (vgl. Belletti 1978: 139, Fn.5):

(2-122) Mario è più buono/*migliore che intelligente.

In Sprachen, die synthetische Komparativformen produktiv bilden, lässt sich Ähnliches beobachten.[51] Im Deutschen sind synthetische Formen in phrasalen Komparativen ebenfalls nicht lizensiert:

(2-123) *Laura ist schöner als intelligent.

Die entsprechende satzhafte Konstruktion erscheint hingegen unproblematisch:

(2-124) Laura ist schöner als sie intelligent ist.

Wie dieser Umstand zu deuten ist, soll in Abschnitt 6.1.3 erläutert werden.

2.4 Äquativkonstruktionen

In der Forschung zu VKen werden – wie bereits mehrmals erwähnt – vorwiegend Komparative berücksichtigt. Dabei wird entweder implizit vorausgesetzt, dass Äquative dieselbe Struktur wie Komparative aufweisen, was eine explizite Behandlung unnötig erscheinen lässt, oder aber, dass ihre Struktur von der der Komparative abweicht und eine gemeinsame Behandlung daher nicht sinnvoll ist: „Questo netto contrasto è uno dei dati che ci hanno spinto a escludere questo genere di costruzione [i.e. Äquative] dalla trattazione delle comparative intrapresa qui“ (Donati 2000: 133, Fn. 43).

---

[51] Die Urteile zum Englischen sind hier leider widersprüchlich: Bresnan führt die folgenden Beispiele auf, die für eine Ungrammatikalität phrasaler, nicht jedoch satzhafter Subkomparative mit synthetischen Formen zu sprechen scheinen (vgl. Bresnan 1973: 322):
i. *The table is longer than wide.
ii. The table is longer than the door is wide.
Hingegen beurteilt Krifka ein ähnliches satzhaftes Beispiel ebenfalls als ungrammatisch:
iii. *Mary is happier than John is sad. (Krifka 2004: 5).

In der vorliegenden Arbeit sollen Äquativkonstruktionen explizit berücksichtigt werden, mit dem Ziel, Gemeinsamkeiten, aber auch Unterschiede gegenüber Komparativen (und anderen VKen) aufzuzeigen. Dabei soll gezeigt werden, dass eine gemeinsame Erfassung nicht nur möglich, sondern sogar sehr sinnvoll ist, da sie zum Teil auch Fakten zum Vorschein bringt, die durch die Beobachtung von Komparativkonstruktionen allein nicht in Erscheinung treten. Somit kann die Berücksichtigung von Äquativen auch zu einem besseren Verständnis anderer VKen beitragen.

Auf den ersten Blick scheinen sich Komparative und Äquative im Italienischen relativ parallel zu verhalten:

(2-125) a. Anna è *più* intelligente *di* Luca.
b. Anna è *tanto* intelligente *quanto* Luca.

Der einzige Unterschied liegt in den jeweiligen Komparator/Standardmarker-Paarungen: *più* ... *di* in Komparativen ((2-125)a), *tanto* ... *quanto* in Äquativen (b). Dieser Umstand erscheint insofern nicht weiter verwunderlich, als die unterschiedlichen Komparatoren jeweils unterschiedliche Vergleichsrelationen (Differenz vs. Gleichheit) zum Ausdruck bringen und in der Regel verschiedene Standardmarker selegieren. Ähnliche Verhältnisse lassen sich auch in anderen Sprachen wie z.B. dem Englischen oder Deutschen beobachten:[52]

(2-126) engl. a. John is *more* intelligent *than* Brian.
b. John is *as* intelligent *as* Brian.
(2-127) dt. a. Jan ist intelligent*er als* Peter.
b. Jan ist *so* intelligent *wie* Peter.

Auch hier findet man für Komparative und Äquative verschiedene Komparator/Standardmarker-Paare vor, engl. *more* ... *than*[53] und dt. *-er* ... *als* für Komparative sowie engl. *as* ... *as* und dt. *so* ... *wie* für Äquative. Im nächsten Abschnitt (2.4.1) soll die Frage erläutert werden, ob *tanto*, das bisher als Quantifizierer klassifiziert wurde, in Äquativen tatsächlich als Komparator einzustufen ist sowie welche Restriktoren in Äquativen auftreten. Anschließend wird in Abschnitt 2.4.2 ausführlich auf den Standardmarker in Äquativkonstruktionen eingegangen, sowie auf die möglichen phrasalen und satzhaften Konstruktionen, die er einleiten kann. In Abschnitt 2.4.3 wird ein besonderer Typ von Äquativen, nämlich der *altrettanto* ... *che*-Typ, vorgestellt. Außerdem werden dort so genannte *Subäquative* behandelt.[54]

---

[52] Es gibt allerdings Sprachen, die gleiche Standardmarker für Komparative und Äquative aufweisen, vgl. z.B. frz. *que*. Auch im Deutschen finden sich regionale Varietäteten, die *wie* als universalen Standardmarker für phrasale Komparative und Äquative verwenden. In Abschnitt 2.4.3 wird sich zeigen, dass solche Verhältnisse zum Teil auch im Italienischen anzutreffen sind.

[53] Bekanntlich werden englische Komparativformen von bis zu zweisilbigen Adjektiven synthetisch gebildet. In solchen Fällen wäre dann nicht *more* Komparator, sondern das Suffix *-er*. Der Unterschied zwischen engl. *more* und *-er* wird in der Forschung unterschiedlich bewertet (vgl. u.a. Abney 1987, Bresnan 1973, Doetjes 2005 sowie Neeleman et al. 2003).

[54] Dieser Begriff wird in Anlehnung an den Begriff *Subkomparativ* verwendet. Da in den meisten Untersuchungen – insbesondere zum Englischen – nicht zwischen Komparativen und Äquativen

2.4.1 Der Komparator und die möglichen Restriktoren

Die Gegenüberstellung von Komparativen und Äquativen in (2-125)a und b (hier wiederholt als (2-128)a und b) legt auf den ersten Blick wie gesagt nahe, dass *tanto* in letzteren dieselbe Funktion erfüllt wie *più* in Komparativen:

(2-128) a. Anna è *più* intelligente di Luca.
b. Anna è *tanto* intelligente quanto Luca.

Demnach wäre *tanto* in italienischen Äquativen als Komparator anzusehen, eine Position, die etwa von Schwarze (1995) vertreten wird.[55] Für diese Annahme spricht u.a., dass *tanto* den – formal ähnlichen – Standardmarker *quanto* zu selegieren scheint, eine Aufgabe, die in der Regel Komparatoren obliegt.[56] Darüber hinaus ist zu beobachten, dass *tanto* in Äquativen gegenüber den verschiedenen Restriktoren dieselbe Distribution einnimmt wie *più*: vor dem Restriktor in nominalen, adjektivischen und adverbialen VKen, nach dem Restriktor in verbalen VKen:

(2-129) a. Gianni mangia *più/tanti biscotti* di/quanti Mario. (NP)
b. Gianni è *più/tanto alto* di/quanto Mario. (AP)
c. Gianni mangia *più/tanto lentamente* di/quanto Mario. (AdvP)
d. Gianni *dorme più/tanto* di/quanto Mario. (VP)

Eine genauere Betrachtung der italienischen Daten zeigt jedoch, dass sich die Lage hier nicht so einfach darstellt. So ist etwa zu beobachten, dass *tanto* in (2-129) b-d wegfallen darf:

(2-130) a. Gianni è alto quanto Mario. (AP)
b. Gianni mangia lentamente quanto Mario. (AdvP)
c. Gianni dorme quanto Mario. (VP)

---

unterschieden wird, werden Subäquative, wenn überhaupt, in der Regel ebenfalls unter dem Stichwort *Subkomparative* behandelt.

55 Dies wird u.a. aus dem folgenden Zitat deutlich: „Genau wie die Komparatoren *tanto* und *così* stehen *quanto* und *come* in der Opposition Quantität vs. Qualität“ (Schwarze 1995: 686). Diese Opposition ist übrigens zu relativieren, wie in Abschnitt 2.5 ausführlich erläutert wird.

56 Aufgrund dieser formalen Ähnlichkeit zwischen *tanto* und *quanto* werden Äquativkonstruktionen oftmals als Korrelativkonstruktionen bezeichnet. Diese Einstufung hat jedoch in der Regel keine Aussagekraft bezüglich der postulierten Struktur für diese Konstruktionen. Einerseits gibt es für Korrelativkonstruktionen ebenso wenig eine einheitliche Analyse wie für VKen. Andererseits werden gelegentlich alle Typen von VKen aufgrund der offensichtlichen Zusammengehörigkeit von Komparator und Standardmarker als Korrelativkonstruktionen bezeichnet (vgl. u.a. Rivara 1990), so dass sich diese Einstufung für die Frage, ob Äquative wie andere VKen zu analysieren sind, als wenig aussagekräftig herausstellt. Man beachte, dass die Postulierung einer besonderen Struktur im Falle von formaler Ähnlichkeit zwischen Komparator und Standardmarker u.a. bedeuten würde, dass man beispielsweise für Äquativkonstruktionen im Deutschen (keine formale Ähnlichkeit zwischen *so* und *wie*) und im Englischen (*as ... as*) unterschiedliche Strukturen postulieren müsste, obwohl sie ansonsten sehr ähnliche Eigenschaften aufweisen.

Man beachte, dass das Fehlen von *tanto* genau genommen sogar ein unmarkierteres Ergebnis zur Folge hat. Tatsächlich setzen die Äquativ-Beispiele (2-129)b-d eine besondere Hervorhebung von *tanto* voraus, es handelt sich also eher um markierte Varianten von (2-130)a-c. Dies verwundert angesichts der wichtigen Rolle, die dem Komparator üblicherweise innerhalb der VK-Forschung zugesprochen wird: Zum einen bestimmt er semantisch die Art der Vergleichsrelation und zum anderen ist er für die Standardmarkerselektion zuständig. Ein Fehlen des Komparators würde somit im Grunde die Hypothese in Frage stellen, dass sich Äquative tatsächlich analog zu Komparativen analysieren lassen.

Die Interpretation der Daten wird dadurch erschwert, dass die Fakultativität von *tanto* nicht für alle Äquative gilt, wie die genauere Betrachtung einer nominalen Äquativkonstruktion zeigt:

(2-131) *Gianni mangia biscotti quanti Luca.

In (2-131) ist *tanto* obligatorisch, sein Fehlen würde zu einem ungrammatischen Ergebnis führen. Es scheint also innerhalb der Äquative einen zusätzlichen Unterschied bezüglich der Frage zu geben, ob der Restriktor durch ein Nomen oder durch ein Adjektiv realisiert wird. Wenn man annimmt, dass *tanto* in Äquativen ein Komparator ist, muss man erklären, weshalb er in adjektivischen, adverbialen und verbalen Äquativen fakultativ ist, in nominalen hingegen nicht fehlen darf.

Neben der Fakultativität gibt es noch weitere Argumente, die gegen eine Charakterisierung von *tanto* als Komparator sprechen. Diese sollen anhand einer Gegenüberstellung von nominalen und adjektivischen Äquativen mit entsprechenden Komparativen illustriert werden. In Abschnitt 2.3.1 wurde bereits beobachtet, dass sich nominale und adjektivische Komparative in Bezug auf den Komparator unterschiedlich verhalten, zumindest was die Umgangssprache betrifft: Während in ersteren zusätzlich zum Komparator *più* ein quantifizierendes Element (*tanto* bzw. *poco*) auftreten kann (vgl. (2-132)a), ist dies in adjektivischen Komparativen ((2-132)b) nicht möglich (vgl. Donati 2000: 112):

(2-132) a. Anna mangia più (tanti) biscotti di Luca.
b. Anna è più (*tanto) intelligente di Luca.

Interessant ist, dass hier mit *tanto* in nominalen Komparativen ein quantifizierendes Element vorliegt, das mit dem scheinbaren Komparator in Äquativen homonym ist. Nimmt man diese Identität ernst, könnte man annehmen, dass in Äquativen doch kein (overter) Komparator auftritt und dass *tanto/i* hier ebenso ein Quantifizierer ist wie in den entsprechenden Komparativen. Dies würde zu folgendem Bild führen:

(2-133) a. Anna compra Ø *(tanti) pomodori quanti Luca.
b. Anna è Ø (tanto) intelligente quanto Luca.

Der Unterschied zwischen den Komparativen und den entsprechenden Äquativen bestünde dann lediglich darin, dass das Auftreten von *tanto* in letzteren eine höhere Akzeptabilität zur Folge hat: Wo es in Komparativen nicht möglich ist ((2-132)b), ist es in Äquativen lediglich leicht markiert ((2-133)b), wo es in ersteren fakultativ möglich ist ((2-132)a), ist es in Äquativen obligatorisch ((2-133)a).

Eine weitere Besonderheit von *tanto* in nominalen Äquativen besteht darin, dass es mit dem nominalen Restriktor in Numerus und Genus kongruiert. Für ein quantifizierendes Element wäre dies nicht unbedingt verwunderlich, da diese als nominale Modifikatoren oftmals Kongruenz zeigen (vgl. u.a. *molto, tutto* usw.), für einen Komparator hingegen schon, zumindest wenn man an die Komparatoren in italienischen Komparativen (*più* und *meno*) sowie in anderen Sprachen denkt (z.B. engl. *as, more*; dt. *so, mehr*; frz. *plus, moins, aussi/ autant* usw.).[57]

Die vergleichende Betrachtung weiterer Sprachen scheint zusätzliche Evidenz für eine Einstufung von *tanto* als Quantifizierer (und nicht als Komparator) zu liefern, wie die folgenden nominalen Äquative aus dem Englischen und Deutschen im Vergleich zum Italienischen illustrieren:

(2-134)	it.	Giovanna mangia *(tanti) biscotti quanti Luca.
	dt.	Johanna isst so *(viele) Kekse wie Lukas.
	engl.	Joanne eats as *(many) cookies as Luke.

Offensichtlich ist ein overtes quantifizierendes Element in nominalen Äquativen in anderen Sprachen nicht nur möglich, sondern sogar obligatorisch.[58] Bei einer Einstufung von *tanto* als Quantifizierer würde sich sein obligatorisches Auftreten in nominalen Äquativen demnach zumindest als parallel zu anderen Sprachen herausstellen. Problematisch scheint jedoch zu sein, dass *tanto* zumindest fakultativ auch in adjektivischen Äquativen auftreten kann, was in den eben genannten Sprachen hingegen ausgeschlossen ist:

(2-135)	it.	Gianni è (tanto) alto quanto Bill.
	dt.	Jan ist so *(viel/sehr) groß wie Bill.
	engl.	John is as *(much) tall as Bill.

Ein weiteres Argument gegen den Komparatorstatus von *tanto* liegt darin, dass in italienischen Äquativen – zumindest marginal – das Auftreten von *così* neben *tanto* zu beobachten ist, vgl. die folgenden Daten (*Google* 7.12.2005):[59]

---

[57] Ähnliche Kongruenzverhältnisse in nominalen Äquativen finden sich hingegen in anderen romanischen Sprachen, u.a. Spanisch, Portugiesisch und Katalanisch. Hier wäre im Einzelfall zu prüfen, ob die entsprechenden Elemente als Komparatoren eingestuft werden können.

[58] In diesen Sprachen scheint ein Gegensatz zwischen Äquativen und den entsprechenden Komparativkonstruktionen zu bestehen, in denen ein (overter) Quantifizierer scheinbar ausgeschlossen ist:

i.	dt.	Johanna isst mehr (*viele) Kekse als Lukas.
ii.	engl.	Joanne eats more (*many) cookies than Luke.

Dieser Gegensatz wird jedoch relativiert, wenn man – wie für das Englische häufig angenommen – *more* als fusionierte Form aus dem englischen Komparator *-er* und dem Quantifizierer *much/many* betrachtet (vgl. u.a. Bresnan 1973: 277). Eine ähnliche Hypothese könnte man für dt. *mehr* (also *-er* + *viel*) vertreten.

[59] Diese Beispiele scheinen besonders große Grade/Quantitäten des Restriktors zu implizieren, was in Äquativen ansonsten nicht der Fall ist. In Abschnitt 4.5.4 wird dieser Umstand auf eine obligatorische Fokussierung von *così* in diesen Fällen zurückgeführt.

(2-136) a. Alcuni audiofili spendono *così tanti* soldi in cavi quanti se ne potrebbero spendere in automobili.
b. Se il mio PC facesse *così tanti* errori quanti ne fa un organismo GM, lo butterei via subito.
c. Cronenberg ha dato una mano a rifinire la sceneggiatura, ma non *così tanto* quanto vorrebbe far credere McGrath.
d. [...] la forza politica e la stabilità erano un obiettivo a cui tendeva e questo obiettivo si è esteso *così tanto*, quanto era possibile.

In diesem Fall kann es sich bei *tanto* nicht um einen Komparator handeln, es sei denn man wäre bereit, die Kookkurrenz von zwei Komparatoren (*tanto* und *così*) zu postulieren.

Es scheint also einiges dafür zu sprechen, dass *tanto* in italienischen Äquativen kein Komparator, sondern ein Quantifizierer ist, obwohl es oberflächlich gesehen die Rolle eines Komparators einzunehmen scheint. Auf dieses widersprüchliche Verhalten von *tanto* wird in Abschnitt 4.5.4 ausführlich eingegangen. Bis dahin wird die Terminologie Äquativ-Komparator für *tanto* beibehalten.

Bevor der Standardmarker in Äquativkonstruktionen behandelt wird, soll noch einmal kurz auf die in Abschnitt 2.3.2.4 diskutierte Frage eingegangen werden, ob die Existenz verbaler Restriktoren tatsächlich postuliert werden kann. Wie in diesem Abschnitt gezeigt wurde, weisen Äquative dieselben Restriktoren auf wie Komparative, daher scheint eine Wiederaufnahme der Diskussion der o.g. Frage im Zusammenhang mit Äquativen durchaus berechtigt.

Wie bereits erläutert gehen die „Gegner" verbaler Restriktoren davon aus, dass bei den entsprechenden Konstruktionen keine verbalen, sondern implizit adverbiale VKen vorliegen, bei denen ein kovertes Adverb die Domäne der Quantifikation und damit den Restriktor bildet. Dies wurde an folgendem Beispiel illustriert (vgl. auch (2-56)):

(2-137) We read books more than they read magazines. (Izvorski 1995: 12)

Ein entsprechendes englisches Äquativbeispiel würde folgendermaßen lauten:[60]

(2-138) We read books as *much* as they read magazines.

Man könnte dafür argumentieren, dass der adverbiale Restriktor hier sogar explizit auftritt, nämlich in Form des adverbialen Quantifizierers *much*. Betrachtet man jedoch eine entsprechende nominale Äquativkonstruktion, findet sich hier ebenfalls ein overter Quantifizierer:

(2-139) We read as *many* books as they read magazines.

Es zeigt sich noch einmal deutlich, was im Zusammenhang mit (umgangssprachlichen) Komparativdaten des Italienischen bereits festgestellt wurde: Wenn in (2-138) der adverbiale Quantifizierer *much* und nicht das Verb als Restriktor eingestuft wird, müsste man für (2-139) analog annehmen, dass nicht die NP, sondern der adjektivische Quantifizierer *many* den Restriktor der VK bildet. Demnach läge hier keine nominale, sondern eine adjektivi-

60 Da die Frage nach dem Komparator in italienischen Äquativen noch nicht geklärt ist, werden hier zunächst englische Beispiele gewählt. Es wird sich im Rahmen der hier vorgeschlagenen Analyse jedoch zeigen, dass im Italienischen dieselben Verhältnisse vorliegen.

sche VK vor. Die Folge wäre, dass es nicht nur keine verbalen, sondern auch keine nominalen Restriktoren geben würde, eine Meinung, die meines Wissens im Rahmen der VK-Forschung nirgends vertreten wird. Solche Daten zeigen vielmehr eine Parallelität zwischen verbalen und nominalen VKen, auf die im Verlauf dieser Arbeit mehrmals zurückzukommen sein wird.

2.4.2 Der Standardmarker

Stellt man die Komparativ- und Äquativkonstruktion aus (2-128) erneut gegenüber, wird deutlich, dass die dort hinsichtlich des Komparators festgestellte oberflächliche Parallelität auch für den Standardmarker gilt:

(2-140) a. Anna è più intelligente *di* Luca.
b. Anna è tanto intelligente *quanto* Luca.

Demzufolge ist z.B. laut Schwarze (1995: 686) *quanto* als Standardmarker für italienische Äquative einzustufen, parallel zu *di* und *che* in Komparativen.[61] Allerdings ist diese Hypothese nicht so selbstverständlich, wie sie zunächst erscheint. Ein Problem dieser Auffassung betrifft die Verhältnisse in satzhaften Äquativen im Vergleich zu den entsprechenden Komparativen:

(2-141) a. Anna è più intelligente di *quanto lo è Luca.*
b. Anna è (tanto) intelligente *quanto lo è Luca.*

Diese offensichtliche Parallelität veranlasst Schwarze selbst zu folgender Beobachtung:

> Der satzhafte Vergleichsterm [i.e. Vergleichsstandard, Anm. L.G.] hat die Form eines freien Pronominalsatzes mit *quanto*. Er wird bei einem Komparator der Ungleichheit durch *di* regiert [...] und bei einem Komparator der Gleichheit [...] direkt angefügt. (Schwarze 1995: 683, Hervorhebung L.G.)

Der durch *quanto* eingeleitete Vergleichssatz wird sowohl in Komparativen als auch in Äquativen als „Freier Pronominalsatz mit *quanto*" (hier: Freier Relativsatz) eingestuft, was wiederum bedeutet, dass *quanto* die Rolle eines Relativpronomens (also eines *wh*-Elements) einnimmt. Der Unterschied zwischen den beiden Konstruktionen besteht dann allein in dem Auftreten des Standardmarkers *di* in Komparativen.[62] Da es dafür in Äquativen scheinbar keine Entsprechung gibt, wird der Freie Relativsatz dort „direkt angefügt". Schwarze scheint also davon auszugehen, dass in satzhaften Äquativen kein Standardmar-

---

61 Schwarze spricht von *Junktoren des Vergleichsterms*, man kann diesen Begriff jedoch als synonym zum hier verwendeten Terminus *Standardmarker* ansehen, was u.a. an der Einstufung von *quanto* einerseits und *di*/*che* andererseits als *Junktoren der Gleichheit* bzw. *der Ungleichheit* zu erkennen ist (vgl. Schwarze 1995: 686f.).

62 Tatsächlich gelten für äquativische Vergleichssätze alle im Zusammenhang mit Komparativsätzen des *wh*-Typs genannten Eigenschaften, bis auf die Tatsache, dass in Äquativen Konjunktiv und Negation nicht lizensiert sind (vgl. Fn. 32).

ker vorhanden ist, was im deutlichen Widerspruch zu seiner Einstufung von *quanto* als Standardmarker steht (vgl. Fn. 61). Es gibt demnach zwei konkurrierende Einstufungen von *quanto* in Äquativen: als *wh*-Element analog zum homonymen *quanto* in Komparativen oder als Standardmarker analog zu *di* (bzw. *che*) in Komparativen.

Gegen eine Parallelität zum Standardmarker *di* in Komparativen spricht neben der eben beobachteten Tatsache, dass *quanto* in Komparativen *zusätzlich* zum Standardmarker auftritt, auch die Tatsache, dass es in nominalen Äquativen mit dem jeweiligen nominalen Restriktor nach Numerus und Genus kongruiert:

(2-142) a. Anna compra tanti *pomodori quanti* ne mangia Luca.
b. Anna compra tante *zucchine quante* ne mangia Luca.
c. Anna compra tanta *carne quanta* ne mangia Luca.
d. Anna compra tanto *pane quanto* ne mangia Luca.

Dies scheint eher für einen pronominalen Status von *quanto* zu sprechen, vor allem in Anbetracht der Tatsache, dass Flektierbarkeit für Standardmarker eher ungewöhnlich ist (vgl. it. *di*, *che*, *come* sowie u.a. dt. *als* und *wie*, engl. *than* und *as*, frz. *que*, sp. *que* und *como* usw.).

Ein weiteres Argument gegen eine parallele Behandlung zum Standardmarker *di* ist darin zu sehen, dass *quanto* im Gegensatz zu diesem mit Präpositionen kookkurrieren kann:

(2-143) a. Ho giocato tanto con i bambini *quanto con* le bambine.
b. Ho parlato tanto ai bambini *quanto a*lle bambine.
(2-144) a. *Ho giocato più con i bambini *di con* le bambine.
b. *Ho parlato più ai bambini *di a*lle bambine.

Hier könnte man einwenden, dass *quanto* zwar – ebenso wie *di* – ein Standardmarker mit präpositionalem Status ist, jedoch keine grammatikalische, sondern eine lexikalische Präposition ist und als solche mit grammatikalischen Präpositionen kombiniert werden kann, vgl. z.B. die lexikalische Präposition *dietro*:

(2-145) Mario è dietro (al)la porta. (Rizzi 1988: 521)

Obwohl *quanto* gelegentlich tatsächlich als „vergleichende" Präposition bezeichnet wird, zählt es dabei gerade zu denjenigen lexikalischen Präpositionen, die keine grammatikalische Präposition fordern (vgl. Rizzi 1988: 522).[63] Betrachtet man die Beispiele (2-143) ge-

---

[63] Ähnliches gilt übrigens für sp. *como* und kat. *com*, für die ähnliche Verhältnisse wie für it. *quanto* (und *come*) anzunehmen sind. Hingegen fordert srd. *cantu* (im Gegensatz zu sp. *como*) den präpositionalen Akkusativ:

i. Juanne est mannu cantu a Frantziscu. (Jones 1993: 179)

Dieselbe Beobachtung trifft Rohlfs nicht nur für das Sardische, sondern auch für einige süditalienische Dialekte (vgl. Rohlfs 1937: 61). Im Fall des Sardischen ist jedoch anzumerken, dass der präpositionale Akkusativ scheinbar sogar mit grammatikalischen Präpositionen auftritt: „For some speakers, the range of prepositions which take accusative *a* is more extensive, including some uses of *pro* and even *de*, as in the following attested examples: *Faghe comente ti naro, chi est mezus* nauer, fällt außerdem auf, dass die entsprechenden Präpositionen nicht durch *quanto*, sondern durch das jeweilige Verb regiert sind. Daher könnte man annehmen, dass hier reduzierte Vergleichssätze vorliegen:

(2-146) a. Ho giocato tanto con i bambini quanto ~~ho giocato~~ con le bambine.
b. Ho parlato tanto ai bambini quanto ~~ho parlato~~ alle bambine.

Darüber hinaus lassen sich parallele phrasale Komparative mit dem Standardmarker *che* bilden, so dass man die Daten in (2-143) als phrasale Äquative mit direktem Kontrast einstufen könnte – analog zu den entsprechenden Komparativen:

(2-147) a. Ho giocato più con i bambini *che* con le bambine.
b. Ho parlato più ai bambini *che* alle bambine.

Für eine Einstufung von *quanto* als Standardmarker spricht vor allem, dass es nicht nur in satzhaften, sondern auch in phrasalen Äquativen obligatorisch ist; wohingegen es in den entsprechenden phrasalen Komparativen nicht auftreten darf:

(2-148) a. Anna è più intelligente di (*quanto) Luca.
b. Anna è più intelligente di *(quanto) lo è Luca.
(2-149) a. Anna è (tanto) intelligente *(quanto) Luca.
b. Anna è (tanto) intelligente *(quanto) lo è Luca.

Man beachte, dass sich *quanto* in (2-149)a nicht wie der komparativische Standardmarker *che* verhält, sondern eher wie *di*. Dies wird deutlich, wenn man die DP im Vergleichsstandard durch ein Personalpronomen ersetzt:

(2-150) a. Maria è intelligente quanto *me/*io*.
b. Maria è più intelligente di *me/*io*.

Im Gegensatz zu *che* und ebenso wie *di* scheint *quanto* in diesem Beispiel Akkusativkasus zu vergeben: Diese Kasusvergabe ist sogar dann zu beobachten, wenn *quanto* mit dem nominalen Restriktor kongruiert:

(2-151) Gianni ha fatto tanti viaggi quanti te/*tu. (Belletti 1991: 844)

Die Tatsache, dass *quanto* Akkusativkasus vergeben kann, ist innerhalb der Forschung bislang ohne Erklärung geblieben. Den einzigen mir bekannten Versuch unternimmt Belletti, die die Akkusativ-Markierung des Personalpronomens folgendermaßen begründet:

> „Il SN [i.e. sintagma nominale, Anm. L.G.] ha la forma del complemento, e perciò porta il caso accusativo/obliquo, non-nominativo, cosa visibile quando si tratti di un pronome personale di I o II pers. sing.“ (Belletti 1991: 833).

---

pro a mie [...], ... *ca nde ischit pius de a nois*“ (Jones 1993: 186). Man beachte, dass im letzten Fall sogar eine phrasale Komparativkonstruktion mit dem Standardmarker *di* vorliegt.

Die Ursache für den Akkusativkasus liegt nach Belletti in der „Komplementform" der Nominalphrase, also des Pronomens. Was dies jedoch genau bedeuten soll, ist nicht ganz klar: Die einzig äußerlich sichtbare Eigenschaft der „Komplementform" ist der Akkusativkasus des Pronomens (der u.a. in verbalen und präpositionalen Komplementen auftritt). Diese Interpretation würde jedoch die zirkuläre Aussage ergeben, dass die Akkusativform der Grund für den Akkusativkasus sei.[64]

Zusammenfassend kann man sagen, dass *quanto* in Äquativen eine zweifache Funktion zu erfüllen scheint: In satzhaften Äquativen verhält es sich wie ein Relativpronomen (*wh*-Element), in phrasalen Äquativen kann es hingegen teils parallel zu *che* teils zu *di* in Komparativen als Standardmarker auftreten. Es stellt sich die Frage, wie diese Funktionen miteinander in Einklang zu bringen sind. Darauf wird in Abschnitt 6.2.3 näher eingegangen.

2.4.3 *Altrettanto ... che*-Äquative und Subäquative

Eine Alternative zu den bisher behandelten Äquativen bilden Konstruktionen mit *altrettanto ... che*, vgl. das folgende Beispiel:

(2-152) Maria è altrettanto bella che intelligente.

Demnach kann it. *che* (ebenso wie frz. *que*) sowohl in komparativischen als auch in äquativischen Konstruktionen als Standardmarker auftreten, jedoch ist es in Äquativen von der Verknüpfung mit dem Komparator *altrettanto* abhängig, was an der Inakzeptabilität des folgenden Beispiels deutlich wird:

(2-153) *Maria è (tanto) bella che intelligente.[65]

Der *altrettanto ... che*-Äquativtyp lässt sich mit allen bisher besprochenen Restriktoren bilden, also mit Adjektiven, Nomina, Adverbien und Verben (auf letztere wird an späterer Stelle zurückgekommen, vgl. (2-158)). Im Unterschied zu *tanto* ist *altrettanto* jedoch immer obligatorisch, was für einen echten Komparatorstatus dieses Elements spricht:

(2-154) a. Questo romanzo è *(altrettanto) bello che lungo. (Belletti 1991: 834)
b. Ho incontrato *(altrettanti) ragazzi che ragazze. (Belletti 1991: 835)
c. Mario guida *(altrettanto) prudentemente che velocemente.

---

[64] Colombo, der *quanto* als Relativpronomen einstuft (vgl. Colombo 1991: 316), stellt ebenfalls fest, dass diese Klassifizierung nicht mit oben genannter Fähigkeit zur Kasusvergabe in Einklang steht. Er bringt das Problem folgendermaßen auf den Punkt: „Non so dare spiegazione di questa contraddizione" (Colombo 1991: 313).

[65] In manchen Grammatiken wird die Kombination von *tanto* und *che* zugelassen, sofern ein direkter Kontrast zwischen strukturell parallelen Termen vorliegt:
i. Ho parlato tanto a ragazzi che a ragazze (Belletti 1991: 836).
In diesem Fall ist *tanto* jedoch obligatorisch und scheint echten Komparatorstatus zu haben. Auf diese Besonderheit von *tanto* in Konstruktionen mit unmittelbarem Kontrast wird in Abschnitt 6.1.3 näher eingegangen.

Bei den eben genannten Beispielen besteht jeweils ein unmittelbarer Kontrast zwischen den beiden strukturell parallelen Termen vor und nach *che*, ein Umstand, der bereits im Zusammenhang mit phrasalen *che*-Komparativen beobachtet wurde (vgl. Abschnitt 2.3.4.2). Auch für *altrettanto* ... *che*-Äquative gilt, dass sie immer phrasal sein müssen, d.h. es darf kein finites Verb in ihrem Vergleichsstandard auftreten:

(2-155) a. *Questo romanzo è altrettanto bello che è lungo.
b. *Ho incontrato altrettanti ragazzi che ho incontrato ragazze.
c. *Mario guida altrettanto prudentemente che guida velocemente.

Der Grund hierfür liegt darin, dass eine solche direkte Kontrastierung – wie bereits im Zusammenhang mit phrasalen *che*-Komparativen erläutert (vgl. Abschnitt 2.3.4.2) – offensichtlich nicht mit Vergleichssätzen des *che*-Typs kompatibel ist.

In der Tat scheinen *altrettanto*-Äquative eine sehr geringe Akzeptabilität aufzuweisen, wenn kein direkter Kontrast vorliegt, was unter anderem dadurch deutlich wird, dass solche Beispiele in der Forschungsliteratur, aber auch in Grammatiken, kaum zu finden sind:

(2-156) a. [??]Gianni è altrettanto intelligente che Maria. (Belletti 1991: 834)
b. ??Ho incontrato altrettante persone che Maria.
c. ??Mario guida altrettanto prudentemente che Luca.
d. ??Maria mangia altrettanto che Laura.

Eine Ausnahme bildet das von Belletti wider Erwarten als grammatisch angeführte Beispiel (2-156)a. Man beachte, dass *che* hier eine DP einleitet, eine Distribution, die von Belletti im Zusammenhang mit phrasalen Komparativen nur für das Norditalienische als akzeptabel eingestuft wurde. Dies muss entweder so gedeutet werden, dass sie für den Standardmarker *che* in Komparativen eine andere Distribution annimmt als für *che* in Äquativen, oder aber dass ihre Grammatikalitätsbeurteilung solcher Beispiele nicht ganz konsequent ist. Gegen die erste Alternative spricht, dass *che* in Äquativen genauso wie in Komparativen im Falle einer direkten Kontrastierung paralleler Terme eindeutig bevorzugt wird. Darüber hinaus weisen *che*-Äquative dieselbe Beschränkung gegen finite Verben auf wie *che*-Komparative. M.E. sind die Beispiele in (2-156) nicht mehr oder weniger markiert als die entsprechenden phrasalen *che*-Komparative mit DP-Vergleichsstandard (vgl. u.a. (2-99)a und (2-100)d).

Aufgrund der genannten Beschränkung gegen finite Verbformen sind diese in *altrettanto* ... *che*-Äquativen auch dann nicht möglich, wenn sie in einem direkten Kontrast stehen:

(2-157) *Maria altrettanto mangia che beve.

Dies hat zur Folge, dass, wenn ein verbaler Restriktor in diesem Konstruktionstyp vorliegt, der Kontrast zwischen zwei Argumenten bzw. Adjunkten des Verbs liegen muss:[66]

(2-158) a. Amo altrettanto Gianni che Luca
b. Ho parlato altrettanto a ragazzi che a ragazze. (Belletti 1991: 836)

---

[66] Dass solche Daten nicht als nominale oder präpositionale, sondern als verbale VKen einzustufen sind, wurde in den Abschnitten 2.3.2.5 und 2.4.1 ausführlich begründet.

Zu den VKen mit direktem Kontrast zwischen zwei strukturell identischen Elementen wurden bei den Komparativkonstruktionen auch phrasale Subkomparative gerechnet:[67]

(2-159) Laura è più bella che intelligente.

Eine ähnliche Beobachtung lässt sich auch im Zusammenhang mit phrasalen Subäquativen treffen, die in der Regel durch den kontrastierenden *altrettanto ... che*-Typ realisiert werden:

(2-160) Laura è altrettanto bella che intelligente.

Was die Wahl von Komparator und Standardmarker angeht, ist bei Äquativen jedoch eine größere Flexibilität anzutreffen als in Komparativen, so dass der direkte Kontrast gelegentlich auch durch *tanto ... quanto*-Äquative realisiert wird:

(2-161) Laura è tanto bella quanto intelligente.

Bezeichnenderweise ist *tanto* hier obligatorisch (vgl. auch Serianni 1988: 180), was möglicherweise dafür spricht, dass in Fällen von direktem Kontrast zwischen parallelen Termen eine andere Art von Struktur vorliegt (vgl. Abschnitt 6.1.3).

Ansonsten verhalten sich Subäquative analog zu ihren subkomparativischen Entsprechungen. Das betrifft beispielsweise auch die Inakzeptabilität satzhafter Konstruktionen mit nominalem Restriktor (vgl. Abschnitt 2.3.5):

(2-162) a. *Maria ha letto *più libri di quante* (*lettere*) non abbia scritto (*lettere*).
b. *Tu darai *tanti libri* a Maria *quanti* (*fiori*) hai regalato (*fiori*) a Francesca (*fiori*).

Im Fall nominaler Subäquative lässt sich auch in phrasalen Konstruktionen eine geringe Akzeptabilität konstatieren, jedoch nur wenn *quanto* (statt *che*) als Standardmarker auftritt:

(2-163) a. ?Tu darai tanti libri a Maria quanti fiori a Francesca. (Belletti 1991: 836)[68]
b. ?Tu darai tanti libri a Maria quante lettere a Francesca.

Die entsprechenden Beispiele mit dem Standardmarker *che* sind hingegen vollkommen unproblematisch:

(2-164) a. Tu darai altrettanti libri a Maria che fiori a Francesca.
b. Tu darai altrettanti libri a Maria che lettere a Francesca.

Demnach scheint der Grund für die mangelnde Akzeptabilität nominaler Subäquative im Italienischen (nicht jedoch in anderen Sprachen, vgl. die Daten in (2-120)) in der Flektierbarkeit von *quanto* zu liegen.

---

67 Hingegen wurde für satzhafte Subkomparative dieselbe Struktur wie für Komparative des *wh*-Typs angenommen (vgl. Abschnitt 2.3.5).

68 Belletti kennzeichnet das Beispiel zwar nicht direkt als abweichend, allerdings spricht sie ihm lediglich „relativa accettabilità" (Belletti 1991: 836) zu, was hier durch ein Fragezeichen markiert wurde.

2.5 Similativkonstruktionen

Similativkonstruktionen werden in der Forschungsliteratur oftmals nicht zu den VKen im engeren Sinne gezählt, während sie in Grammatiken in der Regel gemeinsam mit den Äquativen als so genannte „Vergleiche der Gleichheit“ behandelt werden, so z.B. in der Grammatik von Schwarze:

> Wenn der Komparator die Relation ‚x ist so groß wie y' ausdrückt, werden die Junktoren [i.e. die Standardmarker, Anm. L.G.] der Gleichheit verwendet. Genau wie die Komparatoren *tanto* und *così*, stehen *quanto* und *come* in der Opposition Quantität vs. Qualität. (Schwarze 1995: 686)

Die Gegenüberstellung einer Äquativ- und einer Similativkonstruktion verdeutlicht jedoch, dass die Syntax/Semantik-Entsprechung Äquativ/Quantität und Similativ/Qualität nicht so eindeutig ist, wie von Schwarze angenommen:

(2-165) a. Mario è (tanto) alto quanto Luca. (Äquativ)
b. Mario è (così) alto come Luca. (Similativ)

Äquative involvieren tatsächlich immer einen Vergleich zwischen Quantitäten oder Graden, was an (2-165)a deutlich wird, jedoch scheint auch (2-165)b zu bedeuten, dass Mario denselben Grad an Größe hat wie Luca. Ein Vergleich zwischen Qualitäten von Größe ist hingegen schwer vorstellbar. Somit liegen hier in beiden Fällen aus semantischer Sicht quantitative Vergleiche vor. Im Gegensatz zu Äquativen können Similative jedoch Qualität implizieren, wie das folgende Beispiel zeigt:

(2-166) a. Maria mangia (così) come Gianna.
b. Questo vestito è tale quale il mio.

Demnach hängt es auch von der Art des Restriktors ab, ob eine Similativkonstruktion Qualität oder Quantität ausdrückt. Wichtig ist es also, zwischen der (semantischen) Art des Vergleichs und der (syntaktischen) Art der Konstruktion zu unterscheiden. Bevor in Abschnitt 2.5.2 detaillierter auf die syntaktische Struktur von Similativen eingegangen wird, muss der semantische Unterschied zwischen quantitativen und qualitativen Vergleichen etwas genauer erläutert werden. Diese werden in der Literatur oftmals respektive als *Grad-* bzw. *Analogievergleiche* bezeichnet (vgl. u.a. Schwarze 1970, Serianni 1988).

2.5.1 Analogievergleiche vs. Gradvergleiche

Dass diese semantische Unterscheidung in der Forschungsliteratur zu VKen selten Aufmerksamkeit erhalten hat, ist vermutlich auf die hauptsächliche Konzentration auf Komparative zurückzuführen. In der Tat ist eine qualitative Lesart der Vergleichsrelation bei Komparativen kaum möglich, auch wenn der Vergleichssatz durch *come* eingeleitet wird:

(2-167) Maria è più bella di come la immaginavo.

In diesem Beispiel ist eine Lesart, nach der die *Art* der Schönheit von Maria von der abweicht, die sich der Sprecher vorgestellt hatte, deshalb nicht denkbar, weil der Komparator *più* automatisch eine quantitative Komponente einführt, die sich bei der Interpretation nicht ausblenden lässt. Will man eine Differenz in Bezug auf die Art und Weise zweier verglichener Individuen ausdrücken, muss man im Italienischen auf Adjektive wie *diverso* oder *altro* ausweichen (vgl. Serianni 1988: 516). Wie die folgenden Beispiele zeigen, basieren solche Konstruktionen jedoch nicht in gleichem Maße auf den syntaktischen Mitteln, die für die in Abschnitt 2.1 vorgeschlagene Definition von VKen festgelegt wurden:

(2-168) a. Mario è diverso da Maria.
b. Mario è diventato un'altra persona rispetto all'anno scorso.

Vielmehr handelt es sich hier um so genannte „lexikalische" VKen, deren Analyse aufgrund der starken Heterogenität dieses „Typs" aus der vorliegenden Arbeit ausgeklammert wird (vgl. Abschnitt 2.7).

Will man statt einer Differenz eine qualitative Gleichheit zwischen zwei Individuen ausdrücken, ergibt sich hingegen ein anderes Bild. Dafür scheint es im Italienischen syntaktische Mittel zu geben, die denen der hier behandelten VKen sehr ähneln. Mit den Similativen stehen hier Konstruktionen mit Komparator und Standardmarker zur Verfügung, die Analogievergleiche realisieren, wenn auch wie gesagt nicht ausschließlich.

Die Gründe für die Vernachlässigung von Analogievergleichen in der Forschung sollen am folgenden Beispiel verdeutlicht werden. Donati (2000: IV) führt einige Beispiele von Gradvergleichen (2-169) vs. Analogievergleichen (2-170) aus der Grammatik von Serianni (1988) auf, um zu zeigen, dass letztere sich aufgrund ihrer Heterogenität einer systematischen Erfassung entziehen (Hervorhebungen L.G.):

(2-169) a. I suoi confratelli lo avevano messo a giorno della situazione politica che era *molto più tesa di quanto non apparisse alla calma distaccata di villa Salina* (Tomasi di Lampedusa, *Il Gattopardo*, 38).
b. Colui, o che avesse già avuta la peste, o che *la temesse meno di quel che amava i mezzi ducatoni*, accennò a Renzo che glielo buttasse (Manzoni, *I promessi sposi*).
c. [Il loro tremore nel cospetto delle autorità] *non tanto era effetto di pusillanimità, quanto della secolare reverenza e del timore che dimostra sempre la gente illetterata per chi ne sa più di lei* (Nievo, Le confessioni di un italiano, 70).

(2-170) a. *Urlar* li fa la pioggia *come cani* (Dante, *Inferno*, VI, 19).
b. L'estetica e la critica che egli fece, *nei modi in cui allora si poteva*, fu affar suo (Croce, *Poesia di Dante*, 22).
c. Fausto rimase *immobile, come uno che abbia perduto la memoria* (Cassola).

Unter den genannten Analogievergleichen befindet sich eine lexikalische VK, nämlich (2-170)b, die als solche natürlich idiosynkratisch ist, ebenso wie ein entsprechender Gradvergleich mit lexikalischen Mitteln, z.B. mit *superare*:

(2-171) Gianni supera Maria in quanto all'/per altezza.

Die anderen beiden Beispiele in (2-170) weisen mit *come* hingegen einen klaren Standardmarker auf, der sich völlig parallel zu *quanto* in Äquativkonstruktionen verhält. Ebenso wie in Äquativen fehlt hier der Komparator, dies aber – wie sich zeigen wird – völlig systematisch und parallel zu entsprechenden Äquativen:[69]

(2-172) a. Urlar li fa la pioggia quanto cani.
b. Fausto rimase sorpreso, quanto uno che abbia perduto la memoria.[70]

Daher erscheint die folgende Aussage Donatis über Analogievergleiche befremdlich:

> Le comparative di analogia [...] sembrano di gran lunga meno interessanti dal punto di vista linguistico, non coinvolgendo altro materiale oltre al puro contenuto degli elementi lessicali implicati. Non sembrano inoltre corrispondere a una classe sintattica definibile a livello formale, rimanendo anzi caratterizzate da una grande varietà di mezzi. In altre parole, la grammatica particolare, cioè in questo caso italiana, e quella universale non sembrano trattare l'operazione dell'analogia come un loro oggetto naturale. (Donati 2000: IV)

Abgesehen von der stark einschränkenden Verwendung des Begriffs *linguistico* im Sinne von ‚syntaktisch', ist dieses Urteil auch inhaltlich nicht gerechtfertigt, denn als potentielle Realisierungen von Analogievergleichen weisen Similative durchaus eine einheitliche syntaktische Struktur auf, die sich von der der entsprechenden Gradkonstruktionen lediglich in der Wahl von Komparator und Standardmarker unterscheidet.

Dementsprechend gilt der Hinweis, dass Analogievergleiche nichts weiter enthalten, als die involvierten lexikalischen Mittel, für diese nur dann, wenn tatsächlich lexikalische VKen vorliegen, was jedoch auch bei Gradvergleichen der Fall ist. Dass Analogievergleiche eine in höherem Maße heterogene Klasse darstellen als Gradvergleiche, kann ebenfalls nicht bestätigt werden. Abgesehen von den genannten VKen mit lexikalischen Mitteln, weisen Analogievergleiche vermutlich sogar weniger Variation auf als ihre Gradentsprechungen. Donati selbst führt in Anlehnung an Dardano & Trifone (1997) die folgenden Typen von (satzhaften) VKen auf:

- Proposizioni comparative di uguaglianza: *così... come; tanto... quanto; tale... quale*;
- Proposizioni comparative di maggioranza: *più... di quanto; più... che; più... di come; più di quello che*;
- Proposizioni comparative di minoranza: *meno... di quanto; meno... che; meno... di come; meno... di quello che*. (Donati 2000: 6)

Lediglich bei *così ... come* und *tale ... quale* sind Analogievergleiche möglich, ansonsten Gradvergleiche. Die Heterogenität von VKen gilt somit insgesamt für das Italienische, was Donati selbst zu der Vermutung anregt, dass hier eventuell eine Phase des Wandels vorliegen könnte (vgl. Donati 2000: 6). Somit erscheint die Behauptung, dass Analogie kein „natürlicher Gegenstand der Universalgrammatik" sei, zu radikal.

---

69 Eine Begründung wird in Abschnitt 4.5.4 ausgearbeitet.

70 Dass hier das Adjektiv *immobile* nicht möglich ist, liegt daran, dass es sich dabei nicht um ein graduierbares Adjektiv handelt:
i. *Fausto è molto immobile.
ii. *Fausto è più immobile di Gianni.
Da es sich bei Äquativen immer um Gradvergleiche handelt, lassen sie sich zwangsläufig nur mit graduierbaren Adjektiven bilden.

2.5.2 Die Struktur von Similativen

Es gibt prinzipiell zwei Komparator-/Standardmarkerpaare für Similative, *così ... come* und *tale ... quale*. Zu letzterem ist zu sagen, dass es offenbar nur noch im literarischen Gebrauch vorkommt: „Di àmbito letterario è pure la comparazione introdotta dall'indefinito *quale* (generalmente richiamata dal correlativo *tale* nella sovraordinata)" (Serianni 1988: 515). Ansonsten findet es sich lediglich in festen Fügungen ((2-173)a) bzw. in Konstruktionen, in denen es als Einheit auftritt, in etwa synonym mit *uguale* ((2-173)b):

(2-173) a. Quale il padre, tale il figlio.[71]
b. Il progetto è tale quale a prima. (*Google*, 12.08.05)

Aufgrund ihrer starken Lexikalisierung werden solche Konstruktionen in der vorliegenden Arbeit vernachlässigt.

Was die Paarung *così ... come* angeht, ist zu beobachten, dass das Auftreten des Komparators in Similativkonstruktionen eher ungewöhnlich ist:

(2-174) Sono così studioso come te. (Dardano & Trifone 1997: 205)

Dardano & Trifone (1997: 205) selbst beurteilen dieses Beispiel als: „costrutto meno comune".[72] Interessant ist, dass in solchen adjektivischen Similativkonstruktionen nicht ganz klar ist, ob tatsächlich Qualitäten oder nicht doch vielmehr Grade verglichen werden. In der Tat kann das folgende Beispiel als mit (2-174) synonym interpretiert werden:

(2-175) Sono tanto studioso quanto te.

Dagegen spielt im Fall von verbalen Similativen, in denen das overte Auftreten des Komparators *così* ebenso selten ist, eindeutig ein Vergleich von Qualitäten eine Rolle:

(2-176) Maria balla (così) come Gianna.

Es scheint, als hinge die Frage, ob ein qualitativer oder ein quantitativer Vergleich vorliegt, von der Art des Restriktors ab: Bei Verben (und zum Teil deverbalen Adjektiven) liegt eher Analogie vor, bei Adjektiven hingegen Graduierung.

Was Subsimilative betrifft, gehen Dardano & Trifone davon aus, dass diese auch mit Komparator eine höhere Akzeptabilität aufweisen. Jedoch erscheint das Beispiel, das sie dafür anführen, m.E. ebenfalls wenig akzeptabel:

(2-177) Mi piace così prendere il sole come fare il bagno. (Dardano & Trifone 1997: 205)

Nach Belletti sind Fälle, in denen zwei Adjektive durch *come* in direktem Kontrast gesetzt werden, sogar dann ungrammatisch, wenn kein overter Komparator auftritt:

---

[71] Alternativ ist auch *tale il padre, tale il figlio* üblich.

[72] Ähnlich urteilt auch Colombo: „Il costrutto *così...come* non sembra avere, nell'italiano contemporaneo, una frequenza pari all'attenzione che vi dedicano i grammatici" (Colombo 1991: 310).

(2-178) *Questo romanzo è bello come lungo. (Belletti 1991: 834)

Dieses Urteil scheint mir jedoch nicht ganz gerechtfertigt: Vermutlich wirkt die Parallelisierung der Adjektive *bello* und *lungo* eher aus semantischen Gründen als ungewöhnlich, da eine gemeinsame Hinsicht schwer zu konstruieren ist, dennoch ist (2-178) m.E. vollkommen grammatisch. Dass die Urteile in solchen Fällen divergieren, liegt wohl auch daran, dass man eher eine *altrettanto ... che*-Äquativkonstruktion erwarten würde:

(2-179) Questo romanzo è altrettanto bello che lungo.

Insgesamt kann man festhalten, dass der Komparator *così* in italienischen Similativen zwar marginal möglich ist, er jedoch – ähnlich wie in Äquativen – bevorzugt ausgelassen wird:

(2-180) a. Maria è intelligente come me.
b. Maria è intelligente quanto me.

Zum Status des Standardmarkers *come* lässt sich sagen, dass dieses Element ebenso polyfunktional ist wie *quanto*. Es kann ebenso wie *quanto* auch in satzhaften Komparativen auftreten:

(2-181) Maria è più bella di come la immaginassi.

In (2-181) ist *come* kein Standardmarker, da hier eine Komparativkonstruktion mit Standardmarker *di* vorliegt. *Come* ist dabei ein *wh*-Operator, der den adverbialen Freien Relativsatz einleitet (vgl. Abschnitt 2.3.3.1). Somit ist der Status von *come* in Similativen ähnlich problematisch wie der von *quanto* in Äquativen.[73] Wie *quanto* vergibt übrigens auch *come* in phrasalen Konstruktionen obligatorischen Akkusativkasus:

(2-182) Maria è bella come me/*io.

Gelegentlich treten Daten auf, in denen Similative und Äquative „gemischt" auftreten:

(2-183) Maria è (tanto) bella come la immaginavo.[74]

---

73 In der Literatur ist die Einstufung von *come* ebenso umstritten wie die von *quanto*: Sie reicht vom Standardmarker (Schwarze 1995: 686) über Präposition (Rizzi 1988: 522), „Relativadverb" (Colombo 1991: 316) bis hin zum *wh*-Operator (Bracco 1980: 31). Für eine ausführliche Diskussion der verschiedenen Funktionen, mit denen *come* in Grammatiken in Verbindung gebracht wird, vgl. Colombo (1991).

74 Was die Grammatikalität dieser Kombination angeht, gibt es in der Literatur wieder einmal gegensätzliche Meinungen. Belletti etwa schließt solche Fälle kategorisch aus: „Nel caso in cui il SA [i.e. die AP] sia introdotto da *tanto*, il secondo termine di paragone deve essere introdotto da *quanto* e non può essere introdotto da *come*" (Belletti 1991: 834). Hingegen betrachtet Serianni eine solche „hybride" Konstruktion als möglich und führt ein literarisches Beispiel auf (vgl. Serianni 1988: 518):
i. Niente le faceva tanto piacere come sentirmi sbagliare (Bassani).
Eine *Google*-Suche ergab allein für die Wortkette *tanto bello come* immerhin 487 Treffer (*Google*, 6.11.2005).

Ebenfalls möglich, wenn auch weniger akzeptabel, ist die Kombinationsvariante *così ... quanto*, also Similativkomparator mit Äquativstandardmarker:

(2-184) ?Mario è così intelligente quanto Gianni.

Diese Kombinierbarkeit scheint für eine starke Verbindung zwischen Äquativen und Similativen zu sprechen, die zum einen sicherlich darin begründet ist, dass beide eine Gleichheitsrelation realisieren, zum anderen daran liegt, dass Similative in bestimmten Fällen ebenfalls quantitative Vergleiche ausdrücken. Daher sind Similative in enger Verbindung mit Äquativen zu behandeln.

Was mögliche Restriktoren betrifft, ist anzumerken, dass nominale Similative grundsätzlich nicht möglich sind:

(2-185) *Mario compra così pomodori come Anna.

Nur Adjektive und Adverbien können demnach direkt mit *così* verknüpft werden, wobei der Komparator in der Regel entfällt und eine Lesart als Gradvergleich favorisiert wird:

(2-186) a. Mario è (così) bello come Laura.
b. Mario guida (così) male come Laura.

Außerdem ist *così* mit VP-Restriktoren möglich, hier steht es – wie alle Komparatoren in verbalen VKen– postverbal und kann nur als Analogievergleich gedeutet werden:

(2-187) Guida (così) come gliel'ho insegnato.

Zusammenfassend kann man sagen, dass Similative viele Gemeinsamkeiten mit Äquativen aufweisen und mit diesen zum Teil kombinierbar sind.

2.6 Ausmaß-VKen

Ein weiterer Typ von VKen, der hier Beachtung finden soll, da er der in Abschnitt 2.1 beschriebenen syntaktischen Struktur von VKen folgt, umfasst Konstruktionen, die in Anlehnung an Meier (2003) als *Ausmaß*-VKen bezeichnen werden:[75]

(2-188) a. Maria è troppo intelligente per andare alla scuola elementare.
b. Maria è tanto/così/talmente intelligente da capire/che capisce Einstein.
c. Maria è abbastanza intelligente da/per capire il mondo.

---

[75] Meier charakterisiert VKen mit den entsprechenden englischen Komparatoren folgendermaßen: „*Enough, too*, and *so* are quantifiers that relate an extent predicate and the incomplete conditional (expressed by the sentential complement) and are interpreted as comparisons between two extents" (Meier 2003: 69).

Semantisch gesehen ist dieser Typ äußerst komplex, da er in der Regel irgendeine Art von Modalität involviert, die stark kontextabhängig ist (vgl. Meier 2003: 69), wie entsprechende mögliche Übersetzungen der o.g. Beispiele zeigen:

(2-189) a. ‚Maria ist zu intelligent, um zur Grundschule gehen zu können/müssen'.
b. ‚Maria ist so/dermaßen intelligent, dass sie Einstein verstehen kann'.
c. ‚Maria ist intelligent genug, um die Welt verstehen zu können'.

Der Vergleichsmoment dieser Konstruktionen besteht nicht in dem direkten Herstellen einer Differenz- oder Gleichheitsrelation zwischen einem Referenz- und einem Standardwert: Vielmehr geht es darum, den Referenzwert mit dem Schwellenwert für einen bestimmten Sachverhalt in Beziehung zu setzen. Dabei dient der Vergleichssatz dazu, den entsprechenden Sachverhalt zu beschreiben, während der Komparator bestimmt, ob und wie der Schwellenwert erreicht wird. So bezeichnet *troppo* das Übersteigen eines Höchstwerts (> MAX), während *abbastanza* sowie *tanto/così/talmente* das Erfüllen eines Mindestwerts zum Ausdruck bringen (≥ MIN) (vgl. Meier 2003). Die Vergleichsrelation besteht somit in der Art der Beziehung zwischen dem Referenzwert und dem Schwellenwert für den im Vergleichssatz beschriebenen Sachverhalt.[76]

Syntaktisch verhalten sich diese Konstruktionen relativ einheitlich und werden aufgrund des Auftretens eines Komparators und eines Standardmarkers sowie der sich daraus ergebenden zweiteiligen Struktur ebenfalls als VKen behandelt. Im Folgenden sollen diese Konstruktionen, unterteilt nach den jeweiligen durch sie ausgedrückten Vergleichsrelationen, genauer betrachtet werden.

2.6.1 VKen mit *troppo*

Der Komparator *troppo* ist mit allen Typen von Restriktoren kombinierbar, wie die folgenden Daten zeigen:

(2-190) a. Anna è troppo intelligente per questo mondo.
b. Ho investito troppi soldi per tirarmi indietro.
c. Laura guida troppo prudentemente per avere un incidente.
d. Hai dormito troppo per essere ancora stanco.

Die Distribution von *troppo* erinnert an die von *tanto* in Äquativen, einschließlich der Kongruenz mit nominalen Restriktoren. Der Hauptunterschied zu den Äquativen besteht jedoch darin, dass *troppo* immer obligatorisch ist, während *tanto* in Äquativen fast immer fakultativ ist (außer vor nominalen Restriktoren, vgl. Abschnitt 2.4.1).

Im Gegensatz zu den Verhältnissen in den bisher behandelten VKen gibt es hier keine Variation hinsichtlich der Struktur des Vergleichsstandards. Der Standardmarker *per* führt in der Regel einen Infinitivsatz ein. Selbst in den wenigen Fällen, in denen *per* eine DP selegiert, scheint semantisch eine Proposition zugrunde zu liegen, die ebenfalls kontextab-

---

[76] Eine ausführliche semantische Analyse dieser VKen kann im vorliegenden Rahmen nicht geleistet werden. Für eine genaue Darstellung sei hier auf Meier (2003) verwiesen.

hängig eine modale Interpretation erhält, wie einige mögliche Interpretationen von (2-190)a zeigen:

(2-191) a. ‚Anna ist zu intelligent, um in dieser Welt (über)leben zu können/müssen'.
b. ‚Anna ist zu intelligent, als dass diese Welt sie verdienen würde'.
c. ‚Anna ist zu intelligent, um es in dieser Welt aushalten zu können/müssen'.

Was nicht nur in *troppo-*, sondern in Ausmaß-VKen generell nicht zu beobachten ist, sind „Sub"-Konstruktionen (analog zu den Subkomparativen oder Subäquativen). Das liegt daran, dass hier keine semantische Kontrastierung zweier Hinsichten erfolgen kann, denn es geht immer darum, einen Wert der durch den Restriktor realisierten Hinsicht mit einem Schwellenwert dieser Hinsicht in Bezug auf einen Sachverhalt zu vergleichen. In Beispiel (2-190)a stellt die Intelligenz die Hinsicht dar, wobei Annas Intelligenzwert mit dem Intelligenzwert zum Existieren in der Welt in Bezug gesetzt wird. Sub-Ausmaß-VKen sind demnach aus semantischen Gründen prinzipiell ausgeschlossen.

Semantisch zeichnen sich *troppo-*VK wie bereits erwähnt dadurch aus, dass sie eine GRÖSSER-Relation bezeichnen, bei welcher der Referenzwert den maximalen Wert für die durch den Vergleichssatz ausgedrückte Proposition überschreitet (> MAX). Darin ähneln diese Konstruktionen den Komparativen, in denen ebenfalls (zumindest im Fall von *più* als Komparator) eine GRÖSSER-Relation ausgedrückt wird. Interessant ist, dass im Zusammenhang mit negativen Adjektiven (bzw. mit einem negativen quantifizierenden Element, vgl. Abschnitt 2.3.1.1) nicht nur die Richtung der Relation umgekehrt wird, sondern auch die Art des Schwellenwerts (also MIN statt MAX, vgl. Meier 2003: 70):

(2-192) Anna è troppo stupida/troppo poco intelligente per essere furba.

Hier ist Annas Intelligenz kleiner als der Mindestwert, den man zum Schlau-Sein benötigt (< MIN). Ähnliche Verhältnisse sind auch in den anderen Ausmaß-VKen zu beobachten. Man beachte, dass die Umkehrung der Relation ebenso wie in den Komparativen entweder mit einem negativen Adjektiv realisiert werden kann oder aber mit einem overten negativen Quantifizierer (*poco*). Interessant ist dabei, dass *troppo* immer mit *poco*, aber (in der Regel)[77] nicht mit *tanto* kombinierbar ist:

(2-193) a. Anna è troppo *tanto/poco intelligente per questo mondo.
b. Ho investito troppo *tanti/pochi soldi per tirarmi indietro.
c. Laura guida troppo *tanto/poco prudentemente.
d. Hai dormito troppo *tanto/poco per essere ancora stanco.

Dieser Umstand muss im Rahmen einer VK-Analyse erklärt werden.

2.6.2 VKen mit *abbastanza*

Dieser Typ von Ausmaß-VKen verhält sich im Grunde parallel zum eben genannten. Auch hier sind alle Typen von Restriktoren möglich:

---

77 Dass eine solche Kombination nicht vollkommen ausgeschlossen ist, wird in Abschnitt 4.5.3 ausgeführt.

(2-194) a. Anna è abbastanza alta per fare il servizio militare.
b. Ho speso abbastanza soldi da poterci piastrellare il pavimento.
c. Laura guida abbastanza bene per partecipare al training dell'ADAC.
d. Hai dormito abbastanza per essere riposato.

Im Italienischen sind dabei zwei Standardmarker anzutreffen, die jeweils einen infiniten Satz einleiten: *da* und *per*. Laut Zingarelli (1999) ist *abbastanza* mit beiden Präpositionen gleichermaßen kombinierbar und hat dabei dieselbe konsekutive Bedeutung („valore consecutivo", vgl. Zingarelli 1999: s.v.).[78] Allerdings scheint diese Beschreibung weder die Distribution von *da* und *per* genau zu treffen, noch die Bedeutung dieses VK-Typs.

Semantisch gesehen liegt hier gemäß Meier (2003: 70) eine GRÖSSER/GLEICH-Relation mit einem Mindestwert vor, wie dies an Beispiel (2-194)a illustriert werden soll. Hier wird Annas Größe (also der Referenzwert) als mindestens so groß (also größer oder gleich groß) bezeichnet wie der minimale Wert, der nötig ist, um beim Militär angenommen zu werden (≥ MIN). Demnach wäre die Semantik der *abbastanza*-VKen der von Äquativen ähnlich, bei denen nach Meinung der meisten Semantiker nicht genaue Gleichheit, sondern ebenfalls eine GRÖSSER/GLEICH-Relation angenommen werden muss.[79] Auch hier wird sowohl die Relationsrichtung als auch die Art des Schwellenwerts verändert, wenn *abbastanza* mit negativen Adjektiven kombiniert wird:

(2-195) Anna è abbastanza bassa da stare in piedi in un sottomarino.

Hier wird die Größe Annas als kleiner/gleich gegenüber dem maximalen Wert beschrieben, bei dem das Stehen in einem U-Boot gerade noch möglich ist. Interessant an diesem Satz ist, dass hier nicht der Standardmarker *per*, sondern *da* verwendet wird. Es scheint, als würden die verschiedenen Standardmarker im Italienischen die verschiedenen Relationsrichtungen (≥ bzw. ≤) und Schwellenwertarten (MAX bzw. MIN) realisieren oder zumindest bevorzugt mit einer bestimmten Relationsrichtung und Schwellenwertart auftreten. Dies scheint durch die folgenden nominalen Beispiele bestätigt zu werden:

(2-196) Anna possiede abbastanza soldi per/$^{?}$da (poter) ricevere la *Eigenheimzulage*.
(2-197) Anna possiede abbastanza pochi soldi da/$^{?}$per non (dover) pagare le tasse.

---

78 Man beachte, dass it. *abbastanza* polysem ist: 1. ‚genug', 2. ‚ziemlich'. Lediglich mit der ersten Bedeutung lizensiert es Ausmaß-VKen des hier beschriebenen Typs. Eine ähnliche Funktion nimmt hier *sufficientemente* ein, auf das in Abschnitt 4.5.3 näher eingegangen wird.

79 Vgl. u.a. Stechow (1984b: 59), Kennedy (1999: 128). Demnach bedeutet *x ist so groß wie y*, dass x *mindestens* genau so groß wie y ist, dass es aber auch größer sein könnte. Dass in der natürlichen Sprache in der Regel tatsächlich gemeint wird, dass x *genauso* groß ist wie y (und nicht etwa größer), ist auf eine skalare Implikatur zurückzuführen (vgl. Kennedy 1999: 177, Fn. 25). Wenn der Sprecher sagen wollte, dass x größer als y ist, würde er wohl eine Komparativkonstruktion wählen. Wählt er eine Äquativkonstruktion, geht der Hörer davon aus, dass der Sprecher keine Evidenz dafür hat, dass x größer als y ist. Demnach interpretiert er die Äquativäußerung dahingehend, dass x genauso groß wie y ist. Es handelt sich hier im Grunde um eine Einhaltung der Maxime der Quantität, wonach ein Redebeitrag so informativ wie möglich, aber nicht mehr als nötig sein sollte (vgl. Grice 1993).

Im ersten Fall hat Anna so viel Geld, wie mindestens erforderlich ist, um die Eigenheimzulage zu erhalten (≥ MIN), der bevorzugte Standardmarker ist *per*; im zweiten Fall verdient sie wenig genug, um den maximalen Wert, bei dem man steuerfrei bleibt, nicht zu überschreiten (≤ MAX), hier erscheint *da* deutlich akzeptabler. Neben der Umkehrung der Relationsrichtung und des Schwellenwertes scheint auch die Modalität der VK die Wahl des Standardmarkers zu beeinflussen. So kann das Vorliegen einer (irrealen) Möglichkeit im Vergleichssatz den Standardmarker *da* begünstigen (vgl. (2-194)b sowie Abschnitt 2.6.3).

Was den im Zingarelli genannten „konsekutiven Wert" von *abbastanza*-VKen angeht, so ist Meier (2003) der Meinung, dass sich dieser nur in manchen Fällen als kontextueller Effekt ergibt. Auf diesen Aspekt wird im nächsten Abschnitt näher eingegangen, da er die im Folgenden aufgeführten Konstruktionen ebenso sehr – wenn nicht noch mehr – betrifft.

2.6.3 VKen mit *tanto/così/tale/talmente*

Das Interessante an diesen Konstruktionen ist, dass sie im Italienischen dieselben Komparatoren wie Äquative bzw. Similative aufweisen.[80] Allerdings liegt hier im Gegensatz zu den Similativen unabhängig vom jeweiligen Restriktor immer eine quantitative Lesart vor. Die Komparatoren *tanto, così* und *talmente* können in diesen VKen als mehr oder weniger synonym betrachtet werden, sie weisen jedoch einige distributionelle Unterschiede auf. Betrachten wir zunächst Konstruktionen mit *tanto*:

(2-198) a. Anna è tanto intelligente da capire/che capisce Einstein.
b. Ho speso tanti soldi che non mi rimane niente sul libretto dei risparmi.
c. Laura guida tanto prudentemente che le affiderei addirittura la mia macchina.
d. Hai dormito tanto che pensavo fossi morto.

Wie in Äquativkonstruktionen ist *tanto* mit allen Arten von Restriktoren kombinierbar, jedoch ist es hier immer obligatorisch. In Äquativen muss es hingegen lediglich mit nominalem Restriktor auftreten, während seine Verknüpfung mit anderen Restriktoren sogar als markierter beurteilt wurde (vgl. Abschnitt 2.4.1). Anders sieht hingegen die Verteilung von *così* und *talmente* aus. Diese sind nur mit Adjektiven und Adverbien direkt kombinierbar und benötigen ansonsten ein „stützendes" quantifizierendes Element *tanto* (vgl. (2-199)b und d):

(2-199) a. Anna è talmente/così intelligente da capire/che capisce Einstein.
b. Ho speso talmente/così *tanti* soldi che non mi rimane niente sul libretto dei risparmi.
c. Laura guida ?talmente/così prudentemente che le affiderei addirittura la mia auto.[81]
d. Hai dormito talmente/così *tanto* che pensavo fossi morto.

---

[80] Dabei kann *talmente* als regelmäßig durch Suffigierung des Adjektivs *tale* gebildetes Adverb angesehen werden, vgl. dazu Abschnitt 5.4.3.

[81] Die Kombination *talmente prudentemente* scheint hier eher aus phonologischen Gründen markiert zu sein. Entsprechende Konstruktionen mit adverbialen Restriktoren, die nicht durch *-mente* deriviert sind, sind hingegen vollkommen akzeptabel:
i. Laura guida talmente bene che le affiderei la mia macchina.

Für *tale* gilt, dass es lediglich mit nominalen VKen möglich ist und somit eher eine adjektiv-ähnliche Distribution aufweist. Darüber hinaus scheint es nicht mit allen Arten von Nominalphrasen kombinierbar zu sein:

(2-200) a. Anna ha una tale intelligenza da capire Einstein.
b. Ho sofferto tali dolori da impazzire.
c. *Ho speso tali soldi da rimanere senza una lira.
d. *Ho bevuto tale acqua da scoppiare.

Offensichtlich kann *tale* nur in Kombination mit Nomina auftreten, die eine Graduierung erlauben. Es bezeichnet nicht die Quantität, sondern den Grad des jeweiligen Restriktors. *Tale* kann auch postnominal oder prädikativ auftreten:

(2-201) a. Anna ha un'intelligenza tale da capire Einstein.
b. Ho sofferto dolori tali da impazzire.
c. L'intelligenza di Anna è tale da capire Einstein.
d. I miei dolori sono tali da impazzire.

Zum Vergleichskomplement ist zu sagen, dass hier grundsätzlich zwei Varianten existieren: entweder ein finiter Vergleichssatz mit dem Standardmarker *che* oder ein infiniter Vergleichssatz mit dem Standardmarker *da*. Ebenso wie im Fall der *abbastanza*-VKen scheinen die verschiedenen Arten von Vergleichsstandard mit einem leichten Bedeutungsunterschied einherzugehen, der vor allem die Modalität der entsprechenden Sachverhalte betrifft. Sofern keine expliziten Modalverben enthalten sind, neigen durch *da* eingeleitete Vergleichsstandards eher dazu, eine Möglichkeit auszudrücken, während Vergleichssätze mit *che* eher Faktizität implizieren. Dies soll an einem Beispiel kurz erläutert werden:

(2-202) a. Il leone era talmente docile da accarezzarlo.
b. Il leone era talmente docile che lo si accarezzava.

Während der Vergleichssatz in (2-202)a nicht impliziert, dass der Löwe tatsächlich gestreichelt wurde, sondern dies als bloße Möglichkeit darstellt, geht dies aus (2-202)b eindeutig hervor. Im zweiten Fall liegt eine so genannte implikative Lesart vor (vgl. Meier 2003: 95). Es gibt jedoch Fälle wie den folgenden, in denen auch *da*-Vergleichssätze implikativ sein können:

(2-203) I pantaloni erano talmente stretti da mozzarle il fiato.

Hier wird impliziert, dass der entsprechenden Person tatsächlich fast die Luft wegblieb. Auf der anderen Seite können *che*-Vergleichssätze auch nicht-implikativ sein, sofern ein entsprechender irrealer Modus verwendet wird:

(2-204) Il leone era talmente docile che lo si sarebbe potuto accarezzare.

Somit ist die Interpretation des Vergleichskomplements nur teilweise von der Art des Vergleichssatzes abhängig. Eine ebenso wichtige Rolle spielen der Kontext sowie – in finiten Vergleichssätzen – Tempus und Modus.

Was die Semantik dieser Vergleichsrelation insgesamt angeht, ist sie nach Meier (2003: 97) prinzipiell mit der von *abbastanza*-VKen zu vergleichen, d.h. sie drücken eine

GRÖSSER/GLEICH-Relation mit einem minimalen Wert aus (also ≥ MIN), sofern ein positives Adjektiv vorhanden ist, und eine KLEINER/GLEICH-Relation mit einem maximalen Wert bei negativen Adjektiven (also ≤ MAX). Demnach wäre die Bedeutung von (2-203), das mit *stretto* ein negatives Adjektiv enthält, dass die Hosen weniger bis gleich weit sind gegenüber dem maximalen Grad, zu dem einem die Luft wegbleibt. Angenommen, der betreffende Hosenträger hat einen Bauchumfang von 60 cm, dann würde der Bereich, in dem ihm eine Hose das Atmen erschwert, beispielsweise zwischen null und 50 cm (= MAX) liegen. Somit müsste die Weite der Hosen, damit der Sachverhalt des Luft-Wegbleibens erfüllt ist, kleiner/gleich 50 cm sein.

Der einzige Unterschied zu den *abbastanza*-VKen besteht nach Meier darin, dass die Modalität des Vergleichssatzes dort in der Regel existentiell interpretiert wird, zumindest sofern keine anders lautende explizite Modalität vorhanden ist bzw. durch den Kontext vorgegeben wird. Eine *abbastanza*-VK wie (2-194)a (hier wiederholt als (2-205)) wird also bevorzugt so interpretiert, dass es eine mögliche Welt gibt, in der Anna den Militärdienst ableisten kann/darf:

(2-205) Anna è abbastanza alta per fare il servizio militare.

Hingegen impliziert der Vergleichssatz einer *talmente*-VK wie (2-203) häufig universale Geltung, d.h. in diesem Fall, dass die Hosen in allen möglichen Welten so eng wären, dass sie ihr die Luft rauben würden.

Somit kann der Gegensatz zwischen implikativen und nicht-implikativen Vergleichssätzen als Unterschied zwischen modalen Vergleichssätzen mit universeller bzw. existentieller Lesart interpretiert werden (vgl. Meier 2003: 105). Der Unterschied zwischen *abbastanza*-VKen einerseits und *talmente* (usw.)-VKen liegt darin, dass erstere bevorzugt als nicht implikativ, letztere hingegen bevorzugt als implikativ interpretiert werden.

Allerdings erscheint dieser Unterschied zu gering, zumal – wie u.a. anhand von (2-202)a erläutert wurde – *talmente*-VKen nicht immer implikative Lesart haben. Meier zufolge müssten (2-202)a (hier wiederholt als (2-206)a) und die entsprechende *abbastanza*-VK (2-206)b dieselbe Bedeutung haben:

(2-206) a. Il leone era talmente docile da accarezzarlo.
b. Il leone era abbastanza docile da accarezzarlo.

Dies ist m.E. jedoch nicht der Fall. Obwohl in beiden Fällen tatsächlich nicht impliziert wird, dass der Löwe auch tatsächlich gestreichelt wurde, scheinen die beiden VKen einen implikativen Unterschied zu enthalten: Während mit (2-206)a impliziert wird, dass der Löwe generell als zahm angesehen werden kann, gilt dies für ((2-206)b nicht. Es ist durchaus vorstellbar, dass man den Löwen zwar gerade als zahm genug zum Streicheln ansieht, aber ansonsten als ziemlich wild. Somit scheint *talmente* (ebenso wie *così* und *tanto*) im Gegensatz zu *abbastanza* das absolute Vorliegen der durch den Restriktor bezeichneten Eigenschaft nicht nur relativ zum Vergleichsstandard zu implizieren.

Dass in *talmente*-VKen mit Standardmarker *che* oftmals eine implikative Lesart vorliegt, erklärt übrigens auch, weshalb diese oftmals als „konsekutiv“ bezeichnet werden. Mit konsekutiv kann letztendlich nur gemeint sein, dass Haupt- und Nebensatz in einer Ursache-Folge-Beziehung stehen. Diese ist vor allem dann präsent, wenn der durch den Vergleichssatz ausgedrückte Sachverhalt tatsächlich stattfindet, d.h. wenn eine implikative Lesart des

Vergleichssatzes vorliegt. Diese hängt wie gesagt teilweise vom Komparator (mit *talmente* usw. eher als mit *abbastanza*), teilweise von der Modalität (existentiell vs. universal) sowie weiterhin vom Kontext ab.

Die negativen Varianten dieses VK-Typs verhalten sich je nach Komparator unterschiedlich. Der Komparator *tanto* lässt sich in der Standardsprache nicht mit dem Quantifizierer *poco* kombinieren, d.h. eine Umkehrung der Relation sollte nur mit negativen Adjektiven und somit nur in adjektivischen und adverbialen VKen möglich sein. Jedoch finden sich vereinzelt negative Ausmaß-VKen mit *tanto poco* (vgl. *Google* 16.11.2005):

(2-207) a. [...] lo impensierisce tanto poco che il primo figlio nato a Cöthen verrà battezzato nella chiesa del castello.
b. [...] sono state tanto poco ingenue e tanto poco infantili da non sembrare neppure più forme di protesta.
c. Il suo evaporare è l'evaporare di un'intera generazione tanto poco abituata a misurarsi col tragico, da non riconoscere più neppure quando la vive.

Hingegen lassen sich *talmente* und *così* ohne Probleme mit *poco* kombinieren, was angesichts der Tatsache, dass diese Komparatoren auch in Verbindung mit dem positiven Quantifizierer *tanto* auftreten, wenig verwundert. Der Komparator *tale* ist nur mit Nominalphrasen kombinierbar, so dass eine Umkehrung durch den Quantifizierer *poco* nicht in Frage kommt.

2.7 Exkurs: „Lexikalische" Vergleichskonstruktionen

Die bisher behandelten VKen bilden nicht die einzige Möglichkeit, Vergleiche sprachlich auszudrücken. Eine Alternative ist die lexikalische Realisierung der Vergleichsrelation in Form eines Verbs, Adverbs oder Adjektivs mit entsprechender ‚vergleichender' Bedeutung (im Italienischen z.B. *somigliare, distinguersi, superare, uguale, differente, altrimenti*, vgl. auch Belletti 1991: 853). Bis auf Konstruktionen mit *superare*, die innerhalb der Sprachtypologie als VK-Typ identifiziert werden (*Exceed Comparatives*, vgl. u.a. Stassen 1985: 42), weisen diese Elemente auf den ersten Blick keinerlei syntaktische Regularität auf. Darüber hinaus handelt es sich um kein klar umreißbares Feld, so dass genauere Aussagen über Ähnlichkeiten und Unterschiede zwischen diesen Elementen schwer zu treffen sind. Einige dieser Lexeme fordern eine Präposition (im Folgenden jeweils eingeklammert), die durchaus als Standardmarker gewertet werden könnte: *preferire (a)*, *diverso (da)*, *uguale (a)*, *rispetto (a)*, *superare, equivalere (a)*, *simile (a)*, *al pari (di)*, *lo stesso (di)* usw. Überdies zeichnen sich Konstruktionen mit solchen Lexemen ebenso wie die hier behandelten VKen dadurch aus, dass ein Standard- und ein Referenzwert gegenübergestellt werden:

(2-208) a. Preferisco il gelato alla torta.
b. Maria è uguale a Gianni.
c. Gianni è alto rispetto a Maria.

Die Untersuchung lexikalischer VKen wäre im Rahmen einer Gesamtübersicht wünschenswert. Allerdings weisen diese Konstruktionen einige Idiosynkrasien auf, die eine Behandlung im Rahmen der „traditionellen“ VKen erschweren. Zum einen ist der Komparator in der Bedeutung des jeweiligen Lexems integriert und nicht durch grammatische (oder vielleicht besser: grammatikalisierte) Mittel kodiert.[82] Daher hängt die externe syntaktische Struktur der Konstruktion nicht von einem VK-externen Restriktor ab, sondern von der Wortart des jeweiligen Lexems. Zum anderen ist dieser Bereich relativ schwer abzugrenzen: Hier müsste wohl zuerst eine onomasiologische Untersuchung vorausgeschickt werden, die in Frage kommende Lexeme identifiziert und klassifiziert und sodann eine systematische Analyse der damit verknüpften „Standardmarker“ leistet. Erst dann könnte eine syntaktische Beschreibung geleistet werden, die mögliche Regularitäten aufdeckt. Aufgrund der genannten Heterogenität, die erst durch eine eingehendere Analyse widerlegt werden könnte, werden solche „lexikalischen“ VKen in der vorliegenden vorwiegend syntaktisch ausgerichteten Untersuchung nicht weiter berücksichtigt.

2.8 Zusammenfassung

Es kann zusammenfassend festgehalten werden, dass eine Definition des Untersuchungsgegenstandes sowohl aus rein semantischer als auch aus rein syntaktischer Sicht schwierig ist. Für die Definition von VKen wurden hier daher sowohl syntaktische als auch semantische Kriterien berücksichtigt. Semantisch kommt eine Konstruktion in Frage, wenn sie eine Vergleichsrelation, d.h. eine Beziehung zwischen einem Referenz- und einem Standardwert, kodiert. Syntaktisch wurde das Auftreten eines Komparator/Standardmarker-Paares als relevant ermittelt, das gleichzeitig für eine gewisse Zweiteiligkeit der Struktur von VKen sorgt. Diese syntaktische Definition muss jedoch als vortheoretisch und damit als vorläufig angesehen werden. Für eine genauere Ausformulierung ist eine detaillierte syntaktische Analyse von VKen erforderlich, die ihre strukturellen Gemeinsamkeiten (und Unterschiede) erfassen kann. Für die Typologisierung und Beschreibung der als VKen identifizierten italienischen Daten wurden einige terminologische Konventionen festgelegt (vgl. (2-6). Anhand der Art der Vergleichsrelation, die durch den Komparator zum Ausdruck kommt, wurden die folgenden Typen von VKen ermittelt: Komparative, Äquative, Similative sowie Ausmaß-VKen. Diese VK-Typen unterscheiden sich von so genannten lexikalischen VKen vor allem dadurch, dass sie a) in der Regel mit Restriktoren mehrerer Wortarten kombinierbar sind, und b) einen Komparator und einen Standardmarker enthalten, welche die interne Struktur der VK bestimmen. Lexikalische VKen wurden aufgrund ihrer Idiosynkrasie aus der vorliegenden Untersuchung ausgeschlossen. Eine genauere Ermittlung und Betrachtung der betreffenden lexikalischen Elemente im Rahmen einer eigenen Untersuchung könnte jedoch möglicherweise zeigen, dass sich dieser Typ weiter systematisieren und in eine allgemeine syntaktische Analyse von VKen integrieren lässt. Die in diesem Kapitel ermittelte Typologisierung ist in der Übersicht (2-209) tabellarisch zusammengefasst.

---

[82] Das gilt zwar auch für die in Abschnitt 2.3.1.2 genannten synthetischen Komparativformen, allerdings handelt es sich dabei um klar umrissene Fälle, die ansonsten das gleiche syntaktische Verhalten wie Komparative aufweisen (z.B. bezüglich der Standardmarkerselektion).

(2-209) Typologie italienischer Vergleichskonstruktionen – Übersicht

VK-Typ		Komparative						Äquative		Similative	Ausmaß-VKen			
Komparator		*più/meno*						(*tanto*)	*altrettanto*	*così*	*tanto*	*così/ talmente*	*troppo*	*abbastanza*
Standardmarker		*di*				*che*		*quanto*	*che*	*come*	*che*	*da*	*per*	*da/per*
Vergleichsstandard		SH *quanto*	SH *come/ dove, quando*	SH *quello che*	PH	SH[1]	PH	SH/ PH	PH	SH/ PH	SH	SH (-fin)	SH (-fin)	SH (-fin)
Sub-Konstruktion		+	+/-	-	-	-	+	+	+	+	-	-	-	-
RESTRIKTOR	AP prädikativ	+	+/-	+			+	+	+	+	+	+	+	+
	AP attributiv[2]	+	+/-	+			-	-	-	+	-	+/-	-	-
	NP	Agr [-S]	-	Agr	+	+	+	Agr [-S]	Agr	-	+	Q	Agr	+
	VP	+	+	+			Inf.	+	Inf.	+	+	Q	+	+
	AdvP	+	+	+			+	+	+	+	+	+/(-)[3]	+	+

SH = Satzhaft.
PH = Phrasal.
+ = Konstruktion möglich.
- = Konstruktion nicht möglich.
Agr = Kongruenz zwischen Komparator und nominalem Restriktor.
Inf. = Nur infinite Verbformen im Vergleichsstandard.
Q = Verknüpfung zwischen Komparator und Restriktor nur vermittelt durch Quantifizierer *tanto* möglich.
(-fin) = Satz mit infiniter Verbform.
[-S] = Sub-Konstruktion (z.B. Subkomparativ, Subäquativ) nicht möglich.

---

[1] Gilt nur für epistemische Verben und Konstruktionen mit CP-Tilgung.
[2] Die genaue Distribution von attributiven VKen wird in Abschnitt 5.4 erläutert.
[3] Hier werden Adverbien auf *-mente* in Verbindung mit *talmente* vermieden.

3 Die interne Struktur der Vergleichskonstruktion

3.1 Die Konstituentenstruktur der VK: Analysen und Probleme

Als Hauptanforderung an einer Analyse von VKen wurden bislang die folgenden Bedingungen formuliert:

(3-1) a. Die Relation von Komparator und Restriktor muss so modelliert werden, dass sie eine einheitliche Erfassung von VKen mit Restriktoren unterschiedlicher kategorialer Art ermöglicht.
b. Die Relation von Komparator und Standardmarker muss so modelliert werden, dass sie ohne „unorthodoxe“ Mechanismen auskommt.

Bevor eine Analyse in Angriff genommen wird, sollen die bisherigen Vorschläge zur Charakterisierung der internen Struktur der VK exemplarisch dargestellt werden. Dabei wurden in Abschnitt 1.1 die drei folgenden (sinnvollen) Möglichkeiten identifiziert:

(3-2) a. Komparator, Restriktor und Vergleichskomplement werden gleichzeitig verknüpft.
b. Komparator und Restriktor bilden zuerst eine Konstituente, das Vergleichskomplement wird anschließend angefügt.
c. Komparator und Vergleichskomplement bilden eine Konstituente, die anschließend mit dem Restriktor verbunden wird.

Diese sollen im Folgenden anhand von repräsentativen Studien exemplarisch vorgestellt werden.

3.1.1 Ternäre Struktur

In seiner Dissertationsschrift schlägt Abney (1987) am Beispiel adjektivischer VKen eine ternäre Struktur vor, in der Komparator, Standardmarker und Restriktor auf einer Ebene angesiedelt sind. Der projizierende Knoten ist dabei der Komparator, der als funktionaler Gradkopf Deg^0 gemäß der in Abschnitt 1.4.2 erläuterten *Functional Head Analysis* die Adjektivphrase als Komplement nimmt (vgl. auch (1-27)b). In (adjektivischen) VKen selegiert der Deg-Kopf darüber hinaus das Vergleichskomplement. Abney vergleicht die VK-Struktur mit der Struktur von Relativsätzen, die gemäß seiner FH-Analyse als Determiniererphrasen angesehen werden können, wie die folgende Graphik verdeutlicht:

(3-3) Die Struktur der VK und des Relativsatzes nach Abney (1987: 199)

a. VK   b. Relativsatz

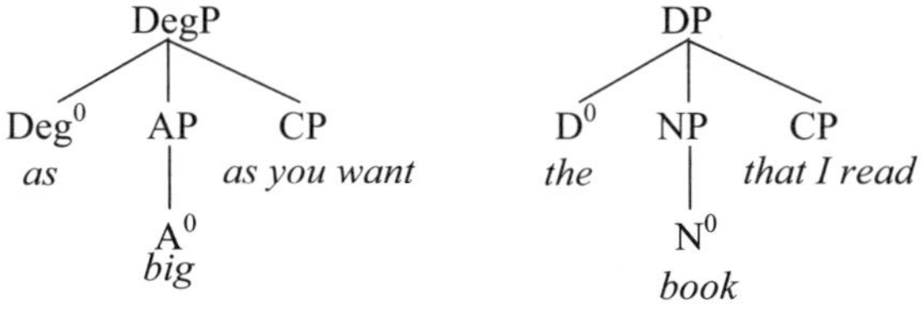

Der Vorteil einer solchen Struktur liegt auf der Hand: Da Komparator, Restriktor und Vergleichssatz auf einer Ebene sind, besteht eine Selektionsbeziehung sowohl zwischen Komparator und Restriktor als auch zwischen Komparator und Vergleichssatz. Es werden keine weiteren Transformationen benötigt, um die korrekte Linearisierung der VK zu derivieren. In einer derartigen ternären Struktur besteht zwischen drei Konstituenten jeweils gegenseitiges c-Kommando. Dies widerspricht jedoch gängigen Annahmen innerhalb der Generativen Grammatik, in der generell auf ternäre Bäume verzichtet wird, was durch das so genannte *Binary Branching Principle* (Kayne 1984: 133) eine explizite Formulierung findet. Dabei gibt es vor allem zweierlei Arten von Bedenken gegen solche Strukturen: Zum einen wird argumentiert, dass das Zulassen einer direkten *Merge*-Operation zwischen drei Elementen aus Sicht des Spracherwerbs zu permissiv wäre, denn sie eröffnet eine zu große Anzahl von Kombinationsmöglichkeiten, die für das spracherwerbende Kind schlecht zu systematisieren wäre. Eine binäre Organisation der Syntax erlaube hingegen einen ökonomischeren Spracherwerbsmechanismus, bei dem das Kind anhand vorliegender Sprachdaten und der bereits in ihm angelegten Universalgrammatik das Vorliegen bestimmter Parameter nach dem (binären) Ja/Nein-Prinzip überprüfen könne. Zum anderen ist festgestellt worden, dass die Postulierung flacher ternärer Strukturen falsche Vorhersagen über die Grammatikalität bestimmter Sätze erlaubt. Dies soll am Beispiel einer „klassischen" ternären Struktur, nämlich einer Verbalphrase mit einem dreiwertigen Verb erläutert werden:

(3-4) I showed Mary$_i$ herself$_i$.[1] (Larson 1988: 336)

Gemäß Bindungsprinzip A müssen so genannte Anaphern, zu denen auch Reflexivpronomina gehören, in ihrer Domäne gebunden sein, d.h. (vereinfacht ausgedrückt) sie müssen innerhalb desselben Satzes von einem Antezedens gebunden werden.[2] Dabei muss das Antezedens die Anapher regieren, was durch die Relation des c-Kommandos gewährleistet wird. Eine ternäre Analyse von (3-4) sieht folgendermaßen aus:

(3-5) Ternäre Analyse von (3-4)

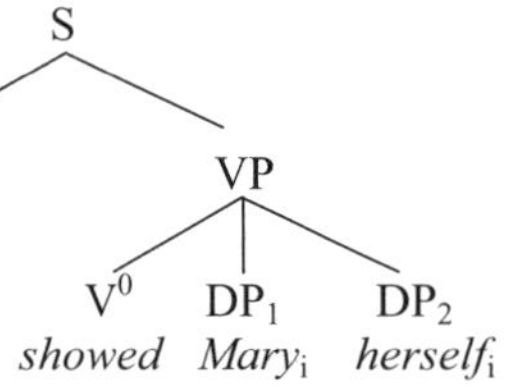

Gemäß der Definition von c-Kommando aus Abschnitt 1.4.1 c-kommandiert die DP *Mary* das Reflexivpronomen *herself*, da der erste verzweigende Knoten, der DP_1 dominiert (VP), auch DP_2 dominiert, und DP_1 DP_2 nicht dominiert. Allerdings ist das c-Kommando zwischen den beiden DPen in dieser Struktur gegenseitig, d.h. auch DP_2 c-kommandiert DP_1. Man würde daher erwarten, dass auch der folgende Satz grammatisch ist, was jedoch offensichtlich nicht der Fall ist:

---

1 Der Index ($_i$) zeigt an, dass die entsprechenden Konstituenten koreferentiell sind.

2 Für eine formale Formulierung des Bindungsprinzips A vgl. u.a. Müller & Riemer (1998: 13): „Eine Anapher muss in ihrer Rektionskategorie gebunden sein".

(3-6) *I showed herself$_i$ Mary$_i$. (Larson 1988: 336)

Der einzige Unterschied zwischen diesem Satz und (3-4) ist oberflächlich gesehen die Reihenfolge der beiden Objekte. Es gibt jedoch in einer ternären Struktur keinen strukturellen Grund, weshalb diese nicht umkehrbar sein sollte.

Eine Erklärung für die unterschiedlichen Grammatikalitätsverhältnisse erhält man hingegen, wenn man (3-5) als binäre Struktur reanalysiert, z.B. im Rahmen von Larsons Schalenanalyse der VP (vgl. Larson 1988, 1990):

(3-7) Binäre Analyse von (3-4)

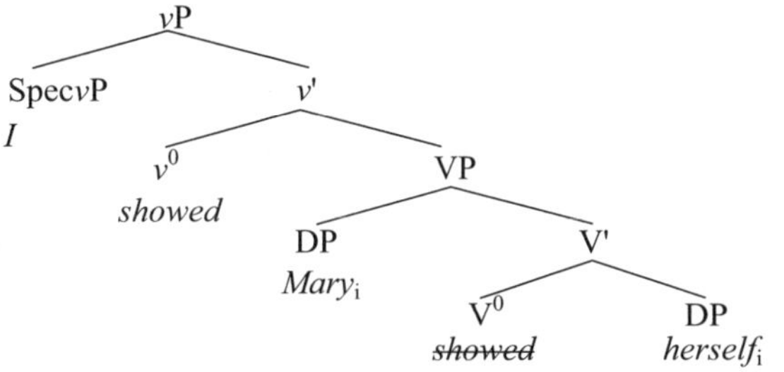

Eine solche Analyse trifft die richtigen Vorhersagen, was die Reihenfolge der Objekte betrifft: Während (3-4) grammatisch ist, weil gemäß dieser ternären Struktur DP$_1$ DP$_2$ c-kommandiert, ist (3-6) ausgeschlossen, da hier DP$_2$ DP$_1$ nicht c-kommandiert und damit das Reflexivpronomen kein regierendes Antezedens aufweist. Wie noch gezeigt wird, ist eine solche Schalenanalyse auch für VKen u.a. von Larson selbst vorgeschlagen worden. Bevor darauf näher eingegangen wird, sollen jedoch Analysen vorgestellt werden, die eine VK-Struktur nach dem Modell von (3-2)b annehmen.

3.1.2 Komparator und Restriktor bilden eine Einheit

Eine Analyse gemäß (3-2)b, bei der Komparator und Restriktor eine engere Verbindung aufweisen als Komparator und Vergleichskomplement, hat den Vorteil, dass sie die Linearisierungsverhältnisse in den meisten VKen unmittelbar widerspiegelt. Dies wird anhand der entsprechenden Baumstruktur deutlich:

(3-8) Komparator + Restriktor als Konstituente

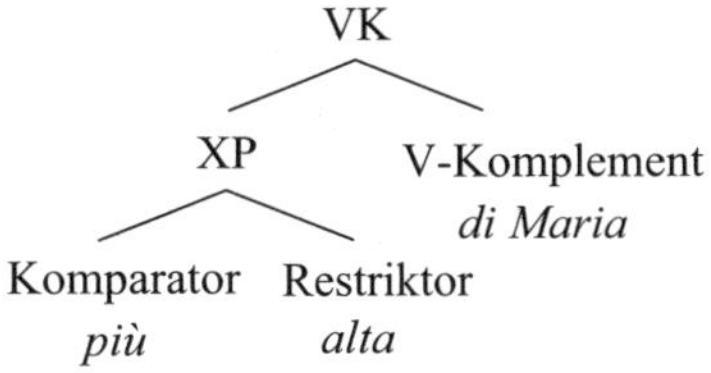

Grundlage einer solchen Lösung ist ebenfalls die FH-Analyse von Abney, wonach die Adjektivphrase (also: der Restriktor) von einem funktionalen Deg-Kopf (dem Komparator) selegiert wird. Die FH-Analyse der DegP/AP-Beziehung baut auf der Idee auf, dass Adjektive (und Adverbien) in Bezug auf die Graduierung/Quantifizierung eine Sonderstellung unter den lexikalischen Klassen einnehmen.

> È possibile quindi assumere che la quantificazione richiesta per l'interpretazione comparativa sia fornita nel caso dell'aggettivo a livello sublessicale, anziché sintattico; in altre parole che gli aggettivi graduabili proiettino una variabile di grado [...]. (Donati 2000: 122)

Syntaktisch zeigt sich dies u.a. darin, dass (zumindest einige) Komparatoren lediglich mit Adjektiven/Adverbien direkt kombinierbar sind, nicht jedoch mit Nomina oder Verben. Dies gilt beispielsweise für engl. *-er* und *as*:

(3-9) a. I am bigger than you.
b. I am as big as you.
(3-10) a. *I buy tomatoes-er than you.
b. *I buy as tomatoes as you.

Bei der Verknüpfung mit Nomina (und Verben) muss hingegen ein vermittelndes quantifizierendes Element *much/many* auftreten:

(3-11) a. I buy -er *many* (→ more) tomatoes than you.
b. I buy as *many* tomatoes as you.

Diese Besonderheit wird auf die Bedeutung graduierbarer Adjektive zurückgeführt, die sich gemäß den geläufigsten semantischen Theorien (vgl. u.a. Stechow 1984a, Kennedy 1999 sowie Abschnitt 3.2) als Funktion beschreiben lässt, die einem Individuum einen Grad auf der Skala der durch das Adjektiv bezeichneten Eigenschaft zuweist. Demnach enthält die Bedeutung eines graduierbaren Adjektivs (A) zwei Variablen: eine Individuenvariable (x) und eine Gradvariable (d):

(3-12) $A(x) = d$

Diese Variablen werden in der Syntax als Argumente realisiert, wobei das Gradargument auch implizit bleiben bzw. aus dem Kontext hervorgehen kann:

(3-13) Jan ist groß.

In diesem Satz wird die Gradvariable durch das kontextuelle Wissen um die Klassenzugehörigkeit von Jan bestimmt (z.B. erwachsener Mann, sechsjähriger Junge) sowie durch den mit der jeweiligen Klasse verbundenen Standardwert an Größe (für einen erwachsenen Mann ca. 1,77 m, für einen sechsjährigen Jungen ca. 1,20 m)[3]. Demnach ist Jan größer als

---

[3] Die Durchschnittsgröße eines erwachsenen Mannes ist der Mitteilung des Statistischen Bundesamtes vom 27.04.2004 über die Haushaltsbefragung *Mikrozensus* im Mai 2003 entnommen (Quelle: http://www.destatis.de/presse/deutsch/pk/2004/mikrozensus_stat_hahlen.htm). Die durchschnittliche Größe eines Sechsjährigen stammt aus einer Wachstums- und Gewichtskurventabelle für Jungen zwischen null und 18 Jahren, die standardmäßig von deutschen Kinderärzten verwendet wird (Quelle: http://www.klm-stuttgart. de/index.html?wachstum.htm).

der Durchschnitt der jeweiligen Klasse, der er angehört.[4] Die Gradvariable kann aber auch overt realisiert werden, wie dies im folgenden Beispiel der Fall ist:

(3-14) Jan ist zu groß.

Hier wird die Individuenvariable des Adjektivs *groß* durch die DP *Jan* realisiert, die Gradvariable durch den Deg-Kopf *zu*.[5] Nach Zwarts (1992: 150) sind Komparatoren wie engl. *too* nur mit graduierbaren Adjektiven kompatibel, weil nur diese eine Gradvariable aufweisen, die durch einen funktionalen Deg-Kopf gebunden werden muss. Für eine solche Erklärung spricht auch die Tatsache, dass nicht graduierbare Adjektive in VKen nicht auftreten dürfen:

(3-15) *Jan ist zu tot/töter als Peter/so tot wie Peter.[6]

Diese Gradvariable graduierbarer Adjektive entspreche ihrer so genannten referentiellen <Grad>-Position, analog zur <R(eferentiellen)>-Position des Nomens und der <E(reignis)>-Position des Verbs (vgl. Abschnitt 1.4.2). Wie alle referentiellen Positionen muss die <G>-Position durch θ-Bindung entladen werden. Die dafür nötige Konfiguration wird gemäß Zwarts (1992: 48) dadurch erreicht, dass ein Deg-Kopf (z.B. ein Komparator) die AP als Komplement selegiert. Demnach erhält die FH-Analyse auch aus semantischer Sicht zusätzliche Plausibilität, nämlich als geeignete Konfiguration, in der die θ-Bindung der Gradposition durch den Komparator erfolgen kann:

(3-16) θ-Bindung der Gradposition durch den Komparator

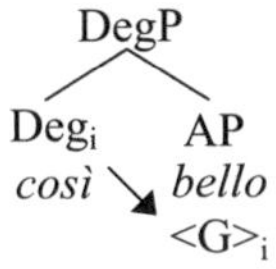

Dass nicht-graduierbare Adjektive keine Gradmodifikatoren zulassen und damit auch nicht in VKen vorkommen können (vgl. (3-15)), wäre somit dadurch begründet, dass diese keine <G>-Position aufweisen und daher auch keine Deg-Schicht projizieren können.

---

4 Ob dieser Vergleich mit dem Standardwert (also die Komponente ‚überdurchschnittlich') zur Adjektivsemantik selbst gehört oder durch ein phonologisch leeres Gradmorphem eingebracht wird, ist innerhalb der Forschung umstritten. Stechow (1984a) plädiert für die erste Lösung, Kennedy (1999) für letztere. Diese Frage spielt für die vorwiegend syntaktisch ausgerichtete Fragestellung dieser Arbeit jedoch keine große Rolle, weshalb sie hier nicht weiter verfolgt wird.

5 Allerdings reicht *zu* allein nicht aus, um den tatsächlichen Wert zu ermitteln, auf den referiert werden soll (Referenzwert). Hier ist sicherlich noch eine kontextuelle Information bezüglich des postulierten Standardwerts (z.B. 1,80 m) bzw. eine syntaktische Ergänzung durch einen Vergleichsstandard (z.B. *um Panzergrenadier zu werden*) nötig. Zur Semantik solcher VKen vgl. die Ausführungen zu *troppo*-VKen in Abschnitt 2.6.1.

6 Zwar lässt sich eine Interpretation von (3-15) wohl konstruieren, in diesem Fall würde jedoch das Adjektiv *tot* als graduierbar reanalysiert werden müssen.

Es stellt sich die Frage, welche Elemente als geeignete Deg-Köpfe in Frage kommen. Für die Klassifizierung werden in der Forschung teils implizit, teils explizit, die folgenden Kriterien postuliert:

(3-17) Eigenschaften funktionaler Deg-Köpfe:
 a. Sie sind nur mit Adjektiven (und Adverbien) kombinierbar (vgl. Doetjes 1997: 103);
 b. Sie weisen eine einfache phonologische Struktur auf;[7]
 c. Sie sind von ihrem AP-Komplement nicht durch Extraktion trennbar (vgl. Corver 1990: 186).

Das erste Kriterium folgt u.a. aus dem Postulat, dass nur graduierbare Adjektive eine Gradposition aufweisen, die durch einen Deg-Kopf gebunden werden muss. Das zweite Kriterium wird in der Regel nicht explizit formuliert, liegt aber auf der Hand, wenn man die üblicherweise als Deg-Köpfe eingestuften Elemente betrachtet, z.B. engl. *how, as, too, so* und *that* (vgl. u.a. Corver 1997: 120, 123) oder frz. *si*, *aussi* und *très* (vgl. Doetjes 1997: 103). Wie die aufgezählten Elemente zeigen, handelt es sich dabei in vielen Fällen um Komparatoren. Das dritte Kriterium verlangt eine weitere Erläuterung, die anhand des folgenden englischen Beispiels geliefert werden soll:

(3-18) *How$_i$ is Peter [t$_i$ sane]? (Doetjes 1997: 96)

Hier liegt mit *how* ein *wh*-Element vor, das in *wh*-Interrogativen in den Spezifikator der CP bewegt werden muss (auf die *wh*-Bewegung wird in Abschnitt 6.2.1 näher eingegangen). Als Kopf kann *how* nicht bewegt werden, da die Bewegung eines Kopfes in eine Spezifikatorposition gegen das Strukturerhaltungsprinzip verstoßen würde, wonach Köpfe nur in Kopfpositionen und Phrasen nur in Spezifikatorpositionen bewegt werden dürfen. Eine Bewegung als Phrase ist jedoch auch nicht möglich, da die DegP ohne das AP-Komplement *sane* keine Konstituente bildet, wie die folgende Graphik deutlich zeigt:

(3-19) Konstituentenstruktur der DegP *how sane*

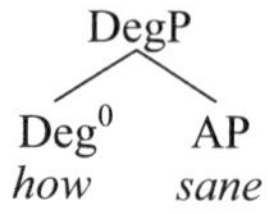

Die FH-Analyse sagt somit die Ungrammatikalität von (3-18) korrekt voraus. Es stellt sich jedoch die Frage, warum das Kriterium der Nicht-Extrahierbarkeit auch Nominalphrasen betrifft:

(3-20) *[How many]$_i$ did Peter eat [t$_i$ cookies]?

In (3-20) kann die komplexe Konstituente *how many* kein Deg-Kopf sein: Denn zum einen besteht sie offensichtlich aus mehreren Elementen und zum anderen modifiziert sie eine NP

---

7 Zamparelli (2000: 285) verengt dieses Kriterium zusätzlich, indem er nur morphologische Affixe wie engl. *-er* und it. *-issim-* als mögliche Deg-Köpfe zulässt.

und keine AP. Nichtsdestotrotz darf *how many* nicht extrahiert werden.[8] Es scheint, als wäre die Nicht-Extrahierbarkeit von *wh*-Gradmodifikatoren eher auf die allgemeine *Anti-Pied-Piping*-Bedingung in *wh*-Interrogativen zurückzuführen, der zufolge *wh*-Elemente ihre Komplemente bei der Bewegung nicht verlassen dürfen, und nicht auf die FH-Analyse. Daher wird Kriterium (3-17)c im Folgenden vernachlässigt.

Legt man die anderen beiden Kriterien in (3-17) zugrunde, kommen jedoch nicht alle Elemente, die zumindest vortheoretisch als Komparatoren bezeichnet wurden, als funktionale Deg-Köpfe in Frage. So wurde in Abschnitt 2.6.1 beispielsweise konstatiert, dass it. *troppo* in so genannten Ausmaß-VKen – im Gegensatz zu seinem englischen Gegenstück *too* (sowie dt. *zu*) – mit allen Arten von Restriktoren kombinierbar ist und somit das wesentliche Kriterium (3-17)a nicht erfüllt:

(3-21) a. Anna è *troppo* intelligente per questo mondo.
b. Laura guida *troppo* prudentemente per avere un incidente.
c. Ho investito *troppi* soldi per tirarmi indietro.
d. Hai dormito *troppo* per essere ancora stanco.

Hingegen können engl. *too* (vgl. (3-22)) und dt. *zu* (vgl. (3-23)) lediglich Adjektive bzw. Adverbien modifizieren:

(3-22) a. Anna is *too* intelligent for this world.
b. Laura drives *too* carefully to have an accident.
c. *I spent *too* money to resign.
d. *You slept *too* to be still tired.

(3-23) a. Anna ist *zu* intelligent für diese Welt.
b. Laura fährt *zu* vorsichtig, um einen Unfall zu haben
c. *Ich habe *zu* Geld ausgegeben, um zurückzutreten.
d. *Du hast *zu* geschlafen, um noch müde zu sein.

Die Beispiele (3-22)c und d sowie (3-23)c und d werden jedoch dann grammatisch, wenn ein „stützendes" quantifizierendes Element hinzukommt:

(3-24) a. I spent too *much* money to resign.
b. You slept too *much* to be still tired.

(3-25) a. Ich habe zu*viel* Geld ausgegeben, um zurückzutreten.
b. Du hast zu*viel* geschlafen, um noch müde zu sein.

Wenn *troppo* auch mit anderen Wortarten vorkommt, kann dies für die syntaktische Analyse nur zwei Dinge bedeuten: Entweder es tritt in verschiedenen syntaktischen Konfiguratio-

---

8 Die einzige Analyse, die solche Daten als Argument für die FH-Analyse „retten" könnte, geht auf Abney (1987) zurück:
i. $[_{D}$ How $[_{Q}$ many $[_{NP}$ cookies]]].
Hier wird die NP nacheinander von zwei Köpfen selegiert. Das Problem einer solchen Struktur liegt allerdings darin, dass Q nach Abney keine funktionale Kategorie ist (vgl. auch Abschnitt 4.4). Daraus resultiert eine recht ungewöhnliche Selektionsbeziehung, bei der ein Determinierer eine (lexikalische) QP selegiert, die wiederum eine NP als Komplement nimmt. Eine ähnlich ungewöhnliche Struktur postuliert Abney für pränominale Adjektive (vgl. auch Abschnitt 5.4).

nen auf, d.h. als funktionaler Deg-Kopf in Adjektiv-VKen und als etwas anderes in verbalen und nominalen VKen (denn dort sind die jeweiligen referentiellen Positionen nicht als Gradpositionen definiert), oder aber es liegt immer dieselbe syntaktische Konfiguration vor, diese entspricht jedoch nicht der FH-Analyse. Man kann zunächst festhalten, dass Komparatoren, die dieselbe Vergleichsrelation ausdrücken (z.B. it. *troppo* vs. engl. *too* und dt. *zu*), in verschiedenen Sprachen unterschiedliche Distributionen aufweisen.

Das Hauptproblem einer FH-Analyse der VK besteht jedoch im Status des Vergleichskomplements. Dieses kann nur als rechtsgerichteter Spezifikator bzw. als Rechtsadjunkt in die Konstruktion eingebettet werden (vgl. u.a. Corver 1990, Zamparelli 2000). Als Beispiel sei hier die Analyse von Corver (1990) erwähnt:[9]

> The *than*-phrase can be base-generated as a right branch constituent within the DegP-projection (as in (47)) [...]
> (47) [$_{\text{DegP}}$ [$_{\text{Deg'}}$ -er [$_{\text{AP}}$ tall]] [than who]]. (Corver 1990: 49)

Die einzige mögliche Interpretation für die hier angegebene Klammerstruktur lautet, dass es sich bei der *than*-Phrase um einen rechtsgerichteten Spezifikator oder um ein Rechtsadjunkt handelt. Da dies anhand der Klammerstruktur nicht unmittelbar zu erkennen ist, soll eine entsprechende Baumstruktur die Verhältnisse verdeutlichen:

(3-26) VK-Struktur gemäß Corver (1990: 49)

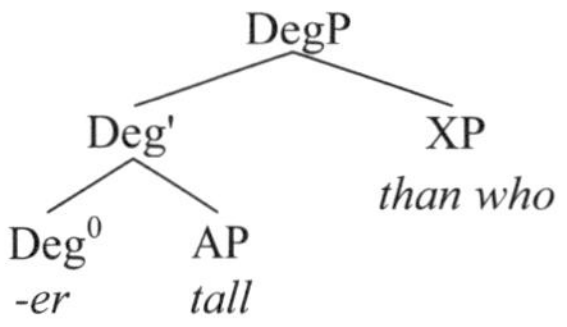

Das Problem einer solchen Analyse liegt u.a. darin, dass sie gegen Kaynes (1994) Antisymmetriehypothese verstößt. Diese legt fest, dass die Operation *Merge* eine eindeutig gerichtete Baumstruktur generiert und legt fest, an welcher Stelle im Baum Elemente, die aus der Enumeration entnommen werden, „angehängt" werden können. Eine Analyse, die einen rechten Spezifikator oder Rechtsadjunktion postuliert, braucht hingegen eine speziellere Definition der Operation *Merge*. Man müsste darin nämlich auch Prinzipien ansiedeln, die festlegen, wann ein Element rechts und wann links von einem bereits in der Struktur vorhandenen Element eingesetzt wird. Dies muss entweder für alle Fälle von Adjunktion in Form einer einzelsprachlichen Parametrisierung (also: alle Adjunkte rechts bzw. links) oder aber für jeden Fall gesondert festgelegt werden. Dann müsste die Adjunktionsrichtung vermutlich in den lexikalischen Einträgen kodiert werden. Selbst wenn man die strenge Antisymmetriehypothese ablehnt, die eine universelle Reihenfolge Spezifikator > Kopf > Komplement festlegt, und stattdessen für eine einzelsprachliche Parametrisierung der Kopfrichtung plädiert, müsste die Reihenfolge Kopf > Komplement > Spezifikator zumindest für das Englische und die romanischen Sprachen nur für VKen angenommen werden. Dem-

---

[9] Corver ist vorwiegend an der inneren Struktur der Komparatoren und deren Verknüpfung mit dem Restriktor interessiert und beschäftigt sich lediglich am Rande mit der Anbindung des Vergleichskomplements.

nach würde man einen rein konstruktionsspezifischen und damit „unorthodoxen" Mechanismus postulieren, was in (3-1)b ausgeschlossen wurde.

Ein spezielles Problem der Adjunktionsanalyse besteht darin, dass das Vergleichskomplement in der Regel nicht fakultativ, sondern (wenn auch manchmal nur implizit) obligatorisch ist. Es ist unklar, wie dieser Umstand mit einer solchen Analyse vereinbar sein sollte, insbesondere wenn man bedenkt, dass Adjunkte *per definitionem* fakultative Ergänzungen darstellen. Weiterhin ist übereinzelsprachlich zu beobachten, dass bestimmte Komparatoren bestimmte Standardmarker fordern. Diese Beziehung, auf die noch zurückzukommen sein wird (vgl. Abschnitt 3.1.3), lässt sich ebenfalls nicht problemlos mit einer Adjunktionsanalyse vereinbaren. Einen Versuch in diese Richtung unternimmt Kennedy (1999). In seiner vorwiegend semantisch ausgerichteten Arbeit, die VKen als Teilbereich der Adjektivsemantik berücksichtigt, unterbreitet er den folgenden Vorschlag:

> I will further assume that the comparative clause – the constituent headed by *than* or *as* in comparatives and equatives, the non-finite clause in a *too/enough* construction, and the finite clause associated with *so* – is selected by Deg^0 but adjoined to Deg'. (Kennedy 1999: 108)

Es handele sich beim Vergleichskomplement um ein „selegiertes" Adjunkt, das Kennedy folgendermaßen in die syntaktische Struktur der VK einbettet (hier am Beispiel einer italienischen VK):

(3-27) Konstituentenstruktur der VK nach Kennedy (1999: 109)

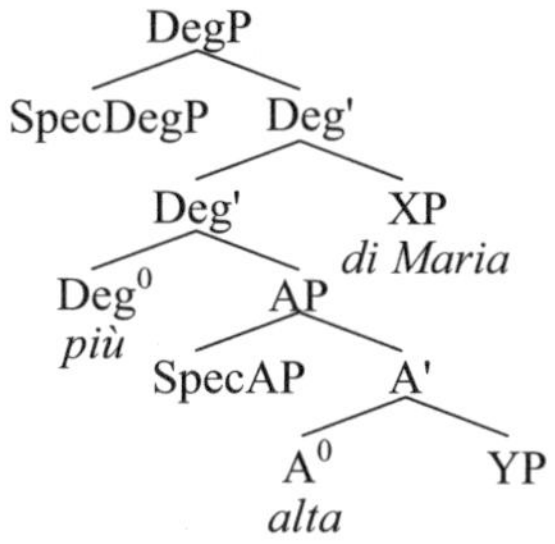

Wie die Baumdarstellung verdeutlicht, selegiert der Deg-Kopf den AP-Restriktor, während es sich beim Vergleichskomplement (hier: XP) strukturell gesehen um ein gewöhnliches X'-Adjunkt handelt. Woran der Unterschied zwischen einem gewöhnlichen und einem solchen „selegierten" Adjunkt besteht und wie eine solche „Selektionsbeziehung" aufgefasst werden sollte, ist zunächst nicht ganz klar. Aus semantischer Perspektive erscheint die Postulierung eines selegierten Adjunkts zumindest ungewöhnlich, denn Adjunkte werden in der Regel gerade dadurch definiert, dass sie nicht lexikalisch gefordert sind, sondern dass es sich dabei um fakultative Ergänzungen handelt.[10]

Gemäß Kennedy sind selegierte Adjunkte keine Besonderheit, sondern sie müssten ohnehin für Verben wie engl. *word* oder *behave* angenommen werden (vgl. Kennedy

---

[10] Kennedy ist im Übrigen selbst bereit, auf eine solche Adjunktionsanalyse zu verzichten: „Nothing in the analysis hinges on this decision [...]" (Kennedy 1999: 173, Fn. 13). Er lässt jedoch offen, wie eine mit der FH-Analyse kompatible Alternative aussehen könnte.

1999: 173, Fn. 13). Solche Verben forderten nämlich obligatorische Adverbien, wie dies am Beispiel von engl. *word* gezeigt werden soll:

(3-28) a. *John worded the letter.
b. John worded the letter carefully.

Auch hier müsse das Adverb in (3-28)b als Adjunkt analysiert werden, obwohl es sich dabei um eine obligatorische Ergänzung handelt. Die Einstufung des Adverbs *carefully* als Adjunkt folgert Kennedy aus so genannten Inseleffekten. Bekanntlich sind *wh*-Interrogativsätze so genannte schwache Inseln, aus denen Argumente, nicht jedoch Adjunkte extrahiert werden dürfen (vgl. Kennedy 1999: 173, Fn. 13, vgl. auch Abschnitt 6.2.1):

(3-29) a. Which letter did John word carefully?
b. **How* carefully did John word the letter?

Die Tatsache, dass in (3-29) das interne Argument (*which letter*), nicht jedoch eine entsprechende adverbiale *wh*-Phrase (*how carefully*) extrahiert werden dürfe, wertet Kennedy als Hinweis für den Adjunktstatus des Adverbs. Ein ähnliches Verhalten zeige sich in Ausmaß-VKen mit *too* bzw. *enough*, in denen ebenfalls nur Argumente und keine Adjunkte extrahiert werden dürften (vgl. Kennedy 1999: 173, Fn. 13):

(3-30) a. Who_i was Audrey angry enough [to criticize e_i]?
b. *How obnoxiously_i was Audrey angry enough [to criticize her boss e_i]?
(3-31) a. Which car_i was Tim too scared [to drive e_i]?
b. *How quickly_i was Tim too scared [to drive e_i]?

Diese Daten sollen zeigen, dass aus Vergleichskomplementen ebenso wie aus *wh*-Interrogativen nur Argumente (*who* bzw. *which car*), nicht jedoch Adjunkte (*how obnoxiously* bzw. *how quickly*) extrahiert werden dürften. Da nicht nur *wh*-Interrogative, sondern auch Adjunkte Inseln seien, würde dies somit für einen Adjunktstatus des Vergleichskomplements sprechen. Gegen diese Argumentation müssen jedoch zwei Einwände vorgebracht werden: Zum einen werden Adjunkte (wie z.B. Relativsätze) in der Regel nicht als schwache, sondern als starke Inseln eingestuft (vgl. u.a. Szabolcsi & Den Dikken o.J.). Demnach dürfte im Fall eines Adjunktstatus von Vergleichssätzen überhaupt keine Extraktion erlaubt sein. Die Annahme, dass Vergleichssätze Adjunkte seien, stellt somit keine Erklärung für die unterschiedlichen Extraktionsverhältnisse dar. Zum anderen gibt es beispielsweise im Deutschen ebenfalls Verben wie engl. *word* oder *behave*, die ein obligatorisches Adverb fordern, aber keine Extraktionsbeschränkungen analog zu (3-29) aufweisen:

(3-32) a. Hans verhält sich *(gut).
b. Wie gut verhält sich Hans?

Man kann zusammenfassend festhalten, dass Analysen, die eine strukturelle Einheit von Komparator und Restriktor postulieren, zahlreiche bislang ungelöste Probleme aufweisen.

3.1.3 Komparator und Vergleichskomplement bilden eine Einheit

Diese Lösung, die auch in der vorliegenden Arbeit vertreten werden soll, sei an dieser Stelle noch einmal graphisch illustriert:

(3-33) Komparator + Vergleichskomplement als Konstituente

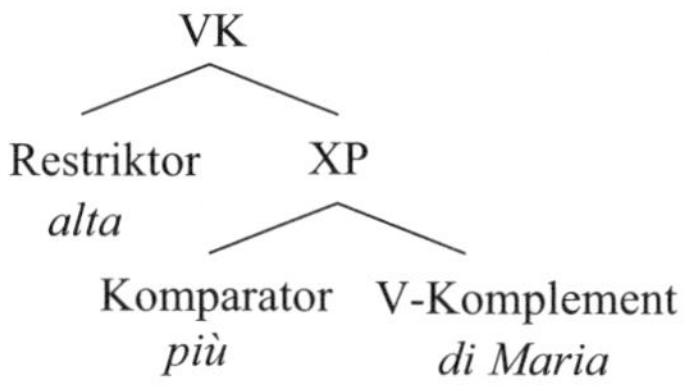

Für eine solche Analyse spricht der bereits angedeutete Umstand, dass bestimmte Komparatoren zwangsläufig bestimmte Standardmarker fordern.[11] Die folgenden Daten zeigen, dass eine Substitution durch andere Standardmarker unmöglich ist:[12]

(3-34) a. più ... di/che/*da/*per.
b. così ... *di/che/da/*per.
c. troppo ... *di/*che/*da/per.

Im Italienischen gibt es mit *cosicché* sogar einen Fall, in dem ein Komparator (*così*) und ein Standardmarker (*che*) zu einer Form verschmolzen zu sein scheinen (wobei hier eine Ausmaß-VK, wie sie in Abschnitt 2.6.3 beschrieben wurde, die Grundlage gebildet haben muss). Auch dieser Umstand scheint für die adjazente Ansiedlung beider Elemente innerhalb einer Konstituente zu sprechen. Darüber hinaus können Vergleichssätze niemals ohne den dazu gehörigen Komparator auftreten, was ebenfalls dafür spricht, dass dieser für ihre Lizensierung notwendig ist:[13]

---

[11] Es ist nicht davon auszugehen, dass dieser hohe Selektionsgrad semantisch bedingt ist. Dies wird am Beispiel des Standardmarkers *di* deutlich, bei dem es sich um eines der häufigsten und vielseitigsten *Linking*-Elemente des Italienischen handelt. Allein bezüglich des θ-Rasters kann *di* u.a. die θ-Rollen <Possessor> (*la casa di Maria*), <Herkunft> (*Maria è di Milano*) und <Thema> (*la distruzione della città*) markieren. Darüber hinaus kann *di* partitive NPen, Infinitivsätze und sogar APen einleiten (*qualcosa di bello*). Somit ist *di* sicherlich ein funktionales Element, das weder über eine lexikalische Bedeutung noch über eine eindeutige grammatikalische Funktion verfügt. Die Semantik von *di* kann daher nicht der Grund für sein Auftreten in Komparativkonstruktionen sein. Dass der italienische Komparativkomparator *più* (sowie *meno*) in bestimmten syntaktischen Konstellationen auch *che* als Standardmarker selegieren kann, spricht zusätzlich gegen eine semantisch motivierte Selektion, da eine Bedeutungsähnlichkeit von *di* und *che* wohl kaum behauptet werden kann.

[12] Ähnliche Verhältnisse finden sich in zahlreichen Sprachen, z.B. im Englischen: „[...] the extent clauses are licensed by particular degree words“ (Abney 1987: 198).

[13] Im Italienischen scheinen nicht-nominale Äquative hierzu eine Ausnahme zu bilden. Wie in Abschnitt 2.4.1 erläutert wurde, tritt *tanto* in solchen Konstruktionen lediglich fakultativ auf. Eine Erklärung für dieses außergewöhnliche Verhalten wird in Abschnitt 4.5.4 geliefert.

(3-35) a. Maria è *(più) bella di Gianni.
b. Maria è *(così) bella che è stata eletta Miss Italia.
c. Maria è *(troppo) bella per questo mondo.

Umgekehrt verlangen die jeweiligen Komparatoren für ihre Interpretation ebenfalls zwangsläufig ein Vergleichskomplement, zumindest implizit:

(3-36) a. Gianni è più alto.
b. Gianni è troppo alto.

Diese Sätze sind nur interpretierbar, wenn der Standardwert aus dem Kontext hervorgeht. Ansonsten wäre die normale Reaktion eines Hörers auf Äußerungen wie die in (3-36) eine entsprechende Nachfrage:

(3-37) a. Di chi?
b. Per (fare) cosa?

Man beachte, dass notwendige, aber implizite Komplemente keine Besonderheit von VKen sind: Auch bei vielen Verben können Argumente implizit bleiben. In Anbetracht dieser Umstände erscheint die Annahme eines Adjunktstatus des Vergleichskomplements, wie dies in der FH-Analyse postuliert wird, unplausibel.

Im Italienischen lässt sich der Konstituentenstatus der beiden Vergleichspartikeln auch durch syntaktische Tests belegen (die entscheidenden Konstituenten sind im Folgenden kursiv markiert):

(3-38) a. Anna è *più* intelligente *di Gianni.*
b. *Più di chi* è intelligente Anna?
c. **Più intelligente*, Anna lo è di Gianni.
d. **Intelligente di Gianni*, Anna lo è (di)[14] più.

Anhand von Beispiel (3-38)b wird deutlich, dass der Komparator und das Vergleichskomplement ohne Restriktor (hier: *intelligente*) eine Konstituente bilden, da sie in Interrogativkonstruktionen allein bewegt werden können. (3-38)c zeigt darüber hinaus, dass die Topikalisierung von Komparator und Restriktor ohne Vergleichskomplement ebenso wie eine Topikalisierung von Restriktor und Vergleichskomplement (vgl. (3-38)d) ausgeschlossen ist. Eine syntaktische Analyse von VKen muss diese Verhältnisse erklären können. Ansätze wie die in Abschnitt 3.1.2 genannten sind dazu – wie gesagt – nicht in der Lage.

Es gibt noch einen weiteren Umstand, der für eine engere Zusammengehörigkeit von Komparator und Standardmarker spricht. In Abschnitt 2.3.3.1 wurde gezeigt, dass die Verhältnisse im Vergleichssatz in manchen ambigen Fällen den Skopus des Komparators bestimmen:

(3-39) a. Maria compra più *pomodori* di *quanti* non ne possa mangiare.
b. Maria *compra* più *pomodori* di *quanto* non si possa permettere.

---

14 Vgl. Kapitel 2, Fn. 29.

In beiden Sätzen kann potentiell sowohl die Objekt-NP allein (*pomodori*), als auch die VP (*compra pomodori*) die Domäne der Quantifikation bilden und somit als Restriktor fungieren. Durch die Morphologie des *wh*-Elements im Vergleichssatz wird diese Ambiguität jedoch aufgelöst: In (3-39)a liegt eine nominale, in (3-39)b eine verbale VK vor. Wenn der Vergleichssatz Informationen enthält, die den Skopus des Komparators bestimmen, dann muss diese Beziehung in der syntaktischen Analyse abgebildet werden. Eine optimale Konfiguration für einen solchen „Informationsaustausch" bildet die Kopf/Komplement-Relation. Danach hinge der Skopus der VK u.a. auch von den Verhältnissen in dem vom Komparator selegierten Komplement ab. Es ist unklar, wie eine Konstituente mit Adjunktstatus einen solchen Einfluss auf den Matrixsatz haben sollte.

3.2 Semantische Aspekte

An dieser Stelle soll gezeigt werden, dass sich auch die Semantik der VK mit einer syntaktischen Analyse, die Komparator und Vergleichskomplement als eine Konstituente behandelt, gut kombinieren lässt. Innerhalb der Forschung zur Semantik von VKen gibt es drei führende Analysen: die Vagheitsanalyse, die skalare Analyse und die Maßfunktionsanalyse.[15] Diese werden im Folgenden anhand einer einfachen adjektivischen Komparativkonstruktion kurz skizziert. Dabei wird sich zeigen, dass alle drei mit einer internen Struktur der VK gemäß (3-2)c kompatibel sind.[16]

Die Vagheitsanalyse, die mit Seuren (1973) einen ihrer Hauptvertreter hat, geht davon aus, dass der Komparativkonstruktion semantisch gesehen eine Koordinationsstruktur zugrunde liegt, die zwei antonymische Prädikationen enthält. Demnach wäre (in Anlehnung an die Notation von Larson 1991: 47) (3-40)b die logische Repräsentation der folgenden deutschen Komparativkonstruktion:

(3-40) a. Anna ist größer als (es) Maria (ist).
b. $\exists$d[$\neg$ (d (groß)) (Maria) & (d (groß))(Anna)].
c. ‚Für mindestens einen Grad d gilt: Maria ist nicht d-groß und Anna ist d-groß'.

Larson geht davon aus, dass die Bedeutung des Komparators eine Adjektivvariable (A) und zwei DP-Variablen (Q, P) enthält, für die die in (3-41)b angegebenen Werte eingesetzt werden:

(3-41) a. *-er/more* $\rightarrow$ λQ λA λP $\exists$d [$\neg$ A(d)(Q) & A(d))(P)].
b. λQ λA λP $\exists$d[$\neg$ A(d)(Q) & A(d))(P)] (Maria) (groß) (Anna)
c. $\exists$d [$\neg$ (d (groß)) (Maria) & (d (groß))(Anna)].

---

15 Die Bezeichnungen für die jeweiligen Analysen stammen von Kennedy (1999), der entsprechend von *vague predicate analysis*, *scalar analysis* und *measure function analysis* spricht. Die deutsche Übersetzung der englischen Begriffe ist aus Krifka (2004) übernommen.

16 Ebenso wie für die Syntax gilt auch für die Semantik von VKen, dass das Hauptaugenmerk der Forschung auf den Komparativkonstruktionen mit adjektivischem Restriktor liegt (vgl. u.a. Seuren 1973, Stechow 1984a). Tatsächlich liegt der Schwerpunkt der meisten semantischen Theorien zu VKen auf der Semantik graduierbarer Adjektive.

Diese Einsetzung, als deren Ergebnis (3-41)c resultiert, erfolgt gemäß Larson in drei Schritten: Dabei wird zuerst der Standardwert (hier: Maria), dann der Restriktor (hier: groß) und schließlich der Referenzwert (hier: Anna) eingesetzt: „In brief, the degree morpheme first combines with the comparative complement (the *than*-phrase element), then combines with the adjective, and finally combines with the subject" (Larson 1991: 47). Diese Reihenfolge entspricht einer syntaktischen Struktur, wie sie in (3-33)c illustriert wurde (und wie sie in dieser Arbeit vertreten wird):

(3-42)
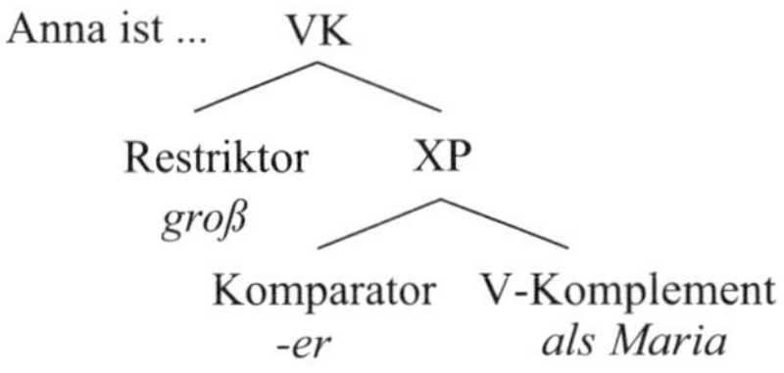

Allerdings ist nicht unmittelbar einleuchtend, warum Larson ausgerechnet diese Reihenfolge der Kombinationsschritte postuliert. Denn wenn der VK tatsächlich eine Koordinationsstruktur gemäß (3-40)c zugrunde liegt, dann müsste diese *per definitionem* kommutierbar sein, d.h. die Reihenfolge der Konjunkte wäre semantisch gesehen beliebig. Außerdem ist unklar, wo der Komparator (bei Larson: Gradmorphem) innerhalb dieser semantischen Koordinationsstruktur genau ins Spiel kommt. In der ursprünglichen Version der Vagheitsanalyse erfolgt die Einsetzung von Komparator und Standardmarker durch eine so genannte *more-than*-Regel, eine Transformationsregel, die die Koordinationsstruktur in eine *more-than*-Struktur verwandelt (vgl. Seuren 1973: 542). Schon der Name dieser Regel legt jedoch eine Zusammengehörigkeit von Komparator und Standardmarker nahe. Aus der Vagheitsanalyse lässt sich eine bevorzugte semantische Struktur somit zwar nicht unbedingt ableiten, jedoch ist diese mit der in (3-2)c postulierten syntaktischen Konstituenz von Komparator und Vergleichskomplement sicherlich kompatibel. Allerdings wird die Vagheitsanalyse, unter anderem weil sie sich nicht unmittelbar kompositionell aus der syntaktischen Struktur ergibt, innerhalb der aktuelleren Forschungsliteratur größtenteils abgelehnt.[17]

Eine deutlich größere Akzeptanz genießt die skalare Analyse (u.a. Stechow 1984a), nach der graduierbare Adjektive eine Funktion von Individuen zu Graden auf einer Skala darstellen. Die semantische Analyse von (3-40) kann gemäß dieser Theorie folgendermaßen dargestellt werden:

(3-43) $\exists d\ [d > \text{MAX}(\lambda d' \text{groß}\ (\text{Maria}, d'))]\ [\text{groß}\ (\text{Anna}, d)]$.

Diese Formel lässt sich folgendermaßen paraphrasieren: ‚Es gibt mindestens einen Grad d, für den gilt: d ist größer als der maximale Grad d', zu dem Maria groß ist; Anna ist d-groß'.

[17] Für weitere Kritikpunkte s. u.a. Stechow (1984a) und Kennedy (1999). Dass die Vagheitsanalyse die syntaktischen Verhältnisse nicht unmittelbar widerspiegelt, gilt allerdings lediglich für Komparativkonstruktionen des so genannten Partikeltyps, dem typologisch gesehen alle in dieser Arbeit erwähnten europäischen Sprachen angehören. Tatsächlich entspricht die von der Vagheitsanalyse postulierte semantische Struktur der Syntax der so genannten *Conjoined Comparatives* (vgl. Stassen 1985 sowie Abschnitt 2.1).

Man beachte, dass das erste Vorkommen von ‚groß' nicht der syntaktisch overten AP *groß* in (3-40) entspricht, sondern seiner zumindest in der Semantik postulierten Entsprechung im Vergleichsstandard.[18] Somit wird der Komparator (>) erst mit dem Vergleichssatz (MAX(λd' groß (Maria, d'))) und dann erst mit dem adjektivischen Restriktor im Matrixsatz verbunden. Zum gleichen Schluss kommen auch Bhatt & Pancheva, die ebenfalls von einer skalaren Analyse von VKen ausgehen: „-*Er* and the degree clause form a semantic constituent, a degree phrase that is interpreted as a degree quantifier argument of the matrix gradable predicate" (Bhatt & Pancheva 2004: 4).[19]

Ein Kritikpunkt gegen die skalare Analyse besteht darin, dass diese für Adjektive in der Positivform die gleiche komplexe Semantik postuliert wie für Komparative. Demnach hätte ein Satz wie (3-44) eine ähnliche semantische Struktur wie die VK in (3-40):

(3-44) Anna ist groß.

Gemäß der skalaren Analyse kann die Bedeutung von (3-44) folgendermaßen paraphrasiert werden: ‚Es gibt mindestens einen Grad d, für den gilt: d ist größer als der maximale Grad d', zu dem der Durchschnitt groß ist; Anna ist d-groß.' Der einzige Unterschied bestünde also darin, dass der Standardwert (der Durchschnitt) und die Vergleichsrelation (>) in der Syntax implizit bliebe.

Eine neuere semantische Analyse, die als Synthese aus den beiden bereits erläuterten Ansätzen beschrieben werden kann und deren jeweiligen Probleme vermeiden soll, ist die so genannte Maßfunktionsanalyse (vgl. Kennedy 1999). Im Gegensatz zu der skalaren Analyse postuliert Kennedy eine einfache Adjektivsemantik, die lediglich aus einer Funktion von Objekten zu Graden besteht. Er bezeichnet diese als Maßfunktion, da sie einem Individuum einen bestimmten Grad, also einen Wert auf einer Skala zuweist. Der Standardwert und die Vergleichsrelation, die innerhalb der skalaren Analyse ebenfalls als Bestandteile der Semantik des Adjektivs angesehen werden, rechnet Kennedy der Gradmorphologie zu: „[...] both the relational component and the standard value are introduced by the degree morphology" (Kennedy 1999: 96). Diese kann – wie in Komparativformen von Adjektiven – syntaktisch sichtbar (z.B. durch den Komparator *-er*), oder aber – wie bei Adjektiven im Positivgrad – kovert sein.

Kennedy selbst geht – wie in Abschnitt 3.1.2 ausgeführt – von einer syntaktischen Struktur aus, in der der Komparator zuerst mit dem adjektivischen Restriktor verknüpft wird und dann erst das Vergleichskomplement als Adjunkt „selegiert". Jedoch lässt sich seine semantische Analyse auch mit einer syntaktischen Struktur kombinieren, in der Komparator und Standardmarker innerhalb einer Konstituente jenseits des adjektivischen Restriktors angesiedelt sind. Denn gemäß Kennedys oben genanntem Zitat werden der Standardwert, der in VKen syntaktisch durch den Vergleichsstandard ausgedrückt wird, und die relationale Komponente, die syntaktisch durch den Komparator realisiert wird, von der ebenfalls im

---

18 Diese „stille" Entsprechung wird gelegentlich auch auf syntaktischer Ebene postuliert, vgl. u.a. Bresnans Analyse in (3-48)b.

19 Bhatt & Pancheva (2004) führen noch weitere semantische Argumente an, die aus einer skalaren Analyse von Komparativen folgen und für eine Kopf/Komplement-Beziehung von Komparator und Standardmarker sprechen.

Komparator kodierten Gradmorphologie bestimmt. Man könnte Kennedys semantische Analyse also folgendermaßen mit der in (3-2)c postulierten Struktur kombinieren:

(3-45) Syntaktische Reinterpretation der Maßfunktionsanalyse

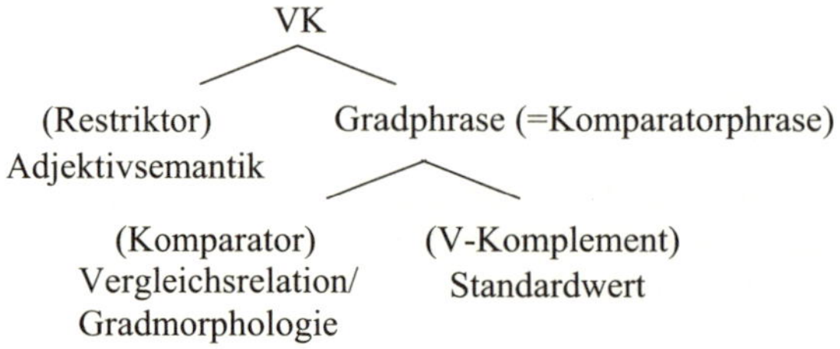

Demnach ist auch die Maßfunktionsanalyse aus kompositioneller Hinsicht mit einer syntaktischen Analyse kompatibel, die Komparator und Standardmarker innerhalb einer Konstituente ansiedelt.

3.3 Das Problem der Diskontinuität

Wie soeben erläutert wurde, gibt es sehr gute syntaktische und semantische Gründe, die für eine Zusammengehörigkeit von Komparator und Standardmarker und somit für Analysen gemäß (3-2)c sprechen. Hingegen haben sich Analysen, die den Komparator erst mit dem Restriktor und anschließend mit dem Vergleichskomplement verknüpfen (vgl. (3-2)b), in vielerlei Hinsicht als problematisch erwiesen. Im Folgenden soll daher von einer Struktur ausgegangen werden, in der der Komparator das Vergleichskomplement selegiert und mit diesem eine Konstituente bildet:

(3-46) Konstituentenstruktur der VK

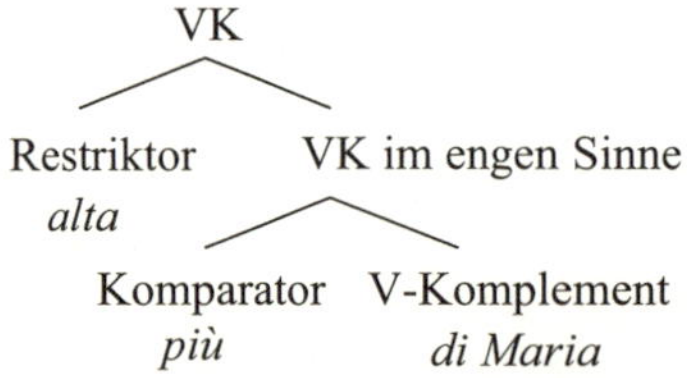

Die aus Komparator und Vergleichskomplement gebildete Konstituente, die als Projektion des Komparators angesehen werden muss, wird vorläufig als *VK im engen Sinne* bezeichnet. Diese wird anschließend mit dem Restriktor verknüpft.

Allerdings hat sich ausgerechnet die Zusammengehörigkeit von Komparator und Vergleichskomplement bei der syntaktischen Analyse von VKen als eines der größten Probleme herausgestellt: Denn zwischen Komparator und Vergleichskomplement treten in der Regel weitere Elemente auf:

(3-47) Anna è *più* alta *di Maria*

In diesem Beispiel steht der Restriktor zwischen Komparator und Standardmarker. Die Frage lautet also: Wie kann man die VK so analysieren, dass man sowohl den Konstituentenstatus als auch die Diskontinuität von Komparator und Vergleichskomplement berücksichtigt? Innerhalb der Forschung wurden für dieses Dilemma mehrere Lösungen vorgeschlagen, die in den folgenden Unterabschnitten näher erläutert werden.

3.3.1 Rechtsextrapositionsanalysen

Die erste in der Syntaxforschung vorgeschlagene Lösung, die bis heute Anhänger findet, besteht darin, eine Rechtsextraposition des Vergleichskomplements zu postulieren (vgl. Bresnan 1973, Napoli & Nespor 1986, Lechner 2004).[20] Im Folgenden sollen die Probleme der Rechtsextrapositionsanalyse am Beispiel von Bresnan erörtert werden, sie betreffen aber prinzipiell auch alle anderen Ansätze dieser Art. Ausgangspunkt von Bresnans Überlegungen sind satzhafte Komparative und Äquative.[21] Ihre Hypothese lautet, dass die Bildung einer oberflächenstrukturellen VK wie (3-48)a von einer komplexeren Tiefenstruktur wie (3-48)b ausgehen muss:

(3-48) a. John has more friends than Bill has.
b. John has -er [$_{CP}$ than Bill has x many friends] many friends.

Zwei Dinge unterscheiden die Tiefen- und Oberflächenstruktur auffallend voneinander: Zum einen befindet sich der Vergleichssatz (*than Bill has x many friends*) in der Tiefenstruktur mitten im Matrixsatz, während es in der Oberflächenstruktur satzfinal auftritt. Zum anderen enthält die Tiefenstruktur der VK sowohl im Matrixsatz als auch im Vergleichssatz ein „[...] partitive or quantifier-like element *much*, *many*, *little,* or *few*" (Bresnan 1973: 276). Laut Bresnan befinden sich die beiden Quantifizierer (hier: *many*) in nominalen VKen im Spezifikator der Nominalphrase und werden wiederum durch Gradelemente modifiziert. Das Komparativmorphem *-er*, das ohne weitere Erläuterung als Det kategorisiert

---

20 Ein neuerer Vorschlag einer Extrapositionsanalyse findet sich bei Bhatt & Pancheva (2004). Danach selegiert der Komparator zuerst den Restriktor als Komplement und wird anschließend (obligatorisch) nach rechts bewegt und weiter oben in der Struktur angehängt. Erst dann wird das Vergleichskomplement durch so genanntes *Late Merge* in die Komplementposition der oberen Komparatorkopie eingesetzt. Auf PF wird nur die linke (untere) Kopie des Komparators realisiert. Abgesehen von der bereits als problematisch identifizierten Rechtsadjunktion beruht diese Analyse auf der semantischen Nonkonservativität des Komparators *-er*, die zum einen nicht unumstritten (vgl. Fn. 41) und zum anderen nicht ohne Weiteres auf andere Komparatortypen übertragbar ist. Darüber hinaus ist die postulierte Operation *Late Merge* ebenfalls problematisch (vgl. Chomsky 2001b: 19ff.), weshalb dieser Ansatz hier keine weitere Berücksichtigung findet (für weitere Kritikpunkte vgl. Matos & Brito (2008)).

21 Allerdings geht sie davon aus, dass phrasale VKen aus satzhaften abgeleitet sind, so dass ihre Überlegungen für alle VKen gelten: „In the case of truncated *than* and *as* phrases, their variable positioning within the comparative construction follows from our analysis, assuming that they, too, are derived from underlying full clauses" (Bresnan 1973: 343).

wird, bildet dabei den Spezifikator der ersten Quantifiziererphrase (*-er many*), die durch Anwendung einer Transformationsregel zu *more* kontrahiert (vgl. Bresnan 1973: 277):[22]

(3-49) $[_{QP}$ er $[_{Q}$ many]] → more.

Somit weist der Komparator *more* gemäß Bresnan eine komplexe Struktur auf. Die Bedeutung der Variable *x* im Spezifikator der zweiten QP wird von Bresnan nur annäherungsweise angegeben: „[...] *x* may be thought of as a Det such as *so* or *that*" (Bresnan 1973: 316). Die von Bresnan postulierte Tiefenstruktur einer nominalen Komparativkonstruktion kann wie folgt dargestellt werden:[23]

(3-50) Tiefenstruktur nominaler VKen (s. (3-48)b)

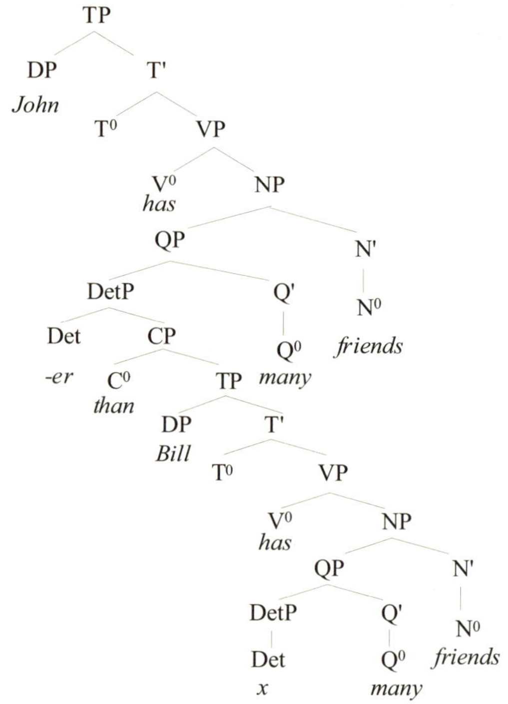

Wie (3-50) zeigt, wird der Vergleichssatz (hier: CP) innerhalb der ersten QP als Komplement von *-er* basisgeneriert. Somit postuliert Bresnan eine Struktur der VK, bei der der Komparator *-er* den Vergleichssatz selegiert, was zu einer Nicht-Adjazenz von Komparator und Restriktor führt. Die korrekte Linearisierung ergibt sich aus einer Rechtsextrapositionsregel, die den Vergleichssatz obligatorisch aus seiner Basisposition herausbewegt:

---

22 Ob es sich dabei um eine syntaktische oder eine phonologische Regel handelt, präzisiert Bresnan nicht. Was die Reihenfolge der Elemente angeht, geht Bresnan davon aus, dass *-er* vor der Transformation durch Klitisierung an *much* affigiert und damit *much-er* ergibt, d.h. es findet eine Rechtsbewegung des Komparativsuffixes statt (vgl. Bresnan 1973: 279).

23 Um eine bessere Verständlichkeit zu gewährleisten, wurde bei der Darstellung eine Anpassung an den modernen theoretischen Rahmen vorgenommen (z.B. TP statt S, CP statt S' usw.).

(3-51) *Rechtsextrapositionsregel*: Der Vergleichssatz wird nach rechts bewegt und an den „Kopf"[24] der Vergleichskonstruktion (*Head of Comparison*) adjungiert (vgl. Bresnan 1973: 332).

Um aus der in Graphik (3-50) dargestellten Tiefenstruktur die Oberflächenstruktur (3-48)a zu erhalten, ist weiterhin der folgende Schritt nötig (Bresnan 1973: 328):

(3-52) *Comparative Deletion*: Die NP im Vergleichssatz (*x many friends*) wird aufgrund von Identität mit der NP im Matrixsatz (*-er many friends*) getilgt.[25]

Diese Tilgungsregel wird – ebenso wie die oben genannte Rechtsextrapositionsregel – allein für VKen postuliert. Nach Anwendung von (3-51) und (3-52) ergibt sich die folgende Baumstruktur:

(3-53) Oberflächenstruktur nominaler VKen (vgl. (3-48)a)

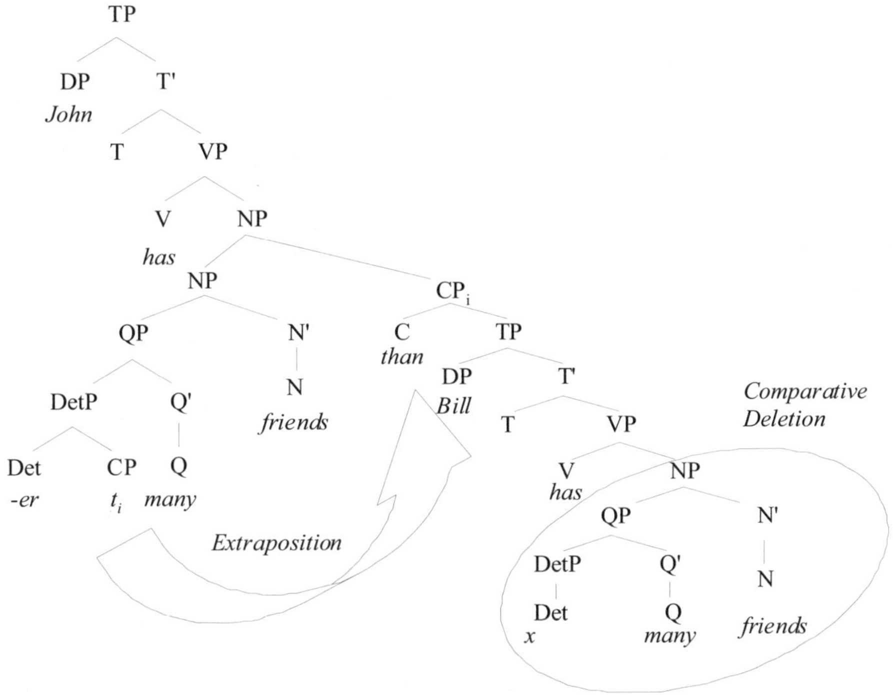

24 Mit „Kopf" ist hier kein syntaktischer Kopf im Sinne eines noch nicht erweiterten syntaktischen Knotens gemeint, sondern das Element, auf das die VK bezogen ist. Dieses wird analog zum nominalen Antezedens, das durch den Relativsatz modifiziert wird, als „Kopf" bezeichnet. Um die Termini nicht zu verwechseln, wird dieser besondere „Kopf" im Folgenden immer in Anführungszeichen gesetzt.

25 Das Kriterium der Identität ist nicht unproblematisch, da die beiden NPen streng genommen nicht identisch sind; vielmehr unterscheiden sie sich durch das jeweilige Det-Element (*-er* vs. *x*). Bresnan postuliert daher lediglich syntaktische bzw. kategoriale Identität (vgl. Bresnan 1973: 329). Auf die damit verbundenen Probleme kann in diesem Rahmen nicht eingegangen werden.

Der eingekreiste Bereich entspricht dem durch *Comparative Deletion* gelöschten Material, die Spur t_i markiert die Stelle, aus der der Vergleichssatz extrahiert wurde. Der Komparator *more* entsteht durch Klitisierung von *-er* an *many*, was die entsprechende Umgebung für die Kontraktionsregel (3-49) ergibt (*-er many* → *more*). Das Verb *has* kann durch eine von Bresnan nicht weiter erläuterte *Ellipsis Rule*[26] in einem späteren Schritt getilgt werden, so dass sich aus einer satzhaften eine phrasale VK ergibt.

Ein grundsätzliches Problem dieser Lösung besteht darin, dass syntaktische Rechtsbewegung innerhalb der generativen Theorie kaum mehr Akzeptanz findet (vgl. Abschnitt 1.4.1). Spätestens seit der so genannten Antisymmetriehypothese gemäß Kayne (1994) wurde daher der Versuch unternommen, auf Rechtsbewegung zu verzichten und Phänomene, die vormals damit analysiert wurden, neu zu beschreiben. Mit der Einführung der so genannten Phasen (Chomsky 2001a), die in dieser Arbeit aus den in Abschnitt 1.4.1 genannten Gründen zwar außer Acht gelassen werden, deren Geltung jedoch nicht in Frage gestellt wird, kommt als Grund gegen Rechtsbewegung hinzu, dass der Strukturbaum nicht mehr als Ganzes, sondern in verschiedenen Phasen von rechts nach links an die Schnittstellen PHON und SEM übergeben wird. Das bedeutet, dass bereits übergebene Bereiche für die *Narrow Syntax* nicht mehr zugänglich sind. Es gibt zwar nach wie vor Fälle, in denen auch nach neueren Versionen der Generativen Grammatik Rechtsbewegung akzeptiert wird (vgl. Chomsky 2001aff.). Allerdings wird Rechtsbewegung dort nicht in der *Narrow Syntax*, sondern auf PF angenommen. Sie ist dabei in der Regel fakultativ.[27]

Einen solchen Fall von PF-Bewegung stellen beispielsweise Relativsätze dar, die durch Extraposition in eine satzfinale Stellung verschoben werden können (Beispiele aus Donati 2000: 100):

(3-54) a. Maria ha incontrato un uomo [che ti conosce] alla festa.
b. Maria ha incontrato un uomo $[e]_i$ alla festa [che ti conosce]$_i$.

In (3-54)a ist der Relativsatz in seiner Basisposition, d.h. adjazent zur DP *un uomo*,[28] in (3-54)b hingegen satzfinal, d.h. nach rechts herausgestellt. Als Grund für diese Bewegung wird das so genannte *Heavy Material*-Argument angeführt, wonach Konstituenten, die relativ viel phonologisches Material enthalten, bevorzugt ans Satzende verschoben werden. Da es sich hierbei um eine phonologische Motivation handelt, ist es plausibel anzunehmen, dass die entsprechende Bewegung erst auf PF stattfindet.

Das *Heavy Material*-Argument wird zuweilen auch als Begründung für die postulierte Rechtsbewegung des Vergleichskomplements herangezogen. Allerdings gibt es zwischen

---

26 Bresnan äußert sich zunächst nur am Rande am Beispiel einer attributiven VK (*John is a taller man than Bill is*) zu dieser Ellipse: „On a later cycle, the dangling *is* may be optionally deleted" (Bresnan 1973: 332). Erst in Bresnan (1975: 48) bezeichnet sie diese Regel als *Comparative Ellipsis*, die sie von *Comparative Deletion* strikt trennt.

27 Hingegen kann Linksbewegung, auch wenn sie auf PF erfolgt (z.B. die Kopfbewegung von V^0 nach T^0 in einigen Sprachen), obligatorisch sein.

28 Je nachdem, ob man eine *Raising*- oder eine *Wh*-Bewegungsanalyse des Relativsatzes wählt, entspricht die hier eingeklammerte Struktur einer C' bzw. einer CP. Zu den jeweiligen Relativsatzstrukturen vgl. Abschnitt 6.2.4.

den Verhältnissen in VKen und denen in Relativsätzen einen wesentlichen Unterschied, wie die folgenden VK-Beispiele verdeutlichen:

(3-55) a. *Maria ha incontrato più [di quanti tu non creda] uomini.
b. Maria ha incontrato più [e]$_i$ uomini [di quanti tu non creda]$_i$.

Während der Relativsatz in (3-54)a in seiner Basisposition verbleiben darf, ist dies beim Vergleichssatz in (3-55)a nicht möglich. Die Extraposition des Vergleichssatzes ist somit obligatorisch (vgl. Donati 2000: 99), eine Eigenschaft, die für PF-Rechtsbewegung zumindest ungewöhnlich wäre.

Man beachte, dass auch in bestimmten VKen eine fakultative Extraposition wie in (3-54) möglich ist, allerdings nur *zusätzlich* zur obligatorischen Extraposition, wie das Beispiel (3-56)c verdeutlicht:

(3-56) a. *Più [di quanti ne abbiamo mangiati] sono stati preparati biscotti.
b. Più [e]$_i$ biscotti [di quanti ne abbiamo mangiati]$_i$ sono stati preparati.
c. Più [e]$_i$ biscotti [e]$_i$ sono stati preparati [di quanti ne abbiamo mangiati]$_i$.

Gegen das oben genannte *Heavy Material*-Argument spricht auch, dass die Extraposition in VKen auch dann obligatorisch ist, wenn die Vergleichsphrase phonologisch gesehen verhältnismäßig „leicht" ist:

(3-57) a. *Maria mangia più [di Gianni] biscotti.
b. Maria mangia più biscotti di Gianni.

Eine etwas abgewandelte Version des *Heavy Material*-Arguments, die auf die besonderen Verhältnisse im Italienischen Bezug nimmt, vertreten Napoli & Nespor:

> The reason for the ungrammaticality of the terminal string in Fig. 2 [i.e. *più di Giacomo alta*, Anm. L.G.] is that Italian is consistently right-recursive; i.e., embedded sentences, as well as expanded phrasal complements, are not allowed on the non-recursive side of a phrase with respect to his head. (Napoli & Nespor 1986: 625f.)

Als Beispiel für Fälle, in denen Rechtsextraposition im Italienischen auch außerhalb von VKen obligatorisch ist, führen sie etwa die Modifikation durch komplexe Adjektivphrasen sowie die Linearisierung von ditransitiven Verbstrukturen auf:

(3-58) a. un losco individuo.
b. *un completamente losco individuo.

(3-59) a. Ho promesso i regali ai bambini.
b. $^?$Ho promesso ai bambini i regali.
c. *Ho promesso di rimanere a casa ai bambini.

Das erste Beispiel zeigt, dass das Adjektiv pränominal stehen darf, sofern es keine weiteren Modifikatoren enthält. Kommt jedoch eine Adverbialphrase hinzu, ist die pränominale Stellung nicht mehr lizensiert. Im zweiten Beispiel ist gemäß Napoli & Nespor <Thema> vor <Benefiziens> die richtige Reihenfolge der θ-Rollen ((3-59)a), während die umgekehrte Reihenfolge zumindest als abweichend empfunden wird ((3-59)b). Wenn die θ-Rolle <The-

ma> allerdings nicht durch eine DP, sondern durch einen Satz realisiert wird, muss <Benefiziens> vorgezogen werden ((3-59)c). Die Motivation für die Rechtsextraposition liegt gemäß Napoli & Nespor also in beiden Fällen darin, dass die extraponierte Konstituente phonologisch zu „schwer“ sei, um in der linken Position einer Konstituente aufzutreten. Im Fall der VK wäre das Vergleichskomplement ebenfalls zu „schwer“, um im Spezifikator der QP zu verbleiben (vgl. Napoli & Nespor 1986: 625).

Diese Argumentation ist allerdings aus mehreren Gründen problematisch. Die im Zusammenhang mit (3-59) aufgeführten Gründe sind insofern nicht überzeugend, als dabei die unmarkierte Reihenfolge der Argumente eines Verbs anhand ihrer semantischen Rollen festgelegt wird. Die Anordnung der Argumente hängt aber vorwiegend von ihrer syntaktischen Realisierung und von der Morphologie des Verbs ab (z.B. Passiv). Beides steht bekanntlich in keiner 1:1-Relation mit dem θ-Raster (also mit der semantischen Valenz). Anders gesagt: Es gibt keine Regel des Italienischen, die besagt, dass <Thema> immer vor <Benefiziens> realisiert werden muss: Somit kann die Präsupposition, dass (3-59)c die eigentlich „korrekte“ Linearisierung darstellen müsste, als rein stipulativ verworfen werden.

Was (3-58) betrifft, ist die Sachlage mindestens ebenso problematisch, da es bislang keine einheitliche Analyse für die Stellung von Adjektiven innerhalb der erweiterten Nominalphrase gibt. Ein verbreiteter Ansatz, der auf Cinque (1994) zurückgeht, siedelt Adjektive im Spezifikator verschiedener funktionaler Kategorien (hier: FPen) zwischen DP und NP an:

(3-60) Cinques Analyse der Adjektivstellung

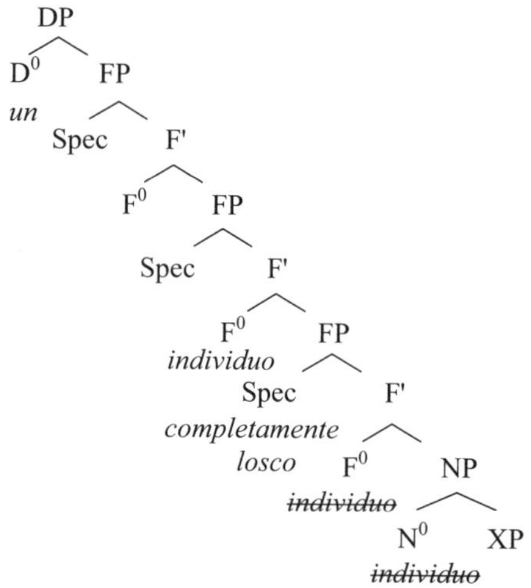

Dabei wird die Reihenfolge der Adjektive durch ihre Semantik bedingt. Die postnominale Stellung bestimmter Adjektivphrasen ergibt sich nach dieser Analyse durch sukzessive Bewegung des nominalen Kopfes in höhere funktionale Projektionen. Ob und wie weit der nominale Kopf bewegt wird, hängt von der jeweiligen Sprache ab. So wird in den germanischen Sprachen, in denen Adjektive so gut wie immer pränominal stehen, keine Kopfbewegung postuliert. In den romanischen Sprachen „klettert“ das Nomen hingegen zumindest an einigen Adjektiven vorbei.[29] Gemäß einer solchen Analyse könnte man den Unterschied zwischen (3-58)a und b darauf zurückführen, dass der nominale Kopf im letzten Fall weiter bewegt wird als im ersten. Da nach neuerem Stand des Minimalismus Kopfbewegung auf PF möglich ist,[30] könnte die Notwendigkeit der zusätzlichen (Links-)Bewegung von N^0 analog zu Napoli & Nespor durchaus in Termini einer *Heavy Material*-Bedingung formuliert werden.

Zusammenfassend kann man festhalten, dass sich die allgemeine Postulierung obligatorischer Rechtsbewegung im Italienischen durch die genannten Beispiele nicht begründen lässt. Es gibt aber einen gewichtigeren Grund, der die obige, speziell auf das Italienische gemünzte Argumentation entkräftet. Man darf nicht vergessen, dass die Rechtsextraposition in allen im Verlauf dieser Arbeit berücksichtigten europäischen Sprachen angenommen werden müsste, da diese die gleiche Diskontinuität von Komparator und Standardmarker aufweisen. Sie würde somit auch in den germanischen Sprachen gelten, in denen die von Napoli & Nespor für das Italienische postulierte Rechtsrekursivität nicht gilt. So ist im Englischen und Deutschen kein Unterschied in der Linearisierung der zu (3-58) analogen Beispiele festzustellen:

(3-61)	a.	engl.	a suspicious person.
	b.	engl.	a completely suspicious person.
(3-62)	a.	dt.	ein zweifelhafter Typ.
	b.	dt.	ein total zweifelhafter Typ.

Nach der Analyse (3-60) wäre dieser Umstand unproblematisch, da für germanische Sprachen keine N-Bewegung postuliert wird. Obwohl das Englische und Deutsche nicht rechtsrekursiv sind, müsste die obligatorische Rechtsextraposition auch für deutsche und englische VKen gelten (schließlich wurde sie von Bresnan ursprünglich für das Englische formuliert). Das wäre nach Napolis & Nespors Erklärung nicht zu erwarten und würde zum unerwünschten Umstand führen, dass man ein offensichtlich übereinzelsprachliches Phänomen durch einzelsprachspezifische Erklärungen motivieren würde.

3.3.2 Schalenanalysen

Eine Alternative zur Rechtsextraposition stellt die so genannte Schalenanalyse dar, die von Larson (1988) ursprünglich entwickelt wurde, um ditransitive Verben, also Verben mit einem direkten und einem indirekten Objekt, binär zu erfassen (vgl. auch (3-5)):

[29] Bis zu welcher Kategorie der nominale Kopf im Romanischen bewegt wird und, vor allem, aus welchem Grund, ist bislang nicht abschließend geklärt, vgl. u.a. Crisma (1991, 1993) und Laenzlinger (2005) für einige Vorschläge.

[30] Streng genommen handelt es sich bei Chomsky um die einzig mögliche Form von Kopfbewegung, was jedoch in Abschnitt 1.4.1 in Frage gestellt wurde.

(3-63) VP-Schalenanalyse nach Larson (1988)

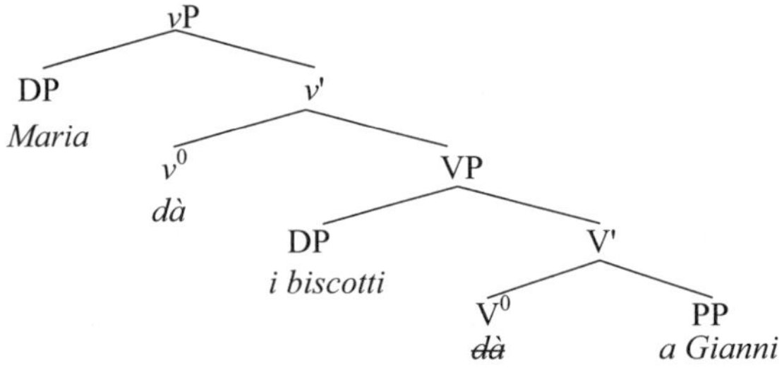

Die Binarität wird dadurch ermöglicht, dass der Kopf der Konstruktion (also das Verb) gespalten wird, bzw. dass die lexikalische Kategorie VP eine „Schale“ mit einer lexikalisch gefüllten (V^0) und einer zunächst phonologisch leeren Kopfposition projiziert (v^0), in die sich das lexikalische Verb bewegen kann.[31] Durch diese Erweiterung der Verbalphrase stehen statt zwei Argumentpositionen (Komplement und Spezifikator der VP) nunmehr drei Positionen zur Verfügung, da die Spezifikatorposition der *v*P hinzukommt. Somit kann das indirekte Objekt die Komplementposition der VP einnehmen, während das direkte Objekt und das Subjekt jeweils in den VP- bzw. *v*P-Spezifikator eingesetzt werden. Anschließend bewegt sich das Subjekt in der Regel weiter nach SpecTP (vgl. Abschnitt 1.4.1).

Eine ähnliche Strategie wird u.a. von Larson (1991) vorgeschlagen, um die VK-Struktur zu modellieren. Die Übertragung der Schalenanalyse auf VKen wird dabei hauptsächlich durch semantische Erwägungen motiviert. In der Logik werden Verben in der Regel als Prädikate eingestuft, die – je nach Valenz – über mehrere Argumentpositionen verfügen. Larson beobachtet, dass Determinierer ebenfalls relationale Elemente sind, die jedoch keine Individuen, sondern Konzepte (also Mengen von Individuen) als Argumente aufweisen (vgl. Larson 1991: 3). Dies kann anhand des Allquantors illustriert werden:

(3-64) Alle Wale sind Säugetiere.

Satz (3-64) ist immer dann wahr, wenn die Menge der Wale keine Individuen enthält, die nicht gleichzeitig auch zur Menge der Säugetiere gehören. Somit könne der Allquantor als zweistelliger Determinierer klassifiziert werden, analog zur Analyse einfacher transitiver Verben als zweistellige Prädikate (vgl. Larson 1991: 3). Nach Larson gibt es auch dreiwertige Determinierer, zu denen er beispielsweise die englischen „Determinierer“ *more ... than* oder *every ... but* zählt. VKen könnten demnach als Strukturen angesehen werden, die einen dreiwertigen Determinierer enthalten. Wichtig ist, dass es hierbei um semantische Deter-

---

31 Über die genaue Rolle der funktionalen Kategorie (klein) *v* hat es seit der ersten Formulierung der Schalenanalyse verschiedene Auffassungen gegeben: Ursprünglich für (di)transitive Verben entwickelt, wurde sie bald auf alle transitiven Verben ausgeweitet und war dort im Wesentlichen für Agentivität bzw. Transitivität zuständig, was u.a. darin zum Ausdruck kommt, dass ihr die Akkusativvergabe/-überprüfung obliegt. In diesem Fall wäre eine *v*P-Schale nur dann lizensiert, wenn ein transitives Verb vorliegt. Gemäß einer alternativen Auffassung hat das kleine *v* die Funktion, die Prädikation herzustellen. Demnach muss es in allen Konstruktionen vorhanden sein, in denen das Verb als Prädikat fungiert, unabhängig von der Argumentstruktur des jeweiligen Verbs. Für eine ausführliche Darstellung des Werdegangs der *v*P von einer Transitivitäts- zu einer Prädikationsphrase vgl. Remberger (2006: Abschnitt 3.1).

minierer geht, also um Elemente, die in der Logik auch als Quantoren bezeichnet werden. Diese semantische Klassifizierung hat prinzipiell zunächst keine direkten Folgen für die syntaktische bzw. kategoriale Markierung der entsprechenden Elemente.[32] Nichtsdestotrotz zieht Larson eine solche Parallele zwischen Semantik und Syntax: Er überträgt die semantische Kategorie „Determinierer" 1:1 auf die syntaktische Kategorie D.[33] So wie dreiwertige Verben mit einer VP-Schalenanalyse erfasst werden, wird für dreiwertige Determinierer eine DP-Schale postuliert:

(3-65) Schalenanalysen im Vergleich

a. *v*P-Schale b. DP-Schale

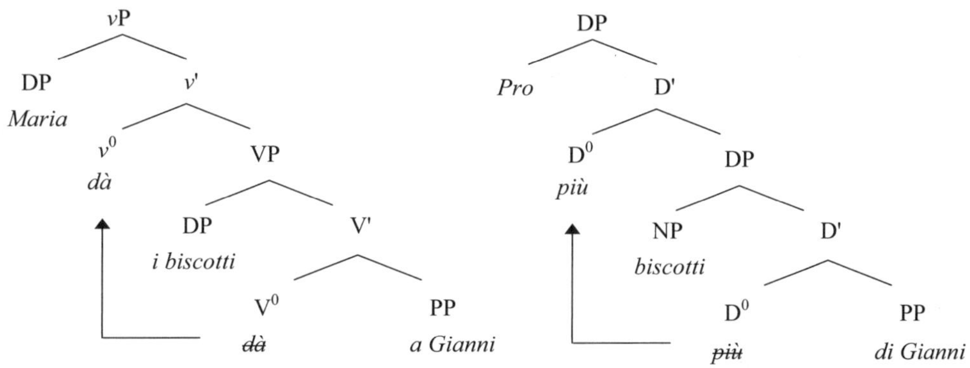

Wie man in (3-65)b deutlich erkennen kann, übernimmt der NP-Restriktor die Position des direkten Objekts, das Vergleichskomplement die des indirekten. Die beiden „θ-Rollen" des komplexen Determinierers *more ... than* bezeichnet Larson jeweils als <Restrict> und <Noblique>.[34] Ihre Einsetzung in die Struktur erfolgt gemäß der folgenden θ-Rollen-Hierarchie:

(3-66) SCOPE > RESTRICT > NOBLIQUE (Larson 1991: 8)

---

[32] Man beachte, dass logisch gesehen auch VPen, NPen und APen als Prädikate desselben semantischen Typs fungieren können (z.B. <e,t>). Nichtsdestotrotz weisen diese in der Syntax vollkommen unterschiedliche kategoriale Markierungen und syntaktische Distributionen auf.

[33] Eine Übertragung, die nicht unproblematisch ist, da sie den unterschiedlichen syntaktischen Eigenschaften der betroffenen Elemente nicht gerecht wird (vgl. u.a. Giusti 1993). Dass eine Gleichsetzung von semantischen Determinierern (also Quantoren) und syntaktischen Determinierern nicht problemlos ist, wird u.a. daran deutlich, dass die syntaktischen Entsprechungen semantischer Determinierer kookkurrieren können:
i. Tutti i ragazzi giocano.
Normalerweise wird *tutti* als Realisierung des Allquantors und der bestimmte Artikel als Realisierung des Iota-Operators angesehen (vgl. u.a. Longobardi 1988: 651). Allerdings liegt hier semantisch gesehen nur Allquantifikation vor.

[34] Zur Bezeichnung <Restrict> s. Fn. 36 sowie Kapitel 2, Fn. 13. Die Bezeichnung <Noblique> steht für *nominal oblique* (vgl. Larson 1991: 8) und bezieht sich darauf, dass der Vergleichsstandard (bei Larson: PP) einen obliquen Kasus trägt, der in den hier behandelten Sprachen durch den Standardmarker realisiert wird.

Demnach übernimmt die θ-Rolle, die am weitesten rechts steht (hier: <Noblique>), die unterste (bzw. innerste) Position innerhalb der Schale. In (3-65)b handelt es sich dabei um die Vergleichsphrase *di Gianni*. Als nächstes Argument besetzt der Restriktor (<Restrict>; hier: *biscotti*) die Spezifikatorposition der unteren DP. Anschließend wird eine Schale projiziert, und der Komparator bewegt sich aus dem unteren in den oberen Kopf, um mit allen drei Argumenten in Beziehung zu treten.[35] Das dritte Argument ist nach Larson der Kontext, in den die DP-Schale eingebettet wird, in diesem Fall beispielsweise *Maria compra....* Diese θ-Rolle, die Larson als <Scope> bezeichnet,[36] muss in der Syntax zweimal kodiert werden: einmal außerhalb und einmal innerhalb der DP, wo sie im oberen Spezifikator in Form eines *Pro* repräsentiert wird. Larson bezeichnet dieses *Pro* als Pro-Prädikat, das auf LF mit dem entsprechenden Prädikat identifiziert wird. Die Evaluierung von *Pro* wird anhand des folgenden Beispiels erläutert:

(3-67) John respects all whales. (Larson 1991: 9)

Die syntaktische Struktur dieses Satzes sieht bei einer Klassifizierung des Quantifizierers *all* als zweistelligen Determinierer folgendermaßen aus:

(3-68) Struktur eines zweistelligen Determinierers

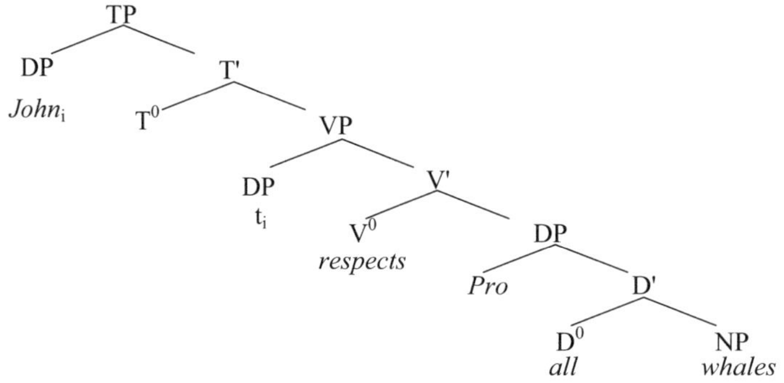

[35] Laut Izvorski (1995: 11) erfolgt die Bewegung des Komparators aus dem unteren in den oberen D-Kopf, um die Vergleichsrelation herzustellen, analog wie sich V^0 zu v^0 bewegt, um die Prädikation herzustellen.

[36] Die Bezeichnung <Scope> geht ebenfalls auf die Semantik zurück: Demnach drücken „klassische" Quantoren wie der Allquantor eine Beziehung zwischen zwei Mengen, einer Restriktormenge und einer Skopusmenge aus (vgl. Krifka 2003: Kapitel 5, S. 2):

i. Jede Frau rennt.

Hier wird eine Beziehung zwischen der Menge der Frauen und der Menge der rennenden Individuen ausgedrückt: Die erste ist eine Teilmenge der zweiten. Dabei dient die Menge der Frauen als Restriktor, weil sie den Referenzbereich einengt, auf den die Aussage zutrifft: Satz i stellt z.B. eine engere Auswahl an Individuen zur Verfügung als der scheinbar „unrestringierte" Satz ii:

ii. Jeder rennt.

Auch hier wird implizit ein Restriktor postuliert (z.B. jeder Mensch, jedes Lebewesen), der jedoch allgemeiner als die NP *Frau* ist. Der Skopus ist hierbei der Bereich, über den der Quantor operiert. Wenn man den Restriktor in i durch eine Variable ersetzt, kann man den Skopus anhand einer Formel gut erkennen:

iii. $\forall x$: Rennt x (‚Für alle x gilt: x rennt').

Die NP *whales* übernimmt die θ-Rolle <Restrict> und *Pro* die θ-Rolle <Scope>. Letztere wird auf LF mit *John respects* identifiziert:

> I suggest that the semantic value of this *Pro* argument is determined configurationally at the level of Logical Form. Specifically *Pro* gets its value from the derived predicate that is the structural sister of DP at LF. (Larson 1991: 9)

Die entsprechende LF-Struktur ergibt sich, nachdem die DP [*Pro all whales*], wie alle quantifizierten DPen, aus Skopusgründen an TP adjungiert worden ist (so genanntes *Quantifier Raising*):

(3-69) LF-Struktur von (3-68)

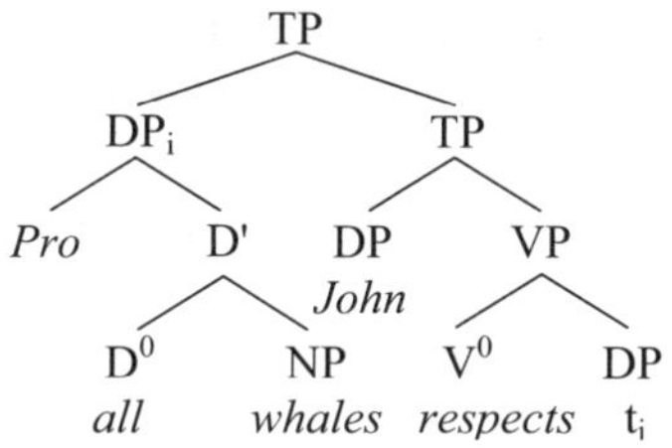

Damit kann *Pro* mit dem Schwesterknoten der DP, nämlich der TP [*John respects* t], identifiziert werden. Eine ähnliche Struktur wie (3-65)b postuliert Larson für adjektivische VKen. Diese werden als DegP-Schalen analysiert, die von einem dreiwertigen Komparativmorphem (engl. *-er*, *as*, aber auch *too* und *enough*) projiziert werden. Ebenso wie dreiwertige semantische Determinierer weisen diese Gradelemente drei Argumente auf. Für die Syntax adjektivischer VKen ergibt sich demnach die folgende Struktur:

(3-70) …as smart as Kenton. (Larson 1991: 50)

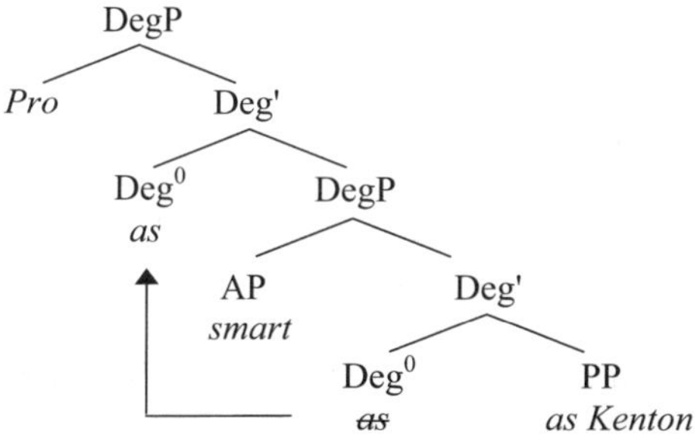

Gemäß Larson erfolgt die semantische Analyse einer adjektivischen VK dadurch, dass sich der Komparator (hier: *as*) zunächst mit dem Vergleichskomplement verbindet (hier: *as Kenton*), dann mit dem adjektivischen Restriktor (hier: *smart*) und schließlich mit dem Subjekt des Satzes außerhalb der VK. Diese entsprechen jeweils den oben eingeführten θ-Rollen <Noblique>, <Restrict> und <Scope>.

In adjektivischen Komparativkonstruktionen, in denen der Komparator im Englischen durch ein Suffix (*-er*) realisiert wird bzw. dem Adjektiv nachgestellt ist (*enough*), bewegt sich das Adjektiv als Kopf aus dem Spezifikator und adjungiert an den oberen Deg-Kopf:

(3-71) ...taller than Kenton. (Larson 1991: 51)

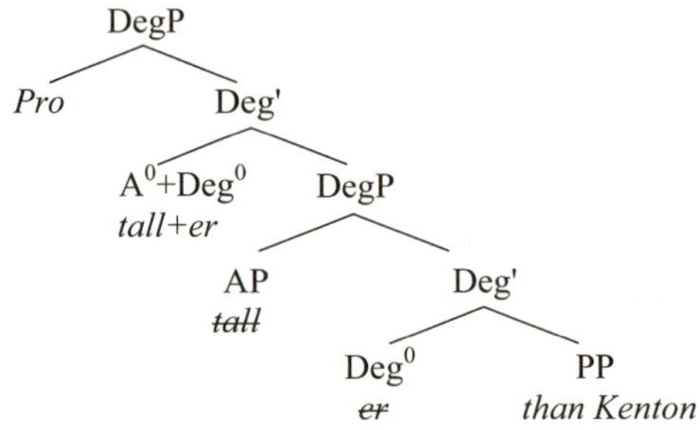

Diese Kopfbewegung ist jedoch nicht unproblematisch. Gemäß dem *Head Movement Constraint* (HMC)[37] und Rizzis Prinzip der Relativierten Minimalität (RM, vgl. Rizzi 1990)[38], muss Kopfbewegung zyklisch sein, d.h. ein bewegter Kopf kann auf seinem Weg keine anderen Köpfe überspringen. Dabei interveniert der A-Kopf in der Spezifikatorposition allerdings nicht, da er den bewegten Kopf nicht c-kommandiert.[39] Hingegen c-kommandiert der obere Deg-Kopf den A-Kopf, so dass sich dieser wiederum nach Deg^0 bewegen kann. Es stellt sich jedoch die Frage, warum der obere Deg-Kopf, der als Regens beide Kopfbewegungen auslöst, zuerst den Kopf anziehen kann, der am weitesten weg steht (nämlich den unteren Deg-Kopf).

Ein weiteres Problem von Larsons Analyse besteht darin, dass dieselben Elemente, nämlich die Komparatoren, sowohl als Determinierer in der DP-Schale als auch als Gradelemente in der DegP-Schale eingestuft und somit zwei verschiedenen syntaktischen Kategorien zugeordnet werden (D bzw. Deg). Eine Alternative zu dieser doppelten Klassifizierung stellt die DP-Schalenanalyse von Izvorski (1995) dar. Diese soll alle Typen von VKen erfassen, also auch adjektivische und adverbiale.[40] Als Argument wird angeführt, dass dieselben Komparatoren dazu dienen können, sowohl Relationen zwischen Graden als auch zwischen Quantitäten herzustellen (vgl. Izvorski 1995: 14):

(3-72) a. John is less tall than Mary is.
b. John drank less coffee than Mary did.

---

37 Das HMC geht auf Travis zurück und besagt, dass ein Kopf nur an einen Kopf adjungieren darf, der ihn in geeigneter Weise regiert (vgl. Travis 1984: 131).

38 Vgl. Rizzi (1990: 7): „X α-governs Y only if there is no such Z such that Z is a typical potential α-governor for Y [and] Z c-commands Y and does not c-command X."

39 Zumindest gilt das für eine X-Bar-Version der Phrasenstruktur. Geht man hingegen von einer so genannten *Bare Phrase Structure* aus, gemäß der auf nicht verzweigende Knoten verzichtet wird und das Adjektiv im Spezifikator demnach sowohl den Status eines Kopfes als auch einer maximalen Projektion hätte (*min/max*), müsste man sogar einen Interventionseffekt annehmen. Dies würde jedoch prinzipiell für alle Fälle von traditioneller Kopfbewegung gelten (z.B. Verbbewegung nach T^0), so dass unter diesem theoretischen Postulat das gesamte HMC neu überdacht werden müsste.

40 Da Izvorski Verbalvergleiche als Adverbialvergleiche mit Nulladverb analysiert (vgl. Izvorski 1995: 12f.), gibt es für sie nur Nominal-, Adjektiv- und Adverbialvergleiche. Gegen eine solche Auffassung – die von allen Vertretern der Schalenanalyse implizit oder explizit geteilt wird – wurde bereits in Abschnitt 2.3.2.4 ausführlich argumentiert.

Im ersten Beispiel werden Größengrade verglichen, im zweiten Quantitäten von Kaffee. Izvorski bemerkt außerdem, dass im Englischen ein anderer Komparator gewählt wird, um eine WENIGER-Relation zwischen Quantitäten von zählbaren Individuen auszudrücken:

(3-73) John read *fewer* books than Mary did. (Izvorski 1995: 14)

Demnach verlaufe die Grenze für verschiedene Komparatoren nicht zwangsläufig zwischen Graden und Quantitäten und damit zwischen adjektivischen und adverbialen Restriktoren auf der einen und nominalen Restriktoren auf der anderen Seite. Sie schlägt daher eine allgemeine kategorial unspezifizierte Kategorie D vor: „The term D^0 is meant only as a useful notation for a semantic determiner, no claims are made about the categorial status of its maximal projection" (Izvorski 1995: 10).[41] Der kategoriale Status der DP-Schale und damit der VK richte sich vielmehr nach dem jeweiligen Restriktor, eine nicht unproblematische Lösung, auf die ich gleich zurückkommen werde. Gemäß Izvorski ist der eigentliche semantische Determinierer außerdem nicht der Komparator *more* allein, sondern – ebenso wie bei Larson – die Kombination aus Komparator und Standardmarker, d.h. im Englischen *more ... than* (vgl. Fn. 41). Allerdings besetzt lediglich der Komparator *more* in ihrer syntaktischen Analyse, die mit der Larsons identisch ist, die Kopfposition D^0 (vgl. Izvorski 1995: 9). Der Standardmarker wird hingegen als Teil des <Noblique>-Arguments im Komplement der DP-Schale untergebracht. Somit wird die gewünschte semantisch-syntaktische Parallelität nur zum Teil umgesetzt.

White (1998: 8) modifiziert den Schalenansatz dahingehend, dass er die Intuition, dass Komparator und Standardmarker eine komplexe Einheit bilden, auch in der syntaktischen

---

41 Als Argument für den semantischen Determiniererstatus des Komparators führt Izvorski (1995: 10) dessen Konservativität an, ein Prinzip, dem in der Regel natürlichsprachige Determinierer folgen. Dieses besagt – vereinfacht formuliert –, dass eine Struktur wie i immer mit ii paraphrasierbar ist (vgl. Izvorski 1995: 6):

i. Det x ist y.

ii. Det x ist sowohl x als auch y.

Das impliziert, dass für die Bedeutung eines Determinierers nur die Menge x und die Schnittmenge $(x \cap y)$ relevant sind (vgl. Krifka 2003: Kapitel 5, Seite 11). Dass auch der Komparator *more* diesem Prinzip folgt, erläutert Izvorski an folgendem Beispiel (vgl. Izvorski 1995: 6):

iii. More students than teachers are vegetarians.

iv. More students are both students and vegetarians than teachers are both teachers and vegetarians.

Wenn man jedoch das Beispiel iv genau betrachtet, bildet nicht nur *more* den Determinierer, sondern das komplexe *more ... than*, das zwei Restriktoren aufweist, *students* und *teachers*. Insgesamt ist zu sagen, dass sowohl die These, dass alle Determinierer konservativ sind, als auch die, dass es sich beim Komparator *more* um einen Determinierer handelt, nicht unumstritten sind. Krifka führt beispielsweise anhand von *viele* und *wenige* eine semantische Analyse durch, die deren konservativen Status, nicht jedoch ihren Determiniererstatus in Frage stellt (vgl. Krifka 2003: Kap. 5, S. 10). Darüber hinaus wurde aus semantischer Sicht sowohl gegen die Konservativität als auch gegen den Determiniererstatus von *more* argumentiert (vgl. Bhatt & Pancheva 2004: 39, sowie Kennedy 1999: 72). Dass komplexe Strukturen wie beispielsweise *alle ... außer*, die in Larson (1991) ebenfalls als DP-Schalen analysiert werden, nicht konservativ sind und gerade deshalb nicht als natürlichsprachliche Determinierer angesehen werden können, vermutet auch Lohnstein (1996: 181).

Analyse abbildet. Er analysiert Komparator (hier: *as*) und Standardmarker (hier: *as*) als einen diskontinuierlichen Kopf, der die Schalenstruktur projiziert:

(3-74) DegP-Schale nach White (1998: 8)

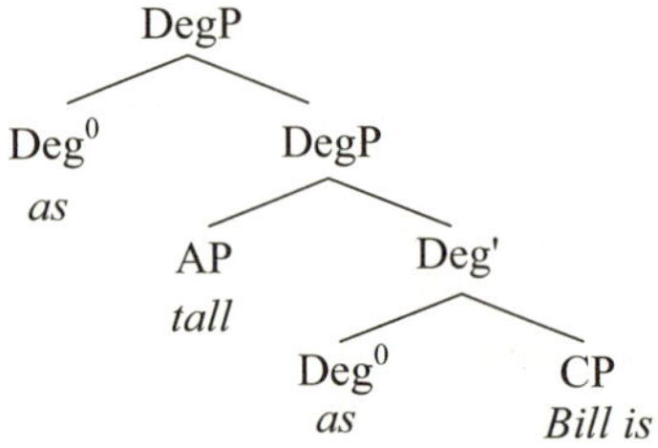

Im Falle synthetischer Komparativformen (z.B. engl. *taller*) geht White gemäß frühminimalistischen Annahmen davon aus, dass diese voll flektiert in die Derivation eingehen, d.h. im oberen Deg^0 befindet sich dann lediglich ein abstraktes Komparativ-Merkmal, während die synthetische Komparativform *taller* direkt in die AP eingesetzt wird. Die Merkmalsüberprüfung zwischen dem oberen Deg-Kopf und der AP erfolgt kovert (vgl. White 1998: 8). Für White stellt sich somit Larsons Problem der overten Kopfbewegung nicht, es bleibt jedoch die Frage offen, wie die Merkmalsüberprüfung genau aussehen soll, da zwischen dem oberen Kopf und dem unteren Spezifikator keine für die Merkmalsüberprüfung notwendige Spezifikator/Kopf-Relation besteht.[42]

Im Gegensatz zu Izvorski bezeichnet White den komplexen Kopf nicht als D^0, sondern als Deg^0, was wohlgemerkt nicht darauf zurückgeführt werden kann, dass hier eine adjektivische VK vorliegt. Denn White stuft beispielsweise auch die VK [*more money than* ...] unkommentiert als DegP ein (vgl. White 1998: 19). Somit scheint Deg bei White die gleiche kategoriale Unterspezifizierung aufzuweisen wie Izvorskis D.

Was die Verteilung von Komparator und Standardmarker auf die beiden Deg-Köpfe angeht, wird sie einerseits besser der Forderung gerecht, die semantische Zusammengehörigkeit von *more ... than* (bzw. *as ... as*) auch in der Syntax abzubilden (vgl. White 1998: 11). Darüber hinaus weist sie nach White den Vorteil auf, auf overte Bewegung verzichten zu können, da die Kopfbewegung vom unteren in den oberen Deg-Kopf nach dieser Analyse entfällt. Im frühen Minimalismus (gemäß Chomsky 1995) wurde overte Bewegung tatsächlich als unökonomischer als koverte Bewegung (also reine Merkmalsbewegung bzw. LF-Bewegung) eingeschätzt. Allerdings ist dieses Prinzip im neueren Minimalismus aufgegeben worden (Chomsky 2000ff.), da die Operation *Move* (neu: *Internal Merge*) nunmehr als Spezialfall von *Merge* (neu: *External Merge*) angesehen wird. Da *Internal* und *External Merge* den gleichen Aufwand erfordern, kann der Verzicht auf Bewegung nicht (mehr) als Vorteil von Whites Analyse angesehen werden.

Gegenüber den anderen Varianten der Schalenanalyse bringt Whites Version allerdings ein neues Problem mit sich. Es wurde mehrmals darauf hingewiesen, dass der italienische Standardmarker *di* (und zumindest zum Teil auch engl. *than*) in der Lage ist, Akkusativka-

---

42 In der von White postulierten Version des Minimalismus, nämlich Chomsky (1995), gibt es noch keinen Sondenkonzept, das die klassischen Spezifikator/Kopf- und Kopf/Komplement-Konfigurationen überflüssig macht.

sus zu vergeben, ein Umstand der oftmals auf den präpositionalen Status des Standardmarkers zurückgeführt wurde:

(3-75) a. Anna è più alta di me.
b. Ann is taller than me.

Wenn aber *di/than* im Kopf einer DegP steht, erscheint die Fähigkeit, Akkusativkasus zuzuweisen, zumindest ungewöhnlich. Denn es gibt keine anderen Gradelemente, die eine solche Kasuszuweisung leisten, zumal Gradelemente in der Regel keine DP-Komplemente lizensieren. Außerdem hat White aufgrund seiner Einstufung aller VKen als DegP ebenso wie Izvorski das Problem, die unterschiedliche Distribution nominaler und adjektivischer VKen zu erklären.

Das Hauptproblem aller Schalenanalysen besteht m.E. tatsächlich in der Bestimmung der kategorialen Zugehörigkeit des Komparators bzw. der VK insgesamt. In dieser Hinsicht kann man zwischen Schalenanalysen unterscheiden, die unabhängig von der Wortart des Restriktors (AP/AdvP oder NP) eine einheitliche externe Struktur für alle Arten von VKen annehmen (vgl. Izvorski 1995, White 1998), und welchen, die wie Larson (1991) von kategorial unterschiedlichen Schalenstrukturen ausgehen: eine DP-Schale für nominale und eine DegP-Schale für adjektivische (und adverbiale) VKen. Im ersten Fall muss die Frage beantwortet werden, warum die jeweilige funktionale Kategorie (DP oder DegP) mit verschiedenen lexikalischen Kategorien kompatibel ist und wie die kategoriale Markierung der gesamten Struktur erfolgen soll. Im letzten Fall ist hingegen zu klären, warum dieselben Komparatoren sowohl als Deg- als auch als D-Köpfe auftreten können.

Das erste Problem ergibt sich unmittelbar aus den Annahmen über funktionale Kategorien, die mit der FH-Analyse einhergehen, deren semantische Annahmen der Schalenanalyse zugrunde liegen. Danach zeichnen sich funktionale Köpfe in der Regel dadurch aus, dass sie ausschließlich mit einer einzigen lexikalischen Kategorie kombinierbar sind: „Functional elements permit only one complement, which is in general not an argument. The arguments are CP, PP, and (I claim) DP. Functional elements select IP, VP, NP" (Abney 1987: 44).[43] Gemäß dieser Auffassung haben funktionale Kategorien keine Argumente im eigentlichen Sinne, d.h. sie vergeben im Gegensatz zu lexikalischen Kategorien keine θ-Rollen an ihr Komplement. Es findet eine so genannte funktionale bzw. f-Selektion statt, der prinzipiell ein anderer Status zugeschrieben wird als der Selektion mit θ-Rollenvergabe durch lexikalische Köpfe. Des Weiteren gibt es eine Beschränkung bezüglich der f-Selektion: Demnach könne beispielsweise der funktionale Kopf T^0 immer nur eine VP selegieren, ein D-Kopf eine NP und ein Deg-Kopf eine AP/AdvP. Grimshaw (2005: 4) bezeichnet funktionale Kategorien daher auch als „erweiterte" Projektionen ihrer entsprechenden lexikalischen Kategorie.

Die kategoriale Unterspezifizierung der Schalenstruktur in VKen führt Izvorski (1995) unter expliziter Berufung auf Grimshaw (2005) darauf zurück, dass funktionale Kategorien kategorial unmarkiert und dadurch „transparent" für eine kategoriale Übertragung der Merkmale ihrer jeweiligen lexikalischen Kategorie sein können. Demnach sei der (funktio-

---

43 DegP und AP werden in diesem Zusammenhang noch nicht erwähnt. Abney geht aber an späterer Stelle davon aus, dass DegP die funktionale Kategorie ist, die die lexikalischen Kategorien AP und AdvP f-selegieren kann (vgl. Abney 1987: 203 sowie Abschnitt 1.4.2).

nale) Komparator kategorial transparent und könne sowohl nominale als auch adjektivische (und adverbiale) Argumente selegieren. Grimshaw sieht zwar tatsächlich Fälle vor, in denen funktionale Köpfe kategorial unbestimmt sind. Sie beschränkt diese kategoriale Neutralität jedoch explizit auf die funktionale Kategorie Deg, und zwar deshalb, weil diese sowohl Adjektive als auch Adverbien f-selegieren könne.[44] Doch Adverbien und Adjektive bilden insofern einen besonderen Fall, als sie ohnehin viele Gemeinsamkeiten aufweisen;[45] in vielen Fällen liegt sogar Homonymie vor (z.B. dt. *der Wein ist gut* vs. *mir geht es gut*). Auch Grimshaw ist der Meinung, dass die Merkmalsunterschiede zwischen Adjektiven und Adverbien bei ihrer Selektion durch eine funktionale Projektion nicht relevant sind (Grimshaw 2005: 35).

Hält man im Rahmen der Schalenanalyse an einer grundsätzlichen kategorialen Transparenz funktionaler Kategorien fest, stellt sich die Frage, wie die kategoriale Markierung der gesamten Schalenstruktur nach außen hin bestimmt werden soll. Dass eine irgendwie geartete kategoriale Markierung vorhanden sein muss, ist unumstritten, denn nominale, adjektivische und adverbiale VKen weisen nicht die gleiche Distribution auf:

(3-76) a. Maria mangia più biscotti di Laura.
b. *Maria mangia più bella di Laura.
c. Maria è più bella di Laura.
d. *Maria è più biscotti di Laura.

Bei Grimshaw ergibt sich das Problem nicht, da funktionale Kategorien als erweiterte Projektionen der jeweiligen lexikalischen Kategorie aufgefasst werden, die sie als Komplement f-selegieren. Demnach wären TP und CP als erweiterte Projektionen von VP automatisch verbal, DP als erweiterte Projektion der NP nominal und DegP je nach Komplement adjektivisch oder adverbial. Eine ähnliche Lösung schlägt auch Izvorski vor, mit dem Unterschied, dass die kategoriale Markierung der DP-Schale, und damit die externe Struktur der VK, nicht durch die Kategorie des lexikalischen Komplements der funktionalen Kategorie, sondern durch die Kategorie ihres (unteren) Spezifikators bestimmt wird:

> Spec-head agreement in the lower DP projection is responsible for the specification of the relevant features on the determiner. Head-raising of the determiner ensures that the categorial features are transmitted to the higher DP. Thus in effect the first comparative argument becomes „visible" outside the shell. (Izvorski 1995: 14)

Der kategorial unmarkierte D-Kopf (bzw. Deg-Kopf) erhalte also über eine Spezifikator/Kopf-Relation Informationen über die kategoriale Markierung. Obwohl diese Lösung auf den ersten Blick attraktiv erscheint, ist sie nicht ganz unproblematisch, denn dass eine Spezifikator/Kopf-Relation dazu dienen kann, kategoriale Informationen zu übermitteln, ist ziemlich ungewöhnlich. Es gibt keine andere Konfiguration, in der eine ähnliche kategoria-

---

[44] Ein potentieller Kandidat für eine allgemeinere kategorial unmarkierte funktionale Kategorie bildet die so genannte Prädikationsphrase (PrP) gemäß Bowers (1993), die u.a. die Kategorie (klein) *v* ersetzen kann (vgl. auch Remberger 2006: 133). Allerdings erfolgt hierbei die kategoriale Spezifikation durch die lexikalische Kategorie im Komplement der PrP (z.B. AP, NP oder VP), eine Option, die im Rahmen der Schalenanalyse – wie weiter unten gezeigt wird – nicht besteht.

[45] Für die Annahme einer einzigen lexikalischen Kategorie, vgl. Carnie (2002: 36).

le Übermittlung durch den Spezifikator erfolgen würde. So wird beispielsweise die TP nicht dadurch nominal, dass in ihrem Spezifikator eine DP (das Subjekt) vorkommt. Dagegen wendet Izvorski ein, dass eine kategoriale Übermittlung eben nur dann erfolge, wenn der funktionale Kopf kategorial unmarkiert ist. Allerdings müssten dann genauere Angaben darüber gemacht werden, welche funktionalen Köpfe kategorial unmarkiert sein dürfen und ob sie dies grundsätzlich sind, oder nur in Abhängigkeit von der jeweiligen lexikalischen Einsetzung, z.B. bestimmter Artikel = kategorial NP-markiert, Komparator = kategorial unmarkiert. Jedoch müsste man eine solche Lösung tatsächlich als konstruktionsspezifisch einstufen.

Es bleibt außerdem offen, weshalb der funktionale Kopf seine kategoriale Markierung über die Spezifikator/Kopf-Relation und nicht vielmehr über die Kopf/Komplement-Relation erhält, obwohl das Komplement der Schalenstruktur ebenfalls gefüllt ist. Dies ist verwunderlich, da die Kopf/Komplement-Relation gerade bei Grimshaw, auf die sich Izvorski (1995) explizit beruft, die einzige Konfiguration darstellt, in der kategoriale Merkmale an den funktionalen Kopf übertragen werden können: „Thus we predict that functional heads can be category neutral and thus allow projection to transmit the category *of their complement* to their own projection [...]" (Grimshaw 2005: 35, Hervorhebung L.G.). Wenn bei der Schalenanalyse der VK die Komplement-PP, die übrigens auch zuerst in die Struktur eingesetzt wird, ihre Kategorie auf den Schalenkopf übertrüge, würde die gesamte Konstruktion die kategorialen Merkmale einer PP erhalten, was zu Konflikten mit der externen Struktur führen würde. Es ist unklar, welches unabhängige Prinzip eine solche Übertragung verhindern sollte.

Wenn der Schalenkopf keine kategorialen Merkmale aufweist und folglich keinerlei Beschränkungen bezüglich der Kombinierbarkeit mit lexikalischen Kategorien unterliegt, stellt sich schließlich die Frage, weshalb – wie Izvorski annimmt – keine VK mit verbalem Restriktor, also mit einer VP im Spezifikator der DP-Schale, möglich sein sollte. Dies lässt sich semantisch nicht begründen, da zumindest einige Verben als graduierbar bzw. quantifizierbar angesehen werden müssen (vgl. z.B. *pesare, spendere* usw.).

Ähnliche Probleme mit der kategorialen Markierung der VK bekommt auch Donati (2000),[46] die ebenfalls eine Schalenanalyse gemäß Izvorski postuliert, mit dem einzigen Unterschied, dass diese durch einen unteren Deg- und einen oberen Q-Kopf gebildet wird. Zwar stuft Donati alle VKen oberflächlich gesehen als QPen ein, allerdings ist sie sich der Tatsache bewusst, dass die verschiedenen VK-Restriktoren verschiedene externe Strukturen und damit verschiedene Einbettungskontexte für die jeweiligen VKen mit sich bringen. Ihre Lösung für die kategoriale Transparenz des Komparators besteht in einem besonderen Projektionsprinzip, das sie für Kopfbewegung postuliert. Sie geht davon aus, dass bei Kopfbewegung nicht (nur) das Ziel der Bewegung, sondern (auch) der bewegte Kopf selbst projiziert.[47]

---

46 Für eine genauere Darstellung ihrer Analyse sowie der damit verbundenen Probleme vgl. Grimaldi (2005a: Abschnitt 3.6).

47 Zu einer ausführlichen Diskussion vgl. Abschnitt 6.2.2.

(3-77) Analyse adjektivischer VKen nach Donati (2000: 120)

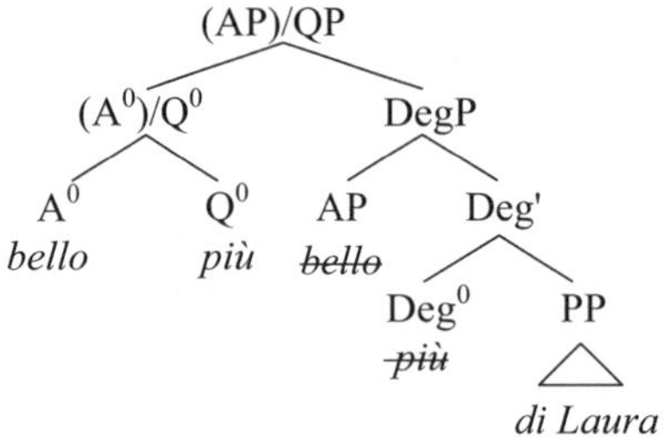

Durch die letzte Kopfadjunktion des Restriktors (hier: des Adjektivkopfes) an den Komparator in (3-77) wird die notwendige kategoriale Information an die QP weitergegeben und wird somit auch nach außen hin sichtbar (vgl. Donati 2000: 119). Ein Problem stellt sich hierbei für analytische Komparative, die im Italienischen bekanntlich die Regel bilden. Denn die in (3-77)) dargestellte Adjunktion von A^0 an Q^0 führt zu einer falschen Linearisierung. Hier muss Donati daher annehmen, dass die notwendige Kopfbewegung des Adjektivs an den Q-Kopf kovert, also erst nach *Spell-Out* auf LF erfolgt. Die Annahme einer koverten Bewegung, durch die kategoriale Merkmale übermittelt werden, ist jedoch wenig plausibel. Denn schließlich erfolgt LF-Bewegung gemäß dem Minimalismus von Chomsky (1995), auf den Donatis Analyse aufbaut, nach *Spell-Out*, also postsyntaktisch. Es müsste aber bereits vor *Spell-Out* geklärt werden, welche kategoriale Markierung die VK besitzt, damit die Derivation entsprechend fortgesetzt werden kann.

Eine Möglichkeit, dem Problem der kategorialen Transparenz zu entgehen, bietet die Analyse von Larson (1991), der bei adjektivischen/adverbialen VKen von einer DegP-, bei nominalen VKen von einer DP-Schalenstruktur ausgeht. Dadurch, dass hier funktionale Köpfe gewählt werden, die gemäß der FH-Analyse hinsichtlich ihrer kategorialen Selektionsmöglichkeiten eingeschränkt sind (Deg-Köpfe selegieren APen/ AdvPen, D-Köpfe selegieren NPen) stellt sich das Problem der kategorialen Markierung der gesamten Konstruktion nicht: DPen werden als nominal, DegPen als adjektivisch/adverbial behandelt. Bei einer solchen Lösung stellt sich jedoch zum einen die Frage, weshalb dieselben Komparatoren sowohl DPen als auch DegPen projizieren können. Dies ist insbesondere im Fall von Komparatoren fragwürdig, die nicht direkt mit Nominalphrasen kombinierbar sind (z.B. it. *così* oder engl. *as*), sondern nur vermittelt durch ein quantifizierendes Element (z.B. it. *tanto/i* oder engl. *much/many*). Hier müsste man entweder annehmen, dass der Komparator zusammen mit dem „stützenden" Quantifizierer einen Kopf bildet oder aber, dass im Spezifikator der DP keine einfache NP, sondern eine QP steht. Im ersten Fall müsste die Entstehung des komplexen Kopfes geklärt werden, im zweiten ergäbe sich eine Analyse im Sinne Donatis, mit den bereits besprochenen Problemen. Zum anderen müsste man erklären, weshalb manche Komparatoren (z.B. engl. *more*) eine einfache NP, andere (z.B. engl. *as*) eine QP in ihrem Spezifikator beherbergen.

Ein letztes schwerwiegendes Problem aller Versionen der Schalenanalyse liegt in der scheinbar unproblematischen Parallelisierung von VP und DP/DegP. Man beachte, dass das Verb bei der VP-Schalenstruktur sowohl den Kopf der Konstruktion bildet als auch deren kategoriale Markierung festlegt. Dasselbe gilt für die in Anlehnung an die VP-Schalenanalyse postulierten Schalenanalysen anderer lexikalischen Kategorien, wie z.B. NP (vgl. Radford 2000), nicht jedoch für die hier postulierten DegP/DP-Schalen. Außerdem verstoßen scheinbar harmlose Formulierungen, wie z.B. dass der Deg-Kopf zwei interne „Argumente" selegiere (vgl. Izvorski 1995: 10) bzw. dass der Restriktor das externe Argument des Komparators darstelle (vgl. Lechner 2004: 30), gegen grundlegende Prinzipien der von den Schalenanalysen vorausgesetzten FH-Analyse. Gemäß der FH-Analyse können funktionale Köpfe die entsprechenden lexikalischen Kategorien nicht als Argumente selegieren:

> [...] the relationship between L[exical]-heads and their complements is fundamentally different from the relationship between F[unctional]-heads and their complements. The relationship between a lexical head and its complement is one of semantic role assignment, such as theta-marking; that between a functional head and its complement is not. (Grimshaw 2005: 10)

Nach dieser Theorie können funktionale Köpfe keine θ-Rollen vergeben, sondern sie dienen vielmehr dazu, referentielle Positionen der entsprechenden lexikalischen Kategorien durch θ-Bindung zu entladen (vgl. Abschnitt 1.4.2). Somit widersprechen die Schalenanalysen im Grunde ihren eigenen Voraussetzungen.[48]

Zusammenfassend kann man sagen, dass Analysen, die eine Konstituenz von Komparator und Vergleichskomplement postulieren, syntaktisch und semantisch plausibler sind als Lösungen, die den Komparator zuerst mit dem Restriktor verbinden. Bislang bleibt jedoch offen, wie die obligatorische Diskontinuität von Komparator und Standardmarker analysiert werden kann.[49]

Um das Problem der Diskontinuität zu lösen, ist es möglicherweise sinnvoll, sich noch einmal der Frage zuzuwenden, wie die syntaktische Beziehung zwischen der VK im engen Sinne (also Komparator + Vergleichskomplement) und dem Restriktor zu modellieren ist. Da es sich bei VKen um quantifizierende bzw. graduierende Ausdrücke handelt, soll im folgenden Exkurs näher auf die Syntax der Graduierung bzw. Quantifizierung eingegangen werden.

3.4 Exkurs: Die Syntax der Graduierung und Quantifizierung

Semantisch gesehen besteht die Funktion von VKen und insbesondere der sie einleitenden Komparatoren darin, eine Quantifizierung oder Graduierung des lexikalischen Restriktors

---

48 Im Übrigen kann die Schalenanalyse nicht alle Typen von VKen erfassen: Als problematisch erweisen sich insbesondere verbale VKen. Diese werden in der Schalenanalyse – wie bereits erläutert – als implizit adverbiale VKen analysiert, also als DP- bzw. DegP-Schalen, in deren unterem Spezifikator ein phonologisch leerer adverbialer Restriktor steht. Es stellt sich jedoch die Frage, wie man verbale VKen, in denen mehrere Argumente oder aber Adjunkte auftreten, erfassen sollte (zum verbalen Status solcher VKen vgl. Abschnitt 2.3.2.5):
i. Ho dormito $[_{DegP}$ $[_{Deg}$ più $[_{DegP}$ (tanto) $[_{???}$ a luglio $[_{Deg}$ che $[_{PP}$ in agosto]]]]]].
Es ist unklar, wo die PP *a luglio* in einer Schalenanalyse wie z.B. (3-74) zu lokalisieren wäre.
Ein weiteres Problem für die Schalenanalyse stellen die so genannten attributiven VKen dar, auf die wir in Abschnitt 5.4 zurückkommen werden.

49 Diese gilt nicht für verbale und synthetische adjektivische VKen, auf deren genaue Ableitung in den Abschnitten 5.2 bzw. 5.4.3 eingegangen wird.

zum Ausdruck zu bringen.[50] Auch syntaktisch weisen Komparatoren eine ähnliche Distribution auf wie andere graduierende bzw. quantifizierende Elemente, wie hier anhand der Distribution des Komparators *più* im Vergleich zum Quantifizierer *molto* deutlich wird:

(3-78) a. Maria mangia *molti/più* biscotti.
b. Maria mangia *molto/di più*.
c. Maria è *molto/più* intelligente.

Prinzipiell könnte man also erwarten, dass sich die Verknüpfung der VK im engen Sinne mit dem nominalen, adjektivischen bzw. verbalen Restriktor analog zur Verknüpfung der lexikalischen Kategorien N, A und V mit quantifizierenden bzw. graduierenden Ausdrücken verhält. Allerdings sind solche Ausdrücke syntaktisch traditionell schwer einzuordnen. So findet man beispielsweise einen Ausdruck wie *tanto* in italienischen Grammatiken sowohl unter den (Indefinit-)Pronomina, als auch unter den (Indefinit-)Adjektiven und (quantitativen) Adverbien (vgl. z.B. Diatto & Mortara 1980: 426, 624). Die unterschiedliche Einordnung resultiert auf der einen Seite aus distributionellen Eigenschaften: Da *tanto* sowohl eine Nominalphrase vertreten als auch Nomina, Adjektive und Verben modifizieren kann, wird es in Grammatiken jeweils unterschiedlichen Wortarten zugerechnet:

(3-79) a. *Tanti* non hanno superato l'esame. (Pronomen)
b. Maria mangia *tanti* biscotti. (Adjektiv)
c. Maria mangia *tanto*. (Adverb)[51]
d. Maria è *tanto* intelligente. (Adverb)

Auf der anderen Seite spielen morphologische Aspekte eine Rolle: Während *tanto* als Adverb eine morphologisch unmarkierte Form aufweist, kongruiert es als Adjektiv mit dem modifizierten Nomen, als Pronomen nimmt es dem Referenten/Antezedens entsprechend Genus und Numerus an. Dieses Kriterium ist jedoch weniger gewichtig als das syntaktische, da auch unflektierbare Elemente wie it. *più* dieselben Distributionseigenschaften wie *tanto* aufweisen (mit Ausnahme der pronominalen Variante) und somit aus traditioneller Sicht ebenfalls verschiedenen Wortarten zugerechnet werden können:

(3-80) a. Maria mangia *più* biscotti di Gianni. (Adjektiv)
b. Maria mangia *più* di Gianni. (Adverb)
c. Maria è *più* intelligente di Gianni. (Adverb)

Auch in modernen linguistischen Studien werden graduierende und quantifizierende Ausdrücke nicht einheitlich analysiert. Betrachtet man die gängigsten Ansätze zur Erfassung der Syntax der Quantifizierung und Graduierung im Zusammenhang mit den einzelnen lexikalischen Kategorien A, N und V, zeigt sich eine starke Heterogenität, sowohl hinsichtlich der postulierten Struktur und Lokalisierung quantifizierender und graduierender Ausdrücke,

---

50 Dies kann auch für den Similativ-Komparator behauptet werden, da Similativkonstruktionen – wie in Abschnitt 2.5 erläutert – oftmals ebenfalls eine Quantifizierung involvieren.

51 Dass *tanto* hier nicht pronominal als direktes Objekt auftritt, wird u.a. daran deutlich, dass es ebenso gut intransitive Verben modifizieren kann:
i. Maria dorme tanto.

als auch bezüglich der Zuordnung einzelner Ausdrücke zu einer bestimmten Klasse. Ein Großteil der Studien zur Quantifizierung bzw. Graduierung siedelt die entsprechenden Ausdrücke in funktionalen Kategorien oder erweiterten Projektionen der jeweiligen lexikalischen Phrasen (also: AP, NP bzw. VP) an, allerdings bestehen deutliche Unterschiede bezüglich der genauen Positionierung der entsprechenden Ausdrücke in die Kopf- oder Spezifikatorposition der funktionalen Projektionen. Während die meisten Komparatoren im Rahmen der Adjektivphrase gemäß der FH-Analyse als funktionale Deg-Köpfe eingestuft werden (vgl. Abney 1987, Corver 1997 u.a.), werden sie in der Nominalphrase teilweise als Q-Köpfe (vgl. Giusti 1993), teilweise aber auch als Spezifikatoren von funktionalen Kategorien der (erweiterten) Nominalphrase analysiert (vgl. Zamparelli 2000). Im Zusammenhang mit der Verbalphrase werden quantifizierende und graduierende Ausdrücke in der Regel als (Maß- oder quantifizierende) Adverbien analysiert. Im Gegensatz zu den Verhältnissen in der Nominal- und Adjektivphrase haben solche Adverbien nie Kopfstatus, sondern werden als Spezifikatoren funktionaler Projektionen (vgl. Cinque 1999), als Adjunkte (vgl. Ernst 2002) oder aber als Komplemente (vgl. Larson 1988) der VP analysiert.

Weiterhin ist die kategoriale Zuordnung quantifizierender und graduierender Ausdrücke in der modernen Forschungsliteratur sehr uneinheitlich. Die Labels DegP und QP werden oftmals austauschbar und zum Teil sogar gegensätzlich verwendet (vgl. z.B. Corver 1997 vs. Zamparelli 2000), auch wenn insgesamt die Tendenz zu verzeichnen ist, bei der Graduierung von Adjektiven Gradphrasen (DegPen), im Zusammenhang mit anderen lexikalischen Klassen hingegen Quantifiziererphrasen (QPen) anzunehmen. Bezüglich der Einordnung graduierender und quantifizierender Ausdrücke als funktionale oder lexikalische Elemente finden sich ebenfalls geteilte Meinungen: Vor allem im Fall der Nominalphrase wird die QP teils als funktionale (vgl. Crisma 1991) teils als lexikalische Kategorie eingestuft (vgl. Giusti 1997).

In jüngerer Zeit wird zudem immer wieder darauf aufmerksam gemacht, dass die Distribution quantifizierender und graduierender Elemente einzelsprachlich variabel ist und dass selbst innerhalb einer Einzelsprache scheinbar synonyme Elemente unterschiedliches syntaktisches Verhalten aufweisen. So zeigen etwa Neeleman et al. (2004: 51), dass engl. *more* und *-er* nicht die gleiche Distribution haben, und sie folgern daraus, dass diese Elemente an unterschiedlichen Stellen in der Derivation angesiedelt werden müssen. Hier scheint die (Morpho-)Syntax offenbar relativ unabhängig von der Semantik zu operieren:[52]

> The at least partly arbitrary relation between the syntactic status of a degree expression and its semantics implies that we may expect a great deal of variation in the realization of degree across languages. (Neeleman et al. 2003: 51)

Wenn man annimmt, dass die Distribution eines Ausdrucks im Zusammenhang mit der Struktur der entsprechenden Konstruktion steht, würde dies im Fall englischer Komparativkonstruktionen implizieren, dass man etwa für synthetische und analytische Komparative verschiedene Strukturen annehmen müsste.

---

[52] Dass dieser Umstand nicht nur am Affixstatus von *-er* vs. Wortstatus von *more* liegt, zeigt sich z.B. an engl. *very* und *much*, die zwar in manchen Kontexten austauschbar und scheinbar synonym sind (z.B. in *very surprised* und *much surprised*, vgl. Kennedy & McNally 2002, Krifka 2004), jedoch ganz unterschiedliche Distributionsmuster aufweisen.

Auch im Italienischen ist eine 1:1-Relation zwischen Syntax und Semantik nicht gegeben, wie am Beispiel von quasi-synonymen quantifizierenden Ausdrücken wie *molti, tanti, numerosi* und *parecchi* deutlich wird:

(3-81) a. Molti/tanti/numerosi/parecchi ragazzi fumano.
b. Molti/tanti/$^{??}$numerosi/parecchi vogliono smettere.
c. Moltissimi/tantissimi/numerosissimi/*parecchissimi ragazzi fumano.
d. Così *molti/tanti/*numerosi/*parecchi ragazzi fumano.

In einer Monographie zur Syntax von Determinierern stellt Giusti (1993) daher die These auf, dass die Semantik eines Determinierers nicht immer auf seine syntaktische Position schließen lässt und dass eine Ansiedlung aller Determinierer (inkl. quantifizierender Ausdrücke) innerhalb der DP, wie sie etwa Longobardi (1988) in Anlehnung an die Tradition der formalen Logik vorschlägt, nicht haltbar ist:

> Lo scopo di questo lavoro, invece, sarà di mostrare varie differenze sintattiche all'interno della classe genericamente definita dei determinanti [...]. Queste differenze non correlano necessariamente con differenze interpretative. (Giusti 1993: 41)

Eine einheitliche Analyse von VKen, die allgemeine Ansätze zur Syntax der Graduierung und Quantifizierung von Adjektiven, Nomina und Verben berücksichtigt, erweist sich aufgrund der Heterogenität dieser Ansätze auf den ersten Blick somit als schwierig.

Einen Versuch, quantifizierende und graduierende Ausdrücke (inklusive Komparatoren) über die genannten lexikalischen Kategorien hinweg einheitlich zu erfassen, stellt die Arbeit von Doetjes (1997) dar, in der die Distribution quantifizierender Ausdrücke im Englischen, Französischen und Niederländischen untersucht wird. Die zugrunde liegende Idee lautet, dass quantifizierende Ausdrücke, die transkategorial auftreten, gegenüber dem jeweiligen lexikalischen Restriktor die gleiche Stellung einnehmen. Dies erläutert Doetjes am Beispiel von engl. *more*:

> A first possibility is to assume that there are two different forms of *more*, one of which is a degree modifier and is interpreted through saturation of the g-position in a scalar adjective and the other a quantifier which is interpreted by a different mechanism [...]. Alternatively, one can assume that there is only one *more*, which is always interpreted in the same way, and always saturates a theta position in the grid of the phrase it modifies. The second approach is more general, and therefore has to be preferred to the first. (Doetjes 1997: 41)

Eine Voraussetzung für die einheitliche Analyse quantifizierender Ausdrücke sieht Doetjes darin, dass die jeweilige lexikalische Kategorie eine θ-Position aufweist, die durch einen quantifizierenden Ausdruck gesättigt werden muss. Nach dieser Auffassung sind nicht nur Adjektive mit einer solchen Position versehen, sondern auch andere lexikalische Kategorien, die durch quantifizierende oder graduierende Ausdrücke modifiziert werden können, nämlich Verben und Nomina. In Zusammenhang mit letzteren spricht Doetjes nicht von einer <G(rad)>-, sondern von einer <Q(uantitäts)>-Position (vgl. Doetjes 1997: 16). Sie stellt einige Unterschiede zwischen der <Q>-Position, beispielsweise von Nomina, und der <G>-Position von Adjektiven fest. Während letztere von referentiellen Eigenschaften des Adjektivs unabhängig sei, sei die Möglichkeit kumulativer Referenz Voraussetzung für das Auftreten einer skalaren <Q>-Position bei einem Nomen (vgl. Doetjes 1997: 42). Unter kumulativer Referenz versteht man eine Teil-Ganzes-Beziehung, die es erlaubt, die Referenz eines solchen Nomens als Menge von Individuen (im Fall der Massennomina: von atomaren Einheiten) aufzufassen, deren einzelne Teile ebenfalls Referenten des entsprechenden Nomens sind.[53] Nur wenn Nomina kumulative Referenz hätten, wiesen sie eine skalare <Q>-Position auf und könnten mit quantifizierenden Ausdrücken wie engl. *more* kombiniert werden. Dies gelte hingegen nicht für zählbare Nomina im Singular:

(3-82) more tables/tea/*table. (Doetjes 1997: 42)[54]

Demnach sei die <Q>-Position des Nomens unmittelbar mit seinen referentiellen Eigenschaften (also seiner <R>-Position, vgl. Abschnitt 1.4.2) verknüpft (vgl. Doetjes 1997: 43).

Was die Quantifizierung von Verben betrifft, lassen sich nach Doetjes in Anlehnung an Vendler (1957) verschiedene aspektuelle Typen unterscheiden: *states*, *activities*, *accomplishments* und *achievements*. Ohne genauer auf die Ontologie der Verbtypen eingehen zu können, sei als Unterscheidungskriterium hier lediglich angeführt, dass die ersten beiden ausschließlich mit durativen, letztere nur mit punktuellen Adverbialen kompatibel sind (vgl. Doetjes 1997: 45):

(3-83) a. John hated Peter for five minutes/*in five minutes (*state*).
b. John ran for five minutes/*in five minutes (*activity*).
c. Mary ran a mile *for five minutes/ in five minutes (*accomplishment*).
d. Mary recognized Peter *for five minutes/ in five minutes (*achievement*).

Zustands- und Tätigkeitsverben vergleicht Doetjes mit zählbaren Plural- und Massennomina, da sie ebenfalls kumulative Referenz hätten, die im Sinne einer Teil-/Ganzes-Beziehung interpretiert werden könne: Wenn das Ereignis des Hassens oder des Rennens fünf Minuten dauert, dann liegt es bereits nach zwei oder drei Minuten vor. Somit ist das Hassen bzw. Rennen in Teile zerlegbar, auf die das Prädikat ‚hassen' bzw. ‚rennen' genauso zutrifft wie auf das ganze (in diesem Fall fünf Minuten dauernde) Ereignis. Hingegen ist das Ereignis des Eine-Meile-Rennens bzw. des Erkennens in den Beispielen (3-83)c und d nach zwei oder drei Minuten noch nicht abgeschlossen, und die entsprechenden Prädikate treffen nach dieser Zeitspanne somit auch (noch) nicht zu (vgl. Vendler 1957: 147f.). Interessant ist, dass bei Verben offensichtlich auch die jeweiligen Argumente eine Rolle für die Einstufung in Aspektklassen spielen. So kann dasselbe Verb, z.B. engl. *run*, je nachdem ob es eine Maßphrase als Argument selegiert, als Tätigkeits- oder als *Achievement*-Verb eingestuft werden.

---

53 Eine der ersten expliziten Feststellungen des kumulativen Bezugs von Massennomina findet sich vermutlich bei Quine: „Ausdrücke wie *Wasser* [...] heißen Massentermini und besitzen die semantische Eigenschaft des kumulativen Bezugs: jede Summe von Teilen, die Wasser sind, ist selbst Wasser“ (Quine 1980: 166). Diese Teil-Ganzes-Beziehung wird in der formalen Semantik auch als Gitterstruktur aufgefasst (*join semi-lattice*, vgl. Doetjes 1997: 27, Heycock & Zamparelli 2003: 13, beide unter Berufung auf Link 1983).

54 Zählbare Nomina im Singular weisen gemäß Doetjes (1997: 43) eine nicht-skalare <Q>-Position auf. Diese kann die in der vorliegenden Arbeit relevanten quantifizierenden Ausdrücke nicht lizensieren. Für eine ausführliche semantische Unterscheidung zwischen skalaren und nicht-skalaren <Q>-Positionen vgl. Doetjes (1997: Kap. 2).

Da Zustands- und Tätigkeitsverben kumulative Referenz haben, weisen sie gemäß Doetjes ebenfalls eine skalare <Q>-Position auf.[55] Diese sei – ähnlich wie bei den Nomina – mit der referentiellen Position des Verbs verknüpft, also mit seiner <E(reignis)>-Position: „[...] it seems fair to assume that there is a q-position associated with the e-position in the grid of a verb as well. Again I will not determine the precise nature of this association" (Doetjes 1997: 55). Die Tatsache, dass bestimmte Nomina und Verben ebenso wie Adjektive als Restriktoren quantifizierender Ausdrücke (z.B. in VKen) vorkommen können, lässt sich somit auf das Auftreten einer skalaren θ-Position (<Q> bzw. <G>) zurückführen.

Es stellt sich die Frage, ob sich die skalare <Q>-Position im θ-Raster von Nomina und Verben tatsächlich als θ-Position im klassischen Sinne bezeichnen lässt. Bei der <G>-Position des Adjektivs ist dies weniger problematisch, da diese in Anlehnung an Zwarts (1992) und Higginbotham (1985) als referentielle Position interpretiert wurde. Akzeptiert man die Existenz referentieller θ-Positionen, kann die <G>-Position des Adjektivs unproblematisch in seinem θ-Raster postuliert werden. Im Falle einer <Q>-Position im θ-Raster von Nomina und Verben sehen die Verhältnisse jedoch anders aus. Diese haben nämlich mit <R> bzw. <E> bereits eine referentielle Rolle. Will man auf die Existenz einer <Q>-Position nicht verzichten, könnte man sie als einen analogen Fall zu den von Higginbotham postulierten potentiellen oder kontextuellen θ-Rollen interpretieren, ähnlich wie die spatio-temporalen Rollen in den Beispielen (1-22)a und b, hier wiederholt:

(3-84) a. former congressman.
b. postman where I live.

Auf diese Weise könnte Doetjes' Postulierung einer <Q>-Position im θ-Raster von Nomina und Verben aufrechterhalten werden.

Dass einige quantifizierende bzw. graduierende Ausdrücke transkategorial auftreten und somit offensichtlich, was die kategoriale Selektion betrifft, unterspezifiziert sind, spricht nach Doetjes dafür, dass diese nicht als funktionale Köpfe in den jeweiligen Kontexten fungieren und daher auch keine Selektionsbeschränkung bezüglich der Kategorie des selegierten Komplements aufweisen. Vielmehr plädiert Doetjes für eine Adjunktionsanalyse von kategorial unterspezifizierten Quantifizierern (Doetjes 1997: 95). Jedoch bemerkt sie, dass nicht alle quantifizierenden Ausdrücke transkategorial auftreten und sie versucht dieser He-

[55] Weiterhin differenziert Doetjes Verben danach, ob es sich dabei um Zustands- (z.B. *sitzen, wandern*) oder um Individuenprädikate (und dort insbesondere um so genannte *Psych*-Verben, z.B. *mögen*) handelt und äußert die Vermutung, dass letztere keine <Q>-, sondern – wie Adjektive – eine <G>-Position aufweisen (vgl. Doetjes 1997: 115ff.). Aus diesem Grund sind sie wie Adjektive beispielsweise im Deutschen mit *sehr* und nicht mit *viel* kompatibel:
i. Maria sitzt/wandert *sehr/viel.
ii. Maria mag Petra sehr/*viel.
Eine ähnliche Beobachtung macht auch Galant (1998: 140ff.), der aus diesem Grund eine Differenzierung verbaler Komparative in *degree* und *amount comparatives* vorschlägt. Allerdings hat diese semantische Differenzierung keinerlei Auswirkungen auf die syntaktische Struktur verbaler VKen. Diese werden – zumindest im Italienischen sowie im von Galant untersuchten Spanischen – immer gleich gebildet, unabhängig davon, ob das Verb eine <Q>- oder eine <G>-Position aufweist.

terogenität Rechnung zu tragen, indem sie verschiedene Typen graduierender und quantifizierender Ausdrücke mit jeweils unterschiedlicher interner und externer Struktur postuliert:

(3-85) Klassifizierung quantifizierender Ausdrücke nach Doetjes (1997: 103f.)[56]

Typ	Französisch	Englisch
Gradköpfe (*Degree-Heads*)	*si, aussi, très*	*how, too, so, as, -er, -st*
Einfache Quantifizierer (*Simplex Degree Quantifiers*)	*peu*	*much, little*
Komplexe Quantifizierer (*Complex Degree Quantifiers*)	*plus, davantage, moins, trop, autant, tant, tellement, assez, suffisamment*	*more, most, enough, less*

Gradköpfe verhalten sich gemäß Doetjes genau so, wie dies in der FH-Analyse angenommen wird, d.h. sie sind einfache Deg-Köpfe, die eine AP (oder AdvP) als Komplement selegieren und eine DegP projizieren. Sie können daher als erweiterte funktionale Projektion der Adjektiv- (bzw. Adverbial)-Phrase begriffen werden, die die <G>-Position des Adjektivs durch θ-Bindung sättigt:

(3-86) Modifikation durch Gradköpfe

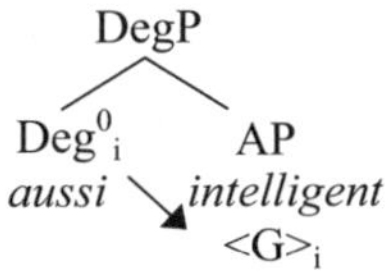

Einfache Quantifizierer (= Q-Köpfe) projizieren hingegen eine QP, die grundsätzlich mit allen lexikalischen Kategorien kombinierbar ist. Demnach handelt es sich nach Doetjes um Adjunkte, die an jeglicher lexikalischer Kategorie adjungieren können, sofern diese eine skalare Position (d.h. eine <G>- oder <Q>-Position) aufweist. Aus der Adjunktstellung folgt, dass die skalare Position nur mittels θ-Identifikation gesättigt werden kann:

(3-87) Modifikation durch einfache Quantifizierer[57]

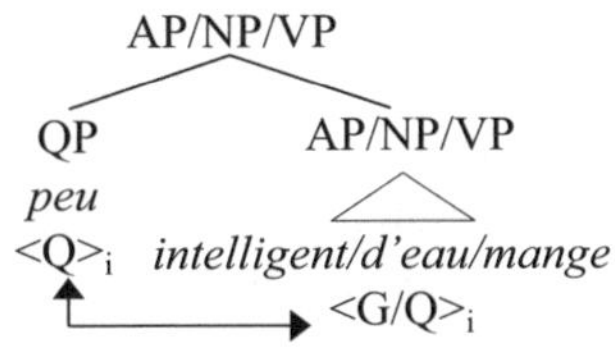

---

[56] Doetjes (1997: 104) führt noch zwei weitere Typen an, so genannte *Classifier Constructions* und *High Degree Adverbs*, die jedoch für den Zweck der vorliegenden Untersuchung irrelevant sind und daher vernachlässigt werden.

[57] Genau genommen postuliert Doetjes (1997: 160) eine etwas komplexere Struktur für durch Quantifizierer modifizierte NPen im Französischen. Demnach wird die QP an eine NP mit einem leeren Kopf adjungiert, die wiederum eine *de*-PP als Rechtsadjunkt (bzw. Komplement) selegiert:

i. [$_{NP}$ [$_{QP}$ peu] [$_{NP}$ *e* [$_{PP}$ d'eau]]].

Was die Stellung des Verbs gegenüber der QP betrifft, ist zu bedenken, dass V^0 im Französischen an T^0 adjungiert und somit in der Linearisierung vor der QP angesiedelt ist. Allerdings bleibt unklar, wie die Prä-QP-Stellung des Verbs im Englischen motiviert werden sollte, wo eine solche Verbbewegung nicht angenommen werden kann.

Die einfachen Quantifizierer selbst können übrigens wiederum als Komplemente von Gradköpfen auftreten, wie die folgenden französischen und englischen Daten zeigen (vgl. Doetjes 1997: 97):

(3-88) a. [$_{DegP}$ si/aussi/très [$_{QP}$ peu]].
b. [$_{DegP}$ so/too/as [$_{QP}$ much]].

Dabei ergibt sich eine Struktur wie (3-86), mit dem Unterschied, dass im Komplement des Deg-Kopfes keine AP, sondern eine QP steht. Dass APen (bzw. AdvPen) und QPen zum Teil eine ähnliche Distribution aufweisen, wurde in der Forschung mehrfach beobachtet. Insbesondere fällt auf, dass die Grenze zwischen quantifizierenden Adjektiven und „echten" Quantifizierern offenbar fließend ist (vgl. Giusti 1997).

Ein Problem für die in (3-87) postulierte Struktur stellt der Umstand dar, dass einige einfache Quantifizierer wie z.B. engl. *much* und *little* keinesfalls mit allen lexikalischen Kategorien kombinierbar sind, die eine skalare Position aufweisen. Sie sind nämlich in der Regel nicht mit Adjektiven kompatibel:

(3-89) *John is much/little beautiful.

Diese Einschränkung lässt sich gemäß Doetjes nicht auf die syntaktische Struktur zurückführen. Sie schlägt stattdessen eine so genannte *Elsewhere*-Bedingung vor, und damit einen Typ von Regel, der normalerweise in der Phonologie und Morphologie postuliert wird.[58] Auf die Syntax übertragen besagt die *Elsewhere*-Bedingung, dass die syntaktische Verknüpfung (minimalistisch: die Operation *Merge*) mit einem Element dann blockiert ist, wenn für die jeweilige syntaktische Umgebung ein höher spezifiziertes Element vorhanden ist. Im Falle der Verknüpfung von *much* mit Adjektiven sieht Doetjes den Grund der Ungrammatikalität darin, dass die Existenz von *very*, das nur mit Adjektiven kombinierbar ist und dadurch ein für diese Umgebung höher spezifiziertes Element darstellt, die Verknüpfung mit dem kategorial flexibleren *much* blockiere. Semantisch haben beide Ausdrücke hingegen die Funktion, einen hohen Wert anzuzeigen (vgl. Doetjes 1997: 106).[59]

Doetjes führt auch den so genannten *Much-Support* im Englischen auf eine *Elsewhere*-Bedingung zurück. Dieser besteht darin, dass bei der Pronominalisierung von Adjektiven durch die Proform *so* eine direkte Verknüpfung mit Deg-Köpfen nicht möglich ist, sondern durch ein „dummy" *much* vermittelt werden muss (vgl. auch Corver 1997):

---

[58] Innerhalb der *Distributed Morphology* wirken solche Regeln auf der Ebene der Vokabeleinsetzung (*Vocabulary Insertion*). So genannte *Elsewhere-* oder *Default*-Vokabeln werden demnach immer dann eingefügt, wenn keine höher spezifizierten Einträge zur Verfügung stehen. Auch die in der traditionellen Morphologie angenommene Blockierung kann in Termini einer *Elsewhere*-Vokabeleinsetzung formuliert werden: So wäre z.B. die Wahl eines bestimmten Suffixes deshalb blockiert, weil es ein konkurrierendes Suffix gibt, das für die entsprechende Umgebung höher spezifiziert und somit besser geeignet ist.

[59] Dass *very* und *much* dieselbe semantische Funktion erfüllen, meinen auch Kennedy & McNally (2002). Allerdings nehmen sie im Unterschied zu Doetjes an, dass der Grund für die unterschiedliche Distribution auf eine semantische und nicht auf eine syntaktische Selektionsbedingung zurückzuführen ist.

(3-90) a. [$_{\text{DegP}}$ {too/as/so/that} [$_{\text{QP}}$ (*much) [$_{\text{AP}}$ big]]]
b. [$_{\text{DegP}}$ {too/as/so/that} [$_{\text{QP}}$ *(much) [$_{\text{AP}}$ so]]]

Gemäß Doetjes liegt der Grund für die obligatorische Einsetzung von *much* in Kontexten wie (3-90)b darin, dass die Proform *so* zwar ein Adjektiv pronominalisieren könne, aber selbst nicht adjektivisch und daher mit Deg-Köpfen inkompatibel sei. Sie bemerkt, dass auch im Französischen eine ähnliche Strategie existiert. So könne der Gradkopf *aussi* zwar Adjektive, nicht jedoch die Proform *le* modifizieren. Hier müsse stattdessen *autant* auftreten (vgl. Doetjes 1997: 112):

(3-91) a. Marie est aussi/*autant nerveuse que sa mère.
b. Marie est très nerveuse pour l'examen et sa mère l'est *aussi/autant qu'elle.

Im Gegensatz zu der Analyse in (3-90), die einer FH-Analyse mit mehreren funktionalen Köpfen entspricht, analysiert Doetjes die Verbindung aus einem Deg-Kopf mit *much* bzw. frz. *autant* als komplexen Quantifizierer, der als Amalgam eines Deg-Kopfes und einer QP aufgefasst werden kann (vgl. Doetjes 1997: 113):

(3-92) Modifikation durch komplexe Quantifizierer[60]

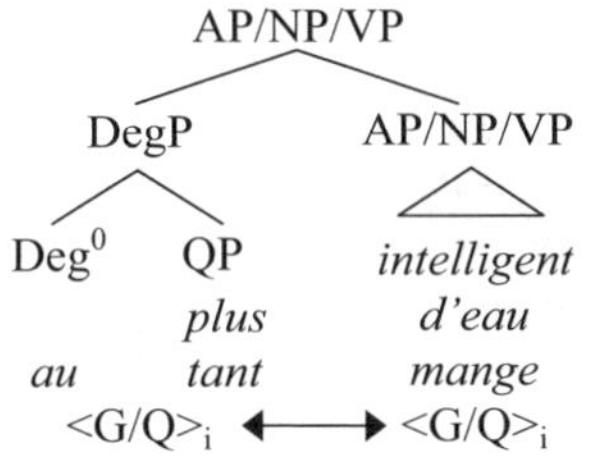

Ebenso wie einfache Quantifizierer können komplexe Quantifizierer an alle lexikalischen Kategorien adjungieren und deren skalare Position durch θ-Identifikation sättigen. Sie enthalten in der Regel einen koverten Deg-Kopf und eine QP (vgl. frz. *plus*), in manchen Fällen ist ihre Struktur jedoch morphologisch transparent, so dass sowohl Deg^0 als auch die QP als besetzt betrachtet werden können (z.B. frz. *autant*).

Dass manche komplexe Quantifizierer scheinbar nicht mit Adjektiven kombinierbar sind, lässt sich auf die bereits genannte *Elsewhere*-Bedingung zurückführen. Die komplementäre Distribution von frz. *autant* und *aussi* in den französischen Äquativen in (3-91) ist dafür nach Doetjes ein typisches Beispiel. Der Gradkopf *aussi* ist lediglich mit Adjektiven kombinierbar, während der komplexe Quantifizierer *autant* keinerlei syntaktische Selektionsbeschränkung aufweist. Dass sich *autant* nicht mit Adjektiven kombinieren lässt, ist keine inhärente Eigenschaft dieses Ausdrucks, sondern das Ergebnis der Anwendung der *Elsewhere*-Regel. Die Einsetzung von *autant* ist vor Adjektiven blockiert, weil es eine hö-

---

60 Man beachte, dass hier ein gewisser Widerspruch zwischen der Bezeichnung und der Struktur dieser komplexen Modifikatoren besteht: Doetjes bezeichnet sie zwar als *Complex Degree Quantifiers*, weist ihnen jedoch DegP- und nicht QP-Status zu. Auf diesen Umstand wird in Abschnitt 4.3 näher eingegangen.

her spezifizierte Form – nämlich *aussi* – gibt, die für die kategoriale Selektion von Adjektiven spezifiziert ist. In Umgebungen, in denen das Adjektiv durch eine Proform (frz. *le*) ersetzt wird, ist die Einsetzung von *aussi* hingegen nicht möglich.

(3-93) frz. Marie est aussi/*autant nerveuse que sa mère.
frz. Marie est très nerveuse pour l'examen et sa mère l'est *aussi/autant qu'elle.

Nach Doetjes ist frz. *le* keine AP (und auch kein A-Kopf), sondern ein D-Kopf, was auch die Homonymie mit dem Adjektiv *le* nahe lege (vgl. Doetjes 1997: 113).[61] Hier liege somit ein ähnlicher Fall wie der englische *Much-Support* vor. Mit Doetjes'Analyse können beide Phänomene mit derselben Erklärung, nämlich mit dem Wirken einer *Elsewhere*-Bedingung, erfasst werden. Für Corver (1997), der von einer Einsetzung eines „dummy" *much* in Q^0 ausgeht, wäre das französische Phänomen hingegen schwerer zu erklären, da hier kein phonologisches Material „hinzugefügt", sondern höchstens ersetzt wird.

Die Analyse Doetjes' hat den Vorteil, dass sie die Distribution verschiedener quantifizierender Ausdrücke auf ihre jeweilige syntaktische Struktur zurückführt. Sie kann dadurch die unterschiedliche Distribution dieser Ausdrücke in Verbindung mit den verschiedenen lexikalischen Restriktoren erklären. Darüber hinaus kann sie für dieselben Elemente in verschiedenen lexikalischen Umgebungen die gleiche Struktur annehmen. Ein Problem an Doetjes'Ansatz besteht jedoch darin, dass unklar bleibt, wie etwa die Struktur komplexer Quantifizierer in der syntaktischen Derivation erfasst werden soll. Hier liegt nämlich eine offensichtliche Diskrepanz zwischen Form und Funktion vor, d.h. es liegen einfache lexikalische Formen vor, die eine komplexe syntaktische Struktur aufweisen. Prinzipiell gibt es zwei Möglichkeiten der Erfassung: Entweder sie werden als lexikalische Einträge mit komplexer Syntax im Lexikon gespeichert und mit dieser Struktur in die Derivation eingesetzt, oder aber die erforderliche komplexe Struktur wird erst im Laufe der Derivation generiert. In beiden Fällen muss jedoch erklärt werden, wie quantifizierende Ausdrücke im Lexikon zu erfassen sind und in welcher Form sie in die syntaktische Derivation gelangen.[62]

Ein weiteres Problem, das Doetjes'Ansatz mit den in Abschnitt 3.1.2 genannten Analysen von VKen teilt, betrifft die Frage, wie die entweder als funktionale Köpfe (vgl. (3-86)) oder als Adjunkte (vgl. (3-87) und (3-92)) analysierten Komparatoren in VKen mit dem Vergleichskomplement verknüpft werden sollen. Hier bleibt in Doetjes' Analyse nur die Lösung einer Rechtsadjunktion, wie die folgende Graphik illustriert:

---

61 Diese Einstufung ist problematisch, da frz. *le* (ebenso wie it. *lo*) eindeutig nur Prädikativa (vom semantischen Typ <e,t>) ersetzen kann, z.B. determiniererlose NPen, die gerade keinen DP-Status haben (vgl. i), was an der Unmöglichkeit einer solchen Nominalphrase in Argumentposition (vgl. ii) deutlich wird:
i. Marie est médecin et Paul l'est aussi.
ii. *Médecin est arrivé.
Zamparelli (2000) plädiert dafür, solche determiniererlosen NPen als so genannte PDPen einzustufen; diese funktionale Kategorie ist direkt unterhalb der DP angesiedelt (sie entspricht also z.B. der NumP in Heycock & Zamparelli 2003). Dementsprechend stuft er das unflektierbare italienische Klitikum *lo* als PD-Kopf ein (vgl. Zamparelli 2000: 19).

62 Doetjes klammert diese Fragen explizit aus ihrem Untersuchungsgegenstand aus: „In this study I will primarily focus on surface order and not on derivation. Accordingly I do not aim to accomodate either Mimimalism or Antisymmetry" (Doetjes 1997: 14).

(3-94) VK-Analyse bei komplexen Quantifizierern als Komparatoren

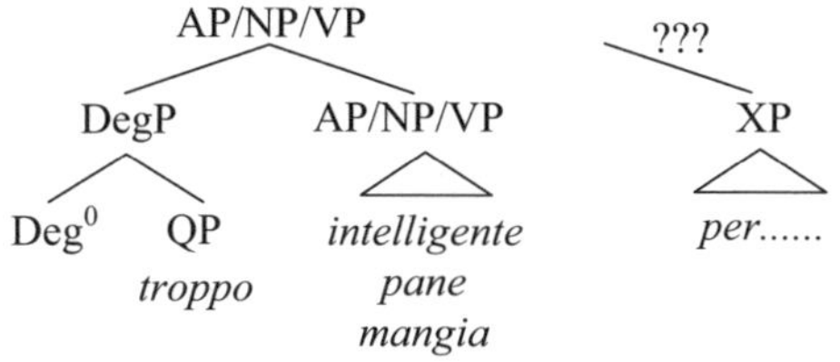

Wenn das Vergleichskomplement darüber hinaus direkt an den Komparator adjungieren würde, wäre zusätzlich zur Rechsadjunktion eine Rechtsextraposition ähnlich wie bei Bresnan (1973) nötig. Eine solche Operation schließt Doetjes jedoch ebenso wie die vorliegende Arbeit aus.

3.5 Eine vorläufige Typologie italienischer Komparatoren

Ein bislang nicht erwähnter Vorteil von Doetjes' Analyse besteht darin, dass sie den Verhältnissen in den romanischen Sprachen wesentlich besser gerecht wird als die alternativen, größtenteils auf das Englische abzielenden Analysen der Graduierung und Quantifizierung. So wurde aus Tabelle (3-85) bereits deutlich, dass der Großteil der für die vorliegende Untersuchung relevanten Ausdrücke im Englischen aus Gradköpfen besteht. Hingegen weist das Französische hauptsächlich komplexe Quantifizierer in dieser Funktion auf. Dieser Umstand gilt offensichtlich für quantifizierende Ausdrücke im Allgemeinen:

> There are more simplex lexical items that structurally form complex DQs in French than in English. The English translations of the French forms often consist of a Deg-head and *much*, reflecting the complex underlying representation. (Doetjes 1997: 99)

Diese Komplexität wird nicht nur im Sprachvergleich deutlich, sondern zum Teil auch innerhalb einer Einzelsprache, wie etwa im Fall von it. *meno*, das zumindest umgangssprachlich mit *più poco* ersetzt werden kann (vgl. Abschnitt 2.3.1.1):

(3-95) a. Maria compra meno pomodori.
b. Maria compra più pochi pomodori.

Wenn man die Typologie Doetjes' auf die Verhältnisse im Italienischen überträgt, lässt sich Tabelle (3-85) folgendermaßen erweitern:

(3-96) Klassifizierung quantifizierender Ausdrücke unter Berücksichtigung des Italienischen

Typ	Französisch	Englisch	Italienisch (vorläufig)
Gradköpfe	*si, aussi, très*	*how, too, so, as, -er, -st*	*così, assai, più*$_1$*, -issim-*
Einfache Quantifizierer	*peu*	*much, little*	*poco, tanto*
Komplexe Quantifizierer	*plus, davantage, moins, trop, autant, tant, assez, tellement, suffisamment*	*more, most, enough, less*	*più*$_2$*, meno, troppo, talmente, molto, abbastanza, altrettanto, sufficientemente*

Was die italienischen Gradköpfe betrifft, ist festzustellen, dass hier mit *così* und *più*$_1$ lediglich zwei Komparatoren anzutreffen sind. Dass *così* als Gradkopf eingestuft wird, erklärt u.a. den von Zamparelli beobachteten (aber unerklärt gelassenen) Umstand, dass dieser Komparator lediglich mit Adjektiven auftritt (vgl. Zamparelli 2000: 281, 285).[63] Die Aufnahme von it. *più*$_1$ in diese Kategorie basiert auf der Beobachtung, dass es zumindest umgangssprachlich in nominalen und verbalen VKen in Kombination mit einem Quantifizierer (*tanto*/*poco*) auftreten kann, im Gegensatz etwa zu *meno* (vgl. (3-95)). Auf der anderen Seite ist it. *più*$_2$ ebenso wie frz. *plus* mit allen lexikalischen Kategorien kombinierbar und ähnelt damit in seiner Distribution den meisten anderen italienischen Komparatoren (z.B. *troppo, abbastanza, meno*), die gemäß der Typologie Doetjes' als komplexe Quantifizierer anzusehen sind. Deshalb werden hier vorläufig zwei verschiedene Einträge von *più* angenommen.

Dem Gradkopf *assai* wird in der Regel auch in der Umgebung von Adjektiven der komplexe Quantifizierer *molto* vorgezogen. Dies scheint auf den ersten Blick Doetjes' *Elsewhere*-Bedingung zu widersprechen. Jedoch muss berücksichtigt werden, dass *assai* insgesamt eher selten vorkommt. Eine kurze *Google*-Befragung ergab etwa 1,9 Mio Vorkommnisse von *assai* in italienischen Web-Seiten und somit eine Zahl, die im Verhältnis zum Auftreten von *très* in französischen (ca. 36,5 Mio) und *very* in englischen Web-Seiten (ca. 982 Mio) eher gering ausfällt. Dass dieser Umstand nicht allein auf eine höhere Anzahl englischer und französischer gegenüber italienischen Web-Seiten zurückgeführt werden kann, wird deutlich, wenn man das Auftreten der entsprechenden transkategorialen Quantifizierer (engl. *much*, frz. *beaucoup* und it. *molto* und *tanto*) mit einbezieht. Dies soll in einer Übersicht kurz illustriert werden:

(3-97) Frequenz quantifizierender Ausdrücke – quantitative Auswertung (*Google*, 22.10.2005)

	Gradkopf	Quantifizierer		Relation (gerundet)
		einfach	komplex	
Italienisch	*assai*: 1,9 Mio	*tanto*: 7,7 Mio	*molto*: 11,2 Mio	1:4 1:6
Französisch	*très*: 36,5 Mio	Ø	*beaucoup*: 18,8 Mio	2:1
Englisch	*very*: 982 Mio	*much*: 992 Mio	Ø	1:1

Demnach tritt *assai* lediglich ein Viertel so häufig auf wie *tanto* und lediglich ein Sechstel gegenüber *molto*. Hingegen ist der Gradkopf *très* sogar doppelt so häufig wie das transkate-

[63] *Così* kann zwar auch mit Verben kombiniert werden, jedoch nicht als graduierender Ausdruck:

i. Devi fare così.

Was Similativkonstruktionen betrifft, wurde in Abschnitt 2.5.2 bereits darauf hingewiesen, dass dort das Auftreten des Komparators *così* als marginal zu bewerten ist:

ii. Si è comportato ($^?$così) come me l'aspettavo.

Auch in dieser verbalen VK hat *così* jedoch keine graduierende Lesart. Demnach kann *così* lediglich im Kontext von Adjektiven als graduierender Ausdruck auftreten, womit eine Einstufung als Deg-Kopf nur in solchen Kontexten gerechtfertigt erscheint. Auf die Frage, welche Funktion es mit Verben einnimmt, wird in Abschnitt 4.5.4 genauer eingegangen.

goriale *beaucoup*, und auch das Verhältnis zwischen engl. *very* und *much* ist mit ca. 1:1 ausgeglichener als die Distribution im Italienischen. Dass *molto* (und sogar *tanto*) selbst in der Umgebung von Adjektiven häufiger auftritt als *assai*, zeigt auch das Ergebnis einer *Google*-Suche mit drei besonders geläufigen Adjektiven:

(3-98) Quantifizierende Ausdrücke + ausgewählte adjektivische Restriktoren (*Google*, 22.10.2005)

	assai	*molto*	*tanto*[64]
bello	723 + 565 = 1.288[65]	867.000	41.700
intelligente	292 + 61 = 353	75.600	875
alto	563 + 254 = 817	317.000	15.200

Diese Zahlen zeigen in beeindruckender Weise, dass die Relevanz von *assai* im Italienischen gering zu sein scheint und dass es nicht einmal vor Adjektiven eine ernstzunehmende Alternative zu *molto* darstellt. Demnach kann die mangelnde Wirkung von *assai* als blockierendes Element für *molto* möglicherweise darauf zurückgeführt werden, dass es im Lexikon als ‚ungebräuchlich' markiert ist.

Was die einfachen Quantifizierer im Italienischen betrifft, ist hier mit *tanto* ein Element anzutreffen, das auch in Äquativen und Ausmaß-VKen vorkommt.[66] Dass es sich dabei nicht um einen komplexen Quantifizierer handelt, scheint seine prinzipielle Kombinierbarkeit mit dem Gradkopf *così* (sowie *più*, s. oben) nahezulegen. Diese ist vor allem in Ausmaß-VKen anzutreffen:

(3-99) Mario compra (così) tanti pomodori da farcene salsa per un anno.

Ebenso wie im Französischen zählen die meisten Komparatoren im Italienischen zu den komplexen Quantifizierern (vgl. *più, meno, troppo, abbastanza, altrettanto*). Dass *molto* im Gegensatz zu *tanto* als komplexer Quantifizierer eingestuft wird, liegt daran, dass es nicht mit Gradköpfen kombinierbar ist:[67]

---

[64] Im Fall von *tanto* müssen die Fälle abgezogen werden, in denen es in VKen auftritt, da es in dieser Funktion nicht mit *assai* konkurriert. Dies wurde für die ersten 100 Vorkommnisse von *tanto alto* repräsentativ getan, mit folgendem Ergebnis: einfache Intensivierung: 51, Ausmaß-VK: 26, Äquativ-VK: 16, Sonstige: 7. Demnach kann vermutlich ca. die Hälfte der oben genannten Vorkommnisse von *tanto* gewertet werden. Interessant ist, dass der Intensivierer *tanto* in etwa 75% der Fälle negiert vorkommt, was in einer ausführlicheren Korpusanalyse genauer zu untersuchen wäre.

[65] *Assai* tritt sowohl prä- als auch postadjektivisch auf: Die Zahlen vor dem „+" geben das präadjektivische, die Zahlen dahinter das postadjektivische Vorkommen an.

[66] Im Fall der Äquative wurde diese Einstufung bereits in Abschnitt 2.4.1 als vorläufig erklärt.

[67] Eine Ausnahme bildet hier lediglich das Suffix *-issim-* (*moltissimo*). Dies könnte bedeuten, dass sich dieses Suffix anders verhält als die übrigen Gradköpfe, bei denen es sich allesamt um freie Morpheme handelt. Interessanterweise schlägt Doetjes in einem Papier, in dem sie ihre Typologie quantifizierender Ausdrücke auf insgesamt sieben Typen erweitert, eine Aufspaltung der Kategorie der Gradköpfe in freie und gebundene Morpheme vor (vgl. Doetjes 2005). Unter einer solchen Kategorie ließen sich möglicherweise auch Gradpräfixe wie it. *super-*, *stra-* usw. erfassen. Da von dieser Erweiterung im Italienischen keine Komparatoren betroffen sind, wird dieser vielversprechende Vorschlag an dieser Stelle nicht weiter berücksichtigt.

(3-100) *più/assai/così molto.

Die Einstufung von *talmente* und *sufficientemente* unter den komplexen Quantifizierern, die hier zunächst in Anlehnung an Doetjes' Klassifizierung von frz. *tellement, suffisamment* übernommen wurde, ist problematisch. Diese Ausdrücke, die als Komparatoren in Ausmaß-VKen auftreten können (vgl. Abschnitt 2.6), weisen einige kategoriale Beschränkungen auf. Während *sufficientemente* mit Adjektiven und Verben, nicht jedoch mit Nomina kombinierbar ist, kann *talmente* sogar nur Adjektive modifizieren. Nichtsdestotrotz erscheint eine Einstufung als Gradköpfe aufgrund der phonologischen (und morphologischen) Komplexität dieser Formen nicht unproblematisch. Auf die Besonderheiten dieser beiden Komparatoren wird in den Abschnitten 4.5.3 sowie 5.4.3 zurückzukommen sein.

In den nächsten Abschnitten soll eine Analyse der internen Struktur der VK entworfen werden, die sowohl mit den Ergebnissen der VK-Forschung als auch mit denen der Forschung zur Graduierung und Quantifizierung im Einklang steht. Eine solche Analyse sollte der teilweise unterschiedlichen Distribution von Komparatoren Rechnung tragen, ohne auf eine gemeinsame VK-Analyse für die verschiedenen Restriktortypen zu verzichten. Darüber hinaus soll sie eine Struktur gemäß (3-2)c zugrunde legen und das dabei auftretende Problem der Diskontinuität lösen, ohne konstruktionsspezifische Annahmen in die Theorie einzuführen.

3.6 Die Verknüpfung der VK im engen Sinne mit dem Restriktor

Obwohl deutlich geworden ist, dass Analysen, die eine Konstituenz von Komparator und Vergleichskomplement postulieren, syntaktisch und semantisch plausibler sind als Lösungen, die den Komparator zuerst mit dem Restriktor verbinden, ist bislang offen geblieben, wie die obligatorische Diskontinuität von Komparator und Standardmarker analysiert werden kann. Darüber hinaus lassen sich die Annahmen der Syntax der Graduierung und Quantifizierung anscheinend nur schwer mit der hier vorgeschlagenen internen Struktur der VK in Einklang bringen. Denn trotz der konstatierten starken Heterogenität gehen beinahe alle Ansätze davon aus, dass quantifizierende und graduierende Ausdrücke oberhalb des lexikalischen Restriktors in die Struktur eingesetzt werden.[68] Hingegen postuliert die hier vertretene Struktur der VK gemäß (3-2)c eine Lokalisierung der VK im engen Sinne in die Komplementposition des Restriktors, vgl. (3-33), hier wiederholt:

(3-101) Komparator + Vergleichskomplement als Konstituente

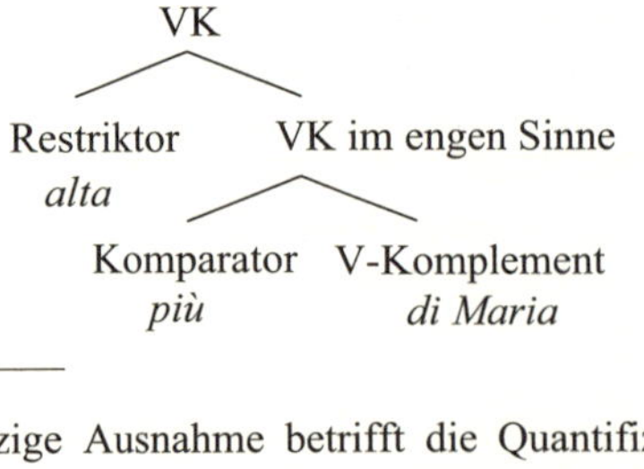

[68] Die einzige Ausnahme betrifft die Quantifizierung der Verbalphrase in Anlehnung an Larson (1988). Darauf wird in Abschnitt 3.6.2 näher eingegangen.

Der Lösung dieses letzten Problems sollen die nächsten beiden Unterabschnitte gewidmet werden. Dabei wird zunächst noch einmal genauer auf die θ-theoretischen Voraussetzungen für die geplante Analyse eingegangen.

3.6.1 Die Sättigung der skalaren θ-Position

In Abschnitt 3.4 wurde postuliert, dass VKen ebenso wie andere graduierende bzw. quantifizierende Elemente dazu dienen, die skalare θ-Position eines lexikalischen Elements zu sättigen. Dabei wurde in Anlehnung an Doetjes (1997) davon ausgegangen, dass bei Adjektiven und Adverbien eine Gradposition (<G>) entladen werden muss, hingegen eine Quantitätsposition (<Q>) im Falle von Nomina und Verben. Ebenfalls in Anlehnung an Doetjes wurde darüber hinaus angenommen, dass die <Q>-Position mit der jeweiligen referentiellen Position des Nomens (<R>) bzw. des Verbs (<E>) verknüpft werden muss. Als Möglichkeiten der Entladung von θ-Rollen wurden in Abschnitt 1.4.2 die θ-Bindung, die θ-Markierung und die θ-Identifikation eingeführt, die jeweils mit verschiedenen Konfigurationen assoziiert werden, vgl. (1-20), hier wiederholt:

(3-102) Arten der θ-Entladung

Art der Entladung	θ-Bindung	θ-Markierung	θ-Identifikation
Syntaktische Konfiguration	Funktionaler Kopf bindet die referentielle Position seines lexikalischen Komplements.	Lexikalischer Kopf weist einem Argument in seiner Spezifikator- bzw. Komplementposition eine θ-Rolle zu.	θ-Position eines Adjunkts wird mit einer θ-Position des modifizierten lexikalischen Elements identifiziert.

Die für die meisten englischen Komparatoren angenommene FH-Analyse der AP, der auch Doetjes' Analyse einfacher Gradköpfe entspricht (vgl. (3-86), setzt eine Sättigung der <G>-Position des Adjektivs durch θ-Bindung voraus:

(3-103) FH-Analyse des Komparators

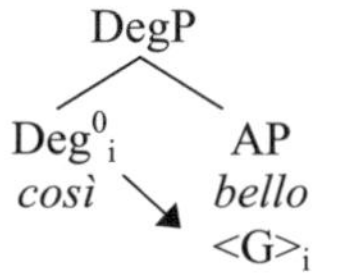

Jedoch hat diese Analyse den Nachteil, dass sie zum einen nicht ohne weiteres auf VKen mit anderen Restriktoren (also NP oder VP) übertragbar ist und zum anderen für die meisten italienischen Komparatoren nicht plausibel ist, da diese Restriktoren aller Wortarten modifizieren können und somit ein wichtiges Kriterium für funktionale Köpfe nicht erfüllen. Darüber hinaus wurde mehrmals darauf hingewiesen, dass diese Analyse die gewünschte Einbettung des Vergleichskomplements in die Komplementposition des Komparators unmöglich macht.

Die von Doetjes (1997) vorgeschlagene Alternative, wonach Komparatoren, die nicht ausschließlich Adjektive modifizieren, als komplexe Gradmodifikatoren an den Restriktor adjungiert werden, hat zwar den Vorteil, dass sie nicht von verschiedenen Strukturen für denselben Komparator ausgehen muss (z.B. im Fall von *more* in Verbindung mit APen, NPen und VPen), sie kann jedoch die Frage nach der Einbettung des Vergleichskomplements ebenfalls nicht befriedigend lösen (vgl. (3-94). Darüber hinaus muss sie für die Entladung der <G>-Position des Adjektivs zwei verschiedene Möglichkeiten zulassen: θ-Bindung bei einfachen Deg-Köpfen (vgl. (3-103)) und θ-Identifikation bei komplexen Gradmodifikatoren (vgl. (3-94). Bei letzterer wird die <G>-Position des Adjektivs mit der bereits durch θ-Bindung gesättigten <G>-Position der QP identifiziert und dadurch entladen. Diese letzte Möglichkeit der Entladung wird übrigens auch innerhalb der strengen FH-Analyse für viele Gradmodifikatoren postuliert, die allerdings nicht als Komparator fungieren können (z.B. engl. *very*, *extremely* usw., vgl. Abney 1987, Corver 1997). Modifikatoren dieses Typs werden dabei entweder als Adjunkte oder als Spezifikatoren der AP (bzw. einer ihrer funktionalen Projektionen) aufgefasst. Da es sich beim Spezifikator um eine klassische Argumentposition handelt und klassische Argumente ihre θ-Rolle durch θ-Markierung erhalten, scheinen offensichtlich alle Möglichkeiten der θ-Rollen-Entladung für die <G>-Position in Betracht zu kommen, wobei θ-Markierung und θ-Identifikation in verschiedenen Ansätzen um die gleichen Elemente konkurrieren, was für eine grundsätzliche Ähnlichkeit dieser beiden Arten der Entladung spricht. Diese Parallele sieht auch Doetjes (1997), die eine Reanalyse der θ-Markierung als θ-Identifikation in Erwägung zieht: „It might be possible to reanalyze theta marking in terms of saturation through identification […]. This reduces the possibilities of theta relations to theta binding and theta identification […]“ (Doetjes 1997: 23, Fn. 3). Die hier nur angedeutete Reduzierung der Möglichkeiten der θ-Entladung kann in Anlehnung an Zwarts (1992: 55) folgendermaßen interpretiert werden: In der Verbalphrase *mangiare un panino* weist das Verb *mangiare* der DP *un panino* durch θ-Markierung die θ-Rolle <Thema> zu. Demnach sättigt die DP eine θ-Position der VP. Durch Identifizierung der θ-Position <Thema> des Verbs mit dem externen Argument des Nomens kann auch letzteres seine Argumentposition sättigen. Dies kann folgendermaßen paraphrasiert werden:

(3-104) ‚x ist das Thema des Essens und x ist ein Brötchen.'

Somit kann die θ-Markierung ebenfalls als Fall von θ-Rollen-Entladung durch Identifikation mit einer bereits entladenen θ-Position reanalysiert werden.

3.6.2 Die Einbettung der VK im engen Sinne

Ein weiteres Argument für eine Vereinheitlichung von θ-Markierung und θ-Identifikation liefert Larsons (1988, 1990) Analyse von Adverbien innerhalb der Verbalphrase. Dieser analysiert Adverbien nicht als Adjunkte, sondern als Komplemente des Verbs: „Under the semantic analysis of adverbs assumed here [...], adverbs are not the outermost adjuncts of V but rather its innermost complements“ (Larson 1988: 345f., Fn. 11).[69] Demnach kann bei-

[69] Eine eingeschränkte Version dieser Analyse vertritt Alexiadou (1997), die lediglich Adverbien der Art und Weise sowie andere „tiefe“ Adverbien in die Komplementposition der Verbalphrase ansiedelt. Zu letzteren gehören auch quantifizierende bzw. Maßadverbien (vgl. Austin et al. 2004: 18,

spielsweise für eine Verbalphrase mit zwei Argumenten und einer adverbialen Ergänzung die folgende VP-Schalenanalyse postuliert werden:

(3-105) ...write a letter to Mary in the morning (Larson 1988)[70]

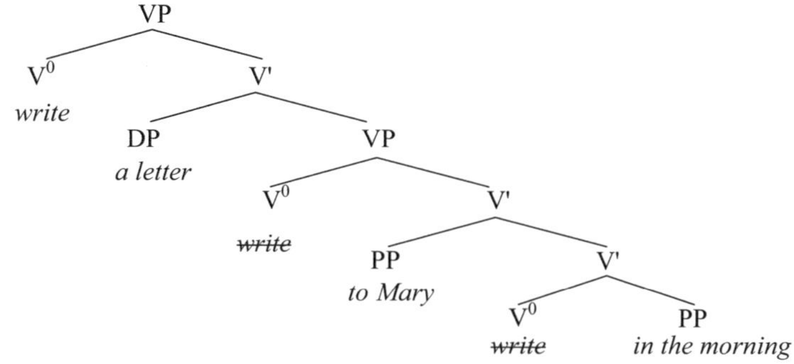

Chomsky (1995) schließt sich dieser Auffassung an und folgert daraus, dass die Komplementposition des Verbs nicht zwangsläufig θ-relevant sein muss (vgl. Chomsky 1995: 63 sowie Remberger 2006: 67). Dies impliziert, dass auch fakultative Ergänzungen im Komplement der VP und damit in deren „innerster" Position lokalisiert werden können, ohne dass eine θ-Rollen-Entladung stattfindet. Geht man jedoch gemäß einer „erweiterten" θ-Theorie im Sinne Higginbothams (1985) davon aus, dass fakultative Ergänzungen, sofern sie kontextuell lexikalisch gefordert sind, ebenfalls eine θ-Rolle entladen, kann ihre Ansiedlung in der Komplementposition des Verbs postuliert werden, ohne auf die θ-Relevanz dieser Position verzichten zu müssen.

Es gibt für das Deutsche einen interessanten Test, der für die gleiche Lokalisierung lexikalisch bedingter obliquer Komplemente (also aller Komplemente mit Ausnahme der direkten und indirekten Objekte) und adverbialer Adjunkte der Quantität oder Art- und Weise spricht. Dieser Test betrifft die Satznegation:[71]

(3-106) a. ...weil Maria (*nicht) die Kekse (nicht) gegessen hat.
b. ...weil Maria (*nicht) dem Hans (nicht) getraut hat.
c. ...weil Maria (nicht) nach Berlin (*nicht) gegangen ist.
d. ...weil Maria (nicht) gut (*nicht) gegessen hat.
e. ...weil Maria (nicht) viel (*nicht) gegessen hat.

Während das direkte und das indirekte Objekt vor dem Negationselement stehen müssen, um den gesamten Satz zu negieren (vgl. (3-106)a-b),[72] bildet das Verb in (3-106)c gemein-

---

Ernst 2002: 444). Für andere Adverbien postuliert sie hingegen eine Spezifikatoranalyse gemäß Cinque (1999).

70 In der Originalversion der Schalenanalyse von Larson (1988) ist die VP-Ebene einfach rekursiv, d.h. es gibt mehrere VP-Ebenen, nicht jedoch eine *v*P.

71 Dieser Test ist im Italienischen nicht aussagekräftig, da hier die Negationspartikel *non* ein Klitikum ist und demnach immer an T^0 adjungiert.

72 Ihre Voranstellung würde keine Satz-, sondern Konstituentennegation implizieren.

sam mit seinem obliquen Objekt den Skopus der Negation.[73] Dasselbe gilt für das fakultative Adverb der Art und Weise (*gut*) bzw. das Maßadverb (*viel*) in den letzten beiden Beispielen, obwohl diese nicht lexikalisch gefordert sind. Demnach scheint eine größere strukturelle Nähe zwischen dem Verb und seinen obliquen Objekten sowie fakultativen Ergänzungen zu bestehen. Diese kann man konfigurationell als Kopf-Komplement-Relation darstellen.[74]

Zamparelli bemerkt, dass sich auch Maßphrasen (MPen) in diesem Test ähnlich verhalten (vgl. Zamparelli 2000: 295):[75]

(3-107) a. Die Konferenz hat (nicht) zwei Stunden (*nicht) gedauert.
b. ...weil dieses Buch (nicht) zwei Kilo (*nicht) wiegt.

Dies gilt nicht nur, wenn die MPen, wie in den genannten Beispielen, lexikalisch gefordert sind, sondern auch, wenn sie fakultative Ergänzungen darstellen:

(3-108) ...weil Maria (nicht) 2 Stunden (*nicht) geschlafen hat.

Der Negationstest scheint zu bestätigen, dass die lexikalisch-semantische Frage, ob verbale Ergänzungen obligatorisch oder fakultativ sind, nicht zwangsläufig syntaktisch relevant sein muss.

Eine Einbettung quantifizierender Ausdrücke in die Komplementposition der Verbalphrase erscheint somit sowohl aus konfigurationeller als auch aus θ-theoretischer Sicht nachvollziehbar. Für die Analyse von VKen würde ein solcher Ansatz implizieren, dass die VK im engen Sinne im Komplement der VP basisgeneriert würde. Dies steht im Einklang mit einer Struktur gemäß (3-2)c, für die in der vorliegenden Arbeit bereits zahlreiche Argu-

---

73 Eine Zwischenstellung nehmen in dieser Hinsicht wohl Genitivobjekte ein. Hier scheint die Satznegation sowohl vor als auch nach dem Objekt zu funktionieren:
i. Weil Maria (nicht) der Opfer (nicht) gedacht hat.

74 Interessanterweise verhalten sich direkte Objekte, wenn sie quantifiziert sind, in Bezug auf die Negation ebenso wie oblique Objekte und fakultative Ergänzungen:
i. Weil Maria nicht viele/drei Kekse gegessen hat.
ii. *Weil Maria viele/drei Kekse nicht gegessen hat.

75 In diesem Zusammenhang plädiert Zamparelli meines Wissens als einziger für eine FH-Analyse der DegP auch im Zusammenhang mit Verben. Demnach könne diese als funktionale Projektion zwischen AgrOP und VP auftreten und in ihrem Spezifikator eine Maßphrase beherbergen. Somit könnten DegPen sowohl adjektivische als auch verbale Komplemente selegieren, nicht jedoch nominale (vgl. Zamparelli 2000: 293ff.). Problematisch ist hierbei, wie die kategoriale Markierung einer solchen DegP als erweiterte funktionale Projektion der Verbalphrase funktionieren sollte, damit die entsprechende DegP im weiteren Verlauf der Derivation als verbal und nicht als adjektivisch erkannt wird. Außerdem stellt sich das Problem, dass *de facto* keiner der bisher genannten Deg-Köpfe Verben selegieren kann. Selbst it. *così*, das auch mit Verben auftreten kann, hat dort keine graduierende Bedeutung, sondern bezeichnet eine Art und Weise (vgl. Abschnitt 2.5):
i. Anna mangia così.
Es bliebe also unklar, welcher Umstand eine Selektion von VPen durch die bisher als Deg-Köpfe behandelten Ausdrücke verhindern sollte. Eine *Elsewhere*-Bedingung im Sinne Doetjes scheidet hier aufgrund des Fehlens von eigens für Verben spezifizierten Ausdrücken aus.

mente angeführt wurden und die im Fall der Verbalphrase z.B. folgendermaßen aussehen könnte:

(3-109) Einbettung der VK im engen Sinne (hier: XP) in die Verbalphrase (vorläufig)[76]

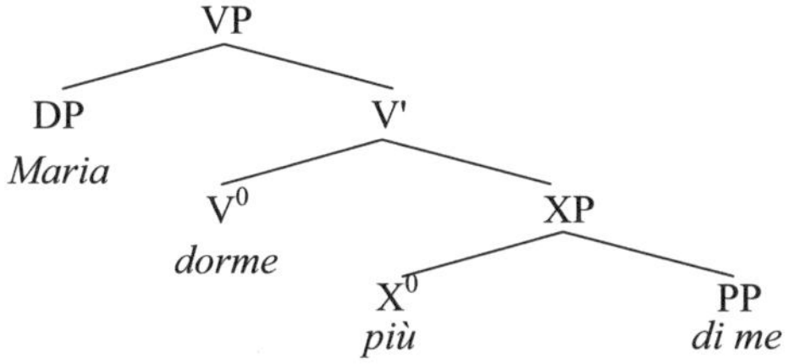

Da eines der Anliegen der vorliegenden Arbeit darin besteht, eine einheitliche Analyse von VKen mit allen Restriktortypen zu entwerfen, stellt sich an dieser Stelle die Frage, ob sich eine Einbettung von VKen in die Komplementposition des jeweiligen Restriktors auch auf die Adjektiv- und Nominalphrase übertragen lässt.

Nach Chomsky (1995: 63) können fakultative Ergänzungen in der Komplementposition des Verbs angesiedelt werden, weil diese wie bereits erwähnt nicht mehr zwangsläufig als θ-relevante Argumentposition angesehen wird. Insgesamt ist im Minimalismus die strikte Unterscheidung zwischen Argument- (= A-) und Nichtargument- (= A'-)Positionen nicht mehr gültig. Stattdessen spricht Chomsky von so genannten *L-bezogenen* Positionen:

> Given a lexical head L, we say that a position is *L-related* if it is the specifier or complement of a feature of L. The L-related positions are the former A-positions, with the exception of non-θ-marked elements such as *carefully* in (83) [i.e. *John read the book carefully*, Anm. L.G.]. (Chomsky 1995: 64)

Diese Neuerung betrifft – wie aus dem Zitat deutlich wird – lexikalische Köpfe im Allgemeinen: Man kann also davon ausgehen, dass sie auch für Nomina und Adjektive gilt. Demnach könnte die Komplementposition auch in nicht-verbalen lexikalischen Projektionen zumindest in manchen Fällen als nicht *L-related* angesehen werden.

Innerhalb der Nominalphrase könnten durch eine solche Auffassung beispielsweise klassische „Problemfälle“ wie die θ-Position <Possessor> erfasst werden. Diese ist zwar eine potentielle θ-Position der meisten Nomina (vgl. (3-110)b), jedoch offensichtlich nicht gleichermaßen lexikalisch bedingt wie etwa die θ-Position <Thema> in (3-110)a:

(3-110) a. La conquista *di Roma* (<Thema>).
b. La casa *di Laura* (<Possessor>).

Die PP in (3-110)b wird daher in einigen Ansätzen als Adjunkt analysiert, obwohl sie dieselben syntaktischen Eigenschaften wie die entsprechende lexikalisch geforderte PP in (3-110)a aufweist. Folgt man der erweiterten Auffassung des θ-Rasters im Sinne Higginbothams (1985), könnten beide Konstruktionen dieselbe syntaktische Struktur erhalten, da hier potentielle bzw. kontextuelle θ-Positionen genauso behandelt werden wie klassische

76 Der genaue Status des Komparators wird in dieser Graphik zunächst offen gelassen und erst im nächsten Kapitel näher erläutert.

lexikalisch geforderte Positionen des θ-Rasters. Ähnliches könnte man für die VK im engen Sinne annehmen, die eine Quantität bezeichnet und damit eine potentielle Position bestimmter Nomina entladen kann:

(3-111) Einbettung der VK im engen Sinne (hier: XP) in die Nominalphrase (vorläufig)

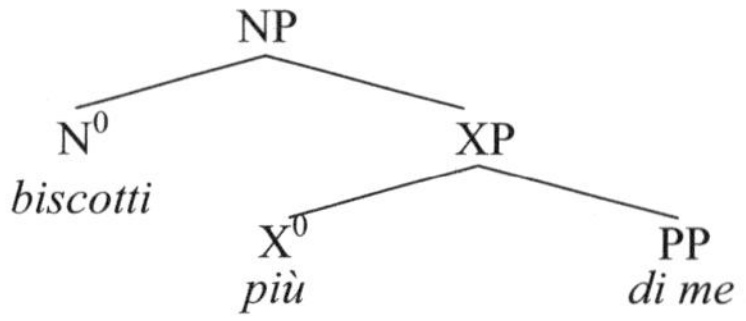

Auch für die Lokalisierung von fakultativen Ergänzungen im Komplement der Adjektivphrase gibt es zusätzliche Evidenz, und zwar durch die Positionierung von Maßphrasen (MPen). Corver (1997: 138) lokalisiert MPen im Komplement der Adjektivphrase und zieht damit explizit eine Parallele zu Verben, die eine MP subkategorisieren (z.B. *to weigh, to last, to measure*). Demnach ergibt sich die folgende Struktur für durch eine MP modifizierte APen:[77]

(3-112) Gianni è ...

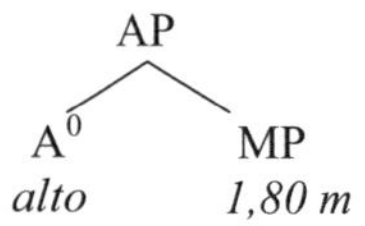

Nach Corver dient die MP allerdings nicht dazu, die Gradposition im θ-Raster des Adjektivs zu sättigen, sondern die θ-Position <Measure>. Dabei postuliert er, dass diejenigen Adjektive, die mit Maßphrasen auftreten können, zwei Lexikoneinträge haben, vgl. die folgenden Einträge für *tall* (Corver 1997: 138):

(3-113) a. tall <Thema, Measure, G>
b. tall <Thema, G>

Dass die Maßphrase nicht die <G>-Position des Adjektivs sättige, begründet Corver damit, dass nicht alle graduierbaren Adjektive in der Lage sind, mit Maßphrasen aufzutreten. Zwar ist diese Beobachtung korrekt, und es ist offensichtlich, dass im lexikalischen Eintrag eines Adjektivs irgendwie festgelegt sein muss, ob es eine MP als Komplement selegieren darf, dennoch scheint es angesichts der ansonsten identischen Bedeutung unökonomisch, zwei Lexikoneinträge zu postulieren. Darüber hinaus erfüllen Maßphrasen in Bezug auf graduierbare Adjektive die gleiche Funktion wie overte Gradmodifikatoren, wie aus den folgenden Beispielen deutlich wird:

---

77 Gemäß Corver (1997: 138) bewegt sich die MP im Englischen anschließend in die Spezifikatorposition der oberhalb der AP angesiedelten funktionalen Projektion QP, so dass sich für das Englische schließlich die Linearisierung MP-AP (*1,80m tall*) ergibt.

(3-114) a. Gianni è alto 1,80m.
b. Gianni è più alto di Maria.
c. Gianni è abbastanza alto per andare a scuola.
d. Gianni è alto.

Man beachte, dass in den ersten drei Beispielen der Grad, zu dem die Eigenschaft ‚groß' zutrifft, durch eine MP bzw. durch eine VK im engen Sinne (also Komparator + Vergleichskomplement) bestimmt wird. Hingegen gibt es in (3-114)d keine explizite Festlegung eines Grades, und der Satz bedeutet, dass Gianni überdurchschnittlich groß ist. Nach Zamparelli ergibt sich diese Lesart vieler graduierbarer Adjektive immer dann, wenn die funktionale Gradphrase phonologisch leer ist:[78]

> I propose that for a certain class of adjectives this reading is the result of the empty DegP head, which in the absence of alternative semantic operators (a meaningful specifier or a meaningful affix) is interpreted by a default LF rule which assigns it a meaning analogous to the words *very* or *quite*: the *Default Positive Amount* [DPA] interpretation. (Zamparelli 2000: 287f.)

Dass Maßphrasen und Gradmodifikatoren (inklusive VKen) in gleichem Maße eine solche Lesart verhindern, spricht m.E. dafür, dass beide dazu dienen, die Gradposition des Adjektivs zu sättigen.

Gegen eine Unterscheidung zwischen einer Gradposition und einer θ-Position <Measure> spricht übrigens auch, dass keine Konstellation möglich ist, in der beide overt realisiert werden können:[79]

(3-115) a. *John is too 1,80m tall to go to school.
b. *John is as 1,80m tall as Peter.

Auf den hier vorgeschlagenen Ansatz übertragen, kann demnach sowohl für Maßphrasen als auch für VKen im engen Sinne die gleiche Position angenommen werden, nämlich die Komplementposition der AP:

(3-116) Einbettung der MP bzw. der VK im engen Sinne (hier: XP) in die Adjektivphrase (vorläufig)

a. MP b. XP

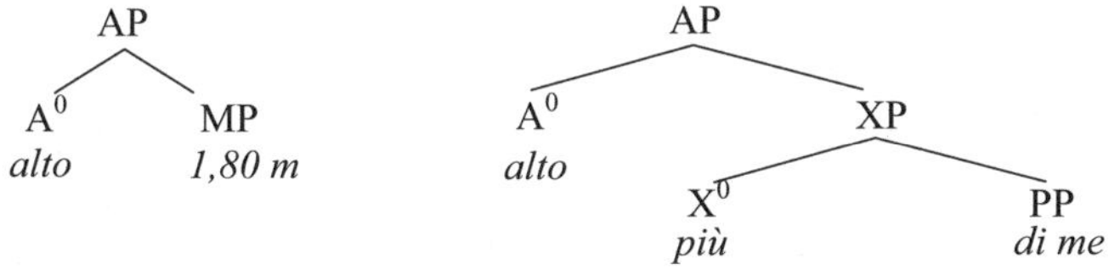

Beide dienen dazu, die Gradposition im θ-Raster des Adjektivs zu sättigen, wobei die Sättigung mittels (der im Sinne von Doetjes' erweiterten) θ-Identifikation erfolgt. Ist die Gradposition des Adjektivs gesättigt, wird eine DPA-Interpretation auf LF verhindert.

---

[78] Nach Zamparelli, der eine FH-Analyse postuliert, in der eine DegP die AP selegiert, ist in solchen Fällen weder der funktionale Deg-Kopf overt gefüllt, noch befindet sich eine MP im Spezifikator der DegP.

[79] Ich danke Guido Mensching für diesen Hinweis.

Zusammenfassend ist zu sagen, dass es auch außerhalb von verbalen VKen unabhängige Evidenz für eine Ansiedlung der VK im engen Sinne im Komplement des jeweiligen lexikalischen Restriktors gibt. Hier kann die skalare <Q>- bzw. <G>-Position durch θ-Identifikation (im weiten Sinne) gesättigt werden, indem sie mit der θ-Position <Thema> der VK identifiziert wird. Dies kann durch die folgenden vorläufigen Graphiken veranschaulicht werden:

(3-117) Einbettung der VK im engen Sinne (= XP) transkategorial (vorläufig)

a. Verbale VKen   b. Nominale VKen   c. Adjektivische VKen

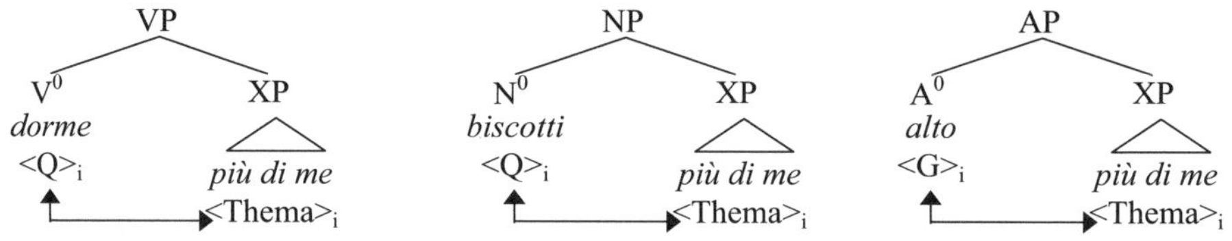

‚x ist ein Schlafen und die Quantität von x ist größer als ich'[80]   ‚x sind Kekse und die Quantität von x ist größer als ich'   ‚x ist groß und der Grad von x ist größer als ich'

3.7 Zusammenfassung

In diesem Kapitel wurde für eine Analyse der internen Struktur von VKen plädiert, bei der der Komparator zunächst mit dem Vergleichskomplement verknüpft wird. Die daraus resultierende Konstituente wurde als VK im engen Sinne bezeichnet. Für eine solche Struktur wurden syntaktische und semantische Argumente angeführt, und es wurde gezeigt, dass alternative Ansätze den Verhältnissen in VKen weniger gut entsprechen.

Allerdings bringt die postulierte Struktur das Problem mit sich, dass sie die Diskontinuität zwischen Komparator und Standardmarker nicht automatisch generiert. Zur Lösung dieses Problems haben bisherige VK-Analysen zahlreiche Vorschläge gemacht, die jedoch nicht ohne konstruktionsspezifische Mechanismen auskommen.

Auch eine Berücksichtigung von Analysen zur Syntax der Graduierung und Quantifizierung erweisen sich bei der Suche nach einer Lösung des Problems als wenig hilfreich. Diese zeichnen sich durch starke Heterogenität aus und scheinen eine einheitliche syntaktische Struktur von VKen unabhängig von der Kategorie des Restriktors nicht zu ermöglichen. Als vielversprechender Ansatz wurde die Arbeit von Doetjes (1997) identifiziert, die die gemeinsame Funktion von quantifizierenden und graduierenden Ausdrücken in der Entladung einer <G>- bzw. <Q>-Position des jeweiligen lexikalischen Restriktors vermutet. Jedoch wurde gezeigt, dass ihre syntaktische Analyse, was die Einbettung des Vergleichskomple-

80 Gemeint ist natürlich: ‚größer als die Quantität meines Schlafens'. Dafür, dass dieses „fehlende" semantische Material erst auf semantischer Ebene ergänzt werden muss, wird in Abschnitt 6.1.2 argumentiert.

ments betrifft, ähnliche Probleme aufweist wie die bisherigen VK-Analysen. Unter Rückgriff auf die θ-theoretischen Implikationen dieses Ansatzes wurde vorgeschlagen, quantifizierende und graduierende Ausdrücke in der Komplementposition des Restriktors anzusiedeln. Es wurde gezeigt, dass diese von Larson (1988) für fakultative Ergänzungen des Verbs entwickelte Lösung auch auf Nomina und Adjektive übertragen werden kann. Was bislang jedoch offen gelassen wurde, ist die Frage, wie das Problem der Diskontinuität, das sich grundsätzlich in Konstruktionen mit einer Struktur wie (3-2)c stellt, in der hier präsentierten Analyse gelöst werden soll. Auf die Lösung des Diskontinuitätsproblems soll in Kapitel 5 genauer eingegangen werden. Zuvor soll im nächsten Kapitel der kategoriale Status der VK im engen Sinne diskutiert werden, die vorläufig als XP etikettiert wurde (vgl. u.a. (3-117)).

4 Die Struktur des Komparators

Im letzten Kapitel wurde offen gelassen, wie die interne Struktur des im Komplement des lexikalischen Restriktors lokalisierten Komparators aussieht und welcher kategoriale Status der VK im engen Sinne zukommt. Es ist deutlich geworden, dass Komparatoren nicht nur übereinzelsprachlich, sondern auch innerhalb einer Einzelsprache heterogene Distributionseigenschaften aufweisen. Als Vorschlag zur Erfassung solcher Unterschiede wurde in Abschnitt 3.4 der Ansatz von Doetjes (1997) vorgestellt, in dem die Distribution verschiedener graduierender Ausdrücke aus ihrer jeweiligen internen Struktur und der sich daraus ergebenden Verknüpfung mit verschiedenen lexikalischen Restriktoren abgeleitet wird. Für die hier relevanten Komparatoren sowie für die weiteren in VKen involvierten quantifizierenden Ausdrücke wurde für das Italienische anhand der von Doetjes formulierten Kriterien die folgende Typologie postuliert (vgl. (3-96), hier leicht modifiziert):

(4-1) Klassifizierung italienischer VK-Elemente

Typ	Kategorie/ Innere Struktur	Verknüpfung mit dem Restriktor	Italienisch (vorläufig)
Gradköpfe	Deg^0	Funktionaler Kopf von AP/AdvP/QP	*così*, *più$_1$*
Einfache Quantifizierer	$[_{QP}\ Q^0]$	Linksadjunkt an AP/AdvP/VP/NP	*poco*, *tanto*
Komplexe Quantifizierer	$[_{DegP}\ Deg^0\ [QP]]$	Linksadjunkt an AP/AdvP/VP/NP	*più$_2$*, *meno*, *troppo*, *talmente*, *abbastanza*, *altrettanto*, *sufficientemente*

Doetjes lässt wie gesagt offen, wie insbesondere die innere Struktur komplexer Quantifizierer syntaktisch deriviert wird (vgl. Kapitel 3, Fn. 62). Darüber hinaus ist die von ihr postulierte Verknüpfung der Komparatoren mit ihrem jeweiligen Restriktor mit den hier vertretenen Annahmen über die Selektionsbeziehung zwischen Komparator und Vergleichskomplement nicht kompatibel.

Im Folgenden soll eine Analyse der internen Struktur des Komparators ermittelt werden, die Doetjes' Intuition, dass einige Komparatoren eine komplexere Struktur aufweisen als andere, auf morphologische und nicht auf syntaktische Phänomene zurückführt. Dadurch kann auch die Forderung nach einer gemeinsamen syntaktischen Analyse von VKen, in der die VK im engen Sinne immer im Komplement des Restriktors eingebettet ist, aufrecht erhalten werden.

Eine theoretische Voraussetzung für die hier vorgeschlagene Analyse bildet die in Abschnitt 1.4.1 erläuterte postsyntaktische Vokabeleinsetzung (*Late Insertion*) funktionaler Elemente im Sinne der *Distributed Morphology*. Demnach kommen Lexikoneinträge als Bündel von formalen Merkmalen in die syntaktische Derivation; die Endknoten der durch die Syntax generierten Strukturen werden erst postsyntaktisch mit phonologischem Material versehen. Unter Berücksichtigung dieser theoretischen Voraussetzung soll zunächst auf die Verhältnisse in denjenigen VKen eingegangen werden, in denen der Komparator gemäß Doetjes einen einfachen Deg-Kopf darstellt.

4.1 VKen mit „einfachen“ Komparatoren

Für das Italienische wurden vorläufig zwei Elemente ermittelt, die gemäß den von Doetjes genannten Kriterien in dieser Kategorie angesiedelt werden können, nämlich *così* und *più*$_1$. Dass es zumindest für manche Sprecher zwei verschiedene Verwendungsweisen für *più* geben muss, wurde u.a. damit begründet, dass *più* im Kontext von nominalen und verbalen VKen zumindest umgangssprachlich mit einem Quantifizierer (*tanto*) kombinierbar ist, nicht jedoch in adjektivischen Komparativen:[1]

(4-2) a. Maria ha mangiato più tanti biscotti di te. (Donati 2000: 122).
b. Ho dormito più tanto di te.
c. *Maria è più tanto intelligente di te. (Donati 2000: 122)

Legt man Doetjes’ Klassifizierung zugrunde, muss *più* für Sprecher, die seine Verwendung in Kontexten wie (4-2)a und b akzeptieren, ein Deg-Kopf sein, da ein vermittelndes quantifizierendes Element zwischen dem Komparator und dem nominalen oder verbalen Restriktor auftritt. Somit zeigt *più*$_1$ eine ähnliche Distribution wie z.B. engl. *as*:

(4-3) a. I’ve seen *as* many boys as you.
b. I slept *as* much as you.
c. *Jane is *as* much beautiful as you.

Auf der anderen Seite ist it. *più* mit allen lexikalischen Kategorien kombinierbar und ähnelt damit in seiner Distribution den meisten anderen italienischen Komparatoren (z.B. *troppo, abbastanza, meno*), die gemäß der Typologie Doetjes’ als komplexe Quantifizierer anzusehen sind. Demnach müssten Sprecher, die *più* nie in Verbindungen wie (4-2)a und b akzeptieren, lediglich über den Lexikoneintrag *più*$_2$ verfügen, der als Realisierung eines komplexen Quantifizierers im Sinne Doetjes’ angesehen werden kann. Auf diese scheinbare Zweideutigkeit wird in Abschnitt 4.5.1 näher eingegangen.

Was die Struktur von Komparatoren wie it. *più*$_1$ und *così* betrifft, soll zunächst in Einklang mit Doetjes davon ausgegangen werden, dass diese – aufgrund ihrer alleinigen Kombinierbarkeit mit Adjektiven, Adverbien und Quantifizierern – als einfache Deg-Köpfe zu klassifizieren sind, die das Vergleichskomplement selegieren und mit diesem eine DegP bilden. Diese wird wiederum gemäß der im letzten Kapitel formulierten Einbettungshypothese in die Komplementposition der Adjektivphrase eingesetzt, so dass sich zunächst die folgende Struktur ergibt:

(4-4) Derivation einer VK mit einfacher Deg-Schicht (Erster Schritt - vorläufig)

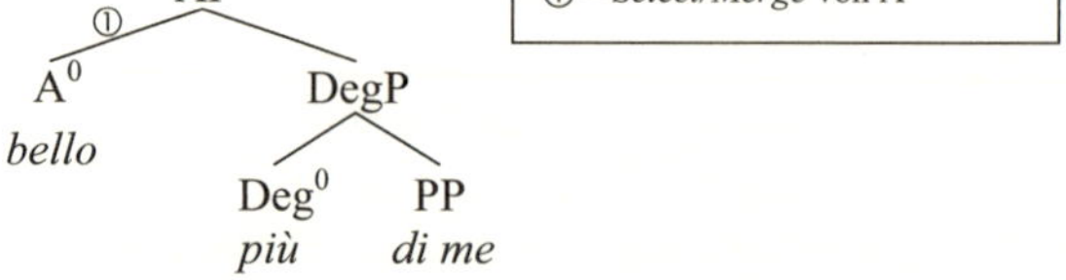

---

1 Zu diesen Daten vgl. auch Kapitel 2, Fn. 18.

Die Struktur in (4-4) ist jedoch nicht mit der hier angenommenen *Late Insertion* kompatibel, wonach funktionale Elemente erst postsyntaktisch mit phonologischem Material versehen werden. Folgt man einer solchen Annahme, ist der Deg-Kopf während der syntaktischen Derivation noch nicht durch *più* gefüllt, sondern durch ein abstraktes Morphem, das die Art der Vergleichsrelation kodiert. In Anlehnung an Rivara (1990) soll das abstrakte Komparativmorphem durch das Merkmal [ER] (aus engl. *-er*) repräsentiert werden. Somit ist die Graphik in (4-4) folgendermaßen zu modifizieren:[2]

(4-5) Derivation einer Komparativ-VK mit einfacher Deg-Schicht (Erster Schritt)

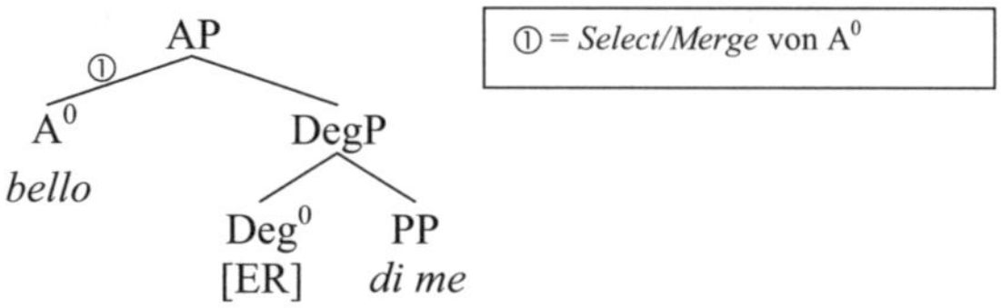

Die späte Einsetzung des phonologischen Materials ist gemäß den in Abschnitt 1.4.1 formulierten Annahmen jedoch nur unter der Voraussetzung möglich, dass es sich bei Deg tatsächlich um ein funktionales Element handelt. Diese Annahme soll im folgenden Abschnitt diskutiert werden.

4.2 Der Status von Deg

Aus den Ausführungen in Abschnitt 3.4 ist bereits deutlich geworden, dass sowohl die Frage nach der Zugehörigkeit bestimmter Elemente zu Deg oder zu Q als auch der Status dieser Kategorien (funktional oder lexikalisch) keinesfalls eindeutig geklärt ist. Zwar hat sich die Tendenz mehr oder weniger durchgesetzt, Deg-Elemente als funktionale Köpfe zu analysieren, die die Adjektivphrase als Komplement selegieren (FH-Analyse), dennoch gibt es nach wie vor ungeklärte Fragen sowohl bezüglich der Identifizierung der Elemente, die unter Deg fallen (einzelsprachlich und im Sprachvergleich), als auch hinsichtlich der genauen Abgrenzung zwischen funktionalen und lexikalischen Gradelementen. Darüber hinaus gibt es etliche in manchen Ansätzen als funktional eingestufte Gradelemente (z.B. engl. *more* bei Abney 1987, it. *più* bei Donati 2000), die verschiedene lexikalische Kategorien selegieren können und somit gegen die traditionelle Definition funktionaler Kategorien verstoßen: „[...] lexical heads, but not functional heads, take complements freely“ (Grimshaw 2005: 10; vgl. auch Abney 1987).

---

2 Genau genommen handelt es sich bei [ER] um einen möglichen Wert für den Operator, der Gradrelationen ausdrückt, so dass die korrekte Darstellung [Op=ER] lauten müsste. Auf diese Schreibweise wird im Folgenden aus Vereinfachungsgründen für alle Vergleichsrelationen verzichtet. Ebenfalls aus Gründen der Übersichtlichkeit wird für Q^0 immer nur die Relationsrichtung angegeben [+/-]. Darüber hinaus werden für die interne Struktur der VK nicht relevante formale Merkmale wie z.B. die φ-Merkmale des Adjektivs (hier: [φ=m.sg.]) sowie die Kasusmarkierung des Personalpronomens ([K=Akk.]) nicht dargestellt.

Eine solche Auffassung von funktionalen Kategorien stellt – wie bereits gezeigt wurde – grundsätzlich ein Problem für Ansätze dar, die eine Selektionsbeziehung zwischen Deg^0 und dem Vergleichskomplement postulieren und somit auch für den hier vertretenen.[3] Denn gemäß der FH-Analyse sollte Deg^0 nur APen selegieren, in (4-5) (sowie in den Schalenanalysen) selegiert Deg^0 jedoch ein Vergleichskomplement, das in der Regel als PP bzw. CP analysiert wird. Dieser Umstand ist jedoch weniger ungewöhnlich, als es auf den ersten Blick erscheint. In Kapitel 3 (Fn. 44) wurde mit der so genannten Prädikationsphrase (PrP) bereits ein Fall erwähnt, in dem eine funktionale Kategorie verschiedene Arten von Komplementen selegieren kann. Diese basiert auf einer Generalisierung der Schalenanalyse lexikalischer Kategorien, d.h. sie fungiert als funktionale Kategorie, die den Platz der so genannten „kleinen" *v*P, *a*P bzw. *n*P einnimmt, und kann somit VPen, APen und NPen selegieren.[4] Jedoch erfolgt die kategoriale Markierung der PrP durch die Kopf/Komplement-Konfiguration mit der jeweiligen lexikalischen Kategorie. Somit ist diese auch im Rahmen einer klassischen FH-Analyse legitim. Eine solche Übernahme der kategorialen Markierung der DegP durch ihr Komplement lässt sich jedoch auf einen Fall wie (4-5) nicht übertragen.

Eine ähnliche Konstellation wie die hier für die DegP konstatierte, findet sich hingegen im Zusammenhang mit der DP, deren Status als funktionale Kategorie unumstritten ist, wenn man der so genannten *Raising*-Analyse des Relativsatzes (vgl. Kayne 1994, Bianchi 1999, 2000) folgt:

(4-6) *Raising*-Analyse des Relativsatzes

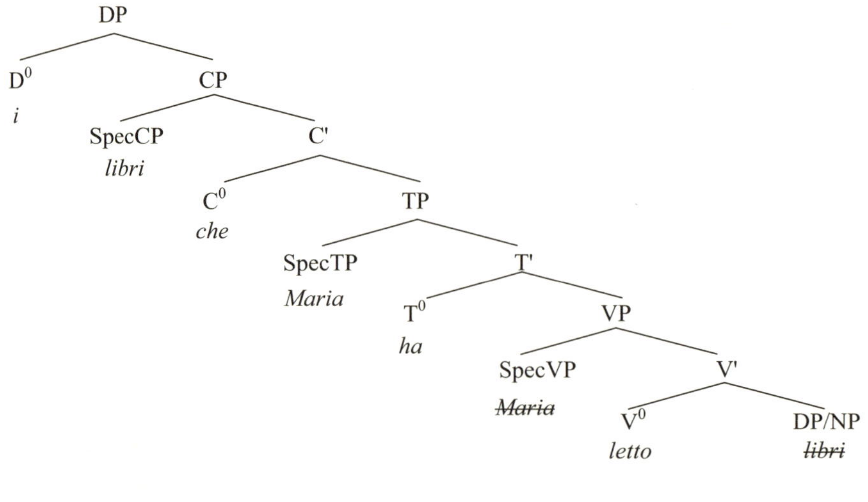

[3] Das gilt ebenso für die Schalenanalysen (vgl. Abschnitt 3.3.2) und Ansätze, die eine ähnliche Struktur postulieren (vgl. Donati 2000 und Lechner 2004).

[4] Man beachte, dass auch bei Verzicht auf die Postulierung einer PrP das Auftreten von Nomina und Adjektiven als Prädikativa erläuterungsbedürftig wird. Denn auch wenn solche Prädikativa als „kleine" *a*Pen oder *n*Pen analysiert werden, bleibt zu klären, weshalb sie allesamt von einer TP (bzw. AuxP) selegiert werden können, die normalerweise als erweiterte Projektion der VP analysiert wird (vgl. u.a. Abney 1987, Grimshaw 2005). Demnach führt der Verzicht auf eine allgemeine PrP nur dazu, dass das Problem der mehrfachen Selektion seitens einer funktionalen Kategorie eine Ebene nach „oben" verschoben wird, nämlich von der PrP auf die TP.

Diese Analyse postuliert, dass der Determinierer als Selektor der Relativsatz-CP auftritt. Ohne auf die genauen Details eingehen zu können, ist anhand der Graphik gut zu erkennen, dass der Determinierer hier keine NP, sondern eine CP als Komplement selegiert, denn der nominale „Kopf" des Relativsatzes (hier: die NP *libri*) wird aus der Komplementposition des Verbs an den äußersten Rand des Relativsatzes (SpecCP) bewegt. Akzeptiert man diese Analyse des Relativsatzes,[5] wären DPen zumindest in gewissen Fällen in der Lage, nichtnominale Komplemente zu selegieren. Es gibt darüber hinaus noch weitere Fälle, in der Determinierer keine Nominalphrase zu selegieren scheinen, wie die folgenden Beispiele verdeutlichen:[6]

(4-7) a. sp. El que tu vengas…
b. it. L'aver cantato…

Im spanischen Beispiel (4-7) selegiert der Determinierer *el* eine finite CP, wie an dem Auftreten des Komplementierers *que* und der finiten Verbform *vengas* zu erkennen ist. Im zweiten (italienischen) Beispiel selegiert der Determinierer mindestens eine TP, denn obwohl die Verbform *aver cantato* [-finit] ist, weist sie eindeutig eine Tempusmarkierung [Vergangenheit] auf. Da Tempus in T^0 kodiert ist, muss zumindest eine TP im Komplement des Determinierers angenommen werden. Interessant ist, dass Determinierer unter gewissen Umständen zwar offensichtlich funktionale Projektionen selegieren können (z.B. TPen bzw. CPen), jedoch unter den lexikalischen Kategorien nur die Nominalphrase als Komplement eines D-Kopfes in Frage kommt. Ähnliches ist für die DegP zu konstatieren, die zwar, sofern sie einen Komparator beherbergt, ein Vergleichskomplement (also eine CP oder funktionale PP) selegieren kann, jedoch was lexikalische Kategorien betrifft, nur mit Adjektiven und Adverbien kompatibel ist.

Ich möchte daher im Folgenden für den funktionalen Status von Deg plädieren, jedoch auch Fälle zulassen, in denen diese nicht eine AP/AdvP (oder QP) als Komplement selegiert, sondern ein Vergleichskomplement. Dies ist im Fall der Komparatoren, die – wie in Abschnitt 3.2 erläutert – für ihre Interpretation ein Vergleichskomplement benötigen, die Regel. Für den funktionalen Status von Deg spricht übrigens auch, dass der Deg-Kopf durch Affixe gefüllt werden kann. In Sprachen, in denen produktive synthetische Komparativ- oder Superlativformen existieren, ist Deg der Sitz der entsprechenden Suffixe. Aber auch im Italienischen, einer Sprache mit analytischen Komparativformen, scheint der Komparativkomparator *più* aufgrund seiner Polyfunktionalität (vgl. u.a. *non ... più*-Konstruktionen) und seiner relativ geringen phonologischen Masse eher ein funktionales Element zu sein. Darüber hinaus existiert mit *-issim-* möglicherweise auch im Italienischen ein potentielles Deg-Suffix (vgl. aber Kapitel 3, Fn. 67). Betrachtet man Suffixe grundsätzlich als

---

[5] Die *Raising*-Analyse des Relativsatzes ist nicht unumstritten. Ihre Gegner halten insbesondere wegen der Problematik der Beziehung zwischen dem selegierenden D-Kopf und dem nominalen „Antezedens" an der traditionellen *wh*-Bewegungsanalyse fest. Für eine Kritik der *Raising*-Analyse vgl. Borsley (1997). Allerdings kann die *Raising*-Analyse einige Phänomene erklären, die gemäß der *wh*-Bewegungsanalyse nicht zu erwarten wären, u.a. so genannte Rekonstruktionseffekte sowie bestimmte Skopusphänomene. Für die Vorteile der *Raising*-Analyse vgl. Bianchi (1999, 2000) sowie Aoun & Li (2003).

[6] Ich danke Guido Mensching für den Hinweis auf diese Daten.

funktionale Elemente, bietet sich eine Einstufung von Deg als funktionales Element somit an. Dass Deg-Köpfe nicht nur Affixe beherbergen, ist wiederum nicht ungewöhnlich, da dies auch für andere funktionale Köpfe gilt, z.B. für T(*ense*), das sowohl durch Flexionsaffixe als auch durch Auxiliare realisiert werden kann.

Was für den vorliegenden Ansatz problematischer zu sein scheint, ist die Tatsache, dass in VKen (im Gegensatz etwa zu den entsprechenden DP-Beispielen in (4-7), in denen keine NP auftritt) immer auch ein Adjektiv/Adverb (bzw. Quantifizierer) vorhanden ist, dieses jedoch nicht im Komplement der DegP steht. Zwar wurde auch im Rahmen der FH-Analyse eine gewisse Stellungsvariation der DegP gegenüber dem Adjektiv postuliert, denn DegPen wie *extremely, effectively* (und teilweise auch *very*), die ebenfalls zur Sättigung des Gradarguments der AP dienen, treten dort im Spezifikator der AP auf:[7]

(4-8) Gradmodifikation in SpecAP (vgl. Abney 1987: 200)

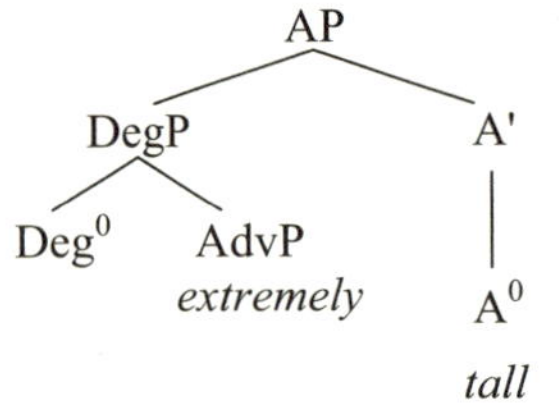

Jedoch handelt es sich hierbei wohlgemerkt um DegPen, deren phonologisch leerer funktionaler Deg-Kopf eine AdvP als Komplement wählt. Diese verhält sich demnach gemäß der FH-Analyse. Hingegen hat die DegP in dem hier vertretenen Ansatz kein AP/AdvP oder QP-Komplement, wie die Graphik (4-5), hier wiederholt als (4-9), deutlich zeigt:

(4-9) Derivation einer Komparativ-VK mit einfacher Deg-Schicht (Erster Schritt)

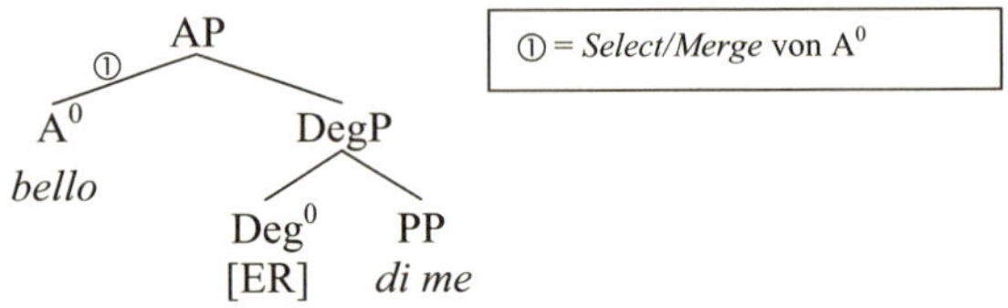

Um dieses Problem zu lösen, möchte ich vorschlagen, dass es als hinreichend angesehen werden kann, wenn Deg-Köpfe an irgendeinem Punkt der Derivation mit einem adjektivischen, adverbialen oder quantifizierenden Element verknüpft werden. In den hier besprochenen VKen mit einfachem Deg-Komparator geschieht dies dadurch, dass der Deg-Kopf an den Adjektivkopf adjungiert:

7 Alternativ kann die adverbiale DegP auch im Spezifikator einer funktionalen Projektion der AP lokalisiert werden, vgl. Corver (1997: 157).

(4-10) Derivation einer VK mit einfacher Deg-Schicht (Zweiter Schritt)

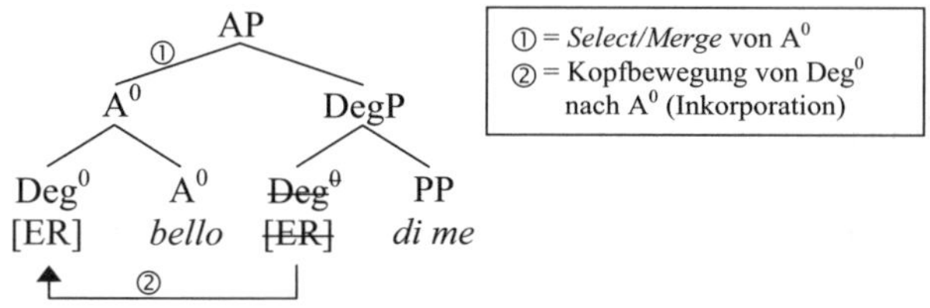

Somit erhält der Deg-Kopf nicht durch *External Merge*, sondern durch *Internal Merge* das notwendige adjektivische/adverbiale Komplement und kann seine Selektionsbedingungen innerhalb der syntaktischen Derivation erfüllen. Diese Selektionsbedingungen können auch gleichzeitig als Motor für die Kopfadjunktion von Deg^0 an A^0 angesehen werden. Diese Lösung weist gegenüber der FH-Analyse den Vorteil auf, dass sie auch semantisch plausibler ist: Denn im Fall der VKen ist es nicht der Komparator allein, der die Gradposition des Adjektivs sättigt, sondern die gesamte VK im engen Sinne, also der Komparator zusammen mit dem Vergleichskomplement (vgl. auch Abschnitt 3.2).

Dass die Erfüllung der Selektionseigenschaften des Deg-Kopfes (sofern dieser ein Komparator ist und daher auch ein Vergleichskomplement benötigt) überhaupt durch *Internal* statt *External Merge* erfolgen darf, könnte darauf zurückgeführt werden, dass Deg-Köpfe in VKen syntaktischen Affixstatus haben. Diese These wird übrigens auch innerhalb der FH-Analyse von Abney (1987: 221) nicht nur für die englischen Suffixe *-er* und *-est*, sondern auch für „freie" Komparatoren wie engl. *more, most, as* und *too* vertreten.

Es kann also festgehalten werden, dass „einfache" Komparatoren im Sinne Doetjes' als funktionale Deg-Köpfe mit syntaktischem Affixstatus angesehen werden können, die innerhalb der Derivation an einen A-Kopf adjungieren müssen, so dass sich die von Doetjes (und der FH-Analyse) postulierte Schwesterrelation zwischen Deg^0 und A^0 ergibt. Im Unterschied zu den genannten Ansätzen besteht diese Relation jedoch nicht zwischen einem Deg-Kopf und einer AP, sondern zwischen einem Deg- und einem A-Kopf. Im folgenden Abschnitt soll die interne Struktur so genannter „komplexer" Komparatoren erläutert werden.

4.3 VKen mit „komplexen" Komparatoren

In Abschnitt 3.5 wurde bereits angedeutet, dass die meisten Komparatoren im Italienischen gemäß der Typologisierung von Doetjes (1997) als „komplex" angesehen werden müssen. Die Komplexität begründet Doetjes durch die transkategoriale Distribution dieser Ausdrücke. Die zugrunde liegende Intuition lautet, dass Komparatoren, die auch mit Nomina und Verben kompatibel sind, nicht nur eine Deg-Schicht, sondern zusätzlich auch eine Q-Schicht enthalten müssen. Semantisch wurde dies dadurch motiviert, dass Nomina und Verben keine <G(rad)>-, sondern eine <Q(uantitäts)>-Position in ihrem θ-Raster aufweisen. Solche „komplexen" Komparatoren werden bei Doetjes als DegPen mit einem leeren Deg-

Kopf und einem QP-Komplement eingestuft, wobei sie wie gesagt offen lässt, ob diese komplexe DegP-Struktur während der Derivation generiert wird oder ob sie etwa bereits in dieser Form aus dem Lexikon entnommen wird.

Die Einstufung dieser Ausdrücke als DegPen ist jedoch bei näherer Betrachtung wenig einleuchtend. Es wurde mehrmals darauf hingewiesen, dass DegPen wie engl. *extremely* oder *terribly* (sowie *very*) auch als Spezifikatoren bzw. Adjunkte der AP auftreten können (vgl. u.a. (4-8)). Obwohl sie in diesen Fällen nicht als Deg-Köpfe, sondern als DegPen auftreten, sind sie dennoch nicht mit allen lexikalischen Kategorien kombinierbar, was hingegen für die „komplexen" Komparatoren der Fall sein sollte. Darüber hinaus ist unklar, warum DegPen und damit Grad-Phrasen dazu dienen sollten, die Quantitätsposition von Nomina und Verben zu sättigen.

Alternativ soll hier angenommen werden, dass es sich bei der von Doetjes postulierten komplexen Komparatorstruktur um eine QP handelt, die wie folgt deriviert wird (hier am Beispiel der nominalen Komparativkonstruktion ... *più pomodori di me*):

(4-11) Nominale Komparativ-VKen mit *più* (vorläufig)[8]

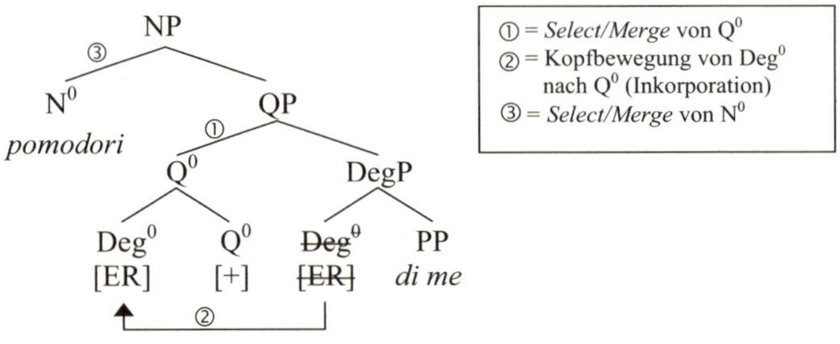

Damit wird Doetjes' Hypothese Rechnung getragen, dass Komparatoren, die sich mit allen lexikalischen Kategorien kombinieren lassen, sowohl eine Deg- als auch eine Q-Schicht involvieren. Außerdem kann diese Analyse die Komplexität der genannten Komparatoren derivationell herleiten. Sie ergibt sich dadurch, dass einfache Deg-Köpfe an irgendeinem Punkt in der Derivation ein adjektivisches (bzw. adverbiales oder quantifizierendes) Komplement benötigen, um ihre Selektionsbedingungen zu erfüllen. Durch Kopfadjunktion des Deg-Kopfes an Q^0 ergibt sich die entsprechende Konfiguration. Dabei kodiert Deg^0 die Art der Vergleichsrelation, die hier mit [ER] einer Differenz entspricht, Q^0 hingegen deren Richtung: Wenn Q^0 mit dem Wert [+] versehen ist, liegt der Referenzwert (R) auf der entsprechenden Skala höher als der Standardwert (S), so dass sich die Relation $R > S$ ergibt. Weist Q^0 hingegen [-] auf, erfolgt eine Inversion der Skala (also $S < R$).

Im Gegensatz zu den Annahmen Doetjes' erhält die VK (im engen Sinne) in dieser syntaktischen Konfiguration den Status einer QP, nicht den einer DegP. Eine solche kategoriale Markierung erscheint nicht nur semantisch, sondern auch aus syntaktischer Sicht angemessener, denn Doetjes zeigt, dass solche komplexen Strukturen mit allen lexikalischen

---

[8] Die vorliegende Graphik ergibt die ungrammatische Linearisierung **pomodori più di me* und ist daher als vorläufig anzusehen. Wie in Kapitel 5 noch zu zeigen sein wird, sind weitere Derivationsschritte notwendig, um die korrekte Reihenfolge *più pomodori di me* abzuleiten.

Kategorien kombinierbar sind. Das gilt beispielsweise für die als (einfache) QPen eingestuften italienischen Elemente *poco* und *tanto*.[9] Somit erscheint es plausibler, die betreffenden komplexen Komparatoren ebenfalls als QPen einzustufen.

Ein weiterer Vorteil der Einstufung der komplexen Struktur als QP liegt darin, dass damit auch Konstruktionen, in denen ein „einfacher" Komparator in Verbindung mit einem Quantifizierer auftritt, eine Analyse gemäß (4-11) erhalten. Man betrachte die folgenden Beispiele:

(4-12) a. Maria compra più pomodori di me.
b. Maria compra più tanti pomodori di me.

Die beiden Beispiele sind prinzipiell synonym und weisen dieselbe syntaktische Struktur auf, nämlich (4-11). Im ersten Fall liegt der komplexe Komparator *più*$_2$ vor, im zweiten der einfache Komparator *più*$_1$. Die Komplexität von *più*$_2$ in (4-12)a resultiert entsprechend der vorliegenden Analyse daraus, dass es in den komplexen Deg/Q-Kopf eingesetzt wird; hingegen realisiert *più*$_1$ in (4-12)b den einfachen Deg-Kopf, wobei dann in Q^0 der einfache (positive) Quantifizierer *tanto* erscheint:

(4-13) Vokabeleinsetzung für die Beispiele in (4-12) (vorläufig)

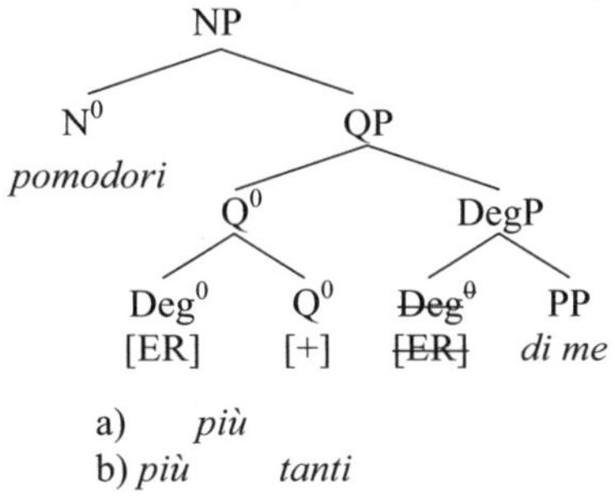

Der Unterschied zwischen den beiden Beispielen ist nicht auf der Ebene der Syntax, sondern auf der Ebene der Vokabeleinsetzung und somit postsyntaktisch anzusiedeln.

---

9 Diese Einstufung ist wie gesagt sprachspezifisch: Für das Englische wurde gezeigt, dass *much* mit (den meisten) Adjektiven nicht kompatibel ist. Ähnliches gilt beispielsweise für dt. *viel* und frz. *beaucoup*. Allerdings kann die Inkompatibilität nicht auf den QP-Status dieser Modifikatoren zurückgeführt werden, da zumindest in den letzten beiden Sprachen die entsprechenden negativen Quantifizierer dt. *wenig* und frz. *peu* mit Adjektiven kompatibel sind. Diese besondere Distributionsbeschränkung der positiven Quantifizierer kann auf eine *Elsewhere*-Bedingung in dem in Abschnitt 3.4 erläuterten Sinne zurückgeführt werden. Demnach sind frz. *beaucoup* und dt. *viel* ebenso wie engl. *much* vor Adjektiven blockiert, weil jeweils ein spezifischerer, da nur mit Adjektiven kompatibler Modifikator (frz. *très*, dt. *sehr*, engl. *very*) vorhanden ist. Dies ist für die entsprechenden negativen Quantifizierer nicht der Fall, weshalb diese auch mit Adjektiven auftreten können. Eine Ausnahme bildet hier lediglich engl. *little*, dessen Inkompatibilität mit Adjektiven nicht auf eine *Elsewhere*-Bedingung zurückgeführt werden kann und an dieser Stelle unerklärt bleiben muss.

Worin der genaue Grund für diese konkurrierende Einsetzung liegt, wird in Abschnitt 4.5.1 ausführlich erläutert. Zuvor soll jedoch noch einmal auf den genauen Status der QP eingegangen werden.

4.4 QP: Lexikalische oder funktionale Kategorie?

Bezüglich des kategorialen Status der QP wurde in Abschnitt 3.4 bereits angedeutet, dass hierbei die Meinungen stärker divergieren als im Fall der DegP. Dies liegt nicht nur daran, dass wenig Einigkeit darüber besteht, welche Elemente als Q-Köpfe eingestuft werden sollen. Innerhalb der Forschungsliteratur finden sich sowohl Plädoyers für die Einstufung der QP als funktionale Kategorie (vgl. u.a. Crisma 1991, Giusti 1993, Corver 1997b, Zamparelli 2000) als auch für ihre Klassifizierung als lexikalische Kategorie (vgl. Abney 1987, Giusti 1997, Cardinaletti & Giusti 2005). Der „Streit" um den Status von Q könnte dafür sprechen, dass es eine Art Zwischenstellung zwischen einer lexikalischen und einer funktionalen Kategorie einnimmt.

Im Italienischen haben Q-Elemente die Eigentümlichkeit, dass sie, sofern sie einen nominalen Restriktor modifizieren, mit diesem in Numerus und Genus kongruieren, ansonsten hingegen eine unmarkierte Form aufweisen:

(4-14) a. Maria mangia *pochi biscotti*.
b. Maria mangia *poco*.
c. Maria è *poco* bella.

Somit ähnelt das syntaktische Verhalten von Quantifizierern mit nominalem Restriktor dem von Adjektiven, hingegen ähneln Quantifizierer mit verbalem und adjektivischem/adverbialem Restriktor Adverbien. Das ist auch der Grund, weshalb Quantifizierer in manchen Ansätzen tatsächlich als quantifizierende Adjektive bzw. Adverbien eingestuft werden (vgl. u.a. Abney 1987, Giusti 1997).

Gegen den funktionalen Status von Quantifizierern wendet Giusti (1997: 116) beispielsweise ein, dass diese keine geschlossene Klasse bilden, da ständig neue quantifizierende Elemente aus der Klasse der Adjektive hinzukommen können, vgl. z.B. it. *diversi, parecchi, numerosi* usw. In der Tat teilen QPen verschiedene Eigenschaften mit Adjektiven/Adverbien. Wie diese weisen sie beispielsweise eine so genannte *Default Positive Amount* (DPA)-Interpretation auf, wenn sie nicht von einem overten Komparator modifiziert werden:

(4-15) a. Gianna ha mangiato più poco di Laura.
b. Gianna ha mangiato poco.

So impliziert das erste Beispiel nicht zwangsläufig, dass Gianna wenig gegessen hat, weshalb die entsprechende Modifikation in (4-16)a zu keinem Widerspruch führt, ganz im Gegensatz zur entsprechenden Modifikation von (4-15)b in (4-16)b:

(4-16) a. Ho mangiato più poco di Laura ma ho mangiato tanto.
b. #Ho mangiato poco ma ho mangiato tanto.

Außerdem können Quantifizierer durch dieselben DegPen wie Adjektive modifiziert werden (vgl. Struktur (4-8)):

(4-17) Ho mangiato $[_{QP}$ $[_{DegP}$ $[_{AdvP}$ estremamente/terribilmente]] $[_{Q'}$ poco]].[10]

Dass Quantifizierer in der Nominalphrase jedoch keine „normalen" Adjektive sein können, lässt sich dadurch zeigen, dass quantifizierte Nominalphrasen im Italienischen auch ohne overten Determinierer in Subjektposition auftreten dürfen, determiniererlose Nominalphrasen mit pränominalem Adjektiv hingegen nicht:

(4-18) a. Molti ragazzi soffrono.
b. *Bravi ragazzi soffrono.

Quantifizierte Nominalphrasen verhalten sich in diesem Fall offensichtlich wie DPen. Das spricht dafür, dass Quantifizierer bis zu einem gewissen Grad eine ähnliche Funktion wie Determinierer erfüllen können. In der vorliegenden Arbeit soll daher dafür plädiert werden, dass es sich bei der QP tatsächlich um eine „Zwitterkategorie" handelt, die eine Art Zwischenstation für Elemente auf dem Weg von quantifizierenden Adjektiven/Adverbien hin zu funktionalen Gradelementen/Determinierern darstellt. Die QP ist demnach semi-lexikalisch in dem Sinne, dass sie ursprünglich lexikalische Elemente (nämlich Adjektive und Adverbien) umfasst, die jedoch eine quantifizierende und damit in gewissem Maße funktionale Bedeutung annehmen, was ihnen unter anderem erlaubt, die Merkmale einer funktionalen Projektion (nämlich DP oder DegP) zu erfüllen. Da neue Adjektive/Adverbien in die Klasse der Quantifizierer aufgenommen werden können, handelt es sich dabei jedoch um eine relativ offene Klasse. Diese Zwischenstellung erklärt auch die große Uneinigkeit bezüglich des Status der QP innerhalb der Forschungsliteratur. Zusammenfassend ist zu sagen, dass neben Deg auch die Kategorie Q als hinreichend funktional angesehen werden kann, um eine postsyntaktische Vokabeleinsetzung im Sinne der *Late Insertion* zuzulassen.

4.5 Vokabeleinträge für italienische Komparatoren

In diesem Abschnitt soll ausgehend von den zwei in Abschnitt 4.3 erarbeiteten syntaktischen Konfigurationen für die interne Struktur von Komparatoren (vgl. (4-10) und (4-11)) auf die phonologische Realisierung der involvierten syntaktischen Endknoten eingegangen werden. Dabei wird, wie bereits in Kapitel 1 angekündigt, die von der *Distributed Morphology* postulierte späte Vokabeleinsetzung (*Late Insertion*) zugrunde gelegt. Die bisher ermittelten syntaktischen Strukturen seien hier noch einmal wiederholt, wobei die zu realisierenden Komparatorstrukturen jeweils eingekreist sind (die Vergleichsrelation wird hier zunächst abstrakt mit [X] dargestellt):

---

[10] An diesem Beispiel wird übrigens noch einmal deutlich, dass *poco* hier keine Objekt-DP sein kann, da eine solche keine entsprechenden Gradmodifikatoren zulässt:
i. *Ho mangiato estremamente/terribilmente pane.

(4-19) Die interne Struktur von Komparatoren

a. Einfache Struktur (Deg^0) b. Komplexe Struktur (Deg^0/Q^0)

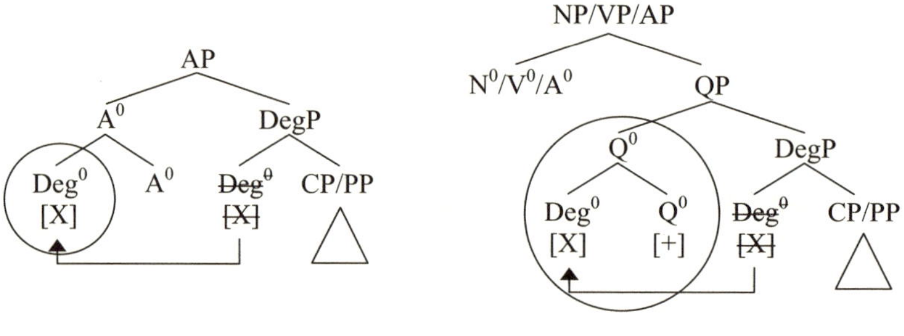

Diese Strukturen wurden ausgehend von Doetjes' Unterscheidung zwischen einfachen und komplexen Komparatoren erarbeitet. Jedoch wird sich im Verlauf dieses Abschnitts zeigen, dass sich die von Doetjes beobachteten distributionellen Unterschiede zwischen den von ihr postulierten Komparatortypen vorwiegend auf morphologische Faktoren zurückführen lassen. Dass für adjektivische VKen potentiell beide Strukturen zur Verfügung stehen, wurde u.a. dadurch begründet, dass sich Adjektive sowohl durch QPen als auch durch DegPen modifizieren lassen, nicht jedoch Verben und Nomina, deren <Q>-Position nur durch QPen gesättigt werden kann. Unter welchen Bedingungen die eine oder andere Struktur in adjektivischen VKen vorkommt, wird ebenfalls in diesem Abschnitt zu klären sein.

Die durch einen Kreis markierten Strukturen stellen jeweils den syntaktischen Input für die Vokabeleinsetzung dar. Anhand der in Kapitel 2 vorgestellten italienischen Daten können nun die Vokabeleinträge für die italienischen Komparatoren und somit die Spezifikationen für die entsprechenden Deg^0- bzw. Deg^0/Q^0-Realisierungen erarbeitet werden.

4.5.1 Komparative ([ER])

Die Komparativ-Relation wird in Deg^0 durch das Merkmal [ER] repräsentiert. Aus den in (4-19) genannten potentiellen VK-Strukturen ergeben sich folgende Input-Konfigurationen für Komparative:

(4-20) Syntaktische Input-Strukturen für Komparative

a. b. c.

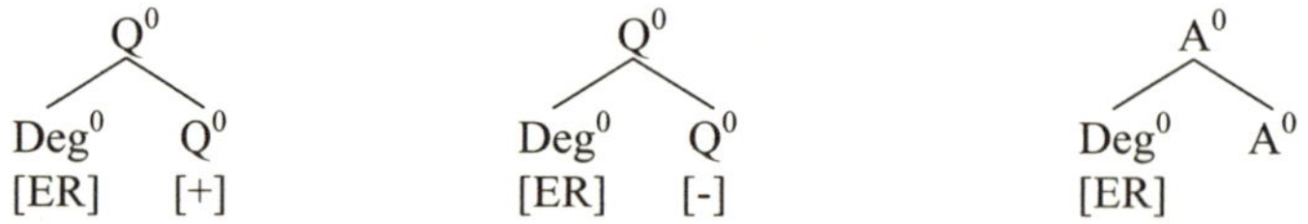

In Abschnitt 4.3 wurde noch einmal bekräftigt, dass im Italienischen offensichtlich zwei Verwendungsweisen von *più* koexistieren (die vorläufig als *più*$_1$ und *più*$_2$ charakterisiert wurden), so dass dieser Komparator sowohl als einfacher Deg-Kopf mit dem Merkmal [ER] als auch als Deg^0/Q^0-Komplex mit der Merkmalsspezifikation [ER]/[+] analysiert werden kann. Für eine Einsetzung von *più* als Realisierung eines einfachen Deg-Kopfes sprechen die folgenden Daten:

(4-21) a. *più tanto bello...
b. più tanti/pochi biscotti...
c. mangia più tanto/poco...

Aus (4-21)a wird deutlich, dass ein einfacher Quantifizierer wie z.B. it. *tanto* nicht auftreten darf. Daher muss davon ausgegangen werden, dass hier keine Q-Schicht vorhanden ist, was für das Vorliegen der Input-Struktur (4-20)c spricht. *Più* kann in diesem Fall somit lediglich die Realisierung eines einfachen Deg-Kopfes sein. In den anderen beiden Beispielen (also (4-21)b-c) muss hingegen eine Q-Schicht postuliert werden (vgl. (4-19)b), die durch einen overten Quantifizierer (*tanto/poco*) besetzt wird. Somit kann *più* auch hier nur für Deg^0 eingesetzt werden. Die Realisierung des Deg-Knotens ist in Komparativen nicht kontextsensitiv, d.h. der adjazente Knoten (Q^0 bzw. A^0) wirkt sich nicht auf die Vokabeleinsetzung aus. Demnach kann der folgende Vokabeleintrag formuliert werden:[11]

(4-22) Vokabelliste für italienische VKen (vorläufig)

a. /pju/	↔ Deg^0	/	___ [ER]

(‚/pju/ ist die phonologische Realisierung von Deg^0, wenn Deg^0 das Merkmal [ER] aufweist')

Ob in den Beispielen (4-21)b-c der Quantifizierer *tanto* oder *poco* steht, hängt von den in Q^0 kodierten Merkmalen ab. Wenn Q^0 den Wert [+] aufweist, wird es durch /tant-/ realisiert, wenn der Wert [-] kodiert ist, wird hingegen /pɔk-/ eingefügt. Die φ-Merkmale (Genus, Numerus) werden gesondert realisiert (vgl. Abschnitt 5.1). Dabei ist /o/ die *Default*-Realisierung, wenn in den syntaktischen Endknoten keine φ-Merkmale spezifiziert sind (also wenn die QP eine AP oder VP modifiziert) bzw. wenn die Werte [m. sg.] lauten. Auch diese Vokabeleinsetzung ist nicht kontextsensitiv, sondern richtet sich lediglich nach den im zu realisierenden Knoten enthaltenen Werten. Die bisherige Vokabelliste ist wie folgt zu erweitern:

(4-23) Vokabelliste für italienische VKen (vorläufig)

a. /pju/	↔ Deg^0	/	___ [ER]
b. /pɔk-/	↔ Q^0	/	___ [-]
c. /tant-/	↔ Q^0	(Default)	

Die Vokabel (4-23)c weist bezogen auf die Umgebung, in die sie eingesetzt werden kann, keine Spezifizierung auf. Sie bildet die so genannte *Default*-Realisierung und wird immer dann eingefügt, wenn für den entsprechenden Knoten keine höher spezifizierte Vokabel vorhanden ist. Mit anderen Worten: /tant-/ kann nicht in Q^0[-] eingefügt werden, da /pɔk-/ für diesen Knoten höher spezifiziert ist. In Q^0[+] wird hingegen der *Default* eingesetzt, da es keine „bessere" Vokabel gibt.[12]

---

11 Die Notation für die Vokabeleinträge wird in Anlehnung an Pomino (2008) übernommen.

12 Dies entspricht dem so genannten *Subset Principle*: „Where several Vocabulary items meet the conditions for insertion, the item matching the greatest number of features specified in the terminal morpheme must be chosen" (Halle 1997: 128).

Neben der eben beschriebenen umgangssprachlichen Verwendungsweise von *più* gibt es eine konkurrierende standardsprachliche Verwendung. Hierbei sind die folgenden Daten anzutreffen:

(4-24) a. più/meno bello...
b. più/meno biscotti...
c. mangia più/meno...

Im Vergleich zu den Beispielen in (4-21) sind vor allem zwei Unterschiede besonders relevant: Einerseits treten die Quantifizierer *tanto* und *poco* nicht auf, andererseits kommt die Vokabel *meno* hinzu. Unter der Annahme, dass die Q-Schicht in nominalen und verbalen VKen obligatorisch ist, liegt den Daten in (4-24)b-c zwangsläufig die Input-Struktur (4-20)a bzw. b zugrunde. Wenn *più* und *meno* nur den Deg-Kopf realisieren würden, bliebe die Q-Schicht unrealisiert. Da jedoch auch in der Standardsprache *tanto* und *poco* als Realisierungen für Q^0 existieren (vgl. z.B. *così tanto, così poco*), muss davon ausgegangen werden, dass ihre Einsetzung in (4-24)b-c aus irgendwelchen Gründen ausbleibt. Dies kann entweder daran liegen, dass *più* und *meno* in der Standardsprache den komplexen Deg/Q-Kopf, und nicht nur den Deg-Kopf realisieren, oder aber, dass sie nur den Deg-Kopf realisieren und die phonologische Realisierung des Q-Kopfes in diesen Fällen Ø ist. Ich möchte im Folgenden dafür argumentieren, dass ersteres für *più* gilt, während bei *meno* der zweite Fall vorliegt.

Die Einsetzung von *più* in einen komplexen Deg/Q-Kopf kann gemäß der *Distributed Morphology* durch eine so genannte Fusionsregel erklärt werden. Diese gehört zu einer Reihe von einzelsprachspezifischen morphologischen Prozessen, die postsyntaktisch, aber noch vor der Vokabeleinsetzung stattfinden und die Input-Struktur modifizieren. Unter Fusion versteht man einen Prozess, der zwei separate syntaktische Endknoten zu einem verschmelzen lässt. Sie kann nur dann stattfinden, wenn in einem Knoten lediglich unmarkierte Werte enthalten sind (vgl. u.a. Arregi 2000: 3, Embick & Halle 2000). Solche unmarkierten Werte sind im Italienischen z.B. [Präsens] für Tempus, [Indikativ] für Modus, [Maskulin] für Genus usw. Bei der Verschmelzung müssen die entsprechenden Merkmale nicht obligatorisch getilgt werden, d.h. zwei Endknoten können fusionieren und ihre Merkmale beibehalten. Die Fusion bewirkt allerdings, dass nur noch ein Endknoten für das Einsetzen des phonologischen Materials (also für die Vokabeleinsetzung) zur Verfügung steht und daher auch eine einfache Vokabel für ursprünglich zwei Knoten eingesetzt werden kann.

Was die Input-Strukturen in (4-20) betrifft, liegen im Fall a die Voraussetzungen für Fusion vor, zumindest wenn man annimmt, dass [+] für Q^0 den unmarkierten Wert darstellt, [-] hingegen als markiert gilt. Dass die Konstruktionen mit *più* allein (vgl. (4-24)) in der Standardsprache „besser" als die Entsprechungen mit *più tanto* (vgl. (4-21)) sind, weist darauf hin, dass hier lediglich eine Position für die phonologische Realisierung zur Verfügung steht. Da sich aus dem syntaktischen Input jedoch eine komplexe Struktur ergibt ((4-20)a), soll hier eine morphologische Fusionsregel postuliert werden:

(4-25) Fusionsregel:
Q^0 und Deg^0 fusionieren, wenn Q^0 lediglich unmarkierte Werte trägt.

Nach erfolgter Fusion liegt nicht mehr die Struktur (4-20)a (hier wiederholt als (4-26)a), sondern (4-26)b vor, in die nunmehr nur noch eine Vokabel eingesetzt werden kann:

(4-26) Fusion von Deg^0 und Q^0 in Komparativen

a. Input-Struktur b. Struktur nach Fusion

In diesen fusionierten Knoten wird die Vokabel /pju/ eingesetzt. Der Vokabeleintrag muss demnach nicht nur Deg^0 allein (vgl. (4-22)), sondern auch Deg^0/Q^0 umfassen. Die folgende Notation ergibt den gewünschten Eintrag:

(4-27) Vokabeleintrag für die Realisierung des fusionierten Deg/Q-Knotens:
/pju/ ↔ Deg^0(/Q^0) / ___
[ER]

Gemäß diesem Eintrag würde jedoch auch das Deg^0 in (4-20)b durch /pju/ realisiert werden, was natürlich nicht wünschenswert ist, denn für diese Struktur wird in der Standardsprache *meno* erwartet, und nicht *più*. Somit ist zusätzlich der folgende Eintrag nötig:[13]

(4-28) Vokabeleinträge für die Realisierung des komplexen Deg/Q-Knotens in Komparativen:
a. /meno/ ↔ Deg^0 / ___ Q^0[-]
[ER]
b. /pju/ ↔ Deg^0(/Q^0) / ___
[ER]

Man beachte, dass *meno* nicht in einen fusionierten Kopf eingefügt werden darf, da die Fusionsregel (4-25) nur dann Anwendung findet, wenn in Q^0 ein unmarkierter Wert (also [+]) vorliegt. Bedingung für die Einsetzung von *meno* ist jedoch, dass Q^0 den Wert [-] aufweist. Wenn man die Vokabeleinträge in (4-28) in die Vokabelliste (4-23) einfügt, ergibt sich die folgende erweiterte Liste:

(4-29) Vokabelliste für italienische VKen (vorläufig)
a. /meno/ ↔ Deg^0 / ___ Q^0[-]
[ER]
b. /pju/ ↔ Deg^0(/Q^0) / ___
[ER]
c. /pɔk-/ ↔ Q^0 / ___
[-]
d. /tant-/ ↔ Q^0 (*Default*)

Es scheint zunächst, als wären die Beispiele in (4-24) durch die bisherigen Vokabeleinträge bereits erfasst. Bei genauerer Betrachtung stellt sich jedoch heraus, dass diese Liste für die Struktur (4-20)b die ungrammatische Kombination **meno poco* vorhersagt, da /meno/ Deg^0[ER] vor Q^0[-] realisiert und /pɔk(o)/ als Realisierung für Q^0[-] fungiert. Fusion

[13] In der *Distributed Morphology* werden die Vokabeln nach dem Grad ihrer Spezifizierung angeordnet, daher steht /meno/ vor /pju/.

kommt hier wie gesagt nicht in Frage, da Q^0 einen markierten Wert besitzt. Es ist daher davon auszugehen, dass es eine Vokabel Ø gibt, die höher spezifiziert ist als /pɔk-/ und somit dessen Einsetzung blockiert. Die obige Vokabelliste muss somit folgendermaßen modifiziert werden:

(4-30) Vokabelliste für italienische VKen (vorläufig)

a.	/meno/	↔	Deg^0	/	___ Q^0[-]
					[ER]
b.	/pju/	↔	Deg^0(/Q^0)	/	___
					[ER]
c.	Ø	↔	Q^0	/	Deg^0[ER] ___
					[-]
d.	/pɔk-/	↔	Q^0	/	___
					[-]
e.	/tant-/	↔	Q^0		(*Default*)

Diese Vokabelliste erfasst sowohl Komparative des Standarditalienischen (vgl. (4-24)) als auch die umgangssprachlichen Varianten in (4-21). Durch die Postulierung von (4-30)b ist die Annahme von zwei verschiedenen Vokabeleinträgen für *più* nicht mehr erforderlich, denn *più* kann sowohl einen einfachen Deg-Kopf als auch einen fusionierten Deg/Q-Knoten realisieren. Ob *più* in nominalen und verbalen VKen mit einem overten Quantifizierer auftritt oder nicht, hängt demnach nur davon ab, ob die Fusionsregel zur Anwendung kommt. Diese scheint in der Standardsprache obligatorisch zu sein, kann in der Umgangssprache hingegen ausbleiben.[14] Das Auftreten von *meno* mit einem Quantifizierer ist hingegen gemäß der o.g. Vokabelliste ausgeschlossen.

4.5.2 Exkurs: Wann haben adjektivische VKen eine Q-Schicht?

Die Frage, wann adjektivische VKen eine Q-Schicht enthalten und wann nicht, wurde bislang offen gelassen. Es wurde lediglich darauf hingewiesen, dass grundsätzlich alle drei in (4-20) aufgeführten Input-Strukturen in adjektivischen VKen vorkommen können. Darüber hinaus wurde die Vermutung geäußert, dass in positiven umgangssprachlichen adjektivischen Komparativen keine Q-Schicht vorhanden ist, was die Ungrammatikalität von (4-21)a erklären würde. Es stellt sich jedoch die Frage, welche Input-Struktur für adjektivische VKen im Standarditalienischen postuliert werden muss. Diese soll am Beispiel der Komparativkonstruktion kurz diskutiert werden.

Nach Doetjes (1997) weisen alle Konstruktionen mit komplexen Quantifizierern dieselbe Struktur auf, egal ob ein adjektivischer, nominaler oder verbaler Restriktor vorliegt (vgl. Abschnitt 3.4). Da gemäß ihrer Typologie *più* und *meno* im Standarditalienischen als komplexe Quantifizierer anzusehen sind (vgl. (4-1)), würde sie für adjektivische Komparative dieselbe Struktur annehmen wie für nominale und verbale (nämlich (3-92)). Überträgt man ihre Annahme auf die hier vertretene VK-Analyse, müsste man für adjektivische Komparative im Standarditalienischen die Input-Strukturen (4-20)a-b, und nicht (4-20)c postulieren.

---

14 Ob man in diesem Zusammenhang überhaupt zwei getrennte Systeme postulieren kann, ist eine grundsätzliche Frage, die in diesem Rahmen nicht diskutiert werden kann.

Anhand der Vokabeleinträge in (4-30) lassen sich negative adjektivische Komparative (z.B. *meno bello*) in der Tat nur als komplexe Strukturen mit Q-Schicht auffassen, da die Einsetzung der Vokabel /meno/ kontextsensitiv ist und die Umgebung Q^0[-] verlangt. Somit muss ein durch das Merkmal [-] spezifizierter Q-Kopf vorliegen, auch wenn dieser nicht phonologisch realisiert ist, da gemäß (4-30)c in der Umgebung Deg^0[ER] die Vokabel Ø für Q^0[-] eingesetzt werden muss. Demnach müssen negative adjektivische Komparative ebenso wie nominale und verbale Komparative eine Q-Schicht enthalten:

(4-31) Struktur negativer adjektivischer Komparative

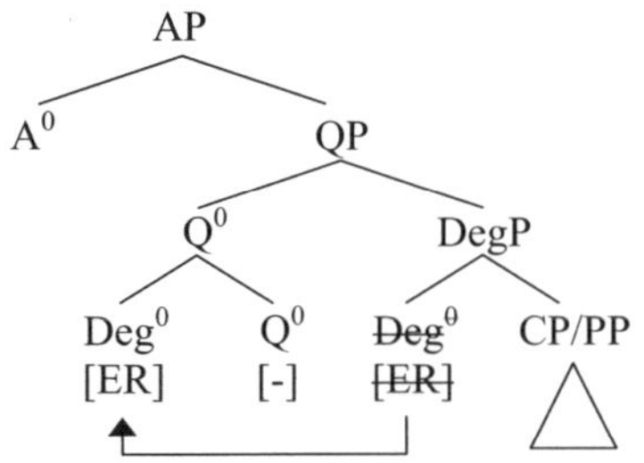

Wenn in adjektivischen Komparativen eine Q-Schicht auftreten kann, bedeutet dies wiederum für die Semantik der Adjektive, dass sowohl DegPen als auch QPen die skalare <G>-Position von Adjektiven sättigen können.[15]

Man könnte einwenden, dass die Annahme einer Q-Schicht in adjektivischen Komparativen im Standarditalienischen nicht besonders plausibel ist, zumal der entsprechende Q[-]-Knoten durch die Vokabel Ø realisiert wird und damit phonologisch leer ist. Es gibt jedoch Daten aus anderen Sprachen, aus denen die komplexe syntaktische Input-Struktur für negative adjektivische Komparative eindeutig erkennbar ist, wie die folgenden sardischen und deutschen Komparative zeigen:

(4-32) a. srd. Jubanne est *prus pagu* artu de Perdu.
b. dt. Hans ist *weniger* groß als Peter.

Geht man davon aus, dass *pagu* im Sardischen und *wenig* im Deutschen analog zu *poco* im Italienischen Vokabeln für Q^0[-] darstellen und srd. *prus* bzw. dt. *-er* den Deg[ER]-Knoten realisieren, ergeben sich die Daten in (4-32)a und b automatisch aus der Input-Struktur in (4-31). Wenn die syntaktische Input-Struktur keine Q-Schicht aufweisen dürfte, wäre umgekehrt unklar, wie diese Daten generiert werden könnten. Somit erscheint die Input-Struktur in (4-31) zumindest für das Deutsche und Sardische unvermeidbar.[16] Da die syntakti-

---

15 Man könnte dies als Fall von θ-Identifikation auffassen, bei dem eine DegP die <G>-Position der QP sättigt. Anschließend wird die <Thema>-Position der QP mit der <G>-Position des Adjektivs θ-identifiziert, so dass auch letztere gesättigt werden kann. Dass QPen die <G>-Position des Adjektivs sättigen können, muss im Übrigen auch unabhängig von VKen angenommen werden, da Adjektive auch von einfachen QPen modifiziert werden können:

i. tanto/poco bello.

16 Für das Englische ebenfalls, wenn man mit Bresnan (1973) annimmt, dass *less* eine Verschmelzung aus *-er* und *little* darstellt (analog zu *more* aus *-er* und *much*). Allerdings ist diese Hypothese

sche Struktur (im Gegensatz zu den postsyntaktischen morphologischen Prozessen) gemäß der Generativen Grammatik universal ist und die Input-Struktur in (4-31) mit den italienischen Daten ebenfalls kompatibel ist, scheint es keinen Grund zu geben, sie für adjektivische Komparative nicht anzunehmen.

Etwas anders sieht die Situation im Falle positiver adjektivischer Komparative aus. Anhand der genannten Vokabeleinträge in (4-30) ergibt sich z.B. die Kombination *più bello* aus den Input-Strukturen (4-20)a und c (hier wiederholt als (4-33)) in gleichem Maße:

(4-33) Syntaktisch mögliche Input-Strukturen für positive Komparative

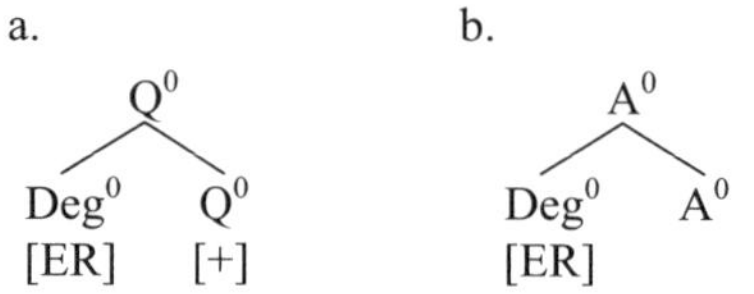

Setzt man die Input-Struktur (4-33)a voraus, ergibt sich der Output *più bello* aus der Einsetzung von /pju/ in den fusionierten Deg/Q-Knoten (vgl. (4-26). In (4-33)b würde /pju/ hingegen als Vokabel für den einfachen Deg-Knoten eingesetzt. Der Vokabeleintrag (4-30)b lässt beide Möglichkeiten zu. Ähnliches gilt auch für das Sardische, wenn man auch in dieser Sprache eine Fusionsregel annähme:

(4-34) srd. Jubanne est *prus* artu de Perdu.

Da die postulierte Fusionsregel beide Input-Strukturen auf einen einfachen Knoten reduziert, in dem prinzipiell jeweils die gleiche Vokabel eingesetzt werden kann, lässt sich die Frage, welche Input-Struktur zu bevorzugen ist, im Fall positiver Komparative auch für diese Sprache nicht eindeutig entscheiden. Anders sieht das hingegen im Deutschen aus. Hier liegt bekanntlich synthetische Komparativbildung vor:

(4-35) dt. Hans ist größ*er* als Peter.

Da das Flexionssuffix *-er* nur mit Adjektiven kombinierbar ist, kann es lediglich eine Deg^0[ER]-Realisierung sein und keine Realisierung für einen fusionierten Deg/Q-Knoten. Für letzteren steht im Deutschen die Vokabel *mehr* zur Verfügung. Daher muss für deutsche adjektivische Komparative eine einfache Deg-A-Struktur angenommen werden.[17]

Die Postulierung von (4-33)b für positive adjektivische Komparative hätte demnach den Vorteil, dass sie die bereits mehrfach beobachtete scheinbar größere Nähe zwischen Deg^0

---

nicht unumstritten (vgl. Abney 1987: 220f.). Auch wenn man gegen eine komplexe innere Struktur von *less* argumentiert, lässt sich die Input-Struktur (4-31) auch für das Englische vertreten, indem man ähnliche Vokabeleinträge wie für das Standarditalienische postuliert (also *less* für Deg vor Q^0[-] und Ø für Q^0[-] nach Deg^0[ER]).

17 Für das Englische hängt die Entscheidung wiederum von der Frage ab, ob man *more* als komplexes Element aus *-er* und *much* auffasst (vgl. Bresnan 1973, Doetjes 1997) oder als einfaches Deg^0, parallel zu *-er* (vgl. Abney 1987, Galant 1998). Im ersten Fall muss man zumindest für analytische Komparativformen eine Q-Schicht postulieren.

und A^0 (vgl. u.a. Donati 2000: 122), die im Deutschen und aus den umgangssprachlichen italienischen Daten in (4-21) erkennbar wird, auch strukturell abbildet. Es kann also festgehalten werden, dass prinzipiell beide Input-Strukturen für adjektivische Komparative möglich sind, dass eine Q-Schicht jedoch immer dann obligatorisch ist, wenn Q^0 das Merkmal [-] (oder einen sonstigen markierten Wert) enthält.[18]

Ein Problem, das bei dieser Auffassung bestehen bleibt, betrifft den Status von (4-36)b in Verhältnis zu (4-36)a:

(4-36) a. *più tanto bello...
b. ??più poco bello...

Bei der Inakzeptabilität der positiven Form **più tanto bello* wurde angenommen, dass hier die einfachere Input-Struktur ohne Q-Schicht vorliegt, weshalb eine overte Realisierung von *tanto* nicht möglich ist. Unklar ist jedoch, warum die negative Form ??*più poco bello* marginal erscheint, wenn man davon ausgeht, dass hier tatsächlich eine Q-Schicht mit dem Merkmal [-] projiziert wird. Dazu ist zum einen anzuführen, dass – wie bereits mehrmals angedeutet wurde – die negative Form tatsächlich etwas akzeptabler erscheint als die positive.[19] Dass sie dennoch markiert ist, könnte daran liegen, dass auch in der Umgangssprache der Vokabeleintrag /meno/ zumindest fakultativ zur Verfügung steht, der für diese Umgebung zusammen mit dem Eintrag Ø für Q^0[-] höher spezifiziert ist als *più poco* (vgl. (4-30)) und dadurch dessen Einsetzung (zumindest fakultativ) verhindern kann. Es spricht also einiges dafür, dass negative adjektivische VKen eine komplexe ($Deg^0/Q^0/A^0$) Struktur analog zu der der anderen Restriktoren besitzen, positive hingegen die „einfachere" Struktur Deg^0/ A^0 (vgl. (4-33)b), zumindest sofern in der Enumeration kein Q^0 mit einem markierten Wert vorliegt. Welche Werte für Q^0 (neben [-]) als markiert gelten können, wird u.a. in Abschnitt 4.5.4 erläutert. Zuvor werden jedoch die Vokabeleinträge für Ausmaß-VKen erarbeitet.

4.5.3 Ausmaß-VKen mit *abbastanza* und *troppo* ([SUF] und [EXC])

Bei den Ausmaß-VKen mit *abbastanza* und *troppo* liegen prinzipiell dieselben Input-Strukturen wie in (4-20) vor, mit dem einzigen Unterschied, dass die Art der Vergleichsrelation eine andere ist und Deg^0 daher andere Merkmale aufweist. Im Fall von Ausmaß-VKen mit *abbastanza* soll dieses Merkmal als [SUF] kodiert werden (aus it. *sufficiente* bzw. engl. *sufficient*). Demnach ergeben sich die für SUF-VKen folgenden Input-Strukturen:

---

18 In manchen Fällen trägt auch das Adjektiv selbst dazu bei, die Richtung der Skala zu bestimmen: Denn graduierbare Adjektive sind in der Regel positiv oder negativ skalar und treten oftmal als Antonympaare auf. Wenn die Umkehrung der Skala durch die Semantik des Adjektivs bestimmt wird (z.B. *più basso* statt *meno alto*), dann liegt jedoch eine lexikalische und keine funktionale Information vor. Diese wirkt sich auf die *Late Insertion*, die nur funktionales Material betrifft, nicht aus.

19 Solche Daten sind zumindest vereinzelt belegt, vgl. etwa das folgende Beispiel aus *Google* (27.11.05):
i. [??]Il costo era molto più poco costoso di altri scooters che ho valutato a soltanto $600.
Die Kombination *più tanto* + Adjektiv war hingegen nicht anzutreffen.

(4-37) Syntaktische Input-Strukturen für SUF-VKen

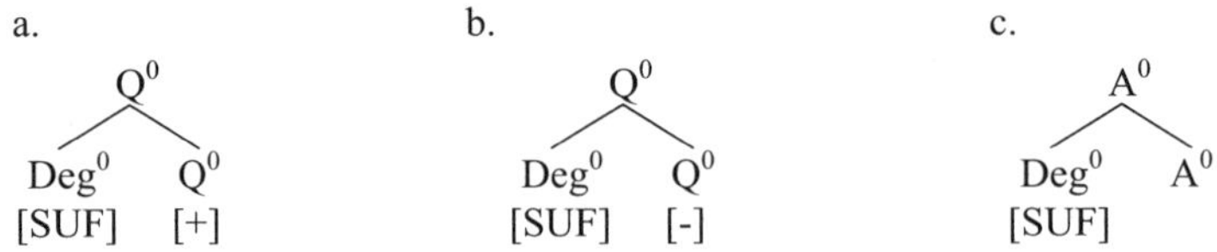

Für diese Inputstrukturen gilt prinzipiell das bisher Gesagte. Wie auch bei den Komparativen in der Standardsprache findet im Falle von (4-37)a die Fusionsregel (4-26) Anwendung. Daraus ergibt sich die Ungrammatikalität von **abbastanza tanto* vs. *abbastanza poco*. Denn im fusionierten Deg/Q-Knoten ist kein Platz mehr für die Einsetzung von *tanto* (vgl. aber (4-43)). Hingegen erfolgt keine Fusion, wenn Q^0 mit [-] versehen ist. Die Vokabelliste in (4-30) ist somit lediglich um die Vokabel /abbastantsa/ zu erweitern:

(4-38) Vokabelliste für italienische VKen (vorläufig)

a.	/meno/	↔	Deg^0	/	___ Q^0[-] [ER]
b.	/pju/	↔	$Deg^0(/Q^0)$	/	___ [ER]
c.	/abbastantsa/	↔	$Deg^0(/Q^0)$	/	_____ [SUF]
d.	Ø	↔	Q^0	/	Deg^0[ER] ___ [-]
e.	/pɔk-/	↔	Q^0	/	___ [-]
f.	/tant-/	↔	Q^0		(*Default*)

Gemäß der Vokabel (4-38)c wird *abbastanza* entweder in den fusionierten Deg/Q-Kopf oder aber in Deg^0 eingesetzt, sofern diesem ein Q^0[-] folgt. Aus dieser letzten Vokabel ergibt sich automatisch die Kombination *abbastanza poco*. Hingegen ist *abbastanza* + Ø für die negative Vergleichsrelation [SUF] nicht möglich, da die Vokabel Ø die Umgebung Deg^0[ER] verlangt, die hier nicht gegeben ist.

Als Alternative zu *abbastanza* kann *sufficientemente* angesehen werden. Dabei handelt es sich jedoch um ein Element, das sich vermutlich in einem Grammatikalisierungsprozess befindet. Wie ein gewöhnliches Adverb trägt es das Suffix *-mente* und kann nur Adjektive und Verben modifizieren, nicht jedoch Nomina, zumindest nicht ohne vermittelnde Q-Schicht:

(4-39) a. sufficientemente bello per…
b. mangia sufficientemente per...
c. sufficientemente *(tanti) biscotti per...

Es kann jedoch analog zu Deg^0[SUF] einen durch *per* eingeleiteten Vergleichsstandard selegieren. Somit kann *sufficientemente* als lexikalische Variante von Deg^0[SUF] angesehen werden.[20]

---

[20] Die Frage, ob *sufficientemente* eine AdvP mit den gleichen Distributionseigenschaften wie Deg^0[SUF] projiziert oder ob es sogar als Vokabel für Deg^0[SUF] eingesetzt werden kann, ist

Ähnlich wie *abbastanza* ist *troppo* zu analysieren, nur dass hier der Deg-Knoten das Merkmal [EXC] (aus engl. *exceed*) aufweist. Demnach können die folgenden Input-Strukturen postuliert werden:

(4-40) Syntaktische Input-Strukturen für EXC-VKen

a. b. c.

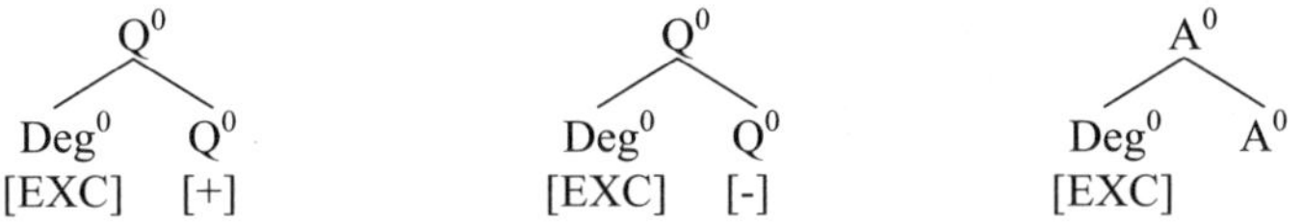

Da zunächst keine weiteren Annahmen notwendig sind, kann die Vokabelliste wie folgt erweitert werden:

(4-41) Vokabelliste für italienische VKen (vorläufig)

a.	/meno/	↔	Deg^0	/	___ Q^0[-] [ER]
b.	/pju/	↔	Deg^0(/Q^0)	/	___ [ER]
c.	/abbastantsa/	↔	Deg^0(/Q^0)	/	_____ [SUF]
d.	/trɔpp-/	↔	Deg^0/(Q^0)	/	_____ [EXC]
e.	Ø	↔	Q^0	/	Deg^0[ER] ___ [-]
f.	/pɔk-/	↔	Q^0	/	___ [-]
g.	/tant-/	↔	Q^0		(*Default*)

Es gibt jedoch einen weiteren Unterschied zwischen *troppo* und *abbastanza*, der anhand der folgenden nominalen VKen deutlich wird:

(4-42) a. Maria ha comprato *troppe* zucchine...
b. Maria ha comprato *abbastanza* zucchine…

In (4-42)a wird für den fusionierten Deg/Q-Knoten nicht /trɔpp-/, sondern /trɔppe/ eingesetzt. Es erfolgt overte Kongruenz in Numerus und Genus mit der modifizierten Nominal-

schwer zu beantworten. Klar ist, dass im letzten Fall eine Fusion von Deg^0 und Q^0 ausgeschlossen werden müsste, da die Kombination von *sufficientemente* mit *tanto* vor Nomina erlaubt sein muss. Dies könnte darauf zurückgeführt werden, dass *sufficientemente* aufgrund seiner klar als adverbial markierten Endung *-mente* nicht einmal oberflächenstrukturell mit Nomina auftreten darf, ohne dass weiteres phonologisches Material dazwischentritt. Aufgrund der Komplexität der Verhältnisse erscheint es aus theoretischer Sicht nach dem jetzigen Stand daher günstiger, vorläufig von einer „gewöhnlichen“ AdvP auszugehen. Man beachte, dass die Möglichkeit, grammatikalische Kategorien lexikalisch auszudrücken, nicht nur in VKen, sondern auch in anderen Bereichen besteht, z.B. bei der Realisierung von Tempusinformationen durch Zeitadverbien.

phrase. Eine solche Kongruenz wurde bislang bei keinem Deg-Element festgestellt. Lediglich für die einfachen Quantifizierer /pɔk/ und /tant/ konnte eine overte Markierung von φ-Merkmalen konstatiert werden (vgl. Abschnitt 4.5.1), so dass die Vermutung nahe liegen könnte, dass die φ-Merkmale in Q^0 spezifiziert sind. In Abschnitt 5.1 wird dafür argumentiert werden, dass die φ-Merkmale in einer späteren Phase der Derivation relevant werden. Ihre Realisierung wird daher zunächst noch zurückgestellt.

Es sei abschließend noch angemerkt, dass die Fusionsregel (4-26) ebenso wie bei den Komparativen auch in den hier behandelten Ausmaß-VKen in der Umgangssprache außer Kraft gesetzt werden kann. Demnach sind umgangssprachlich auch die folgenden nominalen (a) und verbalen (b) VKen möglich (Daten aus *Google* 14.11.2005):

(4-43) a. I Coreani sono abbastanza tanti da fare concorrenza a Europei e Americani.
b. E sapeva abbastanza tanto da preparare gli sheet [...].
(4-44) a. [...] 50 euro sono troppo pochi per l'originale [...] e troppo tanti per la contraffazione.
b. [...] perché ci eravamo legate troppo tanto e troppo presto per essere reali.

Auch hier erscheinen die entsprechenden adjektivischen VKen nicht akzeptabel, weil diese in positiven VKen keine Q-Schicht aufweisen (vgl. (4-37)c und (4-40)c sowie Abschnitt 4.5.2). Insgesamt kann also eine umgangssprachliche Tendenz zur getrennten overten Realisierung des Deg- und Q-Knotens in nominalen und verbalen VK-Strukturen verzeichnet werden.

4.5.4 Äquative und Similative (EQ-VKen)

Im Folgenden sollen die etwas problematischeren Äquative und Similative behandelt werden, die die Vergleichsrelation [EQ] realisieren (aus engl. *equality*) und daher ab sofort zusammenfassend als EQ-VKen bezeichnet werden sollen. Der Unterschied zwischen Äquativen und Similativen wurde in Kapitel 2 vor allem an einem formalen Gesichtspunkt festgemacht, nämlich an den jeweiligen Komparatoren und Standardmarkern: *tanto ... quanto* in Äquativen, *così ... come* in Similativen, wobei die Einstufung von *tanto* als Komparator als vorläufig betrachtet wurde. Es zeigte sich jedoch, dass – zumindest was die Komparatoren betrifft – der formale Unterschied nicht zwangsläufig mit einem semantischen einhergeht. So konnte vor allem im Fall der Similative eine klare Abgrenzung von Grad- bzw. Analogielesart nicht immer gezogen werden.

Darüber hinaus wurde in den Abschnitten 2.4.1 und 2.5.2 festgestellt, dass die italienischen Daten bezüglich der Möglichkeit der overten Realisierung des Komparators ziemlich verwirrend sind. Dieser ist in vielen Fällen fakultativ, und oftmals tritt *tanto* selbst in adjektivischen Konstruktionen auf (vgl. (4-45)b), was in den bisher behandelten VKen hingegen auch in der Umgangssprache ausgeschlossen wurde (vgl. u.a. Abschnitt 4.5.1). Außerdem scheint mit *tanto* in Äquativen ein in den bisherigen Vokabellisten als *Default*-Q^0 eingestuftes Element als Komparator aufzutreten: Auch dies ist ein ungewöhnlicher Umstand im Vergleich zu den bisher besprochenen Daten, in denen die Komparatoren immer (auch) einen Deg-Knoten realisieren. Die betreffenden EQ-Daten sollen hier zunächst im Überblick dargestellt werden:

(4-45) Adjektivische EQ-VKen
 a. ($^{?}$così) bello come...
 b. (tanto) bello quanto...
 c. $^{??}$così tanto bello quanto...[21]

(4-46) Nominale EQ-VKen
 ($^{?}$così) tanti biscotti quanti...

(4-47) Verbale EQ-VKen
 a. mangia ($^{?}$così) come...
 b. mangia ($^{?}$così) (tanto) quanto...

Diese Beispiele spiegeln den in Abschnitt 2.4.2 bereits angesprochenen Umstand wider, dass *così* in EQ-VKen in der Regel markiert ist. Sein Erscheinen ist nur in emphatischen Kontexten möglich, in denen etwa eine besonders große Quantität zum Ausdruck gebracht werden soll. In (4-45)b und (4-47)b ist auch *tanto* fakultativ; dieses Element ist nur dann obligatorisch, wenn es mit dem nominalen Restriktor kongruiert (vgl. (4-46)).

Betrachtet man zunächst die Daten in (4-45)c, (4-46) und (4-47)b, kann man eine Parallele zu den Komparativen in der Umgangssprache feststellen (vgl. Abschnitt 4.5.1): Die Kombination overtes Deg^0 (*così*) + overtes Q^0 (*tanto*) ist in nominalen und verbalen VKen möglich, in adjektivischen VKen hingegen ausgeschlossen. Das spricht dafür, dass eine vermittelnde Q-Schicht in diesem Fall nicht anzunehmen ist. Demnach können die folgenden Input-Strukturen für EQ-VKen postuliert werden:

(4-48) Syntaktische Input-Strukturen für positive EQ-VKen

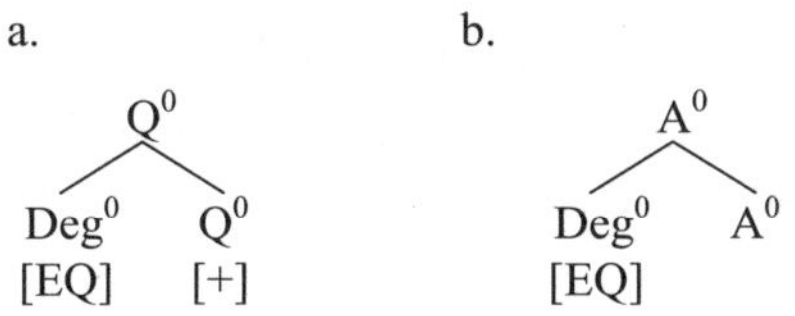

Zusätzlich zu der bisher erarbeiteten Vokabelliste (4-41) ist ein Eintrag für die Einsetzung von *così* notwendig:

(4-49) Vokabel für Deg^0[EQ]
 /ko'si/ ↔ Deg^0 / ___
 [EQ]

Im Folgenden werden die in (4-45) bis (4-47) aufgeführten Daten bzw. die verschiedenen dort erhaltenen Optionen schrittweise erläutert. Es sollen zunächst Fälle berücksichtigt werden, in denen weder Deg^0 noch Q^0 phonologisch realisiert sind:

(4-50) a. bello come/quanto...
 b. mangia quanto...[22]

---

21 Eine *Google*-Suche mit den Adjektiven *alto, bello, buono* und *grande* ergab lediglich einen Beleg für diese Konstruktion, und zwar mit dem Adjektiv *grande* (Google 13.11.2005). Dass dieser Fall auf den ersten Blick nicht vollkommen ausgeschlossen erscheint, liegt möglicherweise daran, dass die homonyme Ausmaß-VK (allerdings mit dem Standardmarker *che*) lizensiert ist (vgl. (4-84)b).

22 Auf die Option *mangia come...* kommen wir an späterer Stelle zurück (vgl. (4-65)).

Unter der Annahme, dass die Vergleichsrelation [EQ] (also Gleichheit) den unmarkierten Wert für Deg^0 darstellt, ebenso wie [+] für Q^0, weisen beide Knoten in der Struktur (4-48)a einen unmarkierten Wert auf. Gemäß Arregi (2000; s. auch Embick & Halle 2000) können Knoten, die lediglich Merkmale mit unmarkierten Werten enthalten, in der morphologischen Struktur getilgt werden:[23] „A terminal node containing only features with unmarked values is deleted at MS" (Arregi 2000: 3).

Im Falle der verbalen Konstruktion (4-50)b findet zunächst die in (4-25) besprochene Fusion statt, da Q^0 den unmarkierten Wert [+] kodiert. Der entsprechende fusionierte Knoten besteht dann jedoch aus den unmarkierten Werten [EQ]/[+]. Es soll hier angenommen werden, dass dieser unmarkierte Knoten im Italienischen Gegenstand der eben genannten Tilgung ist, die in diesem Fall wie folgt formuliert werden kann:

(4-51) Lösche Deg^0[EQ]/Q^0[+] (vorläufig):
Der fusionierte Deg/Q-Knoten wird gelöscht, wenn er nur unmarkierte Werte aufweist.

Ähnliches gilt für die adjektivische Konstruktion (4-50)a, allerdings findet hier keine Fusion statt, da von vornherein keine Q-Schicht anzunehmen ist (vgl. Abschnitt 4.5.2) und somit die Struktur (4-48)b vorliegt. Der unmarkierte Deg-Knoten wird jedoch trotzdem getilgt, so dass die Regel (4-51) wie folgt zu modifizieren ist:

(4-52) Lösche Deg^0[EQ](/Q^0[+]):
a. Der Deg-Knoten wird gelöscht, wenn er nur unmarkierte Werte aufweist.
b. Der fusionierte Deg/Q-Knoten wird gelöscht, wenn er nur unmarkierte Werte aufweist.

Die Tatsache, dass bei den Beispielen in (4-50) weder Deg^0 noch Q^0 phonologisch realisiert werden, ist also darauf zurückzuführen, dass die entsprechenden Knoten aufgrund ihrer Unmarkiertheit postsyntaktisch getilgt werden und somit für die Vokabeleinsetzung nicht mehr zur Verfügung stehen:

(4-53) Anwendung der Tilgungsregel (4-52)

a. mangia quanto... b. bello quanto/come...

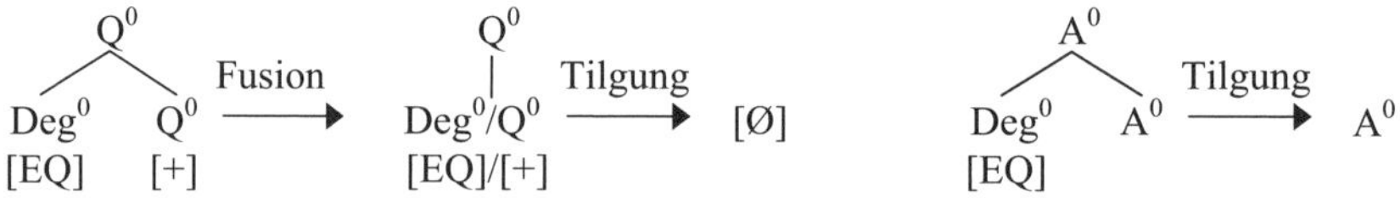

Auf die Frage, weshalb eine entsprechende nominale Struktur wie die folgende (also ohne *tanto*) nicht möglich ist, wird an späterer Stelle zurückzukommen sein (vgl. auch (4-62) sowie Abschnitt 5.1):

(4-54) *(tanti) biscotti quanti...

Zunächst sollen jedoch Fälle behandelt werden, in denen *tanto* fakultativ auftritt:

---

[23] D.h. Knoten mit unmarkierten Werten können mit einem anderen Knoten fusionieren oder getilgt werden. Ob im Einzelfall Fusion, Tilgung, beides oder nichts davon erfolgt, ist einzelsprachspezifisch festgelegt.

(4-55) a. (tanto) bello quanto...
b. mangia (tanto) quanto...

In Abschnitt 2.4.1 wurde bereits erwähnt, dass solche Daten eine besondere Emphase mit sich bringen. Man kann daher davon ausgehen, dass *tanto* in solchen Fällen fokussiert ist.[24] Demnach muss Q^0 in den entsprechenden Konstruktionen das Merkmal [+Fok] tragen. Da es sich dabei um einen markierten Wert handelt, bleibt die Fusionsregel (4-26) aus, denn diese setzt voraus, dass Q^0 nur unmarkierte Werte (also [+]) trägt. Entsprechend der Tilgungsregel (4-52)a wird jedoch der Deg-Knoten aufgrund seiner Unmarkiertheit gelöscht. Es ergibt sich daher folgendes Bild:

(4-56) tanto bello quanto... / mangia tanto quanto...

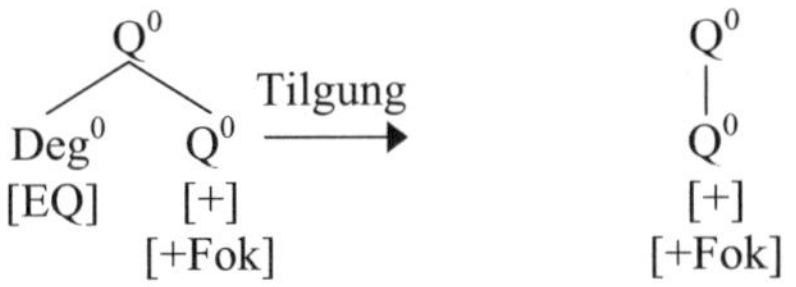

Man kann die scheinbare Fakultativität von *tanto* in verbalen und adjektivischen EQ-VKen also damit erklären, dass es immer dann ausbleibt, wenn es nicht fokussiert ist. Im Fall der adjektivischen Äquative muss davon ausgegangen werden, dass bei Fokussierung die Q-Schicht in der Input-Struktur obligatorisch ist, da sie das Merkmal [+Fok] aufweist, ebenso wie dies für negative VKen (also VKen mit dem Wert [-] für Q^0) angenommen wurde (vgl. Abschnitt 4.5.2). Somit kann die Input-Struktur (4-48)a, also die Struktur mit Q-Schicht, in adjektivischen VKen auch dann vorausgesetzt werden, wenn ein fokussiertes Q^0 vorhanden ist.

Ein Umstand, der durch die bisherigen Erläuterungen noch nicht erfasst wird, betrifft die Asymmetrie zwischen (4-45)c und (4-47)b, im Folgenden als (4-57)a und b wiederholt:

(4-57) a. ??così tanto bello quanto...
b. ?mangia così tanto quanto...

Zu Beginn dieses Abschnitts wurde bereits erwähnt, dass das Auftreten von *così* in EQ-VKen grundsätzlich markiert ist und lediglich in (normativen) Grammatiken eine größere Rolle spielt (vgl. auch Abschnitt 4.5.2). Dies bedeutet, dass die Anwendung der Tilgungsregel (4-52) im modernen Italienisch grundsätzlich der Regelfall ist. Wird *così* überhaupt realisiert, scheint eine gewisse Emphase im Spiel zu sein (z.B. besonders große Quantitäten/ Grade, vgl. u.a. die Daten in (2-136)). Möglicherweise dient *così* in diesen Fällen als eine

---

24 Das ist beispielsweise in Subäquativen immer der Fall, in denen *tanto* obligatorisch zu sein scheint (vgl. Abschnitt 2.4.3):
i. Mario è *(tanto) alto quanto intelligente.
Ein möglicher Grund für das obligatorische Auftreten von *tanto* speziell in solchen Konstruktionen wird in Abschnitt 6.1.3 erläutert.

Art Fokusmarker, der seinem adjazenten Knoten das Merkmal [+Fok] zuweist.[25] Ich möchte annehmen, dass es zwei Möglichkeiten gibt, ein solches Fokusmerkmal in die Derivation von VKen einzubringen, entweder durch direkte Fokussierung von Q^0 oder aber durch Fokuszuweisung seitens Deg^0 an seinen adjazenten Knoten (also Q^0 oder A^0). Die geringere Akzeptabilität von (4-57)a gegenüber (4-57)b kann folgendermaßen erläutert werden: In positiven adjektivischen VKen tritt nur dann eine Q-Schicht auf, wenn darin ein markiertes Merkmal, also z.B. [+Fok], spezifiziert ist. Die Tilgung von Deg^0[EQ] bleibt ebenfalls nur dann aus, wenn dieses ein Fokusmarker ist und damit das Merkmal [+Fok] aufweist. Der Output (4-57)a, der die getrennte Realisierung von Deg^0 und Q^0 verlangt, würde somit eine doppelte Fokusmarkierung voraussetzen, was scheinbar nicht möglich ist. Demnach kann entweder Deg^0 oder Q^0 die Fokussierung des komplexen Kopfes auslösen, nicht jedoch beide gleichzeitig. Ist [+Fok] in Deg^0 spezifiziert, muss die Input-Struktur (4-48)b vorliegen, also die Struktur ohne Q-Schicht. Deg^0 muss realisiert werden, da es das Merkmal [+Fok] trägt und somit nicht getilgt werden darf. Eine gleichzeitige Realisierung von Q^0 ist nicht möglich, da in der Input-Struktur (4-48)b kein Q^0 vorhanden ist. Es ergibt sich somit der folgende Output:

(4-58) così bello come...

Ist Q^0 hingegen fokussiert, kann nur die Input-Struktur (4-48)a, also die Struktur mit Q-Schicht, vorliegen. Es findet jedoch keine Fusion statt, da Q^0 einen markierten Wert aufweist und daher ebenfalls realisiert werden muss. Da eine gleichzeitige Fokusmarkierung von Deg^0 nicht möglich ist, findet die Tilgungsregel (4-52)a Anwendung, und *così* bleibt unrealisiert:

(4-59) tanto bello quanto...

Es stellt sich allerdings die Frage, warum eine gleichzeitige Realisierung von Deg^0 und Q^0 in verbalen EQ-VKen, also beispielsweise in (4-57)b eher möglich ist. Die Annahme, dass beide fokusmarkiert sind, wurde bereits ausgeschlossen. Also kann ein Fokusmerkmal entweder nur für Q^0 oder für Deg^0 angenommen werden. Im ersten Fall findet keine Fusion statt: Q^0 wird realisiert, nicht jedoch Deg^0, da dieses nicht fokusmarkiert ist und daher getilgt wird. Hierdurch wird der folgende Output vorhergesagt:

(4-60) mangia tanto quanto...

Wenn jedoch Deg^0 das Merkmal [+Fok] trägt, darf es nicht getilgt, sondern muss phonologisch realisiert werden. Die Fusionsregel (4-26) müsste trotzdem Anwendung finden, da diese lediglich voraussetzt, dass Q^0 unmarkierte Werte trägt, was hier der Fall ist. Das Problem liegt nun darin, dass sich in diesem Fall ein komplexer Deg/Q-Knoten mit den Werten [EQ]/[+Fok]/[+] ergibt, der durch keine Vokabel realisierbar ist. Die einzige Vokabel, die für Deg^0[EQ] zur Verfügung steht, ist /ko'si/, und diese ist nur für Deg^0, nicht jedoch für Deg^0/Q^0 spezifiziert. Demnach darf /ko'si/ nicht in einen fusionierten Deg/Q-Knoten einge-

---

25 Aus Vereinfachungsgründen wird diese Eigenschaft im Folgenden ebenfalls als [+Fok]-Merkmal, allerdings in Deg^0, dargestellt.

setzt werden. Das im fusionierten Deg/Q-Knoten enthaltene Merkmal [+Fok] verlangt jedoch nach phonologischem Material, damit es überhaupt erfüllt werden kann. Um einen Zusammenbruch der ansonsten syntaktisch vollkommen grammatischen Input-Struktur zu vermeiden, kann angenommen werden, dass die Fusion entweder ganz ausbleibt oder aber durch so genannte Aufspaltung (*Fission*) wieder rückgängig gemacht wird.[26] Als Resultat stehen dann für die Vokabeleinsetzung zwei Positionen zur Verfügung, deren Realisierung letztendlich zu dem Output *mangia così tanto quanto...* führt.

Die bisher analysierten Äquative können zusammenfassend wie folgt erklärt werden:

(4-61)	a.	A^0 + come/quanto...	[Tilgung von Deg^0];
	b.	così + A^0 + come/quanto...	[Keine Tilgung von Deg^0, da [+Fok]];
	c.	tanto + A^0 + quanto...	[Tilgung von Deg^0, Q^0 realisiert, da [+Fok]];
	d.	??così tanto + A^0 + quanto...	[ungrammatisch, da kein doppeltes [+Fok] möglich];
	e.	V^0 + quanto...	[Tilgung von Deg^0/Q^0];
	f.	V^0 + tanto quanto...	[Keine Fusion, da Q^0[+Fok.], Tilgung von Deg^0];
	g.	V^0 + così tanto quanto...	[Keine Tilgung von Deg^0, da [+Fok], Aufspaltung des fusionierten Deg/Q-Kopfes, da keine Vokabel vorhanden → Deg^0 und Q^0 getrennt realisiert].

Es bleibt noch zu klären, weshalb *tanto* in nominalen Äquativen immer obligatorisch ist, unabhängig vom Auftreten von *così*:

(4-62) a. così tanti biscotti quanti...
b. tanti biscotti quanti...
c. *biscotti quanti...

Es wäre unplausibel anzunehmen, dass Q^0 in nominalen Konstruktionen immer fokussiert sein sollte. Wenn man die folgenden Daten etwas genauer betrachtet, scheint sich eine mögliche Erklärung anzudeuten:

(4-63) a. (tanto) belli quanto... (adjektivische VK)
b. tanti biscotti quanti... (nominale VK)
c. mangiano (tanto) quanto... (verbale VK)

Der Hauptunterschied zwischen nominalen und nicht-nominalen Äquativen liegt einerseits darin, dass *tanto* nur in ersteren obligatorisch ist, andererseits fällt auf, dass *tanto* in ersteren overte Kongruenz mit dem nominalen Restriktor aufweisen muss. Demnach ist die Besonderheit nominaler Äquative vermutlich in den Kongruenzverhältnissen nominaler VKen zu suchen. Auf diese wird in Abschnitt 5.1 eingegangen. Dort werden auch die Erläuterungen nachgeholt, die für die Erfassung des obligatorischen Auftretens von Q^0 in den folgenden nominalen Äquativen noch fehlen:

(4-64)	a.	*(tanti) + N^0 + quanti...	[Tilgung von Deg, Auftreten von Q^0 obligatorisch];
	b.	così tanti + N^0 + quanti...	[Keine Tilgung von Deg^0, da [+Fok], Auftreten von Q^0 obligatorisch].

---

[26] Zur Operation *Fission* in der *Distributed Morphology*, vgl. u.a. Noyer (1997) und Pomino (2008: 4f.).

Ein letzter Fall, den es noch zu besprechen gilt, ist (4-47)a, hier wiederholt als (4-65):

(4-65) mangia ($^{?}$così) come...

Hier liegt ein so genannter Analogievergleich vor, da in verbalen VKen – wie in Abschnitt 2.5.2 erläutert wurde – keine graduierende oder quantifizierende Lesart von (*così*) ... *come* möglich ist, sondern lediglich eine qualitative Lesart (‚auf die gleiche Art und Weise wie'). Im Grunde kann innerhalb dieser Struktur also weder eine Q- noch eine Deg-Schicht postuliert werden. Somit kann *così* zwar in verbalen VKen ohne vermittelnde Q-Schicht auftreten, allerdings nicht als Realisierung von Deg^0.[27] Die Hypothese, dass *così* als Deg-Kopf nur vor einem overten Adjektiv (bzw. Adverb oder Quantifizierer) auftreten kann, was sich daraus ergibt, dass es als Vokabel für Deg^0 gemäß den bisher angenommenen Input-Strukturen entweder vor einem Adjektiv- oder vor einem Q-Knoten auftritt, wird durch das Auftreten von *così* in verbalen VKen also nicht widerlegt. Vielmehr muss angenommen werden, dass der Komparator *così* immer dann, wenn er keine graduierende, sondern qualifizierende Bedeutung hat, keine Vokabel für Deg^0, sondern für irgendeine funktionale Kategorie, in der „Art und Weise" kodiert werden kann. Diese soll im Folgenden als ModP bezeichnet werden.[28] Die ModP unterscheidet sich generell von der DegP darin, dass sie keine <G>-Position sättigt und somit nicht zwangsläufig mit einem Adjektiv/Quantifizierer auftreten muss.[29] Vermutlich muss das θ-Raster von Verben (sowie von deverbalen Adjektiven/Adverbien) um eine potentielle <M>-Position (vgl. Abschnitt 1.4.2) erweitert werden, damit diese in Analogievergleichen auftreten können. Wenn eine solche <M>-Position gesättigt werden muss, kann die VK auch mit einem verbalen Restriktor ohne Q-Schicht auftreten. Die Vergleichsrelation ist dann jedoch nicht in einem Deg-, sondern in einem Mod-Kopf kodiert. Daher hat *così*, wenn es ohne overtes Q^0 mit Verben auftritt, zwangsläufig qualifizierende Bedeutung. Die Input-Struktur sieht in diesem Fall folgendermaßen aus:

(4-66) Syntaktische Input-Struktur für verbale Similative

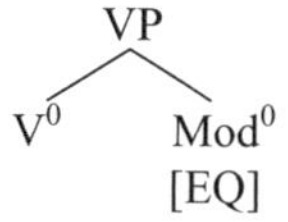

---

[27] It. *così* kann zwar mit Verben kombiniert werden, jedoch nicht als graduierender Ausdruck:
i. Devi fare così.
Was Similativkonstruktionen betrifft, wurde in Abschnitt 2.5.2 bereits darauf hingewiesen, dass dort das Auftreten des Komparators *così* als marginal zu bewerten ist:
ii. Si è comportato ($^{?}$così) come me l'aspettavo.
Auch in ii hat *così* jedoch keine graduierende Lesart. Demnach kann es lediglich im Kontext von Adjektiven als graduierender Ausdruck auftreten, womit eine Einstufung als Deg-Kopf nur in solchen Kontexten gerechtfertigt erscheint. Dieselben Beobachtungen gelten übrigens auch für dt. *so*.

[28] Diese darf nicht mit der ModP von Cinque (1999: 106) verwechselt werden, deren Funktion in der Kodierung von Modalität im Sinne von Notwendigkeit, Möglichkeit usw. besteht.

[29] Zwar wurde in Kapitel 3 (Fn. 55) darauf hingewiesen, dass auch einige Verben eine <G>-Position aufweisen, diese wird jedoch syntaktisch – zumindest in VKen – nicht anders realisiert als die <Q>-Position der meisten Verben.

In Abschnitt 2.5.2 wurden auch problematische Fälle aufgeführt, in denen äquativische und similativische Elemente kombiniert auftreten. Dabei wurde festgestellt, dass ein Äquativ-Komparator mit einem Similativ-Standardmarker eher möglich ist als umgekehrt:

(4-67) a. Maria è tanto bella come la immaginavo.
b. ?Mario è così intelligente quanto Gianni.

Dass kombinierte Konstruktionen überhaupt auftreten können, kann dadurch erklärt werden, dass sowohl Similative als auch Äquative die gleiche unmarkierte Vergleichsrelation [EQ] ausdrücken. Die geringere Akzeptabilität von (4-67)b ist m.E. darauf zurückzuführen, dass *così* in EQ-VKen überhaupt nur fokussiert auftritt und dadurch bei der Beurteilung seiner Grammatikalität ein entsprechender informationsstrukturell markierter Kontext konstruiert werden muss.

Abschließend sei die Vokabelliste (4-41) noch um die Vokabel /ko'si/ als Deg^0- und Mod^0-Realisierung erweitert:

(4-68) Vokabelliste für italienische VKen (vorläufig)

a.	/meno/	↔	Deg^0	/	___ Q^0[-] [ER]
b.	/pju/	↔	Deg^0(/Q^0)	/	___ [ER]
c.	/ko'si/	↔	Deg^0	/	___ [EQ]
d.	/abbastantsa/	↔	Deg^0(/Q^0)	/	___ [SUF]
e.	/trɔpp-/	↔	Deg^0(/Q^0)	/	___ [EXC]
f.	Ø	↔	Q^0	/	Deg^0[ER] ___ [-]
g.	/pɔk-/	↔	Q^0	/	___ [-]
h.	/tant-/	↔	Q^0	(*Default*)	
i.	/ko'si/	↔	Mod^0	(*Default*)	

Bisher wurden negative EQ-VKen außer Acht gelassen, um die komplexe Datenlage übersichtlicher zu gestalten. Ihre Behandlung soll im Folgenden nachgeholt werden. Zunächst ist zu beachten, dass die Kombination von Deg^0[EQ] mit Q^0[-] semantisch zumindest seltsam erscheint, da die Gleichheitsrelation *per definitionem* keine Richtung hat, sondern Referenz- und Standardwert an ein und derselben Stelle der Gradskala positionieren sollte. Das Auftreten von *tanto* in EQ-VKen bildet in dieser Hinsicht kein Problem, da es ohnehin den *Default* für Q^0 darstellt und der Wert [+] als unmarkiert gilt. EQ-VKen mit *poco* erscheinen hingegen eher ungewöhnlich, was teils an der bereits konstatierten Marginalität von *così* liegt, teils wohl aber auch auf die eben genannten semantischen Bedingungen zurückzuführen sein könnte:

(4-69) a. ?(così) poco bello quanto...
b. ?(così) pochi biscotti quanti...
c. ?mangia (così) poco quanto...

Im Unterschied zu den jeweiligen „positiven“ Entsprechungen tritt *poco* unabhängig von der Art des Restriktors auf, was auf der bereits mehrmals erwähnten Markiertheit von Q^0[-] beruht. Somit gibt es für negative EQ-VKen nur eine mögliche Input-Struktur:

(4-70) Syntaktische Input-Struktur für negative EQ-VKen

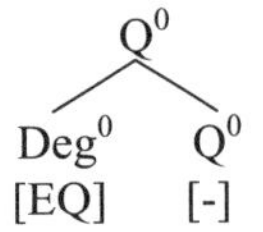

Die Daten in (4-69) ergeben sich aus der Vokabelliste (4-68) in Kombination mit der Tilgungsregel (4-52) und der eben aufgeführten Input-Struktur automatisch. Es gibt übrigens einen weiteren Typ von negativen EQ-VKen, der allerdings stark markiert erscheint:[30]

(4-71) a. ??tanto poco bello quanto...
b. ??tanto pochi biscotti quanti...
c. ??mangia tanto poco quanto...

Auch wenn diese Daten extrem marginal sind, erscheinen sie insofern interessant, als die Kookkurrenz von *tanto* und *poco* entweder als Hinweis für eine Input-Struktur mit zwei Q-Schichten interpretiert werden müsste oder aber – was wahrscheinlicher ist – die Tendenz zu einem möglichen kategorialen Wechsel von *tanto* von Q^0 zu Deg^0 andeutet. Auf diese Frage wird im nächsten Abschnitt zurückzukommen sein.

Ein weiterer Komparator, der in italienischen Äquativen auftritt und bisher außer Acht gelassen wurde, ist *altrettanto*. In Abschnitt 2.4.4 wurde bereits erwähnt, dass dieser nicht den Standardmarker *quanto* fordert, sondern in der Regel mit *che* auftritt. Darüber hinaus ist die phonologische Realisierung dieses Komparators nicht fakultativ, sondern obligatorisch.

An dieser Stelle muss etwas genauer auf die Merkmalskodierung in Deg^0 eingegangen werden. Abgesehen vom Merkmal [EQ], das die Vergleichsrelation ausdrückt, muss in Deg^0 auch eine Information über den zu selegierenden Standardmarker enthalten sein. Im Fall von *quanto* bzw. *come* kann davon ausgegangen werden, dass deren Selektion allein durch das Merkmal [EQ] lizensiert ist.[31] Im Unterschied zu den bisher genannten EQ-VKen muss eine durch *altrettanto* eingeleitete Konstruktion in Deg^0 ein Merkmal aufweisen, das die Selektion von *che* als Standardmarker lizensiert. Dieses Merkmal soll vorläufig als [*che*] dargestellt werden (vgl. aber Abschnitt 6.1.2). Das führt zu dem folgenden Vokabeleintrag für *altrettanto*:

---

30 Vgl. die folgenden Daten aus *Google* (16.11.2005):
i. Persino in occasione del matrimonio civile la presenza della parentela della sposa era *tanto poco* richiesta quanto quella del figlio di Springer.
ii. [...] il loro ultimo lavoro mi piace *tanto poco* quanto invece mi fa impazzire.

31 Welcher der beiden Standardmarker im Einzelfall ausgewählt wird (ob also ein Analogie- oder ein Gradvergleich realisiert wird), hängt von der Sprecherabsicht und den dementsprechend aus dem Lexikon entnommenen Einträgen (LI) ab. Es handelt sich also um eine Frage der präsyntaktischen Selektion der Elemente, nicht um eine syntaktische Frage. Wichtig für die Syntax ist nur, dass die gewählten LI zu kompatiblen Merkmalskombinationen führen. Diese Bedingung ist im Fall von Deg^0[EQ] sowohl bei der Auswahl von *come* als auch von *quanto* als Standardmarker erfüllt.

(4-72) Vokabeleintrag für *altrettanto*-VKen

/altrettanto/	↔ $Deg^0(/Q^0)$	/	______ [EQ, *che*]

Es ist davon auszugehen, dass das Vorliegen des Merkmals [*che*] die o.g. Tilgungsregel (4-52) blockiert, denn Deg enthält in diesem Fall nicht ausschließlich den als unmarkiert eingestuften Wert [EQ]. Demnach ist die Realisierung von *altrettanto* immer obligatorisch. Die Einsetzung von *così* ist ebenfalls ausgeschlossen, da die Vokabel /altrettant-/ höher spezifiziert ist. Ansonsten entsprechen die Einsetzungsbedingungen von *altrettanto*, vor allem was mögliche Input-Strukturen und die Realisierung von φ-Merkmalen angeht, bis auf die Merkmalskodierung in Deg^0 im Grunde denen von *troppo* (vgl. Abschnitt 4.5.3). Aus den bisher behandelten VKen ergibt sich die folgende erweiterte Vokabelliste:

(4-73) Vokabelliste für italienische VKen (vorläufig)

a.	/meno/	↔ Deg^0	/	___ Q^0[-] [ER]
b.	/pju/	↔ $Deg^0(/Q^0)$	/	___ [ER]
c.	/ko'si/	↔ Deg^0	/	___ [EQ]
d.	/abbastantsa/	↔ $Deg^0(/Q^0)$	/	_____ [SUF]
e.	/trɔpp-/	↔ $Deg^0(/Q^0)$	/	_____ [EXC]
f.	/altrettant-/	↔ $Deg^0(/Q^0)$	/	______ [EQ, *che*]
g.	Ø	↔ Q^0	/	Deg^0[ER] ___ [-]
h.	/pɔk-/	↔ Q^0	/	___ [-]
i.	/tant-/	↔ Q^0	(*Default*)	
j.	/ko'si/	↔ Mod^0	(*Default*)	

Im nächsten Abschnitt soll abschließend noch auf Ausmaß-VKen mit den Komparatoren *così*, *tanto*, *tale* und *talmente* eingegangen werden.

4.5.5 Ausmaß-VKen mit *così*, *tanto*, *talmente* und *tale* ([EXT])

Die Vergleichsrelation, die in den betreffenden VKen zum Ausdruck kommt, soll mit dem Merkmal [EXT] (aus engl. *extent*) gekennzeichnet werden. In Abschnitt 2.6.3 wurden für solche EXT-VKen die folgenden Daten angeführt:

(4-74) a. Anna è così/tanto/talmente intelligente da capire/che capisce Einstein.
b. Ho speso così/talmente tanti soldi che non mi rimane niente sul libretto dei risparmi.
c. Laura guida così/tanto/?talmente prudentemente che le affiderei la mia macchina.[32]
d Hai dormito così/talmente tanto che pensavo fossi morto.

---

[32] Zur Markiertheit der Kombination *talmente prudentemente* vgl. Kapitel 2, Fn. 81.

Auffällig ist, dass neben *talmente* auch der aus EQ-VKen bereits bekannte Komparator *così* auftreten kann. Aber auch das Element *tanto* ist in obigen Konstruktionen möglich, wobei besonders bemerkenswert erscheint, dass *tanto* hier nicht fakultativ, sondern auch in adjektivischen/adverbialen und verbalen VKen immer obligatorisch ist:

(4-75) a. *(tanto) intelligente/prudentemente che...
b. *(tanti) soldi che...
c. mangia *(tanto) che...

Der Unterschied zwischen adjektivischen/adverbialen VKen einerseits und nominalen und verbalen VKen andererseits liegt jedoch darin, dass *tanto* in ersteren in Opposition zu *così* bzw. *talmente* steht und durch diese ersetzt werden kann, in letzteren hingegen nicht:

(4-76) a. così/talmente intelligente/prudentemente che...
b. *così/talmente soldi che...
c. *mangia così/talmente che...

Die letzten drei Beispiele legen nahe, dass *così* und *talmente* einfache Deg-Köpfe realisieren, die nur vor Adjektiven und Adverbien auftreten können.[33] Von den folgenden mögli-

---

[33] Es gibt hierbei eine scheinbare Ausnahme, die das Auftreten von *così* (in seiner EXT-Interpretation) mit manchen Nomina in der Umgangssprache betrifft, z.B. mit *paura* oder *fame* (vgl. *Google* 03.01.09, Beispiel ii lässt sich aufgrund des Auftretens von *ci* mit *avere* eindeutig dem umgangssprachlichen Register zuordnen):
i. [...] ho così paura di cose invisibili che a volte mi ferisco [...]
ii. [...] c'ha così fame che si mangerebbe il cuore di gesù arrostito [...]
Man beachte, dass hier Funktionsverbgefüge vorliegen: *paura* kann dabei in der Wendung *avere paura* oder *fare paura*, *fame* nur in *avere fame* auftreten. Man könnte annehmen, dass hier *de facto* keine nominalen, sondern verbale VKen vorliegen. Allerdings wurde bereits erläutert, dass *così* in gewöhnlichen verbalen VKen ebenfalls nicht lizensiert ist. M.E. lassen sich solche Daten dadurch erklären, dass *paura* bzw. *fame* in solchen Wendungen ihren nominalen Charakter zumindest teilweise verloren haben und als Quasi-Adverbiale interpretiert werden können. Dafür spräche, dass Funktionsverbgefüge mit *avere/fare* oftmals deadjektivische Nomina enthalten, die mit ihrer adjektivischen Basis homonym sind, z.B. *caldo* oder *freddo* in *avere/fare caldo/freddo*. Auch solche Wendungen können mit *così* kookkurrieren (vgl. *Google* 03.01.09):
iii. Fa così caldo che Maroni ha annunciato di voler prendere le impronte.
Für den adverbialen Status des involvierten Nomens bzw. Adjektivs spricht, dass die Kookkurrenz mit *così* in Wendungen mit *fare*, das prinzipiell mit Adverbien kombinierbar ist (z.B. *fare qc. bene*), akzeptabler zu sein scheint, als in Wendungen mit *avere,* das hingegen nicht mit Adverbien kookkurrieren kann. Dies spiegelt sich auch in der Anzahl der Vorkommnisse der entsprechenden Funktionsverbgefüge in Verbindung mit *così* wider: ca. 35.000 Belege für *avere/fare così caldo,* ca. 34.000 Belege für *avere/fare così freddo*, ca. 29.000 Belege für *avere/fare così paura*, aber nur ca. 1.200 Belege für *avere così fame.*
Ähnliche Daten finden sich übrigens auch im (umgangssprachlichen) Deutschen:
iv. {Ich hab'/Das macht mir} so Angst/Hunger.
Ein Fall, in dem der Status des lexikalischen Elements im Funktionsverbgefüge ähnlich schwer zu bestimmen ist, wie in Wendungen mit *caldo/freddo*, ist dt. *weh* bzw. *Leid/leid* (was bekanntlich auch zu Unsicherheiten in der Rechtschreibung führt):
v. Er tut mir so weh/Leid / Ich bin es leid.

chen Input-Strukturen muss demnach für die Daten in (4-76) die Struktur in (4-77)c postuliert werden:

(4-77) Syntaktische Input-Strukturen für EXT-VKen

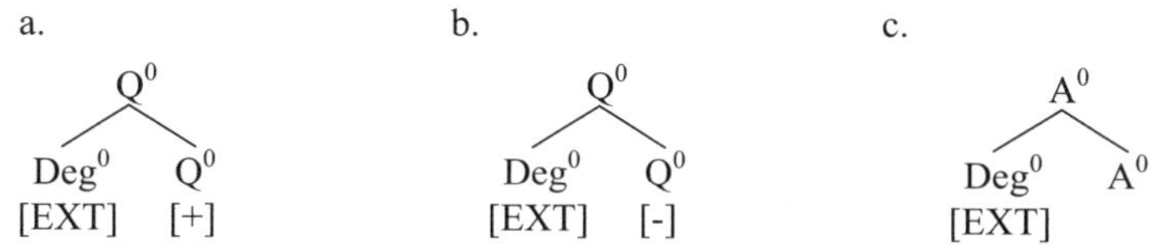

Interessanterweise ist in (4-77)c neben *talmente* und *così* auch *tanto* möglich (vgl. (4-75)a). Dass *tanto*, das bisher als Q^0 klassifiziert wurde, überhaupt in (4-77)c auftritt, erscheint zunächst erstaunlich, denn hier ist kein Q^0 vorhanden, in das es eingesetzt werden könnte. Es muss also angenommen werden, dass *tanto* hier als Realisierung von Deg^0[EXT] fungiert. Dies scheint die bereits in (negativen) Äquativen beobachtete Tendenz zu einem kategorialen Wechsel von *tanto* von Q^0[+] zu Deg^0 und damit zu einem „echten" Komparator zu bestätigen. Die Tatsache, dass *tanto* auch in adjektivischen und adverbialen EXT-VKen obligatorisch ist, würde demnach daraus folgen, dass hier Deg^0[EXT] nicht getilgt werden darf, denn es weist – im Gegensatz zu Deg^0[EQ] – keinen unmarkierten Wert auf.

Betrachten wir nun die folgenden nominalen und verbalen VKen:

(4-78) a. così tanti biscotti che...
b. mangia così tanto che...

Hier muss die Input-Struktur (4-77)a vorliegen, da sowohl ein Deg- als auch ein Q-Kopf overt realisiert werden. Erstaunlich ist jedoch, dass die bisher für positive VKen im Standarditalienischen postulierte Fusionsregel (4-26) offensichtlich keine Anwendung findet. Es gibt dafür grundsätzlich zwei mögliche Erklärungen: Entweder muss angenommen werden, dass Q^0 in solchen Fällen den markierten Wert [+Fok] besitzt, der die Fusion blockiert. Dann wären nominale und verbale VKen mit *così tanto* immer als fokussiert zu betrachten. Eine Alternative besteht darin, diese Daten als umgangssprachlich zu interpretieren. Genau dies tut beispielsweise Schwarze, wie aus dem folgenden Zitat deutlich wird: „In der Umgangssprache hört man auch *così tanto*, also z.B.: *Così tanti regali*!" (Schwarze 1995: 657). In diesem Fall wären Daten wie (4-78) unproblematisch, denn es wurde bereits mehrmals darauf hingewiesen, dass die genannte Fusionsregel in der Umgangssprache keine Anwendung findet. Die Situation lässt sich somit folgendermaßen resümieren: Findet in nominalen und verbalen VKen Fusion statt, wird der fusionierte Deg/Q-Knoten durch *tanto* realisiert, und es ergeben sich die Daten (4-75)b-c. Findet hingegen keine Fusion statt, wird *così* bzw. *talmente* in Deg^0[EXT] eingesetzt und *tanto* in Q^0[+]. Dass *tanto* nicht als Deg^0[EXT]-Realisierung in einer nicht-fusionierten Input-Struktur (4-77)a fungieren darf, kann dadurch erklärt werden, dass es phonologisch mit der Realisierung von *tanto* als Q^0 kollidiert. Es würden nämlich die folgenden Outputs generiert werden:

(4-79) a. *tanto tanti soldi che...
b. *mangia tanto tanto che...

Diese Wiederholung von *tanto* wird dadurch vermieden, dass *così* bzw. *talmente* für Deg^0 eingesetzt werden. Die Vokabelliste (4-73) muss um entsprechende Einträge für *così, tanto* und *talmente* erweitert werden:

(4-80) Vokabelliste für italienische VKen (vorläufig)

a.	/meno/	↔	Deg^0	/	___ Q^0[-] [ER]
b.	/pju/	↔	$Deg^0(/Q^0)$	/	___ [ER]
c.	/ko'si/	↔	Deg^0	/	___ [EQ]
		↔	Deg^0	/	___ [EXT]
d.	/abbastantsa/	↔	$Deg^0(/Q^0)$	/	___ [SUF]
e.	/trɔpp-/	↔	$Deg^0(/Q^0)$	/	___ [EXC]
f.	/altrettant-/	↔	$Deg^0(/Q^0)$	/	___ [EQ, *che*]
g.	/talmente/	↔	Deg^0	/	___ [EXT]
h.	/tant-/	↔	$Deg^0(/Q^0)$	/	___ [EXT]
i.	Ø	↔	Q^0	/	Deg^0[ER] ___ [-]
j.	/pɔk-/	↔	Q^0	/	___ [-]
k.	/tant-/	↔	Q^0		(*Default*)
l.	/ko'si/	↔	Mod^0		(*Default*)

Der Unterschied zwischen *tanto* auf der einen Seite und *talmente/così* auf der anderen liegt darin, dass letztere nur in einen einfachen Deg-Knoten eingesetzt werden können, ersteres hingegen auch in einen fusionierten Deg/Q-Knoten.[34]

Was *talmente* und *così* betrifft, muss noch eine Besonderheit angemerkt werden. Aus der Vokabelliste (4-80) ergibt sich eine Optionalität der Einsetzung von *così* bzw. *talmente* in EXT-VKen, da diese hierfür gleich spezifiziert sind. Dieser Umstand ist aus Sicht der *Distributed Morphology* allerdings problematisch, denn es muss immer eine höher spezifizierte Vokabel geben, damit die Vokabeleinsetzung überhaupt möglich wird. In Abschnitt 5.4.3 wird sich zeigen, dass *talmente* tatsächlich eine andere Spezifikation aufweist und im Grunde genommen keine Einsetzung für ein einfaches Deg^0 darstellt. Bis dahin ist die Vokabel (4-80)g als vorläufig anzusehen.

In negativen EXT-VKen trifft man bezüglich der Einsetzung von *tanto* auf gespaltene Verhältnisse:

---

34 Im Spanischen, wo ähnliche Verhältnisse wie im Italienischen zu finden sind, wird hier hingegen zwischen den Vokabeln *tan* und *tanto* unterschieden: Erstere kann nur in einen Deg-Kopf, letztere nur in einen fusionierten Deg/Q-Kopf eingesetzt werden. So lässt sich in diesem Ansatz auch die unterschiedliche Distribution der beiden Einträge erklären, im Gegensatz etwa zu Galant (1998), der beide als Allomorphe von Deg^0 ansieht.

(4-81) a. tanto poco intelligente che...
b. mangia tanto poco che...
c. ?tanto pochi soldi che...

Während die Einsetzung von *tanto* als Deg^0 in einen nicht-fusionierten Deg^0/Q^0[-]-Komplex in adjektivischen und verbalen EXT-VKen zumindest umgangssprachlich unproblematisch ist (vgl. (4-81)a und b), wirkt sie in den entsprechenden nominalen Konstruktionen weniger akzeptabel (vgl. (4-81)c).[35] Das liegt womöglich an den unklaren Kongruenzverhältnissen: Tatsächlich kann eine gewisse Unsicherheit bezüglich der overten Realisierung der Kongruenz bei *tanto* als Deg^0[EXT]-Realisierung konstatiert werden (*Google* 17.11.2005):

(4-82) a. [...] aveva *tanto pochi* Turchi nella sua barca che [...] vestì le donne di casa sua da odalische.
b. Ci sono *tanti pochi* esempi di quanto mi dice...
c. Ora capisco perché Danilo era un vero maestro e anche perché avesse *tanti pochi* discepoli.

Die Kombination *tanto poco* mit nominalem Restriktor scheint allerdings eine höhere Akzeptabilität zu erhalten, wenn das betreffende Nomen die (unmarkierten) φ-Merkmale [m. sg.] aufweist und damit ohnehin nur die *Default*-Endung /-o/ in Frage kommt (*Google* 17.11.05):

(4-83) a. *Tanto poco* rumore per un disastro.
b. Non c'è da meravigliarsi molto se il principio di legalità, che deve reggere ogni società ordinata, risvegli ormai *tanto poco* interesse nella collettività, al punto che l'argomento [...] ha trovato una minoranza di studenti disposti a trattarlo.

Die Realisierungsregeln für EXT-VKen seien abschließend wie folgt zusammengefasst:

(4-84) a. tanto/così/talmente + A^0 [Input (4-77)c, Deg^0 = *tanto/così/talmente*].
b. così/talmente tanto + A^0 [Input (4-77)a, Deg^0 = *così/talmente,* Q^0 = *tanto*].
c. tanti + N^0 [Input (4-77)a, Fusion, Deg^0/Q^0 = *tanto*].
d. così/talmente tanti + N^0 [Input (4-77)a, Deg^0 = *così/talmente,* Q^0 = *tanto*].
e. V^0 + tanto [Input (4-77)a, Fusion, Deg^0/Q^0 = *tanto*].
f. V^0 + così/talmente tanto [Input (4-77)a, Deg^0 = *così/talmente,* Q^0 = *tanto*].
g. così/talmente/tanto poco + A^0 [Input (4-77)b, Deg^0 = *così/talmente/tanto,* Q^0 = *poco*].
h. così/talmente/?tanto pochi + N^0 [Input (4-77)b, Deg^0 = *così/talmente/tanto,* Q^0 = *poco*].
i. V^0 + così/talmente/tanto poco [Input (4-77)b, Deg^0 = *così/talmente/tanto,* Q^0 = *poco*].

---

35 Negative adjektivische und verbale EXT-VKen sind relativ gut belegt, vgl. einige Beispiele aus *Google* (17.11.05):
i. Sono state *tanto poco* ingenue e tanto poco infantili da non sembrare neppure più forme di protesta.
ii. È cosa *tanto poco* interessante che non vale la pena che io te la spieghi.
iii. Perché mai un Paese è considerato *tanto poco* interessante dagli abitanti di un'altra nazione asiatica da non averne mai nemmeno sentito il nome?
iv. Guadagno *tanto poco* che non ho una casa mia.
v. [...] aveva capito Emilio *tanto poco* che dichiarò di non comprendere perché perdessero tanto tempo.

Im Unterschied zu EQ-VKen kommt hier die Tilgungsregel (4-52) nicht zur Anwendung, da Deg^0 mit [EXT] einen markierten Wert aufweist.

An dieser Stelle sei der Status von *tanto* etwas genauer erläutert, das in italienischen VKen offensichtlich sowohl als Q^0-, als auch als $Deg^0(/Q^0)$-Realisierung auftreten kann. Damit scheint *tanto* eine Art „Universalelement" in VKen darzustellen, da es so gut wie in jeder Position auftreten kann. Bei den bisherigen Überlegungen wurde die Q^0-Realisierung als primäre Funktion von *tanto*, die $Deg^0(/Q^0)$-Realisierierung hingegen eher als abgeleitet dargestellt. Allerdings entspricht diese Einstufung nicht den diachronen Verhältnissen. Historisch gesehen war *tanto* wohl zunächst eine $Deg^0(/Q^0)$-Realisierung, deren Ursprung in lat. *tantum*: ‚so groß, so viel', entstanden aus dem Adverb (bzw. Deg^0) *tam* und dem indogermanischen Suffix *-to*, zu suchen ist (vgl. Devoto 1968: s.v.). Demnach sollte die Q^0-Realisierung aus diachroner Sicht sekundär sein. Die Tatsache, dass *tanto* vor allem in umgangssprachlichen Konstruktionen als reines Q^0 auftritt, spricht auch eher für eine aktuelle Tendenz hin zu einem Q-Element und somit für die primäre Rolle als $Deg^0(/Q^0)$. Als einfaches Q-Element hat *tanto* im Italienischen auch die Möglichkeit, mit einer *Default Positive Amount*-Lesart aufzutreten. Diese entsteht, wenn es mit einem Deg^0 mit dem Merkmal [POS] auftritt (vgl. Abschnitt 3.6.2). Daraus ergibt sich die intensivierende Interpretation ‚viel', die im Lateinischen meines Wissens nicht belegt ist.

Aus synchroner Sicht tritt *tanto* im Italienischen jedoch sowohl als $Deg^0(/Q^0)$ als auch als Q^0 parallel auf. Somit stellt der Q-Status – wie auch immer er entstanden sein mag – strukturell gesehen den einfacheren Fall dar. Daher kann er aus synchroner Sicht auch als primär angesehen werden, während der Deg(/Q)-Status daraus abgeleitet werden kann.

Wie kann nun der im Zusammenhang mit negativen EQ-VKen schon angedeutete, aber in EXT-VKen ganz offensichtliche Übergang von *tanto* von einem Q- zu einem Deg-Element synchron erklärt werden? Eine Möglichkeit lautet, dass diese Entwicklung mit der relativen Schwäche von *così* in EQ-VKen zu tun haben könnte. Dadurch ist *tanto* das einzige Material, das phonologisch der syntaktischen Struktur Deg^0/Q^0 gegenübersteht. Beim *Spell-Out* wird diese von der Syntax generierte Struktur jedoch nicht nur an PF, sondern auch an LF weitergegeben (vgl. Abschnitt 1.4.1). Dort wird im Falle von z.B. *tanti biscotti quanti...* nicht nur Q^0, sondern auch Deg^0[EQ] interpretiert. Diese Interpretation überträgt sich auch auf EXT-VKen, in denen ebenfalls *così* als Realisierung für Deg^0 anzutreffen ist. Es besteht demnach ein *Mismatch* zwischen dem, was phonologisch realisiert wird (nämlich ein einfaches phonologisches Wort: *tanto*), und dem, was interpretiert wird (nämlich ein komplexer Kopf: Deg^0/Q^0). So ist es leicht nachvollziehbar, dass *tanto* als Deg^0/Q^0-Realisierung reanalysiert wird.

Abschließend soll noch kurz auf *tale* eingegangen werden. Wie in Abschnitt 2.6.3 bereits erläutert, kann dieser Komparator lediglich in nominalen VKen auftreten. Jedoch kommen nicht alle Arten von Nomina für eine Modifikation durch *tale* in Frage. Im Gegensatz zu den bisher genannten Komparatoren steht bei der Modifikation nicht die Quantität, sondern der Grad bzw. die Intensität eines nominalen Prädikats im Vordergrund:

(4-85) a. Anna ha una tale intelligenza da capire Einstein.
b. Ho sofferto tali dolori da impazzire.
c. *Ho speso tali soldi da rimanere senza una lira.
d. *Ho bevuto tale acqua da scoppiare.

Anhand dieser Beispiele wird deutlich, dass Nomina wie *soldo* oder *acqua*, deren Kumulierbarkeit als Voraussetzung für das Auftreten in nominalen VKen angesehen wurde, gerade nicht mit *tale* kombinierbar sind. Dies liegt offensichtlich daran, dass sie nicht graduierbar sind, im Gegensatz etwa zu *intelligenza* oder *dolore*, für die wohl so etwas wie eine skalare <G>-Position postuliert werden muss. Gerade im Fall von *dolore* wird besonders deutlich, dass hier sowohl die Quantität als auch der Grad Gegenstand einer VK sein kann:

(4-86) a. Ho sofferto tali dolori da impazzire.
b. Ho sofferto tanti dolori da impazzire.

Eine weitere Besonderheit von *tale* gegenüber anderen Komparatoren ist darin zu sehen, dass, wenn es mit einem nominalen Restriktor im Singular verknüpft wird, dieser den unbestimmten Artikel aufweisen muss (vgl. (4-85)a). Darüber hinaus wurde in Abschnitt 2.6.3 bereits beobachtet, dass *tale* auch in postnominaler und prädikativer Stellung auftreten kann:

(4-87) a. Anna ha un'intelligenza tale da capire Einstein.
b. Ho sofferto dolori tali da impazzire.
c. L'intelligenza di Anna è tale da capire Einstein.
d. I miei dolori sono tali da impazzire.

Dies trifft für die bisher genannten Komparatoren in nominalen VKen niemals zu und deutet auf eine „adjektivische" Distribution von *tale* hin. Im Zusammenhang mit den so genannten attributiven VKen soll auf VKen mit *tale* zurückgekommen werden (vgl. Abschnitt 5.4.3).

4.6 Zusammenfassung

Zusammenfassend kann man sagen, dass sich die Komplexität und einzelsprachliche Besonderheit der Distribution von Komparatoren am besten erklären lässt, wenn man diese in den Bereich der Morphologie, also zwischen Syntax und Phonologie ansiedelt. So konnte in diesem Abschnitt gezeigt werden, dass sich die Distribution aller italienischer Komparatoren aus drei (universellen) syntaktischen Input-Strukturen und deren Merkmalszusammensetzungen erklären lässt. Die einzelsprachliche Besonderheit liegt einerseits in den Vokabeleinträgen für die phonologische Realisierung der entsprechenden Strukturen, die in (4-80) zusammenfassend dargestellt wurden. Andererseits ist auch die Annahme zweier einzelsprachspezifischer morphologischer Regeln, nämlich Fusion (vgl. (4-25) und Tilgung (vgl. (4-52)) in bestimmten unmarkierten Kontexten notwendig.

Die in (4-1) aufgeführte, an Doetjes (1997: 103f.) angelehnte vorläufige Klassifizierung der Elemente, die in italienischen VKen auftreten, kann nun wie folgt modifiziert werden:

(4-88) Klassifizierung italienischer VK-Elemente

Typ nach Doetjes	Input-Struktur	Italienische Realisierung
Gradköpfe	Deg^0	*così*, (*talmente*)[36]
Einfache Quantifizierer	$[_Q Q^0]$	*poco*, *tanto*
Komplexe Quantifizierer	$[_Q Deg^0(/Q^0)]$	*più*, *meno*, *tanto*, *troppo*, *abbastanza*, *altrettanto*

Eine wesentliche Änderung gegenüber Doetjes (1997) besteht darin, dass die entsprechenden Input-Strukturen in VKen immer im Komplement des Restriktors angesiedelt sind, so dass auf nähere Angaben zur Einbettung der entsprechenden Elemente gegenüber dem Restriktor verzichtet werden kann. Im Gegensatz zu Doetjes wird hier somit eine einheitliche Struktur für alle VKen angenommen. Außerdem werden Doetjes' „komplexe Quantifizierer" nicht als DegPen, sondern als komplexe Q-Köpfe aufgefasst. Die Derivation der „Komplexität" kann nun ebenfalls genauer spezifiziert werden. Eine komplexe Struktur liegt immer dann vor, wenn die VK eine Deg- *und* eine Q-Schicht aufweist. Dies ist in nominalen und verbalen VKen immer der Fall, in adjektivischen hingegen nur, wenn Q^0 markierte Werte enthält. Diese komplexe Struktur (also der Deg^0/Q^0-Komplex) wird in den Fällen, in denen Doetjes von so genannten „komplexen Quantifizierern" spricht, durch ein einfaches phonologisches Wort realisiert, was im Italienischen (mit Ausnahme von *meno*) aus der o.g. Fusionsregel folgt. Diese kann – besonders in der Umgangssprache – entfallen, was dazu führt, dass auch „komplexe" Komparatoren als Realisierung für ein einfaches Deg^0 auftreten. Im Fall von *meno* wurde hingegen gezeigt, dass es immer nur einen einfachen Deg-Kopf realisiert. Da es jedoch – aufgrund der o.g. Vokabeleinträge des Italienischen – immer von einem phonologisch leeren negativen Quantifizierer begleitet wird, erscheint *meno* aus oberflächenstruktureller Sicht immer als einziges overtes Element in einem Deg^0/Q^0-Komplex. Daher fällt es gemäß der Klassifizierung Doetjes' ebenfalls unter den Typ des komplexen Quantifizierers. Man beachte, dass mit Ausnahme von *meno* alle als komplexe Quantifizierer eingestuften Komparatoren auch als einfache Deg-Köpfe in positiven adjektivischen VKen ohne Q-Schicht auftreten (inklusive dem hier neu aufgenommenen *tanto*). Demnach müssten sie in der Klassifizierung (4-88) theoretisch doppelt gelistet werden. Stattdessen wurde dafür plädiert, dies durch die Einklammerung von Q^0 in der Input-Struktur darzustellen ($[_Q Deg^0(/Q^0)]$). Somit ist die strukturelle Einfachheit oder Komplexität in den meisten Fällen kein inhärentes Merkmal der Komparatoren, sondern sie ergibt sich aus der Einsetzungsumgebung.

Als letzte Modifikation gegenüber Doetjes ist eine Umklassifizierung von *talmente* und *sufficientemente* zu nennen. Ersteres wurde trotz seiner phonologischen Komplexität vorläufig als einfacher Deg-Kopf eingestuft, da es nie als Realisierung eines fusionierten Deg/Q-Kopfes auftreten kann (vgl. aber Abschnitt 5.4.3). Bei *sufficientemente* wurde hingegen für den lexikalischen Status eines Adverbs plädiert. Somit kann es nicht ohne Weiteres als Vokabeleintrag für die o.g. Strukturen auftreten.

Nachdem sowohl die interne Struktur der VK im engen Sinne als auch ihre Einbettung in die Komplementposition des Restriktors beschrieben und die interne Struktur des Kompara-

---

36 Vgl. aber Abschnitt 5.4.3.

tors sowie die Vokabeleinträge für italienische VKen ermittelt wurden, sollen im nächsten Kapitel die weiteren Derivationsschritte erläutert werden, die zur korrekten Oberflächenrealisierung der VK führen.

5 Die syntaktische Derivation von Vergleichskonstruktionen

Am Ende von Kapitel 3 wurde bereits erwähnt, dass die bislang postulierte VK-Struktur nicht der oberflächenstrukturellen Realisierung der VK entspricht. Unabhängig von der Art des Restriktors und der Komparatorstruktur wurde für eine Einbettung der VK im engen Sinne in die Komplementposition des Restriktors plädiert. Darüber hinaus wurde in Kapitel 4 gezeigt, dass VKen mit nominalem und verbalem Restriktor immer eine Q-Schicht enthalten, adjektivische hingegen nur, wenn diese einen markierten Wert enthält (z.B. [+Fok] oder [-]); ansonsten tritt dort eine reine DegP im Komplement auf (vgl. Abschnitt 4.5.2). Es wurde weiterhin angenommen, dass der Deg-Kopf in allen Konstruktionen an den nächsthöheren Kopf adjungieren muss (vgl. Abschnitt 4.2). Der bisherige Stand der Derivation kann somit wie folgt dargestellt werden (vgl. (4-19)):

(5-1) Die Struktur der VK (vorläufig)

a. mit einfacher Deg-Schicht — b. mit komplexer Deg/Q-Schicht

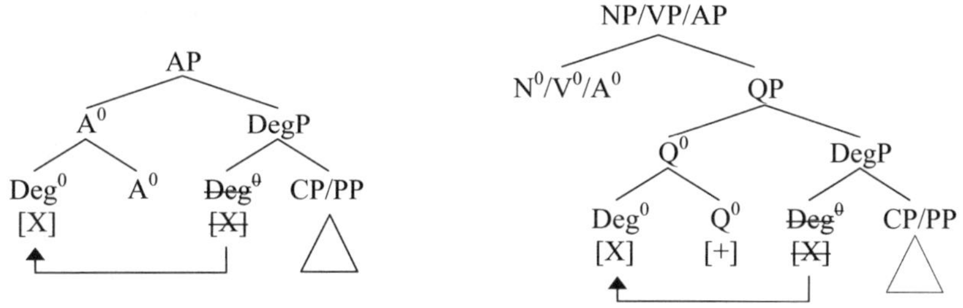

Es wurde mehrfach erwähnt, jedoch bei der Beschreibung der Derivation von VKen bisher außer Acht gelassen, dass der Komparator in nominalen (vgl. (5-2)a) sowie adjektivischen/adverbialen VKen (vgl. (5-2)b) nicht hinter, sondern vor dem Restriktor auftritt. Dies steht im Gegensatz zu den Verhältnissen in den entsprechenden verbalen VKen (vgl. (5-2)c):[1]

(5-2) a. più biscotti vs. *biscotti più.
b. più lento/lentamente vs. *lento/lentamente più.
c. mangia più vs. *più mangia.

Die Derivation kann bei (5-1) zumindest in nicht-verbalen VKen noch nicht abgeschlossen sein, denn sie würde zu falschen Voraussagen bezüglich der Linearisierung dieser Strukturen führen. Die Diskontinuität zwischen dem Komparator und dem Vergleichskomplement wurde bereits als eines der Hauptprobleme für die Analyse von VKen ermittelt, zu dem es bislang keine befriedigende Lösung gibt (vgl. Abschnitt 3.3). In den folgenden Abschnitten wird anhand der verschiedenen Restriktortypen ein Vorschlag für den weiteren Verlauf der

---

[1] Eine Ausnahme bilden hier VKen mit *tale* und *abbastanza*: Auf letzteres wird gleich zurückzukommen sein, zu *tale* vgl. Abschnitt 5.4.3.

syntaktischen Derivation von VKen erläutert, der das Problem der Diskontinuität löst, ohne auf konstruktionsspezifische Mechanismen zurückgreifen zu müssen.[2]

5.1 Nominale VKen

Bei der Derivation nominaler VKen steht in der Komplementposition der NP eine QP (vgl. (5-1)b), die die in Anlehnung an Doetjes (1997) postulierte skalare <Q>-Position des Nomens sättigt. In Abschnitt 3.4 wurde gezeigt, dass nur zählbare Nomina im Plural und Massennomina im Singular eine solche skalare Position aufweisen und somit in VKen auftreten können, nicht jedoch zählbare Nomina im Singular:

(5-3) a. più pomodori.
b. più acqua.
c. *più tavolo.

Dass nur Nomina mit bestimmten referentiellen Eigenschaften (nämlich kumulative Referenz, vgl. Abschnitt 3.4) in VKen auftreten können, wurde von Doetjes dahingehen interpretiert, dass die <Q>-Position des Nomens auf irgendeiner Art mit seiner <R(eferentiellen)>-Position verknüpft sein muss:

> The presence of a *q*-position in the noun depends on the presence of the *r*-position. The association of the *q*-position with the *r*-position is descriptive, and I will neither formalize the relation nor theoretically account for it. (Doetjes 1997: 43)

Im Folgenden soll eine Analyse vorgeschlagen werden, die genau diese Intuition einer Verknüpfung zwischen der <Q>- und der <R>-Position von Nomina formalisiert.

Informationen wie Numerus und Genus, die zu den referentiellen Eigenschaften eines Nomens gehören, werden in der Regel in der funktionalen Superschicht der Nominalphrase kodiert, auf die hier aufgrund ihrer Komplexität nicht im Detail eingegangen werden kann.[3] Es sei jedoch erwähnt, dass der Numerus, der in nominalen VKen offensichtlich eine Rolle spielt, da er das Auftreten einer skalaren Position bedingt, in der Regel zwischen der obersten funktionalen Projektion (DP) und der NP selbst angesiedelt wird.[4] Für die hier verfolg-

---

[2] Man beachte, dass die Einsetzung der in Abschnitt 4.5 erarbeiteten Vokabeln für Deg^0 und Q^0 streng genommen erst nach Abschluss der gesamten Derivation erfolgen kann, da erst dann *Spell-Out* und damit die Übergabe der Struktur an die PF-Schnittstelle erfolgt. Da die entsprechenden Vokabeln in Bezug auf die Umgebung außerhalb von Deg^0 und Q^0 nicht kontextsensitiv sind, ändert dies jedoch nichts an den bisherigen Annahmen.

[3] Für einen Überblick zur Forschungssituation bezüglich der funktionalen Kategorien innerhalb der erweiterten Nominalphrase vgl. u.a. Longobardi (2001) und Coene & D'Hulst (2003).

[4] In manchen Ansätzen wird die Numerusinformation in einer so genannten NumP angesiedelt (vgl. Ritter 1991), einige nehmen für Nomina mit kumulativer Referenz eine zusätzliche Pluralphrase (PlP) an, die das semantische Merkmal [Lattice] (‚Gitter', vgl. Kapitel 3, Fn. 53) kodiert. Dieses könne, müsse aber nicht mit einem syntaktischen Merkmal [φ=pl.] einhergehen: „The same reasoning leads to the conclusion that they [i.e. Massennomina, Anm. L.G.], too, are ‚pluralized' by a PlP projection above NP […] " (Heycock & Zamparelli 2003: 16).

ten Zwecke reicht es aus, eine nicht näher bestimmte funktionale Projektion (FP) in der erweiterten Nominalphrase zu postulieren, die je nach Theorie mit der DP identisch sein kann, aber nicht muss.[5] Es wird davon ausgegangen, dass in dieser FP die referentiellen Merkmale der NP kodiert sind, d.h. hier wird durch θ-Bindung die referentielle θ-Position des Nomens entladen (vgl. Abschnitt 1.4.2), und es erfolgt die Kodierung der φ-Merkmale:[6]

(5-4) Struktur der nominalen VK nach Projektion der FP

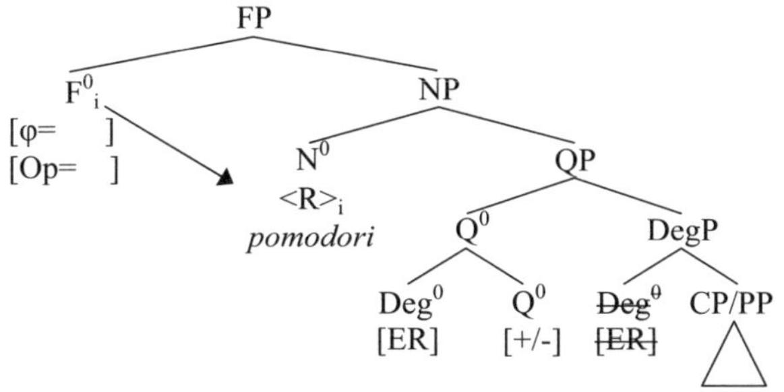

Es sei nun angenommen, dass die FP in nominalen VKen eine Sonde besitzt, die ein uninstantiiertes Operatormerkmal (hier: [Op=]) aufweist. Sie sucht in ihrem Sondierungsbereich nach einem entsprechenden Wert und findet im Komplement der Nominalphrase den Wert des Deg/Q-Kopfes (z.B. EQ, EXT usw.), der als geeigneter Wert für Operatormerkmale gelten soll. Damit wird der Deg/Q-Kopf für Bewegung freigeschaltet. Weiterhin wurde beobachtet, dass die FP im Italienischen durch overtes phonologisches Material realisiert werden muss, damit die Nominalphrase vollwertigen Argumentstatus haben und somit auch in Subjektposition auftreten kann. Es kann nun angenommen werden, dass das entsprechende Material bzw. die abstrakten morphologischen Merkmale, die nach *Spell-Out* durch *Late Insertion* mit phonologischem Material gefüllt werden, entweder durch *External* oder durch *Internal Merge* in diese Position gelangen. Im Fall des bestimmten Artikels werden die ent-

---

[5] Im letzten Fall muss es sich um eine Projektion handeln, die auch ohne (overte) D-Schicht auftreten kann und trotzdem im Italienischen eine „subjektfähige" Nominalphrase ergibt. Dies könnte beispielsweise die NumP (vgl. Heycock & Zamparelli 2003) oder PDP (vgl. Zamparelli 2000) sein, in denen u.a. der unbestimmte Artikel angesiedelt wird. Alternativ könnte man annehmen, dass das entsprechende Material in NumP bzw. PDP generiert wird und anschließend nach DP bewegt wird. Einen möglichen Hinweis für die Endstellung des Komparators liefern hier französische Daten:

i. plus/moins/autant de pain/biscuits.

Siedelt man den „Partitiv"-Artikel *de* in NumP an, muss sich die Endstellung des Komparators oberhalb der NumP befinden, siedelt man ihn hingegen in einer tieferen PlP (Pluralphrase) an, käme NumP als Landeposition für den Komparator in Frage.

[6] Überträgt man Chomskys Analyse der Sondierungsprozesse innerhalb der TP (vgl. Abschnitt 1.4.1) auf die funktionale Struktur der Nominalphrase, ist davon auszugehen, dass die φ-Merkmale in N^0 spezifiziert sind und erst durch Sondierung auch in der (/den) funktionalen Projektion(/en) der Nominalphrase kodiert werden. Auf diesen Prozess, der unabhängig von VKen erfolgt, kann hier nicht im Detail eingegangen werden. Im Folgenden wird angenommen, dass die Instantiierung der φ-Merkmale in F^0 parallel erfolgt bzw. zum Zeitpunkt der hier beschriebenen Derivationsschritte bereits stattgefunden hat.

sprechenden abstrakten Merkmale (z.B. [Op=DEF]) direkt aus der Enumeration entnommen (*External Merge*). Im Fall der hier analysierten VKen erfolgt die Merkmalsinstantiierung hingegen durch Sondierung, da die Werte für das Merkmal Op nicht instantiiert sind. Als Folge der Sondierung kann eine Kopfbewegung (also *Internal Merge*) des frei geschalteten komplexen Deg/Q-Kopfes stattfinden. Diese ist jedoch nur möglich, wenn die sondentragende Kategorie F ein so genanntes *Head Attraction Feature*, also ein HAF-Merkmal aufweist (vgl. Abschnitt 1.4.1). Der Sondierungsvorgang sei im Folgenden am Beispiel von *più pomodori* illustriert:

(5-5) Struktur der nominalen VK nach Inkorporation des Deg/Q-Kopfes in F^0

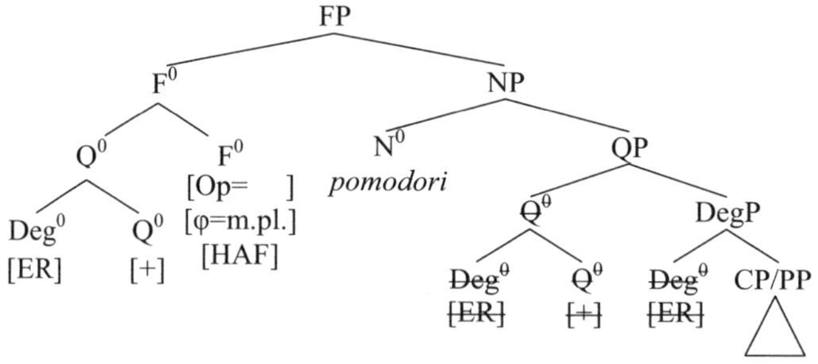

Die Sonde mit dem uninstantiierten Merkmal Op findet den Deg/Q-Kopf mit dem Wert [ER] als geeignetes Ziel und kann damit sein Op-Merkmal mit dem Wert [ER] füllen. Als Folge des erfolgreichen Sondierungsprozesses wird das Ziel der Sondierung für Bewegung freigeschaltet. Da F^0 ein [HAF]-Merkmal aufweist, findet Kopfbewegung statt: Das Auftreten dieses Merkmals spiegelt die oben erwähnte Beobachtung wider, dass die FP overtes phonologisches Material enthalten muss, damit sie als vollwertiges Argument fungieren kann.[7] Für den vollen Argumentstatus der durch den Komparator modifizierten Nominalphrase sprechen zwei Umstände. Zum einen können durch Komparatoren modifizierte Nominalphrasen – wie gesagt – in allen Argumentpositionen auftreten (vgl. auch Abschnitt 2.3.2.2), also beispielsweise auch in Subjektposition, in der NPen ohne overte Determinierer im Italienischen nicht lizensiert sind (vgl. Longobardi 2001: 582), wie die folgenden Beispiele verdeutlichen:

(5-6) a. Più ragazzi che ragazze hanno smesso di fumare.
b. *Ragazzi hanno smesso di fumare.
c. *Bei ragazzi hanno smesso di fumare.

Zum anderen ist eine Kookkurrenz eines Komparators mit einem overten Determinierer nicht möglich:

(5-7) *Ho comprato più i pomodori che i peperoni.

---

7 Dass Kopfbewegung in eine funktionale Projektion der Nominalphrase postuliert wird, ist keine Besonderheit. Longobardi (1994) postuliert beispielsweise im Fall der Eigennamen eine Kopfbewegung von N^0 nach D^0.

Eine grammatische Lesart von (5-7) lässt sich zwar konstruieren, allerdings muss dann ein verbaler Restriktor mit einer Objekt-DP angenommen werden. Dass die VK in solchen Fällen nicht die NP, sondern die VP modifiziert, wird deutlicher, wenn das phonologische Material, das den Deg/Q-Kopf realisiert, overte Kongruenz benötigt:

(5-8) *Ho comprato altrettanti i pomodori che i peperoni.
(5-9) Ho comprato altrettanto i pomodori che i peperoni.

Somit ist die Bewegung des Deg^0/Q^0-Komplexes in die funktionale Superstruktur der Nominalphrase nicht nur aus semantischer, sondern auch aus syntaktischer Sicht plausibel.

Das Problem für eine Analyse im Sinne einer Sondierung besteht darin, dass bei Sondierungsprozessen in der Regel auch das Ziel uninstantiierte Merkmale aufweisen muss, damit es als geeignetes Ziel für die Sonde „sichtbar“ wird. Im Fall der Sondierung zwischen T^0 und der Subjekt-DP weist letztere beispielsweise ein uninstantiiertes Kasusmerkmal auf, das sie für den Sondierungsprozess sichtbar werden lässt. Die Frage ist, welches Merkmal man hier postulieren könnte, damit der Deg/Q-Kopf für einen Sondierungsprozess als geeignetes Ziel in Frage kommt. Man beachte, dass bei der oben genannten Analyse durch die Bewegung des Deg/Q-Kopfes nach F^0 letztendlich genau das passiert, was Doetjes als Postulat für die Quantifizierung einer Nominalphrase formuliert hatte: Die <Q>-Position des nominalen θ-Rasters muss mit seiner <R>-Position verknüpft werden. Genau diese Anforderung kann als uninstantiiertes Merkmal des Q-Kopfes formalisiert werden, da die QP für die Sättigung der <Q>-Position des nominalen θ-Rasters verantwortlich ist. Man kann annehmen, dass Q^0 ein uninstantiiertes referentielles Merkmal Ref aufweist, dessen Wert in Folge des Sondierungsprozesses instantiiert wird. Da F^0 für die θ-Bindung der referentiellen Position des Nomens verantwortlich ist, weist es ein Ref-Merkmal mit dem Wert [R] auf: Dieser Wert kann im Zuge der Sondierung auf das Ziel Q^0 übertragen werden.[8] Das Ergebnis des Sondierungsprozesses und damit die abgeschlossene Derivation nominaler VKen sieht also wie folgt aus:

(5-10) Derivation der nominalen VK (Zusammenfassung)

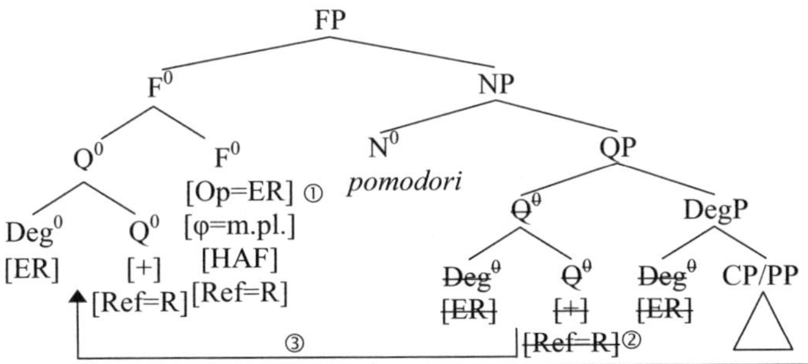

① = Instantiierung des Operatormerkmals in F^0 mittels Sondierung.
② = Übertragung der in F^0 kodierten referentiellen θ-Position des Nomens auf Q^0.
③ = Bewegung des komplexen Q-Kopfes nach F^0 (Inkorporation).

---

8 Es wird angenommen, dass die Werte des Merkmals Ref bei der in Abschnitt 4.5 erläuterten Vokabeleinsetzung für Q^0 keine Rolle spielen.

Ein Problem für die hier angenommene Kopfbewegung stellt die Tatsache dar, dass der Deg/Q-Kopf eine „lange" Kopfbewegung vollzieht: Er überspringt auf seinem Weg nach F^0 – wie aus der Graphik (5-10) ersichtlich ist – den N-Kopf und verstößt somit auf den ersten Blick gegen das *Head Movement Constraint* (HMC), wonach kein Kopf zwischen Ausgangsposition und Ziel der Kopfbewegung intervenieren darf (vgl. Kapitel 3, Fn. 37). Solche „lange" Kopfbewegung ist jedoch auch für andere Konstruktionen schon angenommen worden. Einen solchen Fall postuliert beispielsweise Donati in ihrer Analyse von Vergleichssätzen und Freien Relativsätzen, auf die in Abschnitt 6.2.2 näher eingegangen wird.[9] An dieser Stelle genüge es zu erwähnen, dass es sich dabei um so genannte *wh*-Kopfbewegung handelt, bei der ein *wh*-Operator im Gegensatz zu der klassischen *wh*-Analyse, nicht als Phrase nach SpecCP, sondern als Kopf nach C^0 bewegt wird. Auch andere Arbeiten postulieren unabhängig von Donati lange Kopfbewegung (vgl. Iatridou et al. 2001). Chomsky selbst unternimmt zwar im neueren Minimalismus den Versuch, die Kopfbewegung aus der Syntax nach PF zu verlagern, er lässt jedoch lange *wh*-Kopfbewegung, die Auswirkungen auf die Syntax und Semantik hat und damit kein reines PF-Phänomen sein kann, unter expliziter Berufung auf Donati (2006) ebenfalls zu (vgl. Chomsky 2005: 11).

Donati selbst übernimmt die Unterscheidung zwischen zwei Arten von Kopfbewegung von Roberts (1994), der dafür plädiert, ebenso wie bei der Phrasenbewegung auch bei der Kopfbewegung zwischen A- und A'-Bewegung zu unterscheiden.[10] Demnach können nur A-Köpfe eine A-Kopfbewegung blockieren und nur A'-Köpfe eine A'-Kopfbewegung.[11] Wenn man bedenkt, dass es sich bei der A'-Phrasenbewegung in der Regel um Operatorbewegung handelt, lautet eine mögliche Begründung für die oben postulierte lange Kopfbewegung des Deg^0/Q^0-Komplexes, dass es sich dabei ebenfalls um einen Operator handelt, dessen Bewegung nur durch Operatorköpfe blockiert werden kann. Dass die in VKen vorkommenden graduierenden und quantifizierenden Elemente tatsächlich Operatoren sind, wurde bereits mehrmals erläutert (vgl. u.a. Abschnitt 3.3.2).[12] Als solche nehmen sie Skopus über ihren Restriktor und können im Fall von Nomina eine distributive Lesart bewirken. Die oben postulierte lange Bewegung ist somit deshalb möglich, weil es sich dabei um

---

9 Es sei angemerkt, dass Donati diese lange Kopfbewegung nicht bei der Analyse der internen Struktur der VK annimmt, für die sie vielmehr eine Schalenanalyse vertritt, sondern für die Struktur des satzhaften Vergleichskomplements.

10 Als A-Bewegung bezeichnet man Bewegung in eine Argumentposition (z.B. Passivierung), wird hingegen aus einer Argument- in eine Nicht-Argumentposition bewegt, spricht man von A-Bar(A')- bzw. von Operatorbewegung. Bei Roberts wird diese Unterscheidung im Zusammenhang mit Chomskys Reinterpretation der Begriffe A- und A'-Position (vgl. Abschnitt 3.6.2), als *L-related* vs. *non-L-related* reformuliert (vgl. Roberts 1994: 217). Dies spielt für die vorliegende Analyse jedoch keine Rolle und wird daher vernachlässigt.

11 Diese Unterscheidung ermöglicht somit eine Aufhebung der Asymmetrie zwischen Kopf- und Phrasenbewegung bezüglich potentieller Interventionseffekte (vgl. Donati 2000: 76ff.).

12 Longobardi (1988: 651) zählt beispielsweise Ausdrücke wie *tutti, entrambi, molti, pochi, alcuni, numerosi, certi* und *altri* zu den extrinsischen Quantifizierern. Crisma (1991: 69) ergänzt diese Liste um *troppi, tanti, parecchi* usw. Innerhalb dieses Typs kann man weiterhin zwischen definiten (*tutti, entrambi*) und indefiniten Quantifizierern (alle anderen) unterscheiden (vgl. Giusti 1993: 96). Die hier thematisierten Komparatoren (*più, meno, tanto, troppo, abbastanza*) fallen somit in die letzte Kategorie.

Operatorbewegung handelt. Da der nominale Kopf kein Operator ist, kann es auch keine Interventionseffekte im Sinne des HMC auslösen. Eine „lange“ Bewegung ist demnach möglich.

Ein letzter Punkt, der in Abschnitt 4.5 mehrmals angesprochen wurde, betrifft die overte Kongruenz mit dem nominalen Restriktor, die in nominalen VKen bei einigen Komparatoren zu verzeichnen ist. Die dort erarbeiteten Vokabeleinträge (vgl. (4-80)) sollen hier noch einmal im Überblick wiederholt werden:

(5-11) Vokabelliste für italienische VKen (vorläufig)

a.	/meno/	↔	Deg^0	/	___ Q^0[-] [ER]
b.	/pju/	↔	Deg^0(/Q^0)	/	___ [ER]
c.	/ko'si/	↔	Deg^0	/	___ [EQ]
		↔	Deg^0	/	___ [EXT]
d.	/abbastantsa/	↔	Deg^0(/Q^0)	/	___ [SUF]
e.	/trɔpp-/	↔	Deg^0(/Q^0)	/	___ [EXC]
f.	/altrettant-/	↔	Deg^0(/Q^0)	/	___ [EQ, *che*]
g.	/talmente/	↔	Deg^0	/	___ [EXT]
h.	/tant-/	↔	Deg^0(/Q^0)	/	___ [EXT]
i.	Ø	↔	Q^0	/	Deg^0[ER] ___ [-]
j.	/pɔk-/	↔	Q^0	/	___ [-]
k.	/tant-/	↔	Q^0	(*Default*)	
l.	/ko'si/	↔	Mod^0	(*Default*)	

Von overter Kongruenz sind alle gebundenen Morpheme betroffen, d.h. alle Elemente, die ein Flexionssuffix benötigen. Freie Morpheme weisen hingegen keine overte Kongruenz auf (vgl. (5-12)d). Folgende nominale VKen müssen also noch abschließend behandelt werden:

(5-12)
a. troppi pomodori;
b. altrettanti pomodori;
c. tanti pomodori;
d. meno/più/abbastanza pomodori;
e. così/talmente/più tanti pomodori;
f. così/talmente/più/troppo/abbastanza/altrettanto/$^{?}$tanto pochi pomodori;
g. *(tanti) pomodori quanti [obligatorisches Auftreten von Q^0 in nominalen Äquativen].

Wie aus Graphik (5-10) deutlich wird, sind die φ-Merkmale in F^0 kodiert (s. aber Fn. 6): Für ihre Realisierung können die folgenden Einträge angenommen werden:

(5-13) Vokabelliste für φ (in F^0)
a. Ø ↔ φ / Deg^0(/Q^0)(freies Morphem)____
b. /-e/ ↔ φ / ____ [f.pl.]
c. /-i/ ↔ φ / ____ [m.pl.]
d. /-a/ ↔ φ / ____ [f.sg.]
e. /-o/ ↔ φ (*Default*)

Es sei außerdem noch einmal darauf hingewiesen, dass die Vokabeleinsetzung erst nach Abschluss der Derivation der VK erfolgt, d.h. auch die entsprechenden Vokabeln für Deg^0 und Q^0 werden erst nach der Bewegung nach F^0 phonologisch realisiert (vgl. Fn. 2). Demnach muss für die Vokabeleinsetzung in nominalen VKen die folgende Input-Struktur postuliert werden:

(5-14) Input-Struktur für Vokabeleinsetzung in nominalen VKen

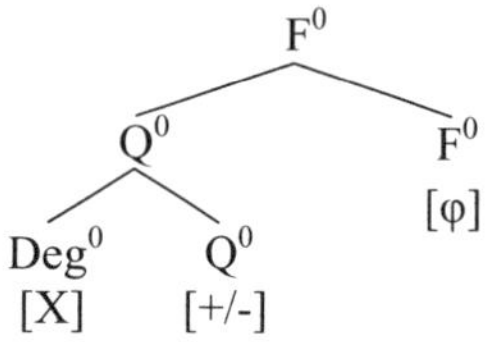

Für den Fall, dass Q^0 nur unmarkierte Werte (also [+]) enthält, findet außerdem gemäß (4-25) Fusion statt, trägt Deg^0 nur das Merkmal [EQ], wird es (sofern bereits Fusion stattgefunden hat, gemeinsam mit dem Q-Kopf) gelöscht (vgl. (4-52)).

Die Daten in (5-12)a-c lassen sich dadurch erklären, dass die entsprechenden Vokabeleinträge in den fusionierten Deg/Q-Kopf sowie das Flexionssuffix in den F-Kopf eingesetzt werden. Bei (5-12)d sind die entsprechenden Vokabeln für Deg^0/(Q^0) freie Morpheme, so dass gemäß (5-13)a die Vokabel Ø eingesetzt wird. In (5-12)e-f, wo keine Fusion stattgefunden hat, wird das Flexionssuffix an den Q-Kopf angehängt, da dieser F^0 am nächsten steht. Schließlich bleibt noch zu erklären, weshalb in nominalen [EQ]-VKen im Gegensatz zu den entsprechenden verbalen und adjektivischen(/adverbialen) Konstruktionen immer ein overtes Q^0 realisiert werden muss (vgl. Abschnitt 4.5.4). In letzteren wurde nämlich dafür plädiert, dass der Quantifizierer *tanto* nur dann realisiert wird, wenn Q[+] fokussiert ist und die entsprechende Fusionsregel (4-25) somit keine Anwendung findet. Dies kann auch für nominale VKen angenommen werden, allerdings muss /tant-/ hier zusätzlich auch dann realisiert werden, wenn Q^0 nicht fokussiert ist. Es scheint also etwas anderes zu geben, das die Anwendung der Fusionsregel unabhängig von den Werten von Q^0 verhindert. Ich möchte vorschlagen, dass der Grund darin liegt, dass das Flexionssuffix in F^0 eine Stütze für die Suffigierung benötigt. Diese Anforderung sorgt dafür, dass die Fusion entfällt bzw. durch so genannte Aufspaltung (*Fission*, vgl. Kapitel 4, Fn. 26) wieder aufgehoben wird. Demnach bleibt Q^0 trotz des unmarkierten Werts [+] ein unabhängiger Knoten, der durch den *Default* /tant-/ realisiert wird. Das entsprechende Deg^0[EQ] wird hingegen nur dann realisiert, wenn es fokusmarkiert ist, ansonsten wird es gemäß der Tilgungsregel (4-52) gelöscht.

Abschließend soll noch ein Fall von nominaler VK diskutiert werden, in dem das Vergleichskomplement und der Restriktor nicht adjazent sind, vgl. das folgende Beispiel:

(5-15) Più *persone* hanno visitato la mostra *di quante tu non creda.*

Solche Fälle sind für alle Ansätze, die von einer Selektionsbeziehung zwischen Komparator und Standardmarker ausgehen, problematisch, also auch für die hier vorgestellte Analyse. Denn nach der Bewegung des Komparators aus dem Komplement des Restriktors sollte Adjazenz zwischen Restriktor und Vergleichskomplement vorliegen:

(5-16) Struktur nominaler VKen (vereinfacht)

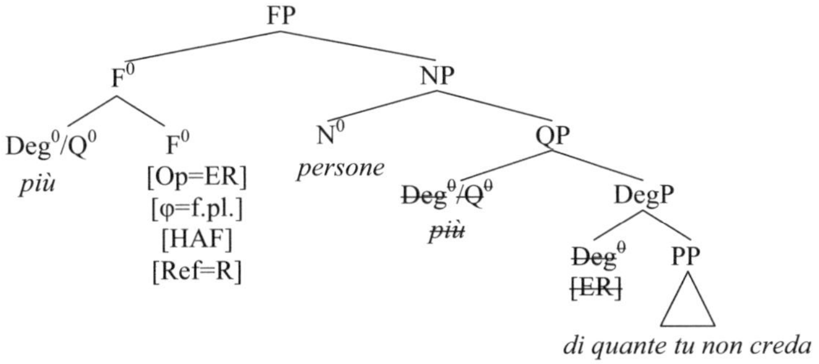

Es ist zunächst unklar, wo das Material, das in (5-15) zwischen Restriktor und Vergleichskomplement steht (*hanno visitato la mostra*), in dieser Struktur lokalisiert werden könnte. Betrachtet man jedoch ein paralleles Beispiel, in dem Restriktor und Vergleichskomplement, wie von der Analyse vorhergesagt, adjazent sind, fällt auf, dass dieses ebenfalls grammatisch ist:

(5-17) Più/meno *persone di quante tu non creda* hanno visitato la mostra.

Die relativ freie Distribution des Vergleichskomplements und die Tatsache, dass hier beide Stellungsvarianten (also (5-15) und (5-17)) ohne Bedeutungsveränderung prinzipiell erlaubt sind, spricht dafür, dass man es hier mit einem Fall fakultativer Bewegung zu tun hat. Diese kann gemäß neuerem Minimalismus tatsächlich als Rechtsextraposition analysiert werden, die auf PF angesiedelt ist. Bezeichnend ist, dass eine solche fakultative Bewegung gerade im Zusammenhang mit Relativsätzen zu konstatieren ist (vgl. (3-54)). Wie in Abschnitt 6.2. noch zu zeigen sein wird, handelt es sich beim o.g. Vergleichssatz des *wh*-Typs um einen freien Relativsatz, so dass ein ähnliches Bewegungsverhalten zu erwarten ist. Somit kann (5-17) als die zugrunde liegende Struktur angesehen werden, aus der (5-15) durch Rechtsextraposition abgeleitet wird, wie die folgende Klammernotation verdeutlicht:

(5-18) Più persone t_i hanno visitato la mostra [di quante tu non creda]$_i$.

5.2 Verbale VKen

Für verbale VKen wurde dieselbe Struktur wie für nominale VKen postuliert, d.h. sie weisen ebenfalls eine obligatorische Q-Schicht in ihrem Komplement auf, die zwischen V^0 und DegP vermittelt. Dies wurde semantisch dadurch begründet, dass Verben ebenso wie Nomina eine <Q>-Position zu entladen haben.[13] Ebenso wie Nomina weisen Verben eine referentielle Position in ihrem θ-Raster auf, nämlich eine <E(reignis)>-Position, deren θ-Bindung durch den funktionalen Kopf T^0 erfolgt (vgl. Abschnitt 1.4.2). Nach den bisherigen Annahmen liegt für verbale VKen die folgende Struktur vor (hier am Beispiel *dorme più ...* dargestellt):

(5-19) Struktur der verbalen VK nach Projektion der TP[14]

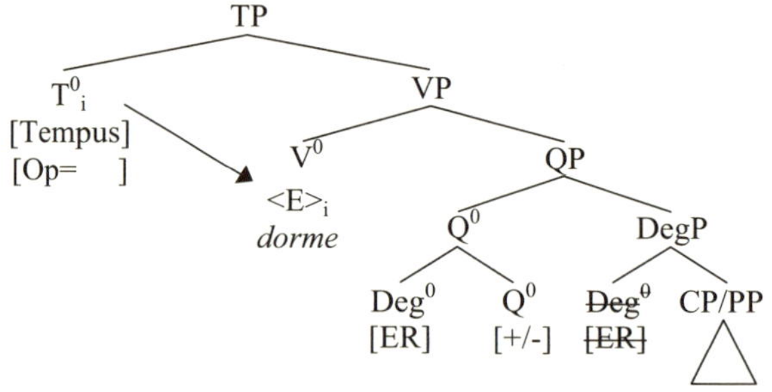

T^0 weist ebenso wie der funktionale F-Kopf in nominalen VKen eine Sonde mit einem uninstantiierten Operatormerkmal auf.[15] Es findet in seinem Sondierungsbereich den Deg/Q-Kopf und kann dessen Werte übernehmen (hier: [ER]).[16] Im Gegensatz zur Sonde der nominalen FP weist T^0 jedoch kein HAF-Merkmal auf, zumindest keines, das Operatorköpfe

---

[13] Es wurde allerdings bereits mehrmals darauf hingewiesen, dass auch Verben, die eine <G>-Position aufweisen (z.B. so genannte *Psych*-Verben) eine vermittelnde Q-Schicht benötigen. Somit scheint die Semantik hier nicht allein entscheidend zu sein.

[14] Auf die Darstellung der sonstigen involvierten θ-Positionen sowie auf die kleine *v*P wird aus Gründen der Übersichtlichkeit zunächst verzichtet, s. aber (5-22).

[15] Genau genommen weist T^0 zwei Sonden auf, da es auch die Kongruenzmerkmale des Subjekts überprüfen muss (vgl. Abschnitt 1.4.1). Der *Agree*-Prozess für die Subjekt-Verb-Kongruenz wird hier jedoch vernachlässigt. Ich nehme an, dass ein T^0 mit einer Sonde für Operatormerkmale immer dann auftritt, wenn das Verb quantifiziert ist.

[16] Wenn man den Phasenansatz berücksichtigt, muss dieser Sondierungsvorgang in Wahrheit etwas komplizierter ablaufen. Denn die kleine *v*P (auf deren Darstellung hier aus Übersichtlichkeitsgründen verzichtet wurde, jedoch zwischen VP und TP angesiedelt ist) stellt eine Phase dar. Nach Abschluss dieser Phase wird daher alles, was sich in ihrem Komplement befindet (also auch die VP) an die Schnittstellen übergeben. Demnach ist der Deg/Q-Kopf zum Zeitpunkt der Einsetzung von T^0 bereits nicht mehr zugänglich und somit nicht mehr Teil des Sondierungsbereichs von T^0. Man müsste annehmen, dass die Sondierung in zwei Phasen abläuft: erst durch die kleine *v*P und dann durch T^0. Diese Modifikation würde die Analyse jedoch nicht gefährden.

anziehen könnte.[17] Dass die overte Operatorbewegung ausbleibt, stellt jedoch kein Problem für den Sondenansatz dar: Denn hier wird die Bewegung explizit vom *Agree*-Prozess entkoppelt, d.h. die Sondierung und die Merkmalsinstantiierung können erfolgreich sein, ohne dass Bewegung stattfinden muss. Das Ziel wird lediglich für Bewegung freigeschaltet, kann aber in seiner Position verbleiben, wenn keine entsprechenden EPP- oder HAF-Merkmale die Bewegung auslösen. Demnach liegt hier – ähnlich wie bei der Herstellung von Kongruenz zwischen dem Verb und einem postverbalen Subjekt – ein Fall vor, in dem die Sondierung zu einer Merkmalsinstantiierung von Op in T^0 führt, ohne dass overte Bewegung erfolgt. Der Komparator erscheint im phonologischen Output daher postverbal.

Ebenso wie bei den im letzten Abschnitt behandelten nominalen VKen muss das Ziel der Sondierung einen uninstantiierten Wert aufweisen, der es für die Sonde ‚sichtbar' macht. Auch hier kommt das oben genannte Ref-Merkmal in Frage, da auch in verbalen VKen eine Verknüpfung zwischen der <Q>-Position des Verbs und seiner referentiellen <E(reignis)>-Position notwendig ist (vgl. Abschnitt 3.4): „[...] it seems fair to assume that there is a q-position associated with the e-position in the grid of a verb as well. Again I will not determine the precise nature of this association" (Doetjes 1997: 55).

Die Verknüpfung kann wiederum als Ergebnis eines Sondierungsprozesses formalisiert werden, wonach der Q-Kopf ein uninstantiiertes Ref-Merkmal aufweist, das ihn für die Sonde in T^0 sichtbar macht. Aufgrund der θ-Bindung der <E>-Position des Verbs verfügt T^0 wiederum über ein Merkmal Ref mit dem Wert [E]. Dieser Wert kann nach erfolgreicher Sondierung auch auf Q^0 übertragen werden. Die Derivation der verbalen VK kann wie folgt zusammengefasst werden:

(5-20) Derivation der verbalen VK (Zusammenfassung)

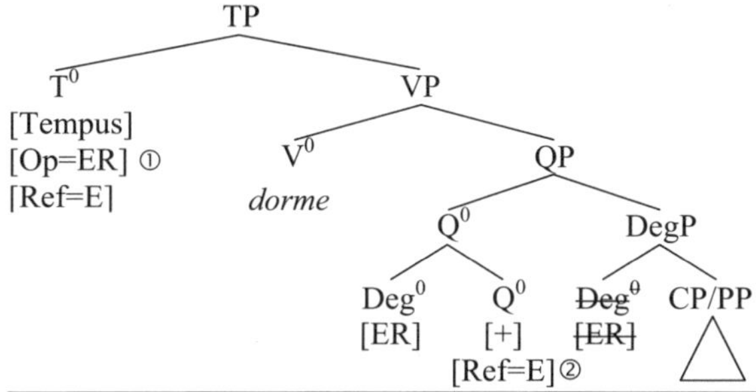

① = Instantiierung des Operatormerkmals in T^0 mittels Sondierung.
② = Übertragung der in T^0 kodierten referentiellen θ-Position des Verbs auf Q^0.

---

[17] Dies könnte beispielsweise daran liegen, dass der T-Kopf bereits durch das Verb gefüllt wird. Es stellt sich jedoch die Frage, was im Englischen der Grund für das Ausbleiben der Bewegung sein könnte, denn dort verbleibt das Verb in seiner Basisposition, und T^0 wird lediglich im Fall von zusammengesetzten Verbformen overt realisiert. Hier könnte man einwenden, dass die abstrakten Flexionsmerkmale des Verbs, die per *External Merge* in die Derivation gelangen, bereits ausreichen, um die Bewegung des Deg/Q-Kopfes zu blockieren, ebenso wie das Vorliegen von Merkmalen des bestimmten Artikels ein *Internal Merge* des Deg/Q-Kopfes verhindern. Ob die Kopfbewegung von V^0 nach T^0, die gemäß der Typologie Roberts' als A-Kopfbewegung anzusehen ist, in der Syntax mittels eines HAF-Merkmals erfolgt oder vielmehr erst auf PF, ist derzeit noch in der Diskussion. Dass Kopfbewegung, sofern sie keinen semantischen Effekt hat, auch auf PF erfolgen kann, wurde im Rahmen der vorliegenden Arbeit nicht ausgeschlossen (vgl. Abschnitt 1.4.1).

Einen besonderen Fall bilden verbale VKen mit transitivem Verb und direktem Objekt, wie etwa das folgende Beispiel:

(5-21) Maria ama Gianni più di Luca.

Solche VKen erscheinen für die hier präsentierte Analyse auf den ersten Blick problematisch, da die Komplementposition der Verbalphrase durch die VK im engen Sinne besetzt ist und somit für das direkte Objekt nicht zur Verfügung steht. Allerdings lässt sich dieses Problem durch die Annahme einer VP-Schalenanalyse bzw. einer PrP-Analyse lösen, bei der in der Regel angenommen wird, dass das direkte Objekt im Spezifikator der VP anzusiedeln ist (vgl. u.a. Larson 1990, Remberger 2006: 69 sowie (3-7)). Dementsprechend ergäbe sich für (5-21) die folgende Struktur:

(5-22) Struktur von (5-21)

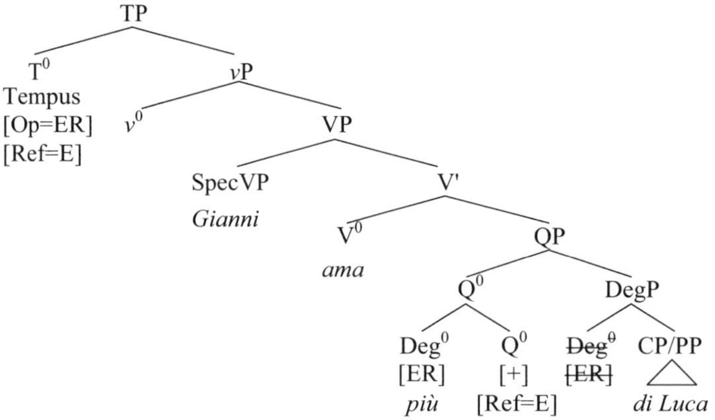

Dass diese Derivation auf den ersten Blick die falsche Linearisierung (*Maria Gianni ama più di Luca*) ergibt, liegt lediglich daran, dass die notwendige Bewegung des Verbs nach v^0 und anschließend nach T^0 erst noch erfolgen muss. Nach Abschluss dieser Schritte ergibt sich die korrekte Output-Struktur.[18]

Ein Problem für die eben vorgestellte Analyse stellen jedoch Daten dar, in denen eine Komplement-DP zwischen Komparator und Vergleichskomplement auftritt:

---

[18] Eine ähnliche Struktur kann übrigens auch für nominale und adjektivische VKen angenommen werden, in denen der nominale oder adjektivische Restriktor eine Ergänzung selegiert, vgl. z.B. die folgenden EXT-VKen:

i. Ho tanta paura di volare che preferisco prendere il treno.

ii. Maria è tanto orgogliosa di Gianni che gli regalerebbe qualunque cosa.

Auch in solchen Konstruktionen ist eine *n*P- bzw. eine *a*P-Schale involviert, bei der das selegierte Argument im Spezifikator der NP bzw. AP angesiedelt ist. Die korrekte Linearisierung ergibt sich dadurch, dass das Nomen bzw. das Adjektiv in den *n*- bzw. *a*-Kopf bewegt wird, was den üblichen Annahmen der Schalenanalyse entspricht. Bei adjektivischen VKen mit einfacher Deg-Schicht wird dabei der komplexe Deg/A-Kopf nach a^0 und anschließend nach Deg^0 bewegt. Man beachte, dass damit keine Schalenanalyse der VK postuliert wird, sondern eine Schalenanalyse der NP bzw. AP nach Vorbild der VP-Schale. Die in Abschnitt 3.3.2 gegen die Schalenanalyse funktionaler Kategorien geäußerten Bedenken treffen hier somit nicht zu.

(5-23) $^{??}$Maria ama più Gianni di Luca.

Zwar können solche Daten als ausgesprochen markiert angesehen werden (vgl. auch (2-100)b), jedoch muss eine Analyse erklären können, wie sie deriviert werden. Eine Möglichkeit wäre anzunehmen, dass in diesen Fällen der *v*-Kopf ein HAF-Merkmal enthält, das die Adjunktion des Komparators an v^0 ermöglicht. Einen solchen Vokabeleintrag für v^0 hätten nur Sprecher, die Daten wie (5-23) als grammatisch einstufen. Allerdings erscheint diese Lösung problematisch, da noch erklärt werden müsste, weshalb sowohl der verbale Kopf als auch der Komparator an v^0 adjungieren dürfen, jedoch nur der verbale Kopf weiter nach T^0 bewegt wird. Alternativ soll angenommen werden, dass (5-23) eine Variante des vollkommen grammatischen (5-24) darstellt:

(5-24) Maria ama più Gianni che Luca.

Evidenz für diese Annahme stellt die Tatsache dar, dass (5-23) mit einem Personalpronomen als Vergleichsstandard nicht akzeptabel ist:

(5-25) *Maria ama più Gianni di me.

Die Inkompatibilität mit Personalpronomina betrifft bekanntlich nur den Standardmarker *che* in phrasalen Komparativen des Italienischen, nicht jedoch *di* (vgl. Abschnitt 2.3.4). Auf die Analyse von Daten wie (5-24) wird in Abschnitt 6.1.3 im Zusammenhang mit der Analyse phrasaler *che*-VKen zurückzukommen sein.

Im folgenden Abschnitt soll zunächst der abschließende Verlauf der Derivation adjektivischer (und adverbialer) VKen erläutert werden.

5.3 Adjektivische (und adverbiale) VKen

Adjektivische (und adverbiale) VKen unterscheiden sich von nominalen und verbalen wie beschrieben dadurch, dass sie abhängig von der Merkmalsstruktur zwei mögliche syntaktische Strukturen aufweisen können. Diese seien im Folgenden noch einmal illustriert:

(5-26) Die Struktur adjektivischer (und adverbialer) VKen (vorläufig)

a. mit einfacher Deg-Schicht

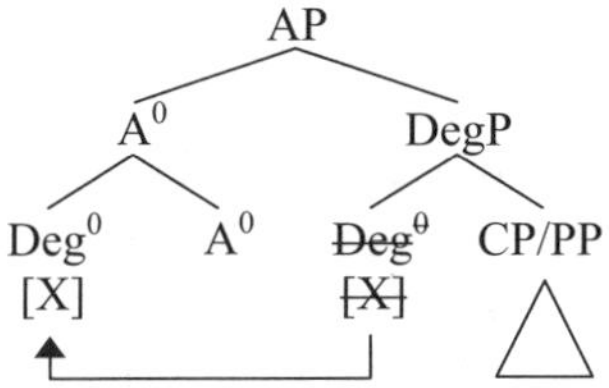

b. mit Deg/Q-Schicht

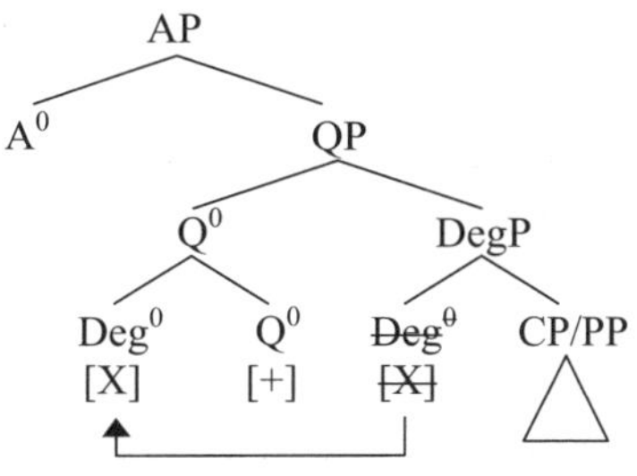

Die zweite Struktur wird immer nur dann postuliert, wenn Q^0 markierte Werte aufweist (z.B. [+Fok], [-]). Würde die Vokabeleinsetzung zu diesem Zeitpunkt erfolgen, ergäbe sich für (5-26)a eine grammatische Linearisierung, nicht jedoch für (5-26)b, da die für die Einsetzung des Komparators relevante Struktur (also Deg^0(/Q^0)) postadjektivisch angesiedelt ist. Im Folgenden soll dafür plädiert werden, dass beide Strukturen noch unvollständig sind, und dass hier – ebenso wie in den bereits besprochenen nominalen und verbalen VKen – ein Sondierungsprozess erfolgen muss.

Adjektive projizieren ebenso wie die anderen lexikalischen Kategorien eine funktionale Superstruktur (vgl. Grimshaw 2005), für die in Anlehnung an die einschlägige Forschungsliteratur zunächst die Bezeichnung DegP beibehalten werden soll, obwohl diese funktionale Kategorie möglicherweise mehr Funktionen erfüllen kann, als die bisher besprochene θ-Bindung einer referentiellen <G>-Position. Nach Projektion der DegP oberhalb der AP/AdvP ergeben sich die folgenden Strukturen (hier am Beispiel positiver und negativer Komparative):

(5-27) Die Struktur adjektivischer (und adverbialer) VKen nach Projektion von Deg^0

a. mit einfacher Deg-Schicht

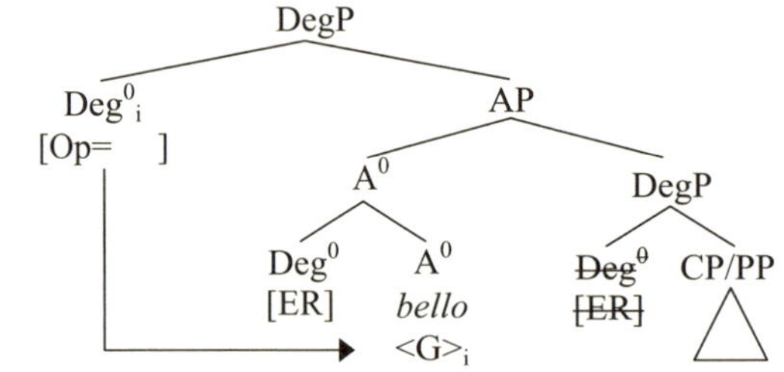

b. mit Deg/Q-Schicht

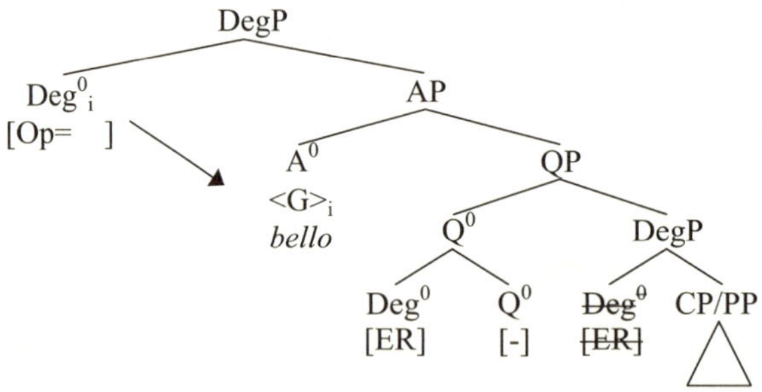

Es ist davon auszugehen, dass auch der obere Deg-Kopf analog zu T^0 sowie zu F^0 in der erweiterten Nominalphrase eine Sonde mit einem uninstantiierten Merkmal Op aufweist, die in ihrem Sondierungsbereich nach einem geeigneten Ziel sucht. Als möglicher Wert kommt dabei in beiden Input-Strukturen der jeweilige Wert des (unteren) Deg-Kopfes, der die Art der Vergleichsrelation angibt, in Frage. Es fragt sich, welche uninstantiierten Merkmale des unteren Deg-Kopfes in (5-27)a bzw. des Deg/Q-Kopfes in (5-27)b diese als geeignete Ziele für die Sondierung kenntlich machen. Die bisher für nominale und verbale VKen vorgeschlagene Verknüpfung von referentieller und <Q>-Position scheint aus zweierlei Gründen nicht geeignet zu sein: Zum einen weisen Adjektive (/Adverbien) keine <Q>-, sondern eine <G>-Position auf und zum anderen ist diese gemäß Doetjes (1997: 42) von den referentiellen Eigenschaften des Adjektivs (/Adverbs) unabhängig (vgl. Abschnitt 3.4).

Es muss jedoch bezweifelt werden, dass diese Einschätzung tatsächlich zutrifft. Man beachte, dass die <G>-Position des Adjektivs im Grunde auch gleichzeitig seine referentielle Position ist (vgl. Abschnitt 3.1.2), denn graduierbare Adjektive referieren auf Grade und nur graduierbare Adjektive weisen eine <G>-Position in ihrem θ-Raster auf (vgl. Zwarts 1992: 48). Somit scheint der wesentliche Unterschied zwischen der skalaren <Q>-Position von Nomina und Verben und der skalaren <G>-Position graduierbarer Adjektive darin zu liegen, dass die <Q>-Position des Nomens und des Verbs von der jeweiligen referentiellen θ-Position *abhängig*, während die <G>-Position des Adjektivs mit seiner referentiellen Position *identisch* ist. Es kann aber nicht davon die Rede sein, dass sie davon unabhängig sein könnte. Die von Doetjes postulierte Unabhängigkeit kann sich höchstens darauf beziehen, dass die <G>-Position graduierbarer Adjektive nicht kontextuell abhängig, also nicht potentiell, sondern immer vorhanden ist.

Im Folgenden soll davon ausgegangen werden, dass zwischen dem Deg-Kopf im Komplement des Adjektivs und seiner funktionalen Deg-Projektion Identität im Hinblick auf bestimmte Teile der Merkmalsstruktur und damit eine Art Kongruenz bestehen muss: Diese wird dadurch gewährleistet, dass sowohl der funktionale Kopf des Adjektivs als auch der Deg-Kopf in seinem Komplement ein referentielles Merkmal aufweisen müssen. Dieses ist im unteren Kopf jedoch nicht instantiiert, ähnlich wie dies beim Q-Kopf in nominalen und verbalen VKen der Fall ist. Durch die Sondierung wird das Op-Merkmal des funktionalen Kopfes mit dem Wert der entsprechenden Vergleichsrelation versehen, und das uninstantiierte Merkmal des unteren Deg-Kopfes erhält den referentiellen Wert [G]. Darüber hinaus wird angenommen, dass der funktionale Kopf der AP ein HAF-Merkmal aufweist, das den für die Bewegung freigeschalteten Deg-A-Kopf (in (5-27)a) bzw. Deg/Q-Kopf (in (5-27)b) anzieht. Somit ergeben sich folgende potentielle VK-Strukturen:

(5-28) a. Derivation der adjektivischen VK (5-27)a (Zusammenfassung)

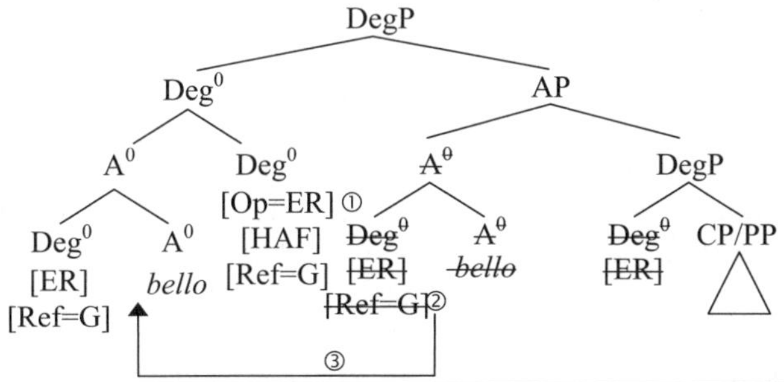

① = Instantiierung des Operatormerkmals im oberen Deg^0 mittels Sondierung.
② = Übertragung der im oberen Deg^0 kodierten referentiellen θ-Position des Adjektivs auf den unteren Deg-Kopf.
③ = Bewegung des komplexen A-Kopfes nach Deg^0 (Inkorporation).

b. Derivation der adjektivischen VK (5-27)b (Zusammenfassung)

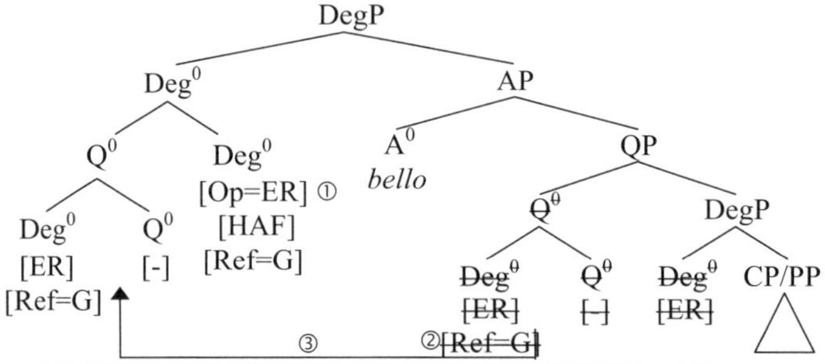

① = Instantiierung des Operatormerkmals im oberen Deg^0 mittels Sondierung.
② = Übertragung der im oberen Deg^0 kodierten referentiellen θ-Position des Adjektivs auf den unteren Deg-Kopf.
③ = Bewegung des komplexen Q-Kopfes nach Deg^0 (Inkorporation).

Der wesentliche Unterschied zwischen der vorliegenden Analyse und Ansätzen, die den Komparator direkt in die funktionale Superstruktur der AP einsetzen (vgl. u.a. Abney 1987, Corver 1990ff.), besteht im Grunde darin, dass die Anforderungen der funktionalen Kategorie DegP nicht durch Entnahme aus dem Lexikon (also *External Merge*), sondern durch Sondierung und daraus resultierende Entnahme aus dem Strukturbaum (also *Internal Merge*) erfüllt wird.

Was in der vorliegenden Analyse auf den ersten Blick seltsam erscheinen könnte, ist die scheinbare Doppelentladung der <G>-Position, dadurch dass die Kategorie Deg zweimal auftritt. Allerdings ist diese scheinbare Redundanz auch in anderen Ansätzen anzutreffen. Die Schalenanalyse geht von einem komplexen Kopf aus und postuliert ebenfalls zwei Deg-Positionen (vgl. Abschnitt 3.3.2). Ähnliches gilt für Ansätze, die sich an der Schalenanalyse orientieren, z.B. Donati (1997, 2000) sowie Lechner (2004). Auch außerhalb der VK-Forschung lässt sich die Postulierung einer „doppelten" Deg-Struktur beobachten (vgl. z.B. Zamparelli 2000). Es stellt sich natürlich die Frage, wozu zwei Deg-Köpfe nötig sind, also welche verschiedenen Aufgaben sie erfüllen. In der Schalenanalyse wird Deg als *eine* Projektion angesehen, so dass hier keine Angaben über verschiedene Aufgaben der beiden Deg-Köpfe zu finden sind. Jedoch wird die Bewegung des Deg-Kopfes innerhalb der Schale auf Skopusphänomene zurückgeführt, d.h. der Deg-Kopf bewegt sich am Restriktor vorbei, um diesen in seinen Skopusbereich aufzunehmen. Demnach wird die obere Deg-Position mit der Operatorfunktion der Komparatoren in Verbindung gebracht, ähnlich wie dies in der vorliegenden Analyse in Form eines Op-Merkmals geschieht. Bei Zamparelli hat die untere DegP u.a. die semantische Funktion, das Ausmaß, in dem die durch das Adjektiv bezeichnete Eigenschaft gilt, festzulegen (Zamparelli 2000: 284), mit anderen Worten, die <G>-Position zu sättigen. Dies kann nach Zamparelli sowohl durch eine Maßphrase erfolgen, als auch durch Gradmorpheme im Kopf der DegP (z.B. it. *-issim-* oder engl. *-er*) sowie durch eine leere DegP, die eine so genannte *Default Positive Amount* (DPA)-Lesart des Adjektivs bewirkt (vgl. Abschnitt 3.6.2). Es wurde auch darauf hingewiesen, dass die VK im engen Sinne dieselbe Funktion wie Maßphrasen erfüllt, so dass ihr Auftreten eine DPA-Lesart des Adjektivs blockiert. Es ist jedoch nicht ganz eindeutig, welche Funktion nach Zamparelli die obere DegP erfüllt, in die er auch Komparatoren ansiedelt (z.B. *più, troppo* u.a.)[19], so dass ihre Abgrenzung von der unteren DegP zunächst offen bleibt. Es gibt jedoch einen Hinweis, der für die hiesige Analyse entscheidend ist und daher erwähnt werden soll. Zamparelli bescheinigt Ausdrücken in der oberen DegP die folgende Eigenschaft: „Some take a purpose/extent clause“ (Zamparelli 2000: 281). Da in Zamparellis Analyse solche Vergleichskomplemente Adjunkte sind, die auf LF dort angehängt werden müssen, wo die VK im engen Sinne ihren Skopus hat, müssen die entsprechenden Komparatoren die oberste Position innerhalb der AP einnehmen, damit das Vergleichskomplement, das mit dem Komparator die VK im engen Sinne bildet, Skopus über die gesamte AP einnehmen kann.[20] Demnach spielt der Skopus auch in Zamparellis Analyse eine wesentliche Rolle bei der Definition der oberen DegP.

Zusammenfassend können die Funktionen der beiden DegPen in adjektivischen VKen dahingehend unterschieden werden, dass erstere dazu dient, die Gradposition des Adjektivs zu sättigen, ähnlich wie dies Maßphrasen tun können. Letztere ist hingegen dafür verantwortlich, dass die Operatorfunktion des Komparators erfüllt werden kann, ebenso übrigens wie bei den nominalen und verbalen VKen, in denen das Merkmal Op(erator) als für die Sondierung wesentlich bestimmt wurde. Der Skopus des Komparators muss hierbei nicht unbedingt durch overte Bewegung bestimmt werden. Im Fall der verbalen VKen wurde bereits darauf hingewiesen, dass keine (overte) Operatorbewegung stattfindet. Die erfolgreiche Sondierung allein ist für die Skopusidentifizierung ausreichend. Dies ist übrigens auch in anderen Operatorkonstruktionen der Fall: So kann auch die *wh*-Bewegung in Interrogativsätzen (frühminimalistisch ausgedrückt) sowohl overt als auch kovert (z.B. bei *wh-in situ*) erfolgen.

Es gibt auch in adjektivischen (und nominalen) VKen einen Fall, in dem die Operatorbewegung ausbleiben kann, nämlich in SUF-VKen mit *abbastanza*. Hier sind folgende Alternativen möglich:

(5-29) a. Ho comprato abbastanza pomodori da farne salsa per almeno un anno.
b. Ho comprato pomodori abbastanza da farne salsa per almeno un anno.
c. Gianni è abbastanza bello per partecipare al concorso di Mister Universum.
d. Gianni è bello abbastanza per partecipare al concorso di Mister Universum.

Obwohl nicht klar ist, weshalb die Bewegung ausbleiben kann, muss beachtet werden, dass diese Eigenschaft nicht mit Eigenschaften der Vokabel *abbastanza*, sondern offensichtlich mit der Vergleichsrelation [SUF] zusammenhängt, da eine entsprechende Nachstellung auch mit it. *sufficientemente* möglich und in den entsprechenden englischen und deutschen SUF-VKen sogar obligatorisch ist:

---

19 Zamparelli bezeichnet diese als QP, ohne dass er jedoch an ihrem graduierenden Status zweifeln würde. Weshalb er diese Bezeichnung wählt (zumal er einräumt, dass diese Position der DegP von Corver entspricht, vgl. Zamparelli 2000: 290), bleibt offen. Möglicherweise ist der Grund darin zu suchen, dass Ausdrücke, die in dieser Position lokalisiert sind, auch Nominalphrasen modifizieren können, also auch als „adjektivische QPen“ auftreten können.

20 Diese Annahme formuliert Zamparelli explizit im Zusammenhang mit attributiven VKen, also VKen, in denen zwar strukturell eine adjektivische VK in attributiver Stellung vorliegt, diese jedoch Skopus über eine Nominalphrase nimmt. In solchen Fällen geht Zamparelli davon aus, dass das Vergleichskomplement an DP, also an der obersten funktionalen Projektion der Nominalphrase, adjungiert (vgl. Zamparelli 2000: 149).

(5-30) a. it. Gianni è bello sufficientemente per partecipare al concorso di Mister Universum.
b. engl. John is beautiful enough to participate to the Mister Universum competition.
c. dt. Jan ist schön genug, um am Mister Universum-Wettbewerb teilzunehmen.

Warum die Kopfbewegung in diesen Fällen blockiert ist, muss an dieser Stelle offen gelassen werden. Jedoch lässt sich diese Nachstellung in der vorliegenden Analyse erfassen, wenn man davon ausgeht, dass das HAF-Merkmal in F^0 (bei nominalen VKen) bzw. in Deg^0 (bei adjektivischen VKen) aus irgendeinem Grund, der mit der Op-Instantiierung durch den Wert [SUF] zusammenhängt, im Italienischen optional, im Deutschen und Englischen hingegen obligatorisch ausgeschaltet wird.

Weitere Fälle, die auf den ersten Blick ebenfalls auf das Ausbleiben der Bewegung nach Deg^0 in adjektivischen VKen zurückgeführt werden könnten, scheinen auf den ersten Blick die folgenden Daten darzustellten:

(5-31) a. Maria è alta più di Eva.
b. Maria è alta tanto quanto Eva.
c. Maria è alta così come Eva.
d. Maria è alta tanto da sbattere la testa.

Bei genauerer Betrachtung stellt sich jedoch heraus, dass das Adjektiv hier eine DPA-Lesart aufweist,[21] d.h. Maria wird *zuerst* als überdurchschnittlich groß bezeichnet und erst dann wird dieser überdurchschnittliche Grad in eine Vergleichsrelation gebracht. Die Gradposition des Adjektivs wird also nicht durch die VK im engen Sinne gesättigt, sondern es wird per *Default* eine DPA-Interpretation erzeugt. Das bedeutet, dass die untere DegP hier nicht overt realisiert wird (vgl. Abschnitt 3.6.2 sowie Zamparelli 2000: 287f.). Die (fakultative) Anbindung der VK im engen Sinne erfolgt hier vermutlich durch Apposition. Die oben genannten Sätze können demnach wie folgt paraphrasiert werden:

(5-32) a. Maria è alta, e lo è più di Eva.
b. Maria è alta, e lo è tanto quanto Eva.
c. Maria è alta, e lo è così come Eva.
d. Maria è alta, e lo è tanto da sbattere la testa.

5.4 Attributive VKen

In Abschnitt 2.3.2.1 wurde gezeigt, dass adjektivische VKen auch in pränominaler Stellung auftreten können. Im Gegensatz zu den eben behandelten Konstruktionen haben sie dann keine prädikative, sondern attributive Funktion und werden innerhalb der VK-Forschung häufig als attributive VKen bezeichnet, vgl. die folgenden Beispiele:

(5-33) dt. Ich sehe größere Autos als du.
engl. I see bigger cars than you.
it. Ho visto più grandi macchine di te.

---

21 Ich danke Natascha Pomino für diesen Hinweis.

Eines der Hauptprobleme für die Analyse solcher attributiven VKen liegt darin, dass der adjektivische Restriktor und das Vergleichskomplement nicht adjazent sind, was den Vorhersagen der in Abschnitt 5.3 vorgeschlagenen Analyse (sowie der meisten VK-Analysen) zunächst widerspricht, da diese nicht die grammatische Struktur (5-34)a, sondern die ungrammatische in (5-34)b erzeugen würden:

(5-34) a. Ho visto più *bei* ragazzi *di Gianni.*
b. *Ho visto più *bei di Gianni* ragazzi.[22]

Die Ableitung von (5-34)a ist sowohl für Ansätze problematisch, die eine Selektionsbeziehung zwischen Komparator und Vergleichskomplement postulieren als auch für diejenigen Analysen, die das Vergleichskomplement an den Komparator adjungieren. Denn es scheint einen Kontrast zwischen dem zu geben, was der Komparator modifiziert (nämlich ein Adjektiv) und dem, was mit dem Vergleichsstandard kontrastier wird (nämlich Adjektiv + Nomen). Darüber hinaus muss geklärt werden, wie die Stellung pränominaler Adjektive überhaupt erfasst werden soll.

Im Italienischen treten attributive VKen eher selten auf, was unter anderem daran liegt, dass pränominale Adjektive nur in bestimmten Kontexten (z.B. bei so genannter „Sprecherorientierung“, vgl. Crisma 1993)[23] und manchmal auch nur in phonologisch reduzierter Form möglich sind (z.B. *bel*(*lo*), *gran*(*de*), *buon*(*o*) usw.). Darüber hinaus gelten für pränominale Adjektive, die von einem Komparator begleitet werden, offensichtlich noch stärkere Beschränkungen:

(5-35) a. Ho visto un più/così bel ragazzo di/che…
b. Ho visto più/così bei ragazzi di/che…
(5-36) a. *Ho visto un troppo/abbastanza/meno/talmente/tanto bel ragazzo per/di/che/quanto…
b. *Ho visto troppo/abbastanza/meno/talmente/tanto bei ragazzi per/di/che/quanto …

(5-36) zeigt, dass nicht alle italienischen Komparatoren in attributiven VKen auftreten können, sondern lediglich *più* und *così*. Neben diesen beiden Komparatoren, die mit dem entsprechenden Adjektiv eine analytische Form bilden, gibt es im Fall der Komparative (und wie zu zeigen sein wird, auch der Similative) die Möglichkeit synthetischer attributiver VKen. Im Italienischen betrifft das zunächst die einzigen „echten“ Komparativformen, nämlich *migliore* und *peggiore* (vgl. Abschnitt 2.3.1.2):

---

22 Vgl. hingegen die entsprechenden postnominalen und prädikativen adjektivischen VKen:
i. Ho visto ragazzi più *belli di Gianni.*
ii. I ragazzi sono più *belli di Gianni.*

23 Crisma unterscheidet zwischen *speaker-oriented* und *manner adjectives*, wobei erstere pränominal, letztere hingegen postnominal auftreten. Einige Adjektive erlauben beide Interpretationen und können demnach sowohl prä- als auch postnominal auftreten. Folgende Beispiele führt sie dabei an (Crisma 1993: 14):
i. L'evidente provocazione di Gianni [...] (‚it is evident that Gianni is provoking sb.').
ii. La provocazione evidente di Gianni [...] (‚Gianni is provoking sb. in a manifest way').
iii. Il felice atteggiamento assunto da Gianni [...] (‚the speaker approves of Gianni's behavior').
iv. L'atteggiamento felice assunto da Gianni [...] (‚Gianni put on a happy pose').

(5-37) Gianni è un miglior(e)/peggior(e) scrittore di quanto non lo sia tu.

Aufgrund der genannten Beschränkung italienischer attributiver VKen auf synthetische Formen sowie auf die Komparatoren *più* und *così* findet man lediglich (positive) Komparative sowie Ausmaß-VKen und Äquative unter diesen Konstruktionen.

5.4.1 Bisherige Analysen

Die geringe Relevanz attributiver VKen im Italienischen ist möglicherweise der Grund dafür, dass diese in der Forschung zum Italienischen bislang kaum Beachtung gefunden haben. Doch auch in Sprachen, in denen das Phänomen deutlich stärker vertreten ist, wie beispielsweise dem Englischen, wurde dieser Typ, zumindest in der VK-Forschung, selten untersucht. Die meisten existierenden Analysen sind vielmehr im Rahmen allgemeiner Untersuchungen zur Syntax und Semantik der Graduierung angesiedelt. Im Folgenden sollen einige Ansätze zur Analyse attributiver VKen sowie ihre Probleme kurz vorgestellt werden.

Im Zusammenhang mit der Analyse attributiver VKen stellt sich wie gesagt die Frage, wie pränominale Adjektive allgemein erfasst werden sollten. Abney (1987) unterbreitet den Vorschlag, diese zwischen der DP und der NP zu lokalisieren:[24]

(5-38) Stellung pränominaler Adjektive gemäß Abney (1987: 208)

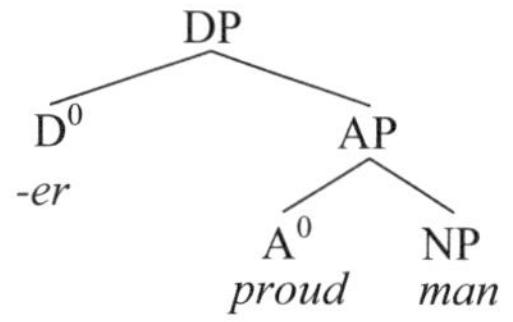

Wie anhand der Graphik zu erkennen ist, selegiert die DP in diesem Fall eine AP als Komplement, die ihrerseits eine NP selegiert. Demnach müsste die AP, obwohl sie eigentlich nur Modifikator der NP ist, in diesem Fall die kategoriale Markierung der DP bestimmen. Die gesamte Struktur muss jedoch aus externer Sicht nominal sein, damit sie u.a. als Argument in einem Satz eingebettet werden kann (z.B. als Subjekt oder direktes Objekt). Um eine nominale Markierung zu gewährleisten, schlägt Abney vor, dass pränominale Adjektive die NP nicht etwa als Argument selegieren, wie es lexikalische Kategorien sonst tun, sondern dass sich der Adjektivkopf in diesen Konstruktionen wie ein funktionaler Kopf der Nominalphrase verhält, d.h. er f-selegiert sie. Die Struktur (5-38) kann somit als nominale Struktur mit zwei übereinander liegenden funktionalen Projektionen angesehen werden. Aus dieser Perspektive ist es nicht mehr verwunderlich, dass die AP wiederum von der DP f-selegiert werden kann, denn als funktionale Kategorie der NP „verliert" sie – zumindest nach außen hin – ihre kategoriale Markierung: Sie fungiert als eine Art „Hilfsnomen":

---

24 Vgl. Abney (1987: 207): „In sum, examples like *too big (of) a house* indicate that devices are necessary which permit adjectives to head phrases that behave like, and are interpreted like, noun phrases. The independent need for such devices opens the way for an analysis of prenominal adjectives in which they head the noun phrase they appear in".

> Plausibly, adjectives are „defective“ nouns: let us suppose they lack only one feature, say [+substantive], to be nouns. If prenominal adjectives are like auxiliary verbs, and take an NP complement, it is conceivable that they inherit their complement's [+substantive] specification, and hence project a category that is featurally indistinct from an NP. (Abney 1987: 209)

Genau wie Hilfsverben in der Lage sind, entweder als lexikalische Vollelemente mit ihrer jeweiligen Argumentstruktur (z.B. *ein Kind haben*) oder aber als Hilfsverben aufzutreten, die ein Vollverb als Komplement nehmen (z.B. *geschlafen haben*), gelte dies auch für Adjektive als Hilfsnomina. Als Evidenz für die oben genannte Struktur führt Abney einige Eigenschaften auf, die pränominale Adjektive von postnominalen unterscheiden: So seien erstere beispielsweise nicht in der Lage, lexikalische Komplemente zu selegieren (Beispiele aus Abney 1987: 208):[25]

(5-39) a. The [proud] man.
b. *The [proud of his son] man.

Diesen Umstand führt Abney auf die „Hilfsnomenhaftigkeit“ des pränominalen Adjektivs zurück, die die Argumentselektion blockiere. Was die Analyse attributiver VKen betrifft, postuliert Abney, dass die Adjektivphrase hier keinen Deg-Kopf projiziert, sondern eine einfache AP ist und dass die DP in diesen Kontexten die Rolle von DegP übernimmt: „In fact, if prenominal adjectives inherit the feature [+subst] from their NP complements, the AP's [...] are featurally indistinct from NP's, and the DegP [...] is featurally indistinct from DP“ (Abney 1987: 213). Dafür spreche vor allem die Tatsache, dass Determinierer und Gradköpfe um dieselbe Position zu konkurrieren scheinen (Abney 1987: 213):

(5-40) a. *A too tall man.
b. *A so big fish.[26]

Eine Ausnahme bilden die Komparativformen des Adjektivs, die in pränominaler Stellung lizensiert sind:

---

[25] Vgl. Abney (1987: 208): „Prenominal adjectives differ from postnominal adjectives in that prenominal adjectives may not have complements, whereas postnominal adjectives must have complements [z.B. proud]“. Diese Beschränkung gilt für das Englische und für die romanischen Sprachen, sie ist allerdings nicht universell. Im Deutschen ist die Übertragung von (5-39)b beispielsweise vollkommen akzeptabel:
i. Der auf seinen Sohn stolze Mann.
Vermutlich kann dieser Umstand auf die „Rechtsköpfigkeit“ des Deutschen zurückgeführt werden. Auf diese Daten kann im Rahmen der vorliegenden Analyse jedoch nicht eingegangen werden.

[26] Auch diese Beschränkung betrifft lediglich das Englische: vgl. die folgenden italienischen und deutschen Daten:
i. Un più bel ragazzo.
ii. Ein zu großer Mann.
iii. Ein so großer Fisch.
In diesem Zusammenhang wird übrigens klar, weshalb Abney (1987: 214) *very* nicht als Deg-Kopf, sondern als adverbiale DegP analysiert, die im Spezifikator der AP angesiedelt ist. Denn das folgende Beispiel ist im Englischen im Gegensatz zu den Daten in (5-40) unproblematisch:
iv. A very big dog.

(5-41) a. A taller man.
b. A more beautiful woman.

Nach Abney werden die Komparatoren in diesem Fall direkt in A^0 bzw. in AP eingesetzt, also ohne DegP-Vermittlung. Dies betrifft im Englischen nicht nur das Suffix *-er,* sondern auch andere Komparatoren, die er als syntaktische Affixe einstuft, z.B. *more* und *most* sowie *as* und *too* (vgl. Abney 1987: 221). Die entsprechende Analyse attributiver VKen kann demnach folgendermaßen illustriert werden:[27]

(5-42) Analyse attributiver VKen gemäß Abney (1987: 221)

a. analytisch

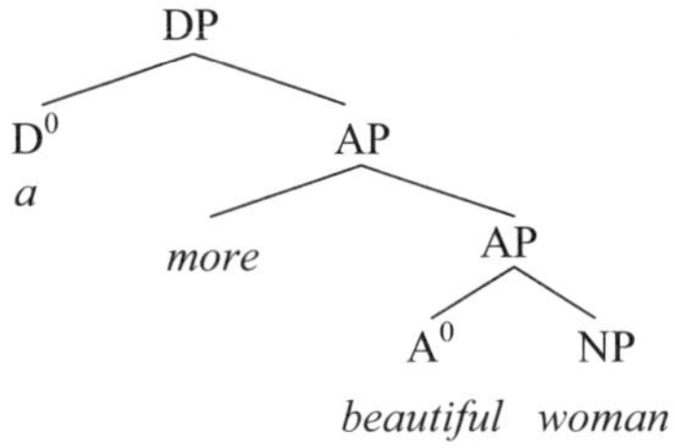

b. synthetisch

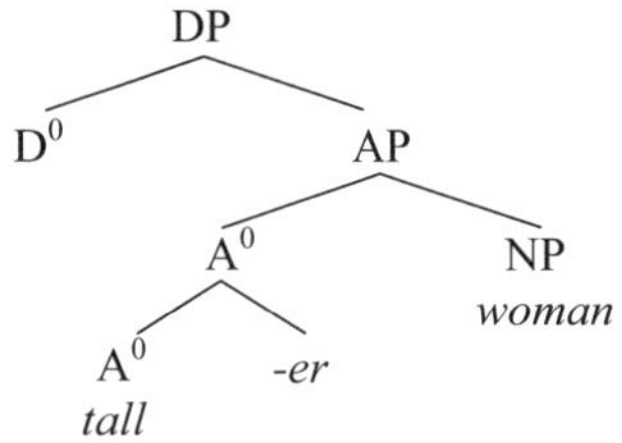

Im Gegensatz zu anderen Gradelementen werden solche Affixe nicht in Deg^0/D^0 basisgeneriert, sondern erst auf LF (also kovert) nach D^0 bewegt. Demnach gilt die Beschränkung gegen mehrere Deg^0/D^0-Elemente lediglich auf der Oberflächenstruktur, d.h. wenn sie linear adjazent sind, wie das folgende Beispiel zeigt, das nur grammatisch ist, wenn der Determinierer und der Komparator durch ein Adverb getrennt sind:

(5-43) A *(nearly) as devastating attack. (Abney 1987: 221)

Allerdings weist die Analyse Abneys ein generelleres Problem auf, das auf der Unmöglichkeit beruht, semantische Unterschiede bestimmter Konstruktionen zu erfassen: Wenn nämlich Komparatoren im Zusammenhang mit pränominalen Adjektiven als Affixe ohne eigene Deg-Projektion generiert werden, die auf LF nach D^0 bewegt und demnach auch erst in D^0 interpretiert werden können, und wenn D^0 der Sitz des Komparators in nominalen VKen ist, dann ist unklar wie der semantische Unterschied zwischen (5-44)a und b aus dieser Analyse hervorgehen soll:

---

27 Dabei lässt Abney die kategoriale Markierung von *more* und *-er* in diesen Fällen offen.

(5-44) a. I see more big cars than you.
b. I see bigger cars than you.

Gemäß der von Abney postulierten Analyse müssten die diesen Daten zugrunde liegenden Strukturen dieselbe Interpretation erhalten. Die aus Abneys Analyse resultierende Synonymie wird aus den für (5-44)a und b angenommenen Baumstrukturen deutlich, wobei der Komparator in b auf LF (also kovert) bewegt wird:

(5-45) I see...

a. ...more big cars... b. ...bigger cars...

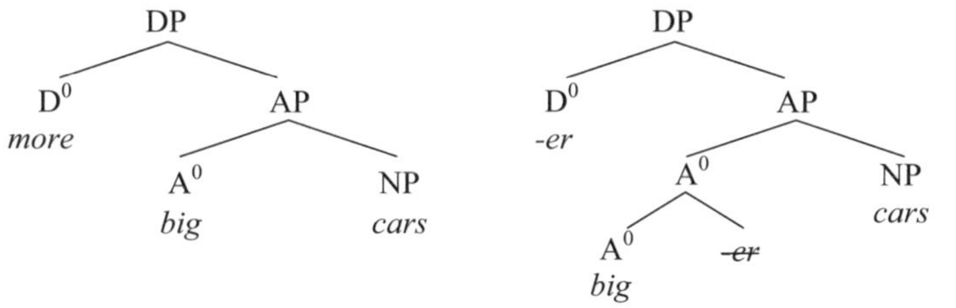

Im Italienischen, wo die betreffenden Beispiele darüber hinaus homonym sind bzw. durch dasselbe phonologische Material realisiert werden, wäre eine Identität der LF-Struktur noch gravierender, da hier beispielsweise keine Unterscheidung zwischen den folgenden beiden Beispielen möglich wäre:[28]

(5-46) a. Vedo [più [bei ragazzi]] di Gianni.
b. Vedo [[più bei] ragazzi] di Gianni.

Auch andere VK-Analysen sind nicht in der Lage, attributive VKen angemessen zu erfassen. Dies gilt beispielsweise für die Schalenanalyse (vgl. Abschnitt 3.3.2) sowie für die davon inspirierten Ansätze (z.B. Donati 1997, 2000). Unabhängig davon, ob man das Adjektiv allein oder den Komplex aus Adjektiv + Nomen als Restriktor postuliert, bilden attributive VKen für die Schalenanalyse ein Problem: Ist das Adjektiv allein der Restriktor, muss die Nominalphrase außerhalb der VK lokalisiert werden. Es kann somit nicht erklärt werden, wie die AP gemeinsam mit dem Komparator aus der Schale herausbewegt und mit der Nominalphrase verknüpft wird. Nach Larson ist die synthetische Komparativform ein komplexer Deg-Kopf, sie könnte also nur per Kopfbewegung aus der Schale gehoben werden und an den N-Kopf adjungieren. Gegen eine solche Inkorporationsanalyse pränominaler Adjektive ist prinzipiell nichts zu sagen, problematisch wird es jedoch, wenn keine synthetische Komparativform vorliegt, wie z.B. in (5-46)b, d.h. wenn der Komparator gemäß der Schalenanalyse im Deg-Kopf und die AP im Spezifikator steht. Kein gewöhnlicher Bewe-

---

[28] Das gilt auch für das Englische, sofern analytische Komparation involviert ist:
i. I see [more [beautiful people]] than you.
ii. I see [[more beautiful] people] than you.

gungsmechanismus wäre dann in der Lage, beide gemeinsam vor das Nomen zu bewegen, ohne das Vergleichskomplement mitzunehmen:[29]

(5-47) Schalenanalyse für (5-46)b mit AP als Restriktor

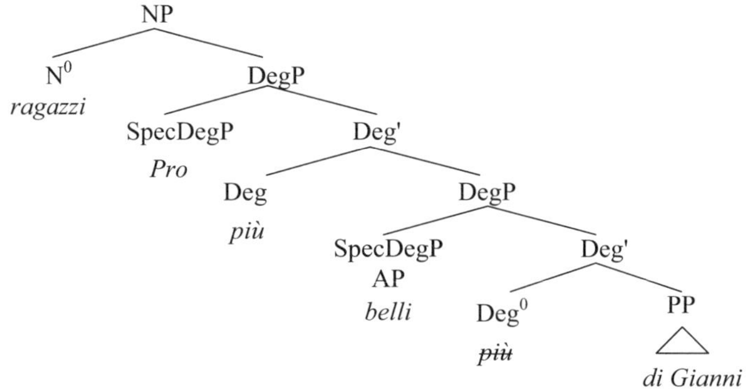

Auch eine andere Einbettung der gesamten adjektivischen VK-Schale, z.B. im Spezifikator einer AgrP oberhalb oder unterhalb einer NP würde das Problem nicht lösen. Ebenso wenig kann die Lösung darin bestehen, die NP auf LF mit *Pro* zu identifizieren: Denn die Nachstellung des Nomens gegenüber Komparator und Adjektiv muss phonologisch sichtbar und kann daher kein reiner LF-Prozess sein.

Alternativ könnte man annehmen, dass die NP mit der AP zusammen den unteren Spezifikator der Schalenstruktur besetzt. Auch in diesem Fall hinge die Struktur natürlich davon ab, welche Stellung für attributive Adjektive innerhalb der erweiterten Nominalphrase angenommen wird. Würde die AP die Spezifikatorposition der NP besetzen, ergäbe sich folgende Struktur:

(5-48) Schalenanalyse für (5-46)a mit NP als Restriktor

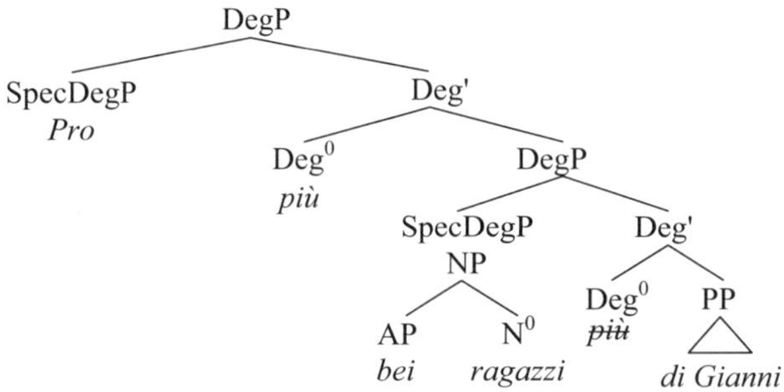

[29] Eine Ausnahme wäre eine *Remnant Movement*-Analyse, wonach erst das Vergleichskomplement in eine Position zwischen NP und DegP und anschließend die gesamte Rest-DegP in einen Spezifikator oberhalb der NP bewegt würde. Das Problem solcher Analysen besteht jedoch in der Regel in der Motivation der Bewegungsprozesse.

Das Problem dieser Struktur besteht darin, dass sie für das Deutsche und Englische nicht etwa die in (5-33)a und b angeführten Daten ergeben würde, sondern vielmehr die folgenden semantisch völlig unterschiedlichen Sätze:

(5-49) dt. Ich sehe mehr große Autos als du.
engl. I see more big cars than you.

Um die erwünschte Lesart zu erhalten, müsste entweder der untere Deg-Kopf an den A-Kopf adjungieren, was durch das (in der Schalenanalyse akzeptierte) *Head Movement Constraint* ausgeschlossen ist, oder der A-Kopf müsste aus dem Spezifikator der NP gehoben werden und an den oberen Deg-Kopf adjungieren, was allerdings gegen das *Left Branch Constraint* (vgl. Corver 1990) verstoßen würde, wonach aus Spezifikatoren nicht extrahiert werden darf.

Eine alternative Analyse attributiver VKen findet sich bei Lechner (2004). Ebenso wie Bresnan nimmt dieser an, dass in VKen zwei Gradphrasen involviert sind, die er – im Einklang mit der jüngeren Forschung als DegPen einstuft. Darüber hinaus vertritt er im Gegensatz zu Bresnan und in Anlehnung an Abney (1987) eine FH-Analyse der Adjektivphrase, d.h. die Gradphrase ist nicht im Spezifikator der AP angesiedelt, sondern sie ist eine funktionale Kategorie, die die AP f-selegiert. Im Unterschied zu Abney und parallel zu den Schalenanalysen (sowie zur Analyse Donatis) situiert Lechner die AP jedoch nicht in die Komplement- sondern in die Spezifikatorposition der DegP.[30] Dabei ergibt sich für die VK die in (5-50) dargestellte Struktur.

Der obere Deg-Kopf selegiert zunächst den Vergleichssatz als Komplement. Er ist im Falle des hier illustrierten synthetischen Komparativs phonologisch leer und nur durch das Merkmal [+comparative] gefüllt. Dieses Merkmal muss gemäß Lechner überprüft werden, was durch die Bewegung der AP aus dem Vergleichssatz in den Matrixsatz (so genanntes AP-*Raising*, vgl. Lechner 2004: 41) und die dabei entstehende Spezifikator/Kopf-Relation zwischen der AP und dem Merkmal [+comparative] erfolgt. Diese wird auf PF durch die Komparativform realisiert. Bei analytischen Komparativformen steht hingegen *more* im Deg-Kopf. Durch AP-*Raising* verbleibt im Vergleichssatz lediglich eine Spur (bzw. eine „stille" Kopie) des Adjektivs, die auf PF nicht sichtbar ist. Somit sei ein *Comparative Deletion*-Prozess, wie er von Bresnan (vgl. (3-52) postuliert wird, nicht erforderlich. Lechner vergleicht diese AP-Bewegung mit der so genannten *Raising*-Analyse des Relativsatzes (vgl. Bianchi 1999 sowie (4-6), die darin besteht, dass der nominale „Kopf" des Relativsatzes aus seiner Argumentposition innerhalb des Relativsatzes nach SpecCP gehoben wird und nicht – wie in traditionellen Relativsatzanalysen – außerhalb des Relativsatzes angesiedelt ist.

30 Lechner spricht in diesem Zusammenhang davon, dass der AP-Restriktor kein internes, sondern ein externes Argument der DegP sei (vgl. Lechner 2004: 30). Damit übernimmt er die für die Schalenanalysen typische Parallelisierung von Komparatoren und verbalen Prädikaten, die wie bereits besprochen nicht unproblematisch ist (vgl. Abschnitt 3.3.2).

(5-50) Bill is taller than John (is).[31]

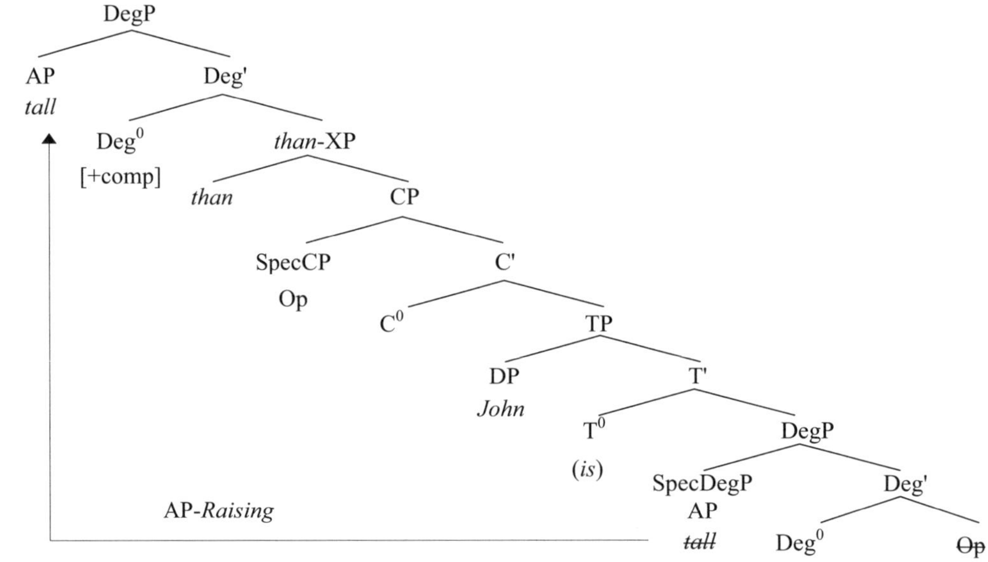

Analog dazu wird in attributiven VKen der AP/NP-Komplex aus der DegP im Vergleichssatz in den Spezifikator der Matrixsatz-DegP gehoben:

(5-51) Mary knows ...

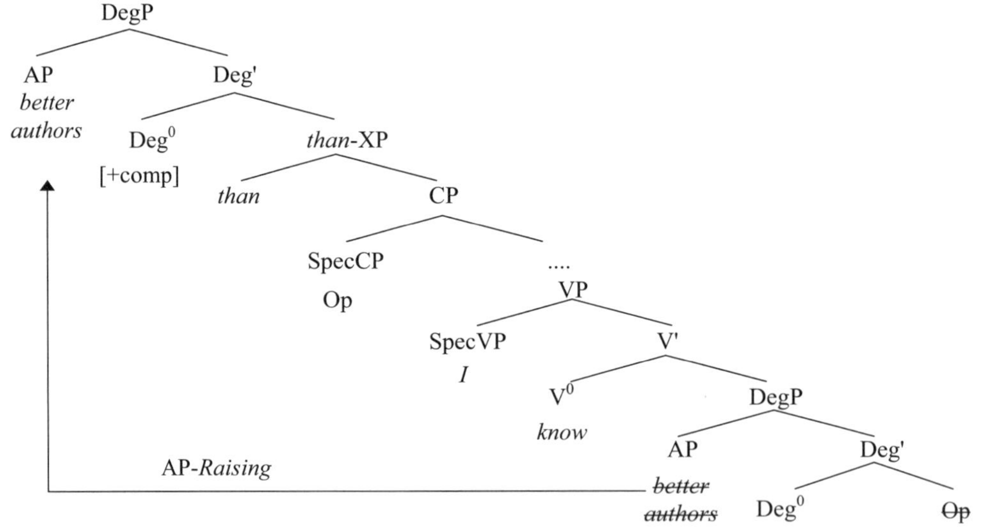

---

[31] Der Status des Standardmarkers *than* bleibt ungeklärt, und im gesamten Buch ist von *than*-XP die Rede. Zwar wird zwischendurch angenommen, *than* sei die syntaktische Realisierung des in vielen semantischen Analysen postulierten Maximalitätsoperators (vgl. u.a. Stechow 1984a), doch diese Annahme sagt einerseits nichts über den tatsächlichen syntaktischen Status von *than* aus, und sie wird darüber hinaus an späterer Stelle zurückgenommen (Lechner 2004: 261, Fn.173).

In Anlehnung an Abney (1987) nimmt Lechner an, dass DPen mit pränominalem Adjektiv die folgende Struktur aufweisen:

(5-52) [$_{\text{D}}$ [$_{\text{AP}}$ good [$_{\text{NP}}$ authors]]]

Demnach ist die NP *authors* in der AP enthalten und kann beim AP-*Raising* mitbewegt werden (vgl. Lechner 2004: 29). Allerdings ist diese Annahme nicht unproblematisch, denn diese [AP[NP]]-Struktur weist konfligierende kategoriale Eigenschaften auf, wie Lechner (2004: 45) selbst einräumt. Um von AP-*Raising* angesprochen zu werden, muss sie als AP identifiziert werden, aber als Verbargument, das von einer DP dominiert wird, braucht sie nominalen Status. Als mögliche Lösung führt Lechner eine funktionale Kategorie (FP) ein, die die NP als Komplement selegiert und in deren Spezifikator die AP angesiedelt ist. Zwar wird nur die AP von AP-*Raising* angesprochen, aber die gesamte FP, inklusive NP wird dank *Pied-Piping* mitbewegt. Nach dieser Analyse unterliegt also die FP dem AP-*Raising*. Da diese eine erweiterte Projektion der NP sei, weise sie auch deren kategoriale Merkmale auf. Es ist jedoch unklar, wie die erforderliche Spec/Kopf-Konfiguration zwischen AP und Deg^0, die für das *Checking* des [+comparative]-Merkmals und zur phonetischen Realisierung komparativer Morphologie notwendig ist (Lechner 2004: 23), unter diesen Bedingungen zustande kommen sollte.

Auffallend ist, dass im Unterschied zur *Raising*-Analyse des Relativsatzes der „Kopf" nicht an den Rand des Relativsatzes (also nach SpecCP), sondern über die CP hinaus in den Matrixsatz bewegt wird. Eine Bewegung der AP nach SpecCP würde die falsche Linearisierung ergeben, denn *than* befindet sich bei Lechner außerhalb der CP.

(5-53) *than [CP better authors [C [TP I know[$_{\text{DP}}$ [$_{\text{DegP}}$ ~~better authors~~]]]]].

Eine Bewegung der AP nach SpecCP wäre für Lechner darüber hinaus keine mögliche Option, denn er postuliert (wie Chomsky 1977) die Anwesenheit eines abstrakten Operators, der den zweiten Grad bindet und aus dem Komplement der unteren DegP nach SpecCP bewegt wird (Lechner 2004: 38). Dass die Bewegung der AP mit dieser Operatorbewegung nicht in Konflikt gerät, führt Lechner auf eine Besonderheit von AP-*Raising* zurück: Es handele sich nämlich um *Move Alpha without Form Chain* (Lechner 2004: 86).[32] Das Be-

---

[32] Lechner beruft sich dabei explizit auf einen von Poole (1996) eingeführten gleichnamigen Mechanismus. Allerdings entspricht das AP-*Raising* nicht den von Poole für diesen Mechanismus vorgesehenen Bedingungen. Die Bewegung ohne Kettenbildung wird nämlich dort entweder für optionale Bewegung angenommen, oder aber für Fälle, in denen ein funktionaler Kopf optional eingeführt wird, zu dem dann obligatorische Bewegung stattfindet (Poole 1996: 216). AP-*Raising* ist obligatorisch, denn das Merkmal [+comparative], das die Bewegung auslöst, muss abgeglichen werden. Damit ist die erste Bedingung, nämlich optionale Bewegung, nicht erfüllt. Aber auch der zweite Typ, bei dem die Optionalität die Einführung einer funktionalen Kategorie betrifft, die die Bewegung auslöst, kommt für AP-*Raising* nicht in Frage: Zwar sind nach Poole in diesem zweiten Fall beide Kopien für die semantische Interpretation sichtbar, ebenso wie bei AP-*Raising*, allerdings ist nicht klar, wie die Projektion der funktionalen Kategorie, zu der die Bewegung erfolgt, nämlich Deg [+comparative] als optional angesehen werden könnte, zumal Lechner selbst annimmt, dass „[...] only a comparative Deg has the capacity of c-selecting for a *than*-XP" (Lechner 2004: 42). Diese Bewegung ohne Kettenbildung stellt somit einen mindestens „unorthodoxen"

sondere bei dieser Bewegung liege darin, dass das bewegte Element und seine Spur keine Kette bilden. Dies sei deshalb möglich, weil die Kettenbildung eine LF-Anforderung darstelle, die aus Interpretationsgründen die Tilgung aller bis auf einer Kopie auf LF erfordere. Im Fall von AP-*Raising* seien aber beide Kopien für die Interpretation notwendig, d.h. also dass keine von ihnen auf LF getilgt werden dürfe. Dementsprechend sei auch keine Kettenbildung erforderlich und die Bewegung könne somit weder durch intervenierende Elemente noch durch Inseleffekte blockiert werden. Da sich normale Bewegung aus den Operationen *Move Alpha* und *Form Chain* zusammensetze, sei diese Form der Bewegung ohne Kettenbildung sogar ökonomischer und daher nicht weiter zu begründen.

Die von Lechner vorgeschlagene AP-*Raising*-Analyse bringt jedoch auch jenseits attributiver VKen Probleme mit sich. Eines davon ergibt sich durch die relative Freiheit der „Bewegung ohne Kettenbildung", die etwa von Beschränkungen im Sinne der *Relativierten Minimalität* (RM, vgl. Rizzi 1990) nicht betroffen ist (vgl. Lechner 2004: 86). Dies zeigt sich an dem folgenden Beispiel:

(5-54) Peter ist größer als der kleine Hans.

Gemäß Lechner wäre Satz (5-54) aus der folgenden Struktur deriviert:

(5-55) Peter ist [DegP [AP größer]$_i$ [Deg' [Deg [+comparative]][XP als der [AP kleine] Hans ist [DegP [AP t$_i$ [CD]]]]]].

Unklar ist, weshalb sich hier das Adjektiv *groß* bewegt, das weiter unten in der Derivation steht, und nicht das Adjektiv *klein*, das näher am Ziel der AP-Bewegung ist. Im letzten Fall würde sich nämlich folgender, syntaktisch und semantisch vollkommen unterschiedlicher Satz ergeben:

(5-56) Peter ist kleiner als der Hans groß ist.

Weiterhin ist die AP-*Raising*-Analyse für VKen, die keinen adjektivischen Restriktor aufweisen, problematisch. Es bleibt beispielsweise fraglich, wie man nominale VKen (bei Lechner: *amount comparatives*) durch AP-*Raising* analysieren kann, was an dem folgenden Beispiel verdeutlicht werden soll:

(5-57) [$_{DP}$ [$_{DegP}$ [$_{Deg}$ more [$_{AP}$ authors]]] than [$_{CP}$ I know [$_{DP}$ [$_{DegP}$ [$_{AP}$ ~~authors~~]]]]].

Man beachte, dass Lechner bei analytischen Komparativen annimmt, dass *more* eine Realisierung des Deg-Kopfes ist,[33] d.h. die AP würde hier nur aus einer NP bestehen. Hier müsste Lechner ein leeres Adjektiv annehmen, das AP-*Raising* auslöst. Darüber hinaus ist unklar, wie die beiden Kopien dieses leeren Adjektivs semantisch sichtbar sein können, damit sie Bewegung ohne Kettenbildung lizensieren. Was verbale VKen betrifft, ist eine Analyse

---

Mechanismus dar („[...] AP-Raising also differs in a crucial respect from other, orthodox movement processes [...]" (Lechner 2004:42)) und muss besonders aufgrund seines obligatorischen Auftretens in VKen als konstruktionsspezifisch angesehen werden.

33 „If A^0 is polysyllabic, the feature is spelled out on Deg^0, resulting in the periphrastic form *more* A^0" (Lechner 2004: 23).

hier ebenfalls nur möglich, wenn man sie als implizit adverbial auffasst, eine Hypothese, die in Abschnitt 2.3.2.4 dieser Arbeit verworfen wurde. Weiterhin kann AP-*Raising* keine Lösung für die Analyse von Subkomparativen und Subäquativen darstellen, wie dies an folgendem Subkomparativbeispiel deutlich wird:

(5-58) The table is longer than the door is wide. (Bresnan 1973: 323)

Hier kann das Adjektiv *long* im Matrixsatz nicht durch AP-*Raising* aus dem Vergleichssatz extrahiert worden sein, denn dort ist die Position, in der normalerweise die Spur der Bewegung wäre, durch das overte Adjektiv *wide* besetzt. Dieses Problem sieht auch Lechner, der Subkomparative daher explizit aus seiner Analyse ausgeklammert (vgl. Lechner 2004: 236, Fn.1). Demnach müsste für die Analyse von Subkomparativen ein anderer Mechanismus als für Komparative angenommen werden. Dies wäre im Fall des Italienischen besonders problematisch, da hier keine strukturelle Differenz zwischen Komparativen und Subkomparativen konstatiert werden kann (vgl. Donati 2000 sowie Abschnitt 2.3.5). Doch auch im Falle „normaler" Komparative lässt sich die AP-*Raising*-Analyse auf das Italienische nicht so einfach anwenden: Denn hier ist die untere AP-Position nicht leer, sondern in der Regel durch das Klitikum *lo* besetzt:

(5-59) Mario è più bello di quanto *lo* è Gianni.

Hier müsste somit zusätzlich erklärt werden, weshalb die untere Kopie nicht getilgt, sondern durch ein Klitikum realisiert wird.

5.4.2 Eine neue Analyse attributiver VKen

Im Folgenden möchte ich eine Analyse vorschlagen, die mit den bisher in dieser Arbeit vertretenen Annahmen kompatibel ist und die eben beschriebenen Probleme nicht aufweist. Darüber hinaus können damit die Beschränkungen dieses Konstruktionstyps auf bestimmte Komparatoren des Italienischen erklärt werden. Zunächst soll mit Abney angenommen werden, dass pränominale Adjektive tatsächlich eine andere Struktur aufweisen als postnominale, was auch unabhängig von Abney durchaus verbreitet ist. Eine Besonderheit einiger pränominaler Adjektive im Italienischen besteht beispielsweise darin, dass sie eine durch Apokope reduzierte phonologische Struktur besitzen, d.h. dass der Auslautvokal bzw. die letzte Silbe getilgt wird:

(5-60) a. un *bel* ragazzo.
b. un ragazzo *bello*.
(5-61) a. un *buon* ragazzo.
b. un ragazzo *buono*.

Diese phonologische Reduktion in pränominaler Stellung, die ansonsten nur Determinierer (Artikelwörter und Demonstrativa) sowie Kardinalzahlen betrifft (z.B. *quattr'ore, diec'anni*), führt Zamparelli (2000: 263) in Anlehnung an Bernstein (1993) darauf zurück, dass solche pränominalen Adjektive nicht (wie in der von ihm postulierten Spezifikatoranalyse der

Adjektive, vgl. (3-60)) im Spezifikator einer funktionalen Projektion der Nominalphrase angesiedelt werden können, sondern einfachen Kopfstatus haben müssen.

Eine ähnliche Auffassung vertritt Bouchard (1998) aus semantischen Gründen: Er bezieht sich dabei auf die bekannte Tatsache, dass die Adjektivstellung Einfluss auf die Bedeutung der modifizierten Nominalphrase hat. So weisen die postnominalen Adjektive in den obigen b-Beispielen eine intersektive Lesart auf, d.h. auf das betreffende Individuum treffen die folgenden Aussagen zu:

(5-62) a. x ist ein Junge und x ist schön.
b. x ist ein Junge und x ist gut.

Diese Paraphrasen gelten jedoch nicht in gleichem Maße für die entsprechenden a-Beispiele. Bei diesen wird nämlich nicht impliziert, dass der entsprechende Referent tatsächlich schön oder gut *per se* ist, sondern nur, dass er *für einen Jungen* schön oder gut ist:

> [...] when a „scalar" adjective like *bon* is pre-N, it modifies a component internal to N, namely the property which makes an object qualify as a member of the restrictor set determined by the N (good, big as N [...]). When post-N, a scalar adjective modifies the components of the N as a whole, hence an external scale ensues for the evaluation (good, big in general [...]). (Bouchard 1998: 143)[34]

Dieser semantische Unterschied zwischen prä- und postnominalen Adjektiven gilt nach Bouchard nicht nur für so genannte skalare Adjektive, sondern allgemein (vgl. Bouchard 1998: 144). Er schließt daraus, dass pränominale Adjektive generell eine „engere" Beziehung zum Nomen aufweisen müssen, und zwar unabhängig von ihrem semantischen Typ und ihrer phonologischen Struktur (vgl. Bouchard 1998: 147). Aus dieser größeren semantischen Nähe sowie aus der im Zusammenhang mit Abneys Analyse bereits genannten Unmöglichkeit eines pränominalen Adjektivs mit Komplement (hier: im Französischen) schließt Bouchard, dass pränominale Adjektive syntaktisch als Köpfe analysiert werden müssen, die als „Schwestern" von nominalen Köpfen auftreten. Für die beschriebene Fragestellung besonders interessant ist Bouchards Behandlung von overt graduierten Adjektiven in pränominaler Stellung, wie im folgenden Beispiel:[35]

---

[34] Gemäß Bouchard (1998: 142) gibt es einen Unterschied zwischen einer intersektiven und einer extern skalaren Lesart. Während erstere vollkommen uneingeschränkt sei, gäbe es bei ersterer immer noch eine Bezugsskala, wenn auch eine sehr allgemeine, auf der z.B. das Gutsein gilt. Demnach wäre die Bedeutung von (5-61)b so etwas wie ‚gut als Mensch'. M.E. liegt diese Besonderheit von frz. *bon* und it. *buon*(*o*) darin, dass diese Adjektive extrem polysem sind, d.h. es ist keine allgemeine Bedeutung (‚gut an sich') ohne eine (wenn auch relativ abstrakte) Referenzskala vorstellbar. Für jede mögliche Referenzmenge muss man eine eigene Bedeutung postulieren: 1. ‚gut als Mensch', 2. ‚geschmacklich gut', usw. Sieht man ‚gut als Mensch' als eine der möglichen Bedeutungen an, kann die Interpretation von (5-61)b als intersektiv aufgefasst werden:
i. ‚x ist ein Junge und x ist gut als Mensch'.

[35] Man beachte, dass it. *molto* – im Gegensatz zu frz. *très* – in einer solchen Position nicht lizensiert ist:
i. *un molto buon ragazzo.
Dies folgt aus der hier postulierten Analyse, wonach nur einfache Deg-Köpfe in dieser Stellung auftreten dürfen (vgl. (5-68)). Gemäß der in Anlehnung an Doetjes in Abschnitt 4.5 vorgenomme-

(5-63) frz. un très gros chat.

Die Möglichkeit eines graduierenden Modifikators im Zusammenhang mit pränominalen Adjektiven erklärt Bouchard folgendermaßen:

> This is a case of iteration of Head sister relation: *très* and *gros* form a complex adjective head, which in turn forms a complex N with *chat*. See Weinreich (1966: 82-89) and Stowell (1981) for a similar account, except that they both consider that these complex forms are morphological words. (Bouchard 1998: 151)

Im Folgenden möchte ich mich diesem Vorschlag anschließen und eine damit kompatible Struktur für attributive VKen entwerfen. Dies soll anhand des folgenden Beispiels erfolgen:

(5-64) Ho visto più bei ragazzi di Gianni.

Ausgangspunkt für eine solche Struktur ist die folgende adjektivische VK:

(5-65) Più belli di Gianni.[36]

Diese wird genauso deriviert wie im letzten Abschnitt besprochen, mit dem Unterschied, dass das Adjektiv keine funktionale Superschicht projiziert, was als Voraussetzung für dessen Auftreten in pränominaler Stellung angesehen wird:

(5-66) Grundstruktur der „unvollständigen" attributiven VK

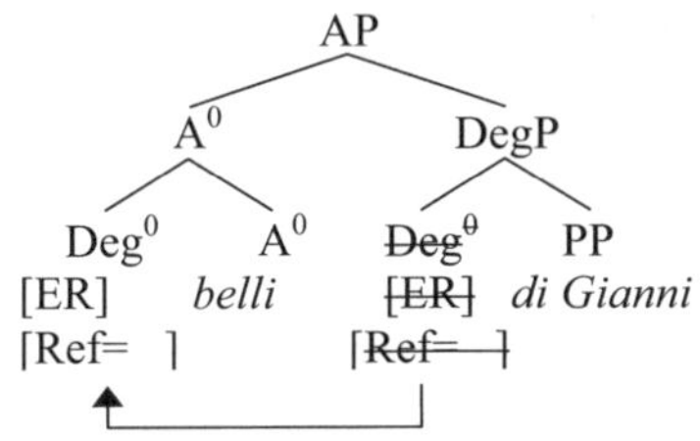

Da die funktionale DegP oberhalb der AP fehlt, erhält das uninstantiierte referentielle Merkmal des „unteren" Deg-Kopfes keinen Wert, sondern bleibt zunächst leer. Diese Adjektivphrase wird gemäß der Prämisse, dass „klassische" Adjunkte als Komplemente einer lexikalischen Kategorie reanalysiert werden können (vgl. Abschnitt 3.6.2), zunächst in die Komplementposition der NP eingesetzt:[37]

---

nen Klassifizierung quantifizierender Elemente ist *molto* jedoch ein komplexer Quantifizierer, der eine Deg- und eine Q-Schicht aufweist.

[36] Es wird hier angenommen, dass die Reduktion der Adjektivform *belli* zu *bei* erst auf phonologischer Ebene, also nach Abschluss der syntaktischen Derivation erfolgt.

[37] Diese Möglichkeit wird auch von Vertretern der Spezifikatoranalyse der Adjektivstellung postuliert. Demnach können zumindest einige Adjektive im Komplement der NP positioniert werden, vgl. z.B. Laenzlinger (2003).

(5-67) Einbettung der ungesättigten attributiven VK

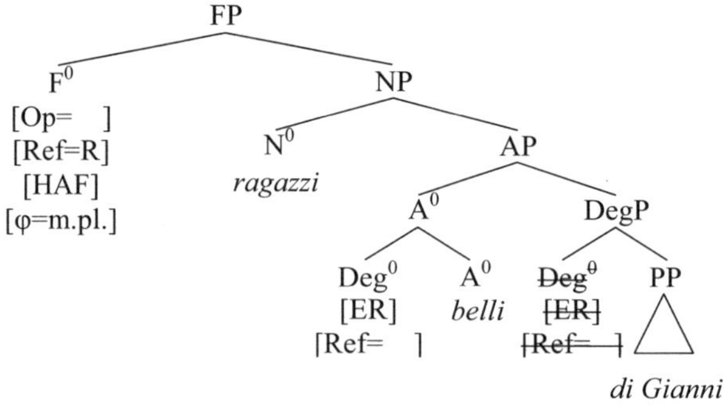

Da sowohl das Op-Merkmal von F^0 als auch das Ref-Merkmal von Deg^0 gesättigt werden müssen, erfolgt ein Sondierungsprozess, im Rahmen dessen die entsprechenden Werte instantiiert werden können. Der komplexe A-Kopf wird daraufhin für Bewegung frei geschaltet und bewegt sich nach F^0, da dieses ein HAF-Merkmal aufweist:

(5-68) Abgeschlossene Derivation der attributiven VK

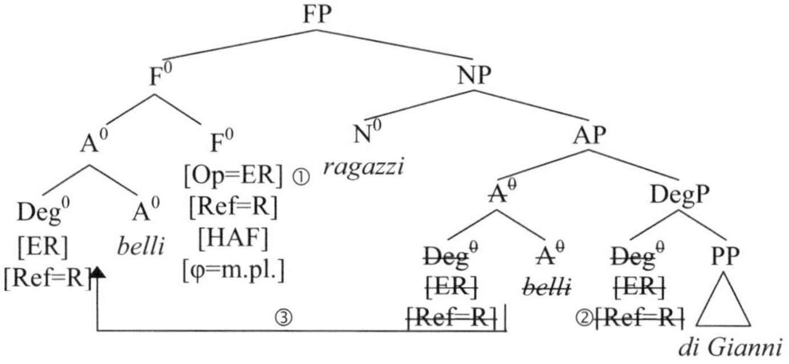

① = Instantiierung des Operatormerkmals in F^0 mittels Sondierung.
② = Übertragung der in F^0 kodierten referentiellen θ-Position des Nomens auf Deg^0.
③ = Bewegung des komplexen A-Kopfes nach F^0 (Inkorporation).

Demnach adjungiert der komplexe Deg/A-Kopf nicht – wie Bouchard es vorschlägt – direkt an den N-Kopf, sondern an eine funktionale Projektion von N^0. Im Einklang mit Bouchard soll jedoch angenommen werden, dass einfache Adjektive direkt an N^0 adjungieren und von der funktionalen Schicht der NP unabhängig sind. Das erklärt auch den Grammatikalitätsunterschied zwischen den folgenden Beispielen:

(5-69) a. Più bei/Migliori ragazzi di Gianni hanno fatto la spesa.
b. *Bei/bravi ragazzi hanno fatto la spesa.

Während *più bei* (sowie *migliori* als „synthetische" Komparativform, vgl. Abschnitt 5.4.3) in eine Deg^0/A^0-Struktur eingesetzt werden muss, die – wie in (5-68) – an F^0 adjungiert und damit die syntaktische Position F^0 mit phonologischem Material versieht, werden die einfachen Adjektive in (5-69)b an N^0 adjungiert und können weder das Operatormerkmal von F^0 instantiieren noch F^0 durch Bewegung mit phonologischem Material versehen. Da determiniererlose NPen in Subjektposition nicht möglich sind, „crasht" die Derivation, wenn kein Determinierer oder sonstiges phonologisches Material in F^0 eingesetzt wird (z.B. (5-69)b).

Im Gegensatz zu den Strukturen von Abney (vgl (5-45)), liegt hier ein wesentlicher Unterschied zwischen der attributiven VK und der entsprechenden homonymen nominalen VK vor. Er besteht darin, dass das pränominale Adjektiv in letzterer direkt an den N-Kopf adjungiert und keine Rolle bei der Instantiierung des Op-Merkmals der FP spielt, denn das Adjektiv und das Nomen bilden einen komplexen Kopf jenseits des Komparators:

(5-70) *Più bei ragazzi di Gianni* als nominale VK

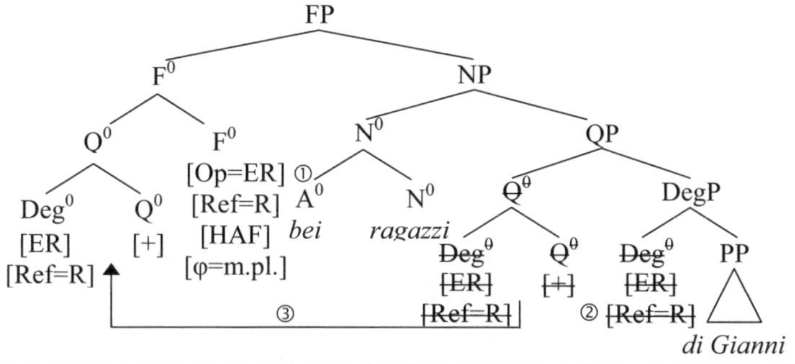

① = Instantiierung des Operatormerkmals in F^0 mittels Sondierung.
② = Übertragung der in F^0 kodierten referentiellen θ-Position des Nomens auf Q^0.
③ = Bewegung des komplexen Q-Kopfes nach F^0 (Inkorporation).

Ein Vorteil der hier für attributive VKen vorgeschlagenen Struktur (vgl. (5-68)) besteht darin, dass sie die in Abschnitt 2.3.2.1 konstatierten besonderen semantischen Anforderungen dieser Konstruktionen an das Vergleichskomplement erklärt:

(5-71) a. Ho incontrato un più bell'uomo di Gianni.
b. #Ho incontrato un più bell'uomo di Maria.

Die semantische Inakzeptabilität von (5-71)b folgt gemäß der in (5-68) illustrierten Analyse aus der Tatsache, dass *più* in der attributiven VK in einer funktionalen Projektion der NP angesiedelt ist und dort mit dem referentiellen Merkmal der NP verknüpft wird (Ref=R). Somit bildet nicht das Adjektiv allein, sondern die gesamte NP den Skopus der VK. Die NP trägt jedoch das semantische Merkmal [männlich] und ist daher mit dem Vergleichsstandard *Maria*, der als [weiblich] markiert ist, semantisch inkompatibel. Diese semantische Besonderheit liegt hingegen in postnominalen adjektivischen VKen nicht vor:

(5-72) Ho incontrato un uomo più bello di Gianni/Maria.

Darin ähneln diese Konstruktionen prädikativen adjektivischen VKen, in denen ebenfalls keine semantische Einschränkung festzustellen ist:

(5-73) Ho incontrato un uomo che è più bello di Gianni/Maria.

Offensichtlich haben postnominale adjektivische VKen prädikative Funktion. Dieser Umstand wurde bereits in Abschnitt 2.3.2.1 sowohl anhand der eben genannten semantischen Besonderheit attributiver VKen als auch anhand weiterer charakteristischer Eigenschaften diskutiert. So sind postnominale adjektivische VKen genauso wie prädikative, aber im Gegensatz zu attributiven VKen mit allen Komparatoren kompatibel (z.B. auch mit *meno*):

(5-74) a. *Gianni è un meno bel ragazzo di Luca.
b. Gianni è un ragazzo meno bello di Luca.

Darüber hinaus ist in attributiven VKen das Auftreten des unbestimmten Artikels obligatorisch, nicht jedoch in postnominalen, in denen auch der bestimmte Artikel möglich ist:

(5-75) a. Ho visto *il più bel ragazzo di Gianni.
b. Ho visto il ragazzo più bello di Gianni.

Auch in diesem Fall verhalten sich postnominale adjektivische VKen analog zu ihren prädikativen Entsprechungen:

(5-76) Il/Un ragazzo è più bello di Gianni.

Folglich kann die für attributive VKen vorgeschlagene Struktur (5-68) keine geeignete Derivation für postnominale adjektivische VKen darstellen. Diese können vielmehr analog zu den in Abschnitt 5.3 behandelten (prädikativen) adjektivischen VKen analysiert werden, bei denen das Adjektiv eine vollständige funktionale Struktur aufweist. Somit wäre (5-77)a aus (5-77)b abgeleitet:

(5-77) a. Ho incontrato ragazzi più belli di Gianni.
b. Ho incontrato ragazzi (che sono) più belli di Gianni.

Auch in diesem Fall kann davon ausgegangen werden, dass die entsprechende adjektivische VK in das Komplement der NP eingesetzt wird, jedoch sind aufgrund der vollständigen funktionalen Struktur alle Merkmale der VK gesättigt, und die Derivation der VK ist zum Zeitpunkt der Einbettung in die NP bereits abgeschlossen:

(5-78) Struktur postnominaler adjektivischer VKen[38]

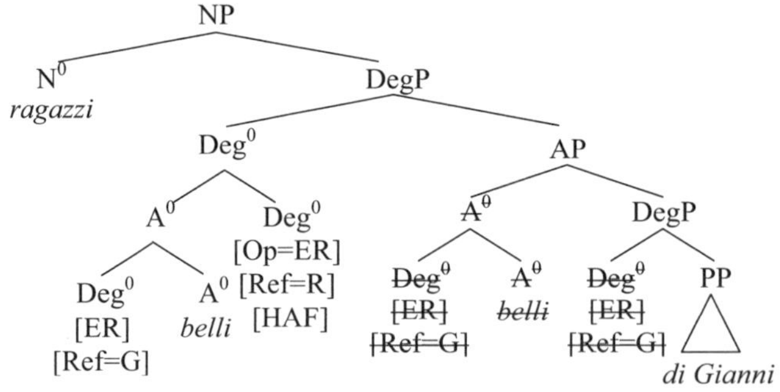

---

[38] Alternativ könnte man die erweiterte adjektivische Projektion als *Small Clause* analysieren, die einen prädikativen Kopf („klein"-a^0 bzw. Pr^0) projiziert, in dessen Spezifikator die NP als externes Argument angesiedelt ist. Dies würde jedoch an den Verhältnissen innerhalb der adjektivischen VK nichts ändern, weshalb hier nicht weiter auf diese plausible Alternative eingegangen wird.

Die Kookkurrenz von unbestimmten Artikel und Komparator in attributiven VKen mit Singular-NP scheint nahe zu legen, dass die Projektion FP – zumindest in diesen Konstruktionen – nicht mit der DP identisch sein kann, sondern unterhalb der DP liegen muss. Was die genauere Bestimmung von FP betrifft, könnte man diesen Umstand dahingehend deuten, dass F in attributiven Konstruktionen einer anderen funktionalen Kategorie entspricht als in nominalen VKen (also beispielsweise D in letzteren, Num in ersteren): Das wäre insofern wünschenswert, als es den postulierten strukturellen Unterschied zwischen den beiden Konstruktionen noch stärker verdeutlichen würde. Alternativ hierzu könnte man annehmen, dass FP stets einer Kategorie unterhalb der DP entspricht (z.B. NumP), dass aber immer dann, wenn kein overter Determinierer vorhanden ist, eine zusätzliche Bewegung des Komparators von F^0 nach D^0 erfolgt. Um diese Frage endgültig zu beantworten, müsste eine eingehendere Analyse der funktionalen Projektionen der Nominalphrase erfolgen, die den vorliegenden Rahmen sprengen würde.

Abschließend soll geklärt werden, welche Komparatoren in attributiven VKen lizensiert sind. In Abschnitt 5.4.1 wurden die folgenden Verhältnisse postuliert:

(5-79) a. un più/così bel ragazzo …
b. *un troppo/abbastanza/altrettanto/meno/tanto/talmente bel ragazzo …

Eine Überprüfung der Vorkommnisse der durch die verschiedenen Komparatoren modifizierten Adjektive *bello/i* (m. sg./pl.), *buono* und *grande* (jeweils m. sg.) in prä- und postnominaler Stellung im *CORIS* (*Corpus di Italiano Scritto*) bestätigt diese Vermutung:[39]

(5-80) Kookkurrenz verschiedener Komparatoren mit prä- und postnominalen Adjektiven (*CORIS,* 26.11.2005)

Adjektiv / Komparator	*bel* (pränominal)	*bello* (postnominal)	*bei* (pränominal)	*belli* (postnominal)	*buon* (pränominal)	*buono* (postnominal)	*gran+ grand'* (pränominal)	*grande* (postnominal)
più	192	871	139	506	13	85	48	5285
così	24	197	0	45	12	59	23	453
talmente	0	17	0	5	0	5	0	30
tanto	0	390	0	0	(5)[40]	22	0	94
meno	0	22	0	14	0	13	0	42
troppo	0	115	0	5	0	51	0	377
abbastanza	0	10	0	0	(4)[40]	30	0	155
altrettanto	0	6	0	4	0	10	0	30
Gesamt	216	1.628	139	579	34	275	71	6.466

[39] Die entsprechenden Adjektive wurden ausgewählt, da sie pränominal phonologisch reduziert werden und dadurch ihre Stellung gegenüber dem Nomen allein anhand der Form erkennbar ist. Die postnominale Adjektivstellung wurde ebenfalls berücksichtigt, um sicher zu stellen, dass die entsprechenden Komparatoren überhaupt mit dem jeweiligen Adjektiv kookkurrieren dürfen.

[40] Die Kombination von *tanto* und *abbastanza* mit pränominalen *buon* tritt nur im Fall des Kompositums *buon senso* (‚Vernunft') auf. Hier liegt jedoch kein Adjektiv in pränominaler Stellung, sondern ein komplexes Nomen vor. Demnach stellen die entsprechenden Vorkommnisse kein Gegenbeispiel zu den getroffenen Annahmen dar.

Aus diesen Zahlen ergibt sich eindeutig, dass nur *più* und *così* vor pränominalen Adjektiven auftreten dürfen. Hierbei scheinen vor allem prosodische Faktoren relevant: Da *più* einsilbig und *così* endbetont ist, weisen diese einen höheren Grad an Kohäsionsfähigkeit mit dem modifizierten Adjektiv als die anderen Komparatoren auf.[41] Insgesamt ist also eine Neigung zu phonologisch „leichten" Modifikatoren in attributiven VKen zu beobachten. Diese betrifft nicht nur mögliche Komparatoren, sondern auch mögliche Adjektive. So trifft zwar Bouchards oben zitierte Beobachtung zu, wonach die Möglichkeit des pränominalen Auftretens von Adjektiven im Französischen von deren phonologischen Struktur unabhängig ist, prinzipiell auch für das Italienische zu, jedoch erscheinen „schwere" Adjektive in attributiven VKen markierter als die oben genannten reduzierten Formen:

(5-81) a. Un più bel/buon/gran ragazzo di Gianni.
b. ?Un più interessante/intelligente/attraente ragazzo di Gianni.

Dies könnte entweder bedeuten, dass möglicherweise doch nicht alle pränominalen Adjektive Kopfstatus haben, was jedoch Bouchards recht einleuchtender Hypothese widersprechen würde, oder aber dass Elemente, die in einem funktionalen Kopf der Nominalphrase auftreten, keine zu „schwere" phonologische Struktur aufweisen dürfen.[42] Denn diese phonologische Beschränkung gilt für unmodifizierte pränominale Adjektive nicht:

(5-82) a. Il probabile licenziamento [...] (Crisma 1996: 59).
b. La scandalosa proposta [...] (Crisma 1996: 60).

Der Unterschied könnte darauf zurückzuführen sein, dass pränominale Adjektive außerhalb von attributiven VKen keinen Deg-Kopf aufweisen und somit auch nicht in einen funktionalen Kopf der Nominalphrase bewegt werden, sondern an den nominalen Kopf selbst adjungieren. Hier müsste eine genauere Untersuchung erfolgen, die sowohl einen umfangreicheren Korpus als auch die genaueren phonologischen Beschränkungen der Adjektivstellung im Italienischen berücksichtigt. Es konnte jedoch gezeigt werden, dass die in der vorliegenden Arbeit vorgeschlagene VK-Analyse mit den genannten Phänomenen nicht nur kompatibel ist, sondern auch neue Beschreibungsmöglichkeiten eröffnet.

---

41 Man beachte, dass *più* und *così* auch Auslöser des für das Standard- sowie Mittel- und Süditalienische typischen *Rafforzamento sintattico* sind.

42 Es sei an dieser Stelle besonders hervorgehoben, dass diese Beschränkung ausschließlich für attributive VKen gilt, weil nur diese die Inputstruktur $Deg^0/A^0/F^0$ aufweisen. Eine Erklärung könnte auf Cardinaletti & Starke (1999) zurückgehen, die für verschiedene lexikalische Elemente Varianten mit defizitärer Struktur annehmen. Demnach könnte man davon ausgehen, dass die genannten Adjektive eine defizitäre Struktur aufweisen, die unter anderem für eine höhere Position im Strukturbaum verantwortlich ist, da sich die entsprechenden defizitären Elemente bewegen müssen, um ihre „Merkmalsschwäche" syntaktisch auszugleichen. Diese defizitäre Struktur könnte auch ihr Auftreten in den genannten attributiven Konstruktionen lizensieren.

5.4.3 VKen mit *tale* und synthetische Komparativformen

Bei den in Abschnitt 4.5.5 behandelten EXT-VKen wurden Konstruktionen mit dem Komparator *tale* zunächst zurückgestellt, da dieser einige Besonderheiten aufweist, die eine analoge Behandlung zu den bisher behandelten Komparatoren erschwert. Diese betrifft beispielsweise die Distribution von *tale*: Es ist lediglich mit nominalen Restriktoren kompatibel und kann (im Gegensatz zu anderen Komparatoren in nominalen VKen) sowohl prä- als auch postnominal auftreten.

(5-83) a. Anna ha una tale intelligenza da capire Einstein.
b. Anna ha un'intelligenza tale da capire Einstein.

Bemerkenswert ist außerdem, dass *tale* auch als Prädikativum in einer Kopulastruktur mit dem nominalen Restriktor als Subjekt möglich ist:

(5-84) L'intelligenza di Anna è tale da capire Einstein.

Demnach weist *tale* anscheinend die typische Distribution eines (italienischen) Adjektivs auf.

Darüber hinaus wurde festgestellt, dass *tale* im Gegensatz zu anderen Komparatoren keine <Q>-Position im θ-Raster des Nomens sättigt, sondern eine <G>-Position, denn es ist nur mit graduierbaren Nomina kompatibel, vgl. die folgenden Beispiele:

(5-85) a. Anna ha una tale intelligenza da capire Einstein.
b. Ho sofferto tali dolori da impazzire.
c. *Ho speso tali soldi da rimanere senza una lira.
d. *Ho bevuto tale acqua da scoppiare.

Vor dem Hintergrund der hier vorgeschlagenen Analyse attributiver VKen kann das Verhalten von *tale* erklärt werden. Ähnlich wie bei den synthetischen Komparativformen *migliore* und *peggiore* kann hier eine Deg^0/A^0-Struktur postuliert werden. Doch während in letzteren der entsprechende Deg-Kopf den Wert [ER] trägt, liegt mit it. *tale* eine synthetische EXT-Form eines Adjektivs vor. Dies scheint durch den Eintrag für *tale* im Zingarelli (1999: s.v.) gestützt zu werden: „[...] così grande (specialmente in correlazione con ‚che', ‚da' [...]". Dass *grande* tatsächlich die zugrunde liegende Positivform darstellt, ist allerdings zu bezweifeln. Vielmehr scheint diese kontextuell zu variieren. In (5-85)a ist eine zugrunde liegende Form *grande* sicherlich denkbar, aber weniger passend als beispielsweise *spiccata*, in (5-85)b wäre hingegen *forte* angemessener, wie die entsprechenden analytischen Beispiele deutlich zeigen:[43]

(5-86) a. Anna ha una così spiccata/grande intelligenza da capire Einstein.
b. Ho sofferto così forti/$^?$grandi dolori da impazzire.

[43] Die postnominale Stellung der jeweiligen VKen erscheint hier übrigens deutlich akzeptabler, was aus den in Abschnitt 5.4.2 genannten phonologischen Faktoren („Schwere" der jeweiligen Adjektive) folgt. Auch im Fall von *grande* ist zu sagen, dass die elidierte Form weniger gebräuchlich ist als die vollständige (vgl. Zingarelli 1999: s.v.), so dass auch hier insgesamt eine postnominale Stellung favorisiert wird.

Eine ähnliche Kontextabhängigkeit wurde auch bei den synthetischen Komparativformen festgestellt, für die ebenfalls mehrere Positivformen zugrunde gelegt werden können (vgl. Zingarelli 1999: s.v. sowie Abschnitt 2.3.1.2):

(5-87) a. *migliore*: ‚Più buono [...], più utile, vantaggioso, proficuo, comodo e sim. [...]'.
b. *peggiore*: ‚Compar. di cattivo [...], meno utile, vantaggioso, comodo e sim. [...]'.

Als synthetische EXT-Form eines Adjektivs enthält *tale* strukturell einen Adjektivkopf und weist demnach dieselbe Distribution wie gewöhnliche Adjektive auf. Es kann postnominal oder als Prädikativum in einer adjektivischen VK sowie pränominal in einer attributiven VK auftreten. Der Unterschied zwischen *tale* und gewöhnlichen Adjektiven liegt darin, dass es bereits ein inkorporiertes Deg^0[EXT] in sich trägt. Bevor dieser Punkt genauer dargelegt wird, soll die zugrunde liegende Struktur illustriert werden:

(5-88) Struktur attributiver *tale*-VKen

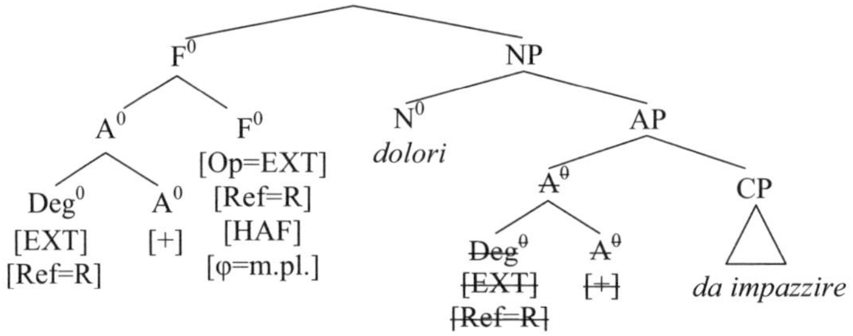

Das inkorporierte Adjektiv weist keine weiteren semantischen Merkmale als [+] auf, es ist also eine Art funktionales Adjektiv geworden (ähnlich wie Q). Das erklärt auch seine relative Anpassungsfähigkeit an kontextuelle Bedürfnisse. Was die Inputstruktur für die Vokabeleinsetzung betrifft, kann man annehmen, dass die Fusionsregel (4-25) auch dann Anwendung findet, wenn A^0 (und nicht Q^0) lediglich das unmarkierte Merkmal [+] aufweist. Demnach kann der Deg/A-Kopf aus Sicht der Morphologie als fusioniert angesehen werden. Ebenfalls möglich ist die Annahme, dass die Deg^0/A^0-Struktur im Gegensatz zu den entsprechenden produktiven (im Italienischen nur) analytischen Formen nicht in der Syntax gebildet wird, sondern bereits als „fusionierter" Kopf in die Syntax gelangt. In diesem Fall läge eine bereits „eingefrorene" fusionierte Struktur vor, die als grammatikalisiert zu betrachten wäre. Es müsste somit folgende syntaktische Struktur postuliert werden:

(5-89) Struktur attributiver *tale*-VKen mit „fusioniertem" Deg/A-Kopf

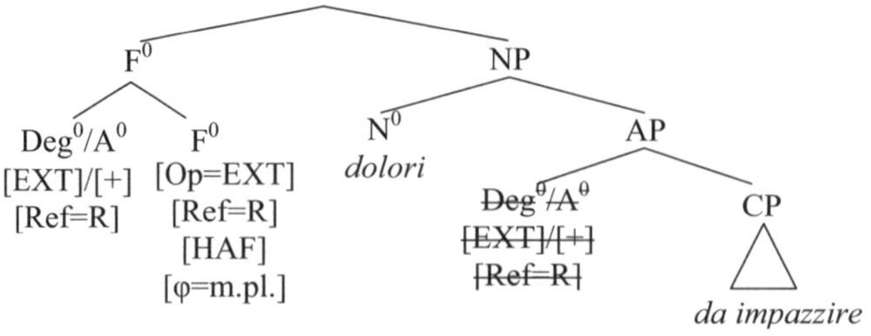

In beiden Fällen steht für die Vokabeleinsetzung lediglich eine Position zur Verfügung, die durch /tal-/ realisiert wird. Die entsprechende Vokabel für *tale* kann wie folgt formalisiert werden:

(5-90) Vokabel für *tale*
/tal-/ ↔ Deg^0/A^0 / ___ [EXT]

Eine ähnliche Einsetzungsregel kann auch für die Komparativformen *migliore* und *peggiore* postuliert werden, deren Bedeutung sich als ebenfalls relativ flexibel erwiesen hat (vgl. (5-87)) und die daher analog zu *tale* als mehr oder weniger funktionale Formen angesehen werden können. Auch diese weisen eine fusionierte Deg^0/A^0-Struktur auf, wobei das Adjektiv in *migliore* ein Merkmal [+], in *peggiore* ein Merkmal [-] aufweist.[44] Da diese Werte nicht in Q^0 stehen, betreffen sie keine Quantität, sondern eine typische adjektivische Charakteristik, nämlich Qualität. Diese kann positiv bzw. negativ sein und muss – wie erläutert – kontextuell präzisiert werden:

(5-91) Vokabeln für synthetische Komparativformen
a. /peddʒor-/ ↔ Deg^0/A^0 / ___ [ER/-]
b. /miʎʎor-/ ↔ Deg^0/A^0 / ___ [ER]

Ebenso wie im Fall von Q gehe ich davon aus, dass [+] den unmarkierten Wert darstellt, somit braucht in der Vokabelliste nur die Einsetzungsumgebung für *peggiore* durch [-] spezifiziert zu werden, hingegen bildet *migliore* die *Default*-Vokabel für Deg^0/A^0[ER] und ist daher niedriger spezifiziert. Die entsprechende Struktur für synthetische Komparative in attributiven VKen kann wie folgt dargestellt werden:

(5-92) Conosco migliori/peggiori ragazzi di Gianni.

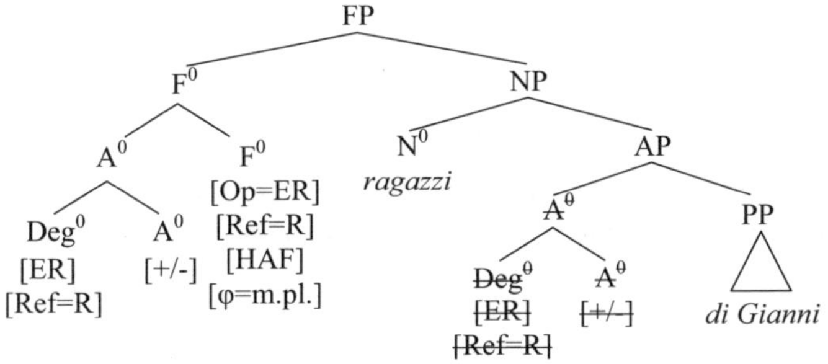

Die Vokabelliste aus Kapitel 4 kann nun folgendermaßen ergänzt werden:

---

[44] Die Tatsache, dass bei *peggiore* der Wert [-] kodiert ist, spricht dafür, von einem „eingefrorenen" fusionierten Deg/A-Kopf auszugehen, denn in diesem Falle wäre die Annahme einer Fusionsregel nicht wünschenswert.

(5-93) Vokabelliste für italienische VKen (vorläufig)

a.	/meno/	↔	Deg^0	/	___ Q^0[-] [ER]
b.	/pju/	↔	Deg^0(/Q^0)	/	___ [ER]
c.	/ko'si/	↔	Deg^0	/	___ [EQ]
		↔	Deg^0	/	___ [EXT]
d.	/abbastantsa/	↔	Deg^0(/Q^0)	/	___ [SUF]
e.	/trɔpp-/	↔	Deg^0(/Q^0)	/	___ [EXC]
f.	/altrettant-/	↔	Deg^0(/Q^0)	/	___ [EQ, *che*]
g.	/talmente/	↔	Deg^0	/	___ [EXT]
h.	/tant-/	↔	Deg^0(/Q^0)	/	___ [EXT]
i.	Ø	↔	Q^0	/	Deg^0[ER] ___ [-]
j.	/pɔk-/	↔	Q^0	/	___ [-]
k.	/tant-/	↔	Q^0		(*Default*)
l.	/ko'si/	↔	Mod^0		(*Default*)
m.	/tal-/	↔	Deg^0/A^0	/	___ [EXT]
n.	/peddʒor-/	↔	Deg^0/A^0	/	___ [ER/-]
o.	/miʎʎor-/	↔	Deg^0/A^0	/	___ [ER]

Wenn *tale, peggiore* und *migliore* postnominal auftreten, findet natürlich keine Bewegung nach F^0 statt, und es liegen Konstruktionen analog zu (5-78) vor.

Abschließend soll noch eine Anmerkung zu *talmente* erfolgen. In Abschnitt 4.5.5 wurde es vorläufig als Vokabel für Deg^0[EXT] bestimmt (vgl. (5-93)g). Es wurde jedoch bereits angedeutet, dass es damit dieselbe Einsetzungsumgebung wie *così* aufweist, so dass aufgrund der Vokabelliste keine Entscheidung über die einzusetzende Vokabel getroffen werden kann. Überträgt man die im Zusammenhang mit *tale* gemachten Annahmen auf *talmente*, wird ein Unterschied zwischen *talmente* und *così* jedoch deutlich: Bei *talmente* handelt es sich – ebenso wie bei *tale* – um eine synthetische EXT-Form, mit dem Unterschied, dass *talmente* nicht adjektivisch, sondern adverbial ist. Dies gilt analog für die entsprechenden adverbialen Komparativformen *meglio* und *peggio*. Demnach muss die o.g. Vokabelliste noch ein letztes Mal modifiziert (s. (5-93)g.) sowie um die Einträge für *meglio* und *peggio* erweitert werden:

(5-94) Vokabelliste für italienische VKen

a.	/meno/	↔	Deg^0	/	$\underset{\text{[ER]}}{\_\_\_}\ \text{Q}^0\text{[-]}$
b.	/pju/	↔	$\text{Deg}^0(/\text{Q}^0)$	/	$\underset{\text{[ER]}}{\_\_\_}$
c.	/ko'si/	↔	Deg^0	/	$\underset{\text{[EQ]}}{\_\_\_}$
		↔	Deg^0	/	$\underset{\text{[EXT]}}{\_\_\_}$
d.	/abbastantsa/	↔	$\text{Deg}^0(/\text{Q}^0)$	/	$\underset{\text{[SUF]}}{\_\_\_}$
e.	/trɔpp-/	↔	$\text{Deg}^0(/\text{Q}^0)$	/	$\underset{\text{[EXC]}}{\_\_\_}$
f.	/altrettant-/	↔	$\text{Deg}^0(/\text{Q}^0)$	/	$\underset{\text{[EQ, } \textit{che}\text{]}}{\_\_\_}$
g.	/talmente/	↔	Deg/Adv	/	$\underset{\text{[EXT]}}{\_\_\_}$
h.	/tant-/	↔	$\text{Deg}^0(/\text{Q}^0)$	/	$\underset{\text{[EXT]}}{\_\_\_}$
i.	Ø	↔	Q^0	/	$\text{Deg}^0\text{[ER]}\ \underset{\text{[-]}}{\_\_\_}$
j.	/pɔk-/	↔	Q^0	/	$\underset{\text{[-]}}{\_\_\_}$
k.	/tant-/	↔	Q^0		(*Default*)
l.	/ko'si/	↔	Mod^0		(*Default*)
m.	/tal-/	↔	Deg^0/A^0	/	$\underset{\text{[EXT]}}{\_\_\_}$
n.	/peddʒor-/	↔	Deg^0/A^0	/	$\underset{\text{[ER/-]}}{\_\_\_}$
o.	/miʎʎor-/	↔	Deg^0/A^0	/	$\underset{\text{[ER]}}{\_\_\_}$
p.	/pɛddʒo/	↔	Deg/Adv	/	$\underset{\text{[ER/-]}}{\_\_\_}$
q.	/mɛʎʎo/	↔	Deg/Adv	/	$\underset{\text{[ER]}}{\_\_\_}$

Mit dieser Vokabelliste und den in Kapitel 4 ermittelten morphologischen Regeln lässt sich die Distribution aller italienischen Komparatoren adäquat erfassen.

5.5 Zusammenfassung

In diesem Kapitel wurden die weiteren Derivationsschritte, die für die Ableitung von VKen notwendig sind, anhand der verschiedenen Restriktortypen ermittelt. Ausgangspunkt für die Derivation ist die in den Kapiteln 3 und 4 erarbeitete Struktur der VK im engen Sinne (vgl. (5-1)). Diese Struktur weist das bereits mehrfach erwähnte Problem auf, dass sie nicht die korrekte Linearisierung der VK vorhersagt, da die für VKen typische Diskontinuität zwischen Komparator und Vergleichskomplement nicht daraus resultiert.

In der vorliegenden Analyse wurde angenommen, dass in der funktionalen Schicht des Restriktors (also NP, VP oder AP) eine Sonde mit einem uninstantiierten Operatormerkmal vorhanden ist, die den Deg(/Q)-Kopf im Komplement des Restriktors als Ziel findet. Durch das Merkmal von Deg^{0} kann die Sonde den fehlenden Wert instantiieren. Damit der Komparator ein geeignetes Ziel darstellen kann, muss er ebenfalls ein uninstantiiertes Merkmal aufweisen. Als solches wurde die von Doetjes formulierte Notwendigkeit identifiziert, die <Q>-(bzw. <G>-)Position des Restriktors mit dessen referentieller Position zu verknüpfen. Diese wurde als Ref-Merkmal in Q^{0} bzw. Deg^{0} formalisiert, das durch den Sondierungsvorgang mit den Werten der referentiellen Position der Sonde aufgefüllt wird. Die Unterschiede in der Stellung des Komparators (vor dem Restriktor in nominalen und adjektivischen, dahinter in verbalen VKen) wurden auf die An- bzw. Abwesenheit eines entsprechenden *Head Attraction Feature* (HAF) in der funktionalen Superschicht des Restriktors zurückgeführt, das die Bewegung des Deg(/Q)-Kopfes auslöst.

Desweiteren wurde auf die Besonderheit der so genannten attributiven VKen eingegangen, ein Konstruktionstyp, der sich mit den meisten VK-Analysen nicht erfassen lässt bzw. in diesen gar nicht erst diskutiert wird. Es konnte gezeigt werden, dass der in der vorliegenden Arbeit präsentierte Ansatz eine Möglichkeit bietet, auch solche Konstruktionen adäquat zu analysieren. Es wurde dafür argumentiert, dass es sich dabei um adjektivische VKen handelt, deren Referenzmerkmal nicht durch die funktionale Superstruktur des Adjektivs, sondern durch die des modifizierten Nomens instantiiert wird. Dank dieser Analyse konnten auch die bislang außer Acht gelassenen *tale*-VKen erfasst werden. Dabei zeigte sich, dass diese ein ähnliches Verhalten aufweisen wie Konstruktionen mit den im Italienischen nicht produktiven synthetischen Komparativformen (also ER-Formen) *migliore* und *peggiore*. Dies führte zu einer Einstufung von *tale* als synthetische EXT-Form. Die Tatsache, dass nicht nur in Komparativen, sondern auch in anderen VKen synthetische Formen zu finden sind, kann dabei als zusätzliche Evidenz für eine gemeinsame Behandlung verschiedener VK-Typen gewertet werden.

Nachdem die grundlegende Struktur von VKen in ihren semantischen, syntaktischen und morphologischen Aspekten dargelegt und damit die Grundfrage dieser Arbeit beantwortet wurde, kann die in Abschnitt 2.1 formulierte vorläufige Definition von VKen präzisiert werden: Es handelt sich dabei um Strukturen, die semantisch durch das Vorliegen einer Vergleichsrelation zwischen einem Standard- und einem Referenzwert zu charakterisieren sind. Aus morphosyntaktischer Sicht zeichnen sich VKen durch das Vorliegen eines Komparators und eines Standardmarkers aus. Dabei weist der Komparator syntaktisch gesehen eine Deg^{0}- (seltener: Mod^{0}-) bzw. Deg^{0}/Q^{0}-Struktur auf, deren phonologische Realisierung von einzelsprachspezifischen morphologischen Faktoren abhängt. Der Deg-Kopf selegiert ein durch einen Standardmarker eingeleitetes Vergleichskomplement. Die sich daraus ergebende VK im engen Sinne wird in das Komplement des Restriktors eingesetzt und interagiert anschließend mit dessen funktionaler Superstruktur, wobei die genaue Art der Interaktion vom θ-Raster des Restriktors und der Merkmalsspezifikation seiner funktionalen Superschicht abhängt.

Im nächsten Kapitel wird auf die Struktur des Vergleichskomplements eingegangen, das im Italienischen besonders vielfältige Erscheinungsformen aufweist. Da dieser Aspekt von VKen nicht den Schwerpunkt der vorliegenden Untersuchung darstellt, wird die Diskussion auf komparativischen und äquativischen VKen beschränkt, die in der Forschungsliteratur am meisten und bis heute kontrovers diskutiert werden.

6 Die interne Struktur des Vergleichskomplements

In den bisherigen Ausführungen wurde die genaue Struktur des Vergleichskomplements weitestgehend vernachlässigt. Seine kategoriale Markierung wurde vorläufig entweder durch eine Variable (XP) oder aber als CP bzw. PP dargestellt, ohne dass diese Einordnung näher begründet wurde. In diesem Kapitel sollen einige Fragen im Zusammenhang mit dem Vergleichskomplement behandelt werden, die in der Forschungsdiskussion nach wie vor eine große Rolle spielen. Der eben erwähnte kategoriale Status des Vergleichskomplements hängt zum einen davon ab, welche Kategorie dem Standardmarker zugesprochen wird, zum anderen davon, welche Struktur für das gesamte Vergleichskomplement postuliert wird. Insbesondere stellt sich die kontrovers diskutierte Frage, ob satzhafte und phrasale Vergleichskomplemente eine gemeinsame Basis aufweisen, d.h. ob phrasale Vergleichskomplemente von satzhaften abgeleitet sind. Im Italienischen erscheint die Datenlage besonders komplex, da hier zumindest im Fall der Komparative zwei verschiedene Typen von Vergleichsphrasen unterschieden werden müssen, die jeweils durch den Standardmarker *di* bzw. *che* eingeleitet werden. Im Folgenden sollen diese Strukturen näher betrachtet werden. Dabei wird an den entsprechenden Stellen auf den bisherigen Forschungsstand eingegangen. Wie bereits erläutert beschränkt sich die Diskussion in der Forschungsliteratur auf Komparativ- und Äquativkonstruktionen. Darauf wird auch das Augenmerk der folgenden Ausführungen liegen.

6.1 Phrasale VKen

6.1.1 Forschungsstand

Phrasale VKen zeichnen sich dadurch aus, dass das Vergleichskomplement kein finites Verb enthält.[1] Dabei teilt sich die Forschungsliteratur in zwei Lager bezüglich der Frage, ob dies tiefenstrukturell bedingt ist oder ob es sich dabei um die Folge eines Reduktionsprozesses handelt.

Vertreter einer Basisgenerierungshypothese gehen davon aus, dass der Standardmarker als Präposition bzw. Kasusmarker angesehen werden kann. Evidenz hierfür bieten insbesondere Daten wie die folgenden:

(6-1) it. Maria è più alta [$_{PP}$ di *me*].
engl. Mary is taller [$_{PP}$ than *me*].

Analysiert man den Standardmarker als Präposition bzw. Kasusmarker ergibt sich der Akkusativkasus in (6-1) automatisch aus der Tatsache, dass solche Elemente generell strukturellen Kasus vergeben.

---

[1] Gelegentlich werden auch Vergleichskomplemente des *wh*-Typs (vgl. Abschnitt 2.3.3.1) als phrasal bezeichnet (vgl. u.a. Napoli & Nespor 1986: 623, Price 1990 sowie die Diskussion von (6-17)).

Allerdings erhält der Standardmarker nicht in allen Sprachen obliquen Kasus, wie die folgenden Daten belegen:

(6-2) dt. Maria ist größer als *ich*.
engl. Mary is taller than *I*.

Die Pronomina in (6-2) weisen eindeutig Nominativkasus auf. Es sind vor allem solche Daten, die in der Forschungsliteratur zur Formulierung der so genannten Derivationshypothese, also einer Ableitung von phrasalen VKen aus satzhaften, geführt haben. Eine Vertreterin der Derivationshypothese ist beispielsweise Bresnan (1973, 1975). Wie in Abschnitt 3.3.1 bereits erläutert, postuliert Bresnan zwei Tilgungsregeln, *Comparative Deletion* (CD, vgl. 3-52) und *Comparative Ellipsis* (CE, vgl. Kapitel 3, Fn. 26), durch die aus einem satzhaften Vergleichskomplement ein phrasales deriviert wird. Für die englische Variante in (6-2) ergäbe sich dabei die folgende Ableitung:

(6-3) Mary is taller [$_{CP}$ than I ~~am~~$_{CE}$ ~~x tall~~$_{CD}$].

In dieser Analyse wird postuliert, dass der Standardmarker *than* (ebenso wie *as* in Äquativen) ein Komplementierer ist, der eine CP einleitet. Dies folgt allerdings nicht zwangsläufig aus der Derivationshypothese. Eine Alternative liefert beispielsweise Lechner (2004),[2] der auf konstruktionsspezifische Tilgungsregeln verzichtet und annimmt, dass bei der Derivation von Vergleichsphrasen aus Vergleichssätzen dieselben Mechanismen wirken, die auch in Koordinationsstrukturen das zweite Konjunkt reduzieren. Zu diesen so genannten *Conjunction Reduction*-Regeln zählt Lechner (2004: 114), insbesondere *Gapping*, *Right Node Raising* (RNR) und *Across the Board*-Bewegung (ATB), die in den folgenden a-Beispielen anhand von VKen, in den b-Beispielen anhand von Koordinationsstrukturen illustriert werden:[3]

(6-4) a. Gianni ha mangiato più biscotti a scuola che Maria ~~ha mangiato~~$_{Gapping}$ caramelle in casa.
b. Gianni ha mangiato biscotti a scuola e Maria ~~ha mangiato~~$_{Gapping}$ caramelle in casa.
(6-5) a. Maria ha più sbriciolato ~~i biscotti~~$_i$ che mangiato i biscotti$_i$ (RNR).
b. Maria ha sbriciolato ~~i biscotti~~$_i$ e mangiato i biscotti$_i$ (RNR).
(6-6) a. Gestern haben$_i$ mehr Leute Sam besucht ~~haben~~$_i$ als Otto eingeladen ~~haben~~$_i$ (ATB).
b. Gestern haben$_i$ viele Leute Sam besucht ~~haben~~$_i$ und andere Otto eingeladen ~~haben~~$_i$ (ATB).

Gemäß Lechner (2004: 110) können phrasale VKen grundsätzlich als Koordinationsstrukturen reanalysiert werden: Diese als *Comparative Coordination* bezeichnete Reanalyse führt er auf die Anwendung der oben genannten Tilgungsphänomene zurück, in Folge derer eine Rechtsextrapositionsregel, das so genannte *Than*-XP-*Raising* (TR), zur Anwendung kommt. Die postulierte Struktur soll an dieser Stelle vereinfacht illustriert werden:

---

2 Für eine ausführliche Besprechung von Lechners Analyse vgl. Grimaldi (2005b).

3 Die folgenden italienischen Beispiele wurden in Anlehnung an englische und deutsche Beispiele von Lechner gewählt. Auf die illustrierten Phänomene wird in Abschnitt 6.1.3 detaillierter eingegangen. Im Fall von (6-6) war eine direkte Übertragung ins Italienische nicht möglich, jedoch wird die hier vorgeschlagene Analyse für Daten wie (6-4)a zeigen, dass im Italienischen durchaus ATB-Bewegung postuliert werden kann (vgl. Analyse (6-60)d in Abschnitt 6.1.3).

(6-7) Koordinationsstruktur nach erfolgtem TR (vgl. Lechner 2004: 220)[4]

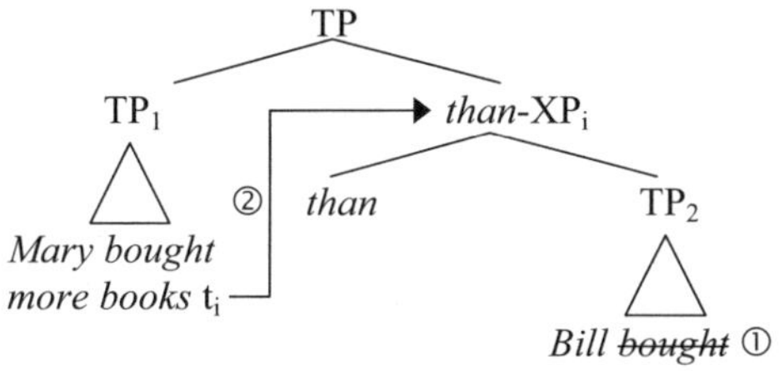

① = *Gapping* des Verbs.
② = *Than*-XP-*Raising* (TR).

Das Verb *bought* im Vergleichssatz (*than Bill bought*) wird zunächst durch *Gapping* getilgt. Infolgedessen kann die VK als Koordinationsstruktur reanalysiert werden, und es erfolgt obligatorisches TR, bei dem die *Than*-XP aus TP_1 extrahiert und rechts daran adjungiert wird.[5] Die Koordination ist dabei nicht nur auf TP-Ebene, sondern auch auf den Ebenen der VP, *v*P, Asp(ect)P sowie AgrSP möglich (vgl. Lechner 2004: 166).

Als problematisch erweist sich allerdings die Motivation für die postulierte Koordinationsstruktur. Einerseits sei Koordination notwendig, damit die oben genannten CR-Operationen erfolgen können („[...] coordinate structure required in order to provide the syntactic basis for the application of CR", Lechner 2004: 232f.). Auf der anderen Seite werden CR-Operationen, wie beispielsweise ATB-Bewegung als Voraussetzung für das Entstehen einer Koordinationsstruktur genannt:

> Whenever comparative formation implicates an ATB movement process [...], the structure has to be parsed as a comparative coordination. [...] ATB movement triggers a comparative coordination [...]. (Lechner 2004: 172)

Diese Zirkularität in der Argumentation ist insofern problematisch, als das Vorliegen der Koordinationsstruktur auch als Ursache für die obligatorische Extrapositionsregel TR genannt wird, deren Motivation somit ebenfalls unklar bleibt. Die TR-Regel (*Than*-XP-*Raising*) wirkt darüber hinaus nur in VKen und ist somit als konstruktionsspezifischer Mechanismus anzusehen.

Wichtig an dieser Analyse ist, dass *than* in phrasalen Komparativen (ebenso wie *as* in Äquativen) als Koordinator fungiert und damit – ebenso wie bei Bresnan – nicht als Präposition bzw. Kasusmarker. Lechner führt eine Erklärung dafür an, weshalb der Vergleichs-

---

4 Die vorangegangene Herleitung der internen VK-Struktur durch AP-Raising, und damit die Bewegung von *books* aus der Than-XP in den Matrixsatz, wurde hier vernachlässigt, vgl. aber Abschnitt 5.4.1 und dort insbesondere die Diskussion von (5-50).

5 Eine ähnliche Struktur – jedoch nicht nur für phrasale VKen – postulieren auch Rijkhoek (1998) und Galant (1998). Im Gegensatz zu Lechner nehmen sie keine Extraposition an, sondern gehen davon aus, dass die *than*-Phrase nicht als Komplement des Komparators selegiert wird, sondern direkt an der entsprechenden Stelle (hier: TP) adjungiert wird. Somit postulieren sie eine Analyse gemäß (3-2)b, gegen die in Kapitel 3 ausführlich argumentiert wurde. Darüber hinaus wird die Struktur durch einen leeren Koordinationskopf projiziert, so dass der Standardmarker ebenso wie bei Bresnan als Komplementierer angesehen werden kann:

i. $[_{\text{ConjP}}\ [_{\text{DegP}}\ \textit{as}\ [_{\text{AP}}\ \textit{tall}]]\ [_{\text{Conj'}}\ \text{Conj}^0\ [_{\text{CP}}\ \textit{as Bill is}]]]$.

standard in phrasalen Komparativen dennoch Akkusativkasus trägt. Dies lasse sich mit seiner Analyse erklären, da solche Verhältnisse auch in Koordinationsstrukturen belegt sind (vgl. Lechner 2004: 179f.):

(6-8) a. John is older than me [*am]
b. John is eager to see the movies, and me too.

Allerdings muss selbst Lechner Fälle einräumen, in denen eine Basisgenerierung der Vergleichsphrase plausibel erscheint (vgl. Lechner 2004: 90):

(6-9) He is taller than 6 feet.

Auf solche Fälle soll im nächsten Unterabschnitt genauer eingegangen werden. Wichtig ist jedoch, dass selbst bei einer radikalen Derivationshypothese zumindest die Möglichkeit von basisgenerierten Vergleichsphrasen vorgesehen wird.[6]

Die Tatsache, dass sowohl Vertreter der Basisgenerierungshypothese als auch der Derivationshypothese (insbesondere in Verbindung mit einer Koordinationsstruktur) gute Argumente auf ihrer Seite haben, könnte dafür sprechen, dass tatsächlich unterschiedliche Typen von Vergleichsphrasen postuliert werden sollten. Dies tut beispielsweise Hankamer (1973), der zwei unterschiedliche Varianten von *than* im Englischen postuliert, die jeweils in (6-10)a bzw. b illustriert sind:

(6-10) a. John is taller $than_1$ me.
b. John is taller $than_2$ I.[7]

Hankamer vertritt die Hypothese, dass Beispiel a basisgeneriert, Beispiel b hingegen aus einer satzhaften VK abgeleitet ist. Demnach wäre *than*$_1$ als Präposition, *than*$_2$ hingegen als Konjunktion bzw. Komplementierer zu analysieren (Hankamer 1973: 179, 187). Neben der Kasusmarkierung führt Hankamer weitere Argumente an, die für unterschiedliche Strukturen von (6-10)a und b sprechen. Ein besonders starkes Argument besteht darin, dass die von ihm als basisgeneriert eingestuften Konstruktionen im Gegensatz zu Vergleichssätzen keine Inseleigenschaften aufweisen, d.h. der Vergleichsstandard darf hier aus der Vergleichsphrase extrahiert werden, wie die folgenden Beispiele zeigen (Hankamer 1973: 179):[8]

---

6 Lechner spricht dabei nur von einer Option, allerdings wird sich in Abschnitt 6.1.2 zeigen, dass eine Derivation von (6-9) aus einer satzhaften Struktur wenig plausibel ist.

7 Dieses Beispiel wird im Englischen als stark markiert empfunden. Für die Kontrastierung in Bezug auf Kasuseigenschaften eignet sich das Lateinische daher besser, da es sowohl über Vergleichsphrasen mit festem Kasus (*fixed case comparatives*, vgl. i) als auch über Konstruktionen, in denen der Vergleichsstandard den Kasus des damit kontrastierten Elements „erbt" (*derived case comparatives*, vgl. ii), verfügt (vgl. Abschnitt 2.3.4.2; Beispiele aus Hankamer 1973: 181):
i. Cato est *Cicerone* eloquentior.
ii. Hi libri sunt clariores *quam illi*.

8 Hankamer (1973: 179) räumt ein, dass diese Beispiele eine leichte Markiertheit aufweisen: „Probably, these sentences deserve at best a weak question mark". Im Italienischen sind analoge Beispiele nicht lizensiert, da hier *Preposition Stranding* grundsätzlich nicht möglich ist.

(6-11) a. You finally met somebody you're taller than.
b. Who does she eat faster than?

Demnach können die entsprechenden Vergleichsphrasen nicht aus Vergleichssätzen abgeleitet sein. Auf den Inselstatus des Vergleichssatzes wird in Abschnitt 6.2.1 näher eingegangen.

Wichtig ist, dass Hankamer zum derivierten Typ u.a. Konstruktionen zählt, in denen eine gewisse parallele Struktur vorhanden ist (vgl. Hankamer 1973: 189, Fn. 1), die er als Voraussetzung für die Reduktion ansieht.[9]

Das Italienische scheint sich auf den ersten Blick für eine Lösung *à la* Hankamer anzubieten, da hier in Komparativen mit *di* und *che* zwei unterschiedliche Standardmarker vorhanden sind, die – wie in Abschnitt 2.3.4 ausgeführt – zumindest teilweise komplementär distribuiert sind:

(6-12) a. Laura è più intelligente *di* Maria.
b. Laura è più intelligente *che* furba.

Dabei wurde der distributionelle Unterschied zwischen *di* und *che* auf zwei wesentliche Faktoren zurückgeführt:

(6-13) Distribution von *di* und *che* in phrasalen Komparativen.
a. *di* tritt mit Maßphrasen obligatorisch und mit DPen und Personalpronomina bevorzugt auf.
b. *che* tritt immer auf, wenn ein unmittelbarer Kontrast zwischen dem Vergleichsstandard und einer strukturell parallelen Entsprechung besteht (jedoch nie vor Maßphrasen und selten vor Personalpronomina).[10]

In der Forschung zu italienischen VKen ist tatsächlich immer wieder dafür plädiert worden, unterschiedliche Analysen für phrasale VKen mit *che* bzw. *di* zu postulieren. Ebenso wie bei der unterschiedlichen Einstufung der Akzeptabilität von Beispielen mit dem einen oder anderen Standardmarker kommt es jedoch auch bei der Analyse der beiden Vergleichsphrasentypen zu unterschiedlichen Auffassungen. Wie sich zeigen wird, folgt keine Analyse dem nahe liegenden Vorschlag Hankamers, dem einen Konstruktionstyp eine Basisgenerierungs- und dem anderen eine Derivationsanalyse zugrunde zu legen. Im Folgenden soll auf

---

9 Eine weitere Bedingung betrifft die Verwendung von phrasalen Konstruktionen: „[...] the phrasal construction can be used where the target is a nominative or accusative corresponding to an underlying subject of an intransitive or object of a transitive respectively, but not when it is the underlying subject of a transitive"(Hankamer 1973: 185). Setzt man voraus, dass die phrasale Konstruktion im Italienischen durch *di* eingeleitet wird – was die einzige innerhalb der Forschung und auch in der vorliegenden Arbeit vertretene Option darstellt –, lässt sich diese Bedingung für das Italienische jedoch nicht aufrechterhalten. Vergleicht man die Daten in (2-100) scheinen sogar umgekehrte Verhältnisse vorzuliegen.

10 Dass MPen mit *che* nicht lizensiert sind, liegt vermutlich daran, dass diese keine direkte Kontrastierung erlauben. Hingegen bleibt unklar, weshalb Personalpronomina als Vergleichsstandard in phrasalen *che*-VKen nur marginal möglich sind. Dass dies nicht – wie von Donati postuliert – auf ein allgemeines DP-Verbot in solchen Vergleichsphrasen zurückzuführen ist, wurde in Abschnitt 2.3.4.2 bereits gezeigt.

die interne Struktur der jeweils durch *di* (Abschnitt 6.1.2) bzw. *che* (Abschnitt 6.1.3) eingeleiteten komparativischen Vergleichsphrasen eingegangen werden, wobei auch die Verhältnisse in phrasalen Äquativen Berücksichtigung finden.

6.1.2 Phrasale Komparative mit *di*

Wie bereits erwähnt, tritt *di* in der Regel mit DPen (inklusive Personalpronomina und DP-Adverbien, vgl. Abschnitt 2.3.4.1) und Maßphrasen auf. Besonders bei der Kombination mit Personalpronomina zeigt sich dabei deutlich, dass *di* Akkusativkasus vergeben muss:

(6-14) Maria è più alta di *me*.

In diesem Beispiel kann das Personalpronomen den Akkusativkasus nur durch *di* erhalten haben (und nicht etwa durch die Position, die es in der Struktur einnimmt), da die DP *me* semantisch gesehen innerhalb der Vergleichsphrase die θ-Rolle eines externen Arguments (hier: <Thema>) einnimmt und mit dem Subjekt *Maria* kontrastiert wird. Die Interpretation von (6-14) kann folgendermaßen paraphrasiert werden:

(6-15) ‚Maria ist größer als *ich* (groß bin)'.

In (6-15) wird der Subjektstatus des Personalpronomens u.a. auch am Nominativkasus im Deutschen deutlich, das, wie bereits erwähnt so genannte *derived case comparatives* aufweist, in denen der Vergleichsstandard (hier: *ich*) dieselbe Kasusmarkierung wie das damit kontrastierte Element (hier: *Maria*) erhält (vgl. Stassen 1985: 28).

Vor allem aufgrund der Fähigkeit, (strukturellen) Akkusativkasus zu vergeben, die ansonsten bei Präpositionen und transitiven Verben anzutreffen ist, wird der Standardmarker *di* in der Regel als Präposition (bzw. als Kasusmarker) eingestuft.[11] Diese Einstufung scheint auf den ersten Blick eine Basisgenerierungsanalyse zu implizieren. Demnach würde die Struktur des Vergleichskomplements *di me* in (6-14) aus einer einfachen PP bestehen, die eine DP als Komplement selegiert:

(6-16) Maria è più alta [$_{PP}$ di [$_{DP}$ me]].

Eine solche Struktur wird in der Forschung mehrfach vertreten, u.a. von Chomsky (1977), Hankamer (1973) und – für das Italienische – von Napoli & Nespor 1986.[12] Letztere postu-

---

[11] In der vorliegenden Arbeit werden die beiden Begriffe aus Gründen der Vereinfachung – sofern nicht anders angegeben – synonym verwendet. Für eine – durchaus berechtigte – Unterscheidung zwischen lexikalischen Präpositionen (lexPen), grammatikalischen Präpositionen (grPen) und Kasusmarkern (Ken) vgl. u.a. Gabriel (2002). Gemäß dieser Unterscheidung wäre *di* wohl eher unter den Kasusmarkern anzusiedeln. Dies ist im vorliegenden Kontext jedoch nicht relevant und wird im Folgenden vernachlässigt.

[12] Es handelt sich dabei vermutlich um die erste breitere Untersuchung italienischer Komparative aus generativer Sicht. Eine Ausnahme bildet Bracco (1980), der sich jedoch vorwiegend mit den Inseleffekten in satzhaften Komparativen beschäftigt und hier nicht im Detail behandelt wird, da er kei-

lieren eine ähnliche Analyse von VKen wie Bresnan (vgl. Abschnitt 3.3.1), mit dem einzigen Unterschied, dass sie Vergleichsphrasen nicht als deriviert, sondern als basisgeneriert ansehen (vgl. Napoli 1983: 678, Napoli & Nespor 1986: 625, Fn. 7). Dabei gehen sie davon aus, dass sich mit *di* eingeleitete phrasale VKen von solchen mit *che* dadurch unterscheiden, dass es sich bei *di* um eine Präposition handele, wohingegen *che* als „Koordinator" eingestuft wird (vgl. Napoli & Nespor: 1986: 623, 634). Daraus resultieren unterschiedliche Strukturen.

Wie in Abschnitt 2.3.4.1 bereits erwähnt spricht für eine Einstufung von *di* als Präposition gemäß Napoli & Nespor der Umstand, dass der Standardmarker *di* die gleiche Distribution wie die homonyme Präposition aufweist, nämlich vor DPen,[13] QPen und Adverbien, wobei sie unter QPen auch Vergleichssätze des *wh*-Typs fassen (vgl. Napoli & Nespor 1986: 623):[14]

(6-17) Pesa più di [$_{QP}$quanto tu non creda].

Allerdings wurde bereits gezeigt, dass diese Distributionsgleichheit in einem von Napoli & Nespor postulierten Fall nicht zutrifft, nämlich bei infinitivischen Vergleichsphrasen (vgl. (2-91)b):

(6-18) *Mi piace più mangiare di bere.

Hier ist lediglich der Standardmarker *che* möglich, wie der folgende grammatische Satz illustriert:

(6-19) Mi piace più mangiare che bere.

M.E. kann diese mangelnde Distributionsgleichheit darauf zurückgeführt werden, dass das *di*, das Infinitivsätze einleitet, keine Präposition, sondern ein Komplementierer ist:[15]

(6-20) Ho deciso di mangiare una fragola.

Ein weiterer Grund für eine Basisgenerierung von *di*-Komparativen besteht darin, dass hier die von Lechner genannten Transformationen (vgl. (6-4) und (6-5)) nicht möglich sind:

---

ne zusätzlichen relevanten Aspekte gegenüber den in Abschnitt 6.2 diskutierten Ansätzen von Chomsky (1977) sowie Donati (2000) einbringt.

13 Da der Aufsatz von Napoli & Nespor zeitlich vor der DP-Hypothese angesiedelt ist, sprechen sie von NPen. Gemeint sind aber im Grunde DPen im modernen Sinne, weshalb hier diese Terminologie verwendet wird.

14 Diese Einstufung beruht auf einer Analyse von *di* als Präposition und des *wh*-Vergleichskomplements als QP mit Relativsatzanschluss. Auf den genauen Status von Vergleichssätzen des *wh*-Typs wird in Abschnitt 6.2 eingegangen. Wie sich zeigen wird, unterscheidet sich die hier angenommene kategoriale Zuordnung nicht wesentlich von der von Napoli & Nespor. Gemäß der hier verwendeten Definition von satzhaften VKen als VKen mit einem Vergleichsstandard mit finitem Verb werden diese jedoch in der vorliegenden Arbeit als satzhaft behandelt.

15 Vgl. auch Rizzi (1997), der solche Verwendungen von *di* in der so genannten FinP ansiedelt, die infinitivsatzeinleitende Komplementierer beherbergt.

(6-21) *Gianni ha mangiato più biscotti a scuola di Maria ~~ha mangiato~~$_{Gapping}$ caramelle in casa.
(6-22) *Maria ha più sbriciolato ~~i biscotti~~$_i$ di mangiato i biscotti$_i$ (RNR).

Dass dies an den Distributionseigenschaften von *di* liegt, kann kein Gegenargument sein, denn *de facto* lassen sich keine Fälle konstruieren, in denen phrasale *di*-Komparative als Ergebnis solcher in Koordinationsstrukturen üblicher Mechanismen möglich sind.

Eine Möglichkeit, die Derivationsanalyse auch für phrasale *di*-Komparative zu retten, schlägt Donati (2000) vor. Ihre Lösung unterscheidet sich von anderen Derivationsanalysen darin, dass sie einen ungrammatischen Vergleichssatz als Basis für die Derivation postuliert.[16] Die dazu notwendige Ellipse-Operation wird dabei auf der Ebene der Syntax angesiedelt und besteht in einer besonderen Art von *Merge Copy*, bei der ein in der Derivation bereits vorhandenes Element noch einmal in die Derivation gelangt. Anschließend wird die untere Kopie gelöscht (*Delete Copy*). Diese Operation bezeichnet Donati als *Reduplikation* (vgl. Donati 2000: 173). Man beachte, dass die beiden Prozesse *Merge Copy* und *Delete Copy* dieselben sind, die auch die Operation der Bewegung (*Move*) auszeichnen. Der Unterschied zwischen Ellipse als Reduplikation und dem Prozess der Bewegung besteht nach Donati jedoch darin, dass letztere durch die Notwendigkeit motiviert ist, formale Merkmale abzugleichen, wohingegen Reduplikation dazu dient, fehlende lexikalische Elemente in der Enumeration auszugleichen (vgl. Donati 2000: 176). Da hierbei keine Merkmalsüberprüfung stattfindet, wird keine Kettenbildung zwischen oberer und unterer Kopie angenommen. Demnach sind beide Kopien syntaktisch und semantisch selbständig, d.h. sie müssen beispielsweise weder dieselbe θ-Rolle noch denselben Kasus annehmen (vgl. Donati 2000: 173).[17]

Die Ableitung phrasaler *di*-Komparative kann gemäß Donati wie folgt beschrieben werden: Sowohl beim Matrixsatz als auch beim der Vergleichsphrase zugrunde liegenden Vergleichssatz handelt es sich um einfache TPen, die durch eine linksperiphere Fokusphrase *à la* Rizzi (1997) erweitert werden. Dabei ergibt sich der Matrixsatz aus einer Reduplikation der unteren TP, aus der zuvor die eigentliche Vergleichsphrase extrahiert wurde (nach Donati muss es sich um eine DP oder QP handeln, vgl. Abschnitt 2.3.4.1):

(6-23) [$_{FocP}$ Paolo [$_{TP}$ [e] ha mangiato [$_{DegP}$ più [$_{QP}$ Q biscotti]]]] [di [$_{FocP}$ Mario [$_{TP}$ [e] ha mangiato [$_{DegP}$ più [$_{QP}$ Q biscotti]]]]. (Donati 2000: 194)

Anschließend wird die untere Kopie der TP gelöscht. Die fokussierte Konstituente (hier: das Subjekt) wird von der Ellipse nicht betroffen, da sie zuvor in die Fokusphrase bewegt wurde. Zur Verdeutlichung sei die Klammerstruktur (6-23) hier noch einmal in eine Baumdarstellung übertragen:

---

16 Donati plädiert für eine Ableitung aller Vergleichsphrasen aus vollen Sätzen, also auch *che*-Komparative.

17 Allerdings wird zumindest die semantische Interpretation der unteren Kopie gemäß Donati von der der oberen beeinflusst: „Nei casi di reduplicazione come di movimento, il sintagma più incassato raggiunge l'interfaccia semantica con uno speciale ‚marchio da copia' che ne condiziona l'interpretazione, subordinandola a quella della copia più alta.“ (Donati 2000: 176).

(6-24) Analyse phrasaler *di*-Komparative (in Anlehnung an Donati 2000: 195)

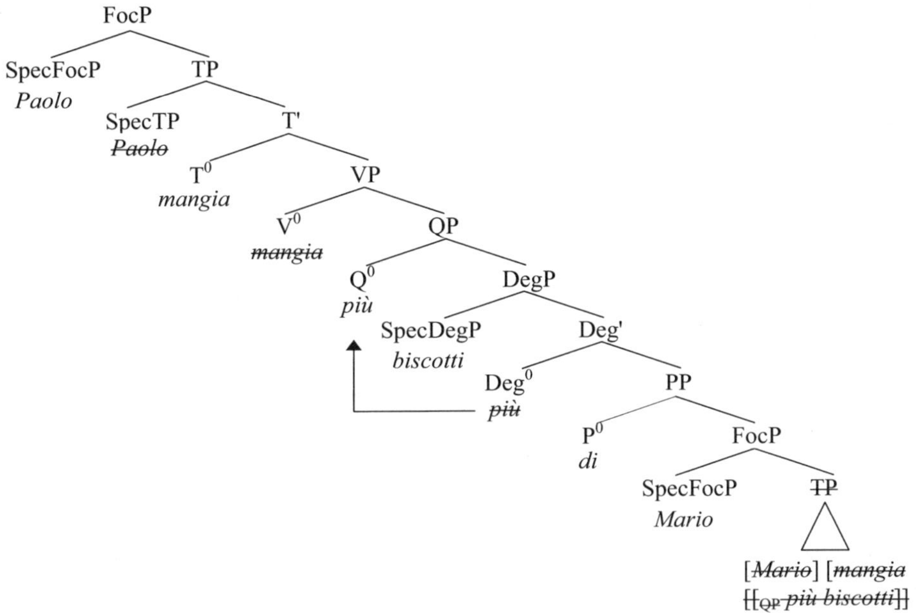

Diese Derivation von *di*-Komparativen weist allerdings einige Probleme auf. So wird hier beispielsweise das Konzept der Ellipse revolutioniert. Diese wird in der Regel als fakultative Operation begriffen, in diesem Fall wäre sie jedoch obligatorisch. Somit läge hier eine unerwünschte, da VK-spezifische Operation vor, es sei denn, Donati könnte zeigen, dass ein solcher obligatorischer Prozess auch außerhalb von VKen vorkommt. Gemäß Donati ist der Reduplikationsprozess notwendig, um die nötige semantische Grundlage für die Interpretation der Struktur zu schaffen: Da VKen mit *più* zwei (Quantitäts-)Variablen benötigen, in der Enumeration jedoch nur eine zur Verfügung stünde, würde dieser „Mangel" durch Reduplikation gelöst (vgl. Donati 2000: 195). Damit sei die Ellipse (und die nach Donati damit zwangsläufig verbundene Reduplikation) überhaupt erst Voraussetzung für die Interpretation der VK. Dies sei insofern kein ungewöhnlicher Umstand, als die Ellipse auch in anderen Fällen Interpretationen erlaube, die in der entsprechenden nicht-elliptischen Struktur nicht zur Verfügung stünden, z.B. im Fall der so genannten *sloppy*-Lesarten:

(6-25) John scratched his arm and Mary did [e] too. (Donati 2000: 165)

Hier stehen zwei mögliche Interpretationen zur Verfügung, zum einen könnte Mary Johns Arm kratzen (strikte Lesart), es könnte sich aber auch um ihren eigenen Arm handeln. Im letzten Fall läge eine *sloppy*-Lesart vor. Man beachte, dass diese Ambiguität ohne Ellipse nicht entsteht:

(6-26) a. John scratched his arm and Mary scratched his arm, too.
b. John scratched his arm and Mary scratched her arm, too.

Somit sei Ellipse auch jenseits von VKen in der Lage, Interpretationen zu kreieren, die ohne sie nicht möglich wären (vgl. Donati 2000: 195, Fn. 7).

Tatsächlich können elliptische Prozesse Ambiguitäten erst schaffen und damit zusätzliche semantische Interpretationen ermöglichen. Im Fall der hier behandelten phrasalen *di*-Komparative wird aber nicht nur eine (zusätzliche) Interpretation durch die Ellipse ermöglicht, sondern überhaupt erst eine grammatische Struktur. Findet sich keine andere Konstruktion, in der die Ellipse aus einer ungrammatischen eine grammatische Struktur erzeugt, muss die von Donati postulierte obligatorische Ellipse als konstruktionsspezifische Operation angesehen werden, die eigens für die Analyse von VKen in die Theorie aufgenommen werden müsste.[18]

Darüber hinaus ist unklar, wie die Tatsache, dass *più* in (6-23) redupliziert wird, erklärt werden kann. Man beachte, dass gemäß Donati zwischen der unteren und der oberen TP keine Kettenbildung erfolgt und dass die Tilgung der unteren Kopie erst auf PF stattfindet. Somit stehen beide Kopien von *più* (und nicht eine Kette) für die semantische Interpretation zur Verfügung. Das bedeutet aber auch, dass der Komparator zweimal in die semantische Interpretation eingehen müsste. Geht man davon aus, dass jede Kopie von *più* zwei Q-Variablen für die Interpretation benötigt (vgl. Donati 2000: 195), wären insgesamt vier Q-Variablen notwendig, d.h. trotz (oder gerade wegen der Reduplikation) wäre eine korrekte semantische Interpretation nicht möglich.[19]

Ein drittes, ausschließlich syntaktisches Problem der hier vorgeschlagenen Analyse besteht darin, dass sie nicht erklären kann, weshalb Personalpronomina in phrasalen *di*-Komparativen Akkusativkasus erhalten:

(6-27) Paolo mangia più biscotti di me.

Gemäß (6-23) müsste *me* als Subjekt der unteren TP generiert werden, was automatisch eine Nominativmarkierung mit sich bringen müsste, die vor der Bewegung nach SpecFocP erfolgen würde. Die Annahme einer generellen Akkusativzuweisung in satzinitialer Fokusposition ist dabei ausgeschlossen, vgl. das folgende Beispiel:

(6-28) Solo io/*me vengo (e non Gianni).

Dass das Personalpronomen in (6-28) kontrastiv fokussiert ist, wird sowohl an der Fokuspartikel *solo* als auch am Kontrast im Klammerzusatz deutlich.

Es sei schließlich angemerkt, dass Donati keine syntaktischen Argumente für einen elliptischen Status phrasaler *di*-Komparative anführt. Das einzige Argument Donatis ist semantischer Art und besagt, dass für die Interpretation irgendetwas „fehlt". In der Tat muss man davon ausgehen, dass in phrasalen VKen zumindest semantisch etwas rekonstruiert werden muss, denn Komparatoren drücken wie gesagt Relationen zwischen zwei Quantitäten bzw. zwei Graden aus, in phrasalen VKen fehlt jedoch in der Regel ein expliziter zweiter Wert. Es lässt sich jedoch nicht zeigen, dass das fehlende Material tatsächlich auf der Ebene der Syntax zu postulieren ist. Dass für die Interpretation benötigtes Material semantisch aus

---

[18] Man beachte, dass Donati selbst beispielsweise die von Bresnan angenommene obligatorische Rechtsextraposition – wie bereits besprochen zu Recht – u.a. deshalb kritisiert, weil sie konstruktionsspezifisch sei (vgl. Donati 2000: 99).

[19] Für eine ausführliche Diskussion der sich aus einer solchen Struktur ergebenden (falschen) Wahrheitsbedingungen für Komparative, vgl. Kennedy (1999: 137f.).

dem Kontext rekonstruiert wird, ohne dass sich dies in der Syntax widerspiegelt, ist jedoch kein ungewöhnlicher, auf VKen beschränkter Umstand. So implizieren beispielsweise Konstruktionen mit Kontrastfokus semantisch ein kontrastierendes Element (bzw. eine Kontrastmenge), dieses wird jedoch in den geläufigsten Analysen von Fokuskonstruktionen (z.B. Rizzi 1997) nicht in der Syntax abgebildet:

(6-29) Ho visto GIANNI (Implikation: e non Carlo).

Auf die Details einer solchen rein semantischen Rekonstruktion kann im Rahmen dieser eher syntaktisch ausgerichteten Arbeit nicht eingegangen werden, jedoch wird ein solcher Ansatz in mehreren – auch miteinander konkurrierenden – semantischen VK-Analysen postuliert, beispielsweise im Rahmen der skalaren Analyse (vgl. Stechow 1984a: 41) und im Rahmen der Maßfunktionsanalyse (vgl. Kennedy 1999: 157ff.).[20]

Abschließend sollen weitere Argumente für eine Behandlung von *di* als Präposition bzw. Kasusmarker und damit für eine Basisgenerierung von *di*-Vergleichsphrasen angeführt werden.

Phonologisch gesehen verhält sich der Standardmarker *di* gegenüber der selegierten Vergleichsphrase genau wie die homonyme Präposition, indem er mit dem nachfolgenden bestimmten Artikel kontrahiert:

(6-30) a. Maria è più bella *della* madre di Gianni.
b. Maria ama Gianni più *del* resto del mondo.

Bekanntlich beeinflussen strukturelle Faktoren die Möglichkeit bzw. Unmöglichkeit der Kontraktion von Präpositionen mit dem bestimmten Artikel, vgl. das folgende Beispiel (Donati 2002: 152):

(6-31) a. Nico [tira [sul muro]].
b. Nico [tira su [il muro]].

Im ersten Fall steht die PP *sul muro* im Komplement des Verbs *tirare* (‚zielen'). Hier wird die DP *il muro* von der Präposition *su* selegiert und bildet mit dieser eine Konstituente, weshalb sich dann aus *su+il* durch Kontraktion *sul* ergibt. Im zweiten Fall liegt hingegen das komplexe Verb *tirare su* (‚hoch ziehen') vor, das die DP *il muro* als Komplement selegiert. Demnach bilden *su* und *il muro* ohne das Verb keine gemeinsame Konstituente, und es kann keine Kontraktion erfolgen.

Besonders in Beispiel (6-30)b, in dem die DP *il resto del mondo* semantisch gesehen ein Patiens darstellt, müsste im Fall einer Derivationsanalyse die folgende (bzw. eine ähnliche) zugrunde liegende Struktur postuliert werden:

(6-32) Maria ama Gianni più di [$_{\text{TP}}$ ~~Maria ama~~ il resto del mondo].

---

[20] Für die Details sei auf diese Arbeiten verwiesen. Die Frage, ob eine solche Rekonstruktion auf LF oder erst im C-I-System erfolgt, wird an dieser Stelle ebenfalls offen gelassen.

In einer solchen Struktur würden der Standardmarker *di* und die DP *il resto del mondo* ohne die Spur des getilgten Elements keine unmittelbare Konstituente bilden. Es ist unklar wie in einem solchen Fall Kontraktion möglich sein sollte.[21]

Aus semantischer Sicht stellen Bindungsphänomene ein Problem für die Derivationsanalyse dar (vgl. u.a. Hankamer 1973). Dies wird im folgenden Beispiel deutlich:

(6-33) Maria$_i$ è più furba di se stessa$_i$.

Obwohl dieser Satz semantisch gesehen etwas seltsam ist,[22] ist er dennoch vollkommen grammatisch. Dies dürfte jedoch nicht der Fall sein, wenn die Vergleichsphrase wie bei Donati aus einem vollen Satz analog zu (6-32) deriviert wäre:

(6-34) *Maria$_i$ è più furba di [$_{TP}$ se stessa$_i$ ~~è furba~~].

In dieser Struktur wäre das Reflexivpronomen als Anapher nicht in seiner Domäne (also innerhalb der finiten TP) gebunden, sondern sein Antezedens würde im Matrixsatz stehen. Somit wäre Bindungsprinzip A verletzt.[23] Die Ungrammatikalität der satzhaften Basis in Fällen wie (6-34) versucht Lechner dadurch zu umgehen, dass er als Derivationsbasis eine verblose *Small Clause* (SC) postuliert, deren Subjekt die Anapher (hier: *se stessa*) und deren Prädikativum das durch AP-Raising in den Hauptsatz bewegte Adjektiv (hier: *furba*) bildet. Da die SC nicht finitheitsmarkiert sei und damit keine Rektionsdomäne darstelle, würde die Bindung des Reflexivpronomens nicht blockiert (vgl. Lechner 2004: 181).

Neben den bereits erwähnten Schwierigkeiten, die mit der Annahme von AP-*Raising* verbunden sind (vgl. Abschnitt 5.4.1), ist das Problem einer solchen Erklärung, dass hier ebenfalls eine Grundlage für die Ellipse postuliert werden muss, die ohne Ellipse (nicht nur) im Italienischen ungrammatisch ist:

(6-35) *Maria$_i$ è più furba di [$_{SC}$ se stessa$_i$ furba].

Eine ähnliche SC-Grundlage postuliert Lechner für Fälle, in denen die Vergleichsphrase nicht als logisches Subjekt eines zugrunde liegenden Satzes angesehen werden kann:

(6-36) She ran faster than the world record [*ran] (Lechner 2004: 182)

Hier erscheint eine direkte semantische Interpretation der zugrunde liegenden *Small Clause* ohne Rekonstruktion von weiterem syntaktisch nicht sichtbarem Material unmöglich:

---

[21] Man beachte, dass auch Spuren phonologische Phänomene beeinflussen, z.B. die Elision. Vgl. etwa das folgende Beispiel aus Donati (2002: 153), in dem die Spur der getilgten Partitivphrase, die durch das Klitikum *ne* wieder aufgenommen wird, die Elision des unbestimmten Artikels blockiert:

i. Comprerò una casa enorme.

ii. Ne$_i$ comprerò una t$_i$ enorme.

iii. *Ne$_i$ comprerò un$_i$'enorme.

[22] Ein Kontext, in dem er durchaus sinnvoll sein könnte, ließe sich jedoch sicherlich konstruieren, z.B. wenn Maria an einer multiplen Persönlichkeitsstörung leiden würde.

[23] Bindungsprinzip A kann folgendermaßen definiert werden: „Eine Anapher muss in ihrer Rektionskategorie gebunden sein" (Müller & Riemer 1998: 113).

(6-37) #She ran fast$_i$-er than [$_{SC}$ the world record [$_{AP}$ ~~fast$_i$~~]]

Ein weiteres Problem für eine Derivationsanalyse bilden VKen mit den so genannten Maßphrasen. Darin ist der Vergleichsstandard nicht implizit, sondern explizit, d.h. die Maßphrase (MP) drückt den Standardwert direkt aus. Dies soll anhand einer Gegenüberstellung zwischen einem DP- und einem MP-Vergleichsstandard verdeutlicht werden:

(6-38) a. Mario è più alto di [$_{DP}$ Gianni].
b. Mario è più alto di [$_{MP}$ due metri].

Während der Standardwert (nämlich Giannis Größe) in der Vergleichsphrase in (6-38)a durch die DP *Gianni* nur implizit realisiert wird, ist er in (6-38)b explizit vorhanden. Demnach ist im ersten Fall eine Rekonstruktion von „fehlendem" Material denkbar, nicht jedoch im Fall von (6-38)b. Dies wird u.a. aus der semantischen Unmöglichkeit deutlich, eine entsprechende satzhafte VK für (6-38)b zu bilden:

(6-39) a. Mario è più alto di quanto è alto Gianni.
b. #Mario è più alto di quanto sono alti due metri.

Man könnte natürlich auch annehmen, dass lediglich Fälle wie (6-38)a abgeleitete Vergleichsstandards enthalten, während Fälle wie (6-38)b als basisgeneriert analysiert werden sollten (vgl. auch Fn. 6). Dies ist jedoch zumindest aus Sicht des Italienischen nicht plausibel, denn hier zeigen *di*-Vergleichsphrasen unabhängig vom semantischen Status des Standardwerts (implizit oder explizit) dasselbe Verhalten. Der einzige Unterschied besteht darin, dass eine DP bzw. eine MP im Komplement des Standardmarkers steht. Dass sich dieser semantische Unterschied aber strukturell auswirken kann, zeigen z.B. die französischen und spanischen Daten in (2-96). Im Übrigen weist das Italienische keinen Vergleichssatztyp auf, aus dem phrasale *di*-VKen abgeleitet werden könnten. Dies soll an den folgenden satzhaften Entsprechungen von (6-38)a verdeutlicht werden:

(6-40) a. Mario è più alto di quanto è alto Gianni.
b. $^{??}$Mario è più alto che è alto/lo è Gianni.

Im ersten Fall müsste die Kette *quanto è alto* getilgt werden, eine Ellipse-Operation, die insofern problematisch wäre, als hier die Tilgung eines *wh*-Elements postuliert werden müsste, das keinen Antezedens im Matrixsatz hat (in der Regel ist Ellipse nämlich durch entsprechende parallele Elemente im Matrixsatz motiviert). Im Fall des *che*-Typs in (6-40)b, der im Italienischen – wie in Abschnitt 2.3.3.2 besprochen – ohnehin als stark markiert anzusehen ist, müsste neben der Tilgung der TP *è alto*, die sich mit den gängigen Derivationsanalysen unproblematisch realisieren ließe, eine zusätzliche Transformationsregel postuliert werden, die den Standardmarker *che* in *di* umwandelt.[24]

---

24 Vermutlich nicht zuletzt aus diesen Gründen verzichtet Donati (2000), die wie erläutert von einer Derivationshypothese ausgeht, auf eine direkte Derivation von *di*-Vergleichsphrasen aus im Italienischen existierenden Vergleichssatztypen.

Ein letztes Argument für den eindeutigen präpositionalen Status des Standardmarkers *di* sowie für den DP-Status der Vergleichsphrase liegt in der Relativierbarkeit des Vergleichskomplements:[25]

(6-41) La ragazza *di cui* Maria è più alta.

Es ist unklar, wie sich dieser Umstand im Rahmen einer Derivationsanalyse erklären ließe, in der das Vergleichskomplement keinen PP-Status haben kann.

Zusammenfassend kann festgehalten werden, dass die Verhältnisse im Italienischen für eine Basisgenerierung der Vergleichsphrase in *di*-Komparativen sprechen. Diese trifft nicht auf die Probleme, mit denen sich entsprechende Derivationsanalysen konfrontiert sehen. In Fällen, in denen der Standardwert in phrasalen VKen lediglich implizit ist, wurde für eine semantische und keine syntaktische Rekonstruktion des „fehlenden" Materials plädiert. Ausgehend davon, dass der Standardmarker *di* als Präposition angesehen werden kann, die DPen bzw. MPen selegiert, entspricht der Status von *di*-Vergleichsphrasen dem einer gewöhnlichen PP. Diese wird von einem Deg[ER]-Kopf als Komplement selegiert und bildet mit ihm die VK im engen Sinne.

Wenn der Standardmarker *di* tatsächlich eine Präposition ist, stellt sich natürlich die Frage, wie er in der Lage sein kann, finite Sätze wie sie mit den Vergleichssätzen des *wh*-Typs vorliegen, zu selegieren. Entweder muss in satzhaften Komparativen von einem zweiten Standardmarker *di* ausgegangen werden, der mit dem eben behandelten homonym ist, oder aber die Struktur von Vergleichssätzen des *wh*-Typs muss derart beschaffen sein, dass ihre Selektion durch die Präposition *di* möglich wird. Auf diesen Punkt wird in Abschnitt 6.2 näher eingegangen. Zunächst sollen jedoch phrasale VKen mit *che* diskutiert werden.

6.1.3 Phrasale Komparative und Äquative mit *che*

In Abschnitt 2.4.3.2 wurde bezüglich der Distribution von *che* gezeigt, dass es in phrasalen Komparativen und Äquativen vor allem dann auftritt, wenn ein unmittelbarer Kontrast zwischen dem Vergleichsstandard und einer syntaktisch parallelen Entsprechung besteht:

(6-42) a. Maria mangia più/altrettanti biscotti che caramelle.
b. Mario è più/altrettanto simpatico che intelligente.
c. Mario guida più/altrettanto prudentemente che velocemente.

Darin unterscheidet sich der Standardmarker *che* in phrasalen VKen deutlich vom Standardmarker *che* in satzhaften Komparativen: Letzterer scheint nämlich vor allem dann aufzutreten, wenn der Vergleichsstandard implizit bleibt und dadurch kein direkter Kontrast

---

[25] Dasselbe gilt für phrasale Äquative mit *quanto*:
i. La ragazza *quanto la quale* Maria è alta.
Zwar erscheint der Satz etwas merkwürdig, dies liegt jedoch m.E. daran, dass die Interpretation relativ schwer zugänglich ist. Hier deutet sich bereits an, dass auch *quanto* in phrasalen Äquativen als Präposition angesehen werden kann; auf diesen Umstand wird in Abschnitt 6.2.3 näher eingegangen.

zwischen dem Vergleichskomplement und dem Restriktor zustande kommt (vgl. Abschnitt 2.3.3.2), wie das folgende Beispiel noch einmal verdeutlicht:

(6-43) Maria è più intelligente che tu non creda.

Innerhalb der Forschung gibt es zwei konkurrierende Analysen für den Standardmarker *che* (in Komparativen): als Koordinator (vgl. Napoli & Nespor 1986) und als Komplementierer (vgl. Donati 2000). Abhängig von den Annahmen über den Status von *che* werden dabei auch die durch *che* eingeleiteten Vergleichsphrasen analysiert: Gemäß Napoli & Nespor können diese als basisgeneriert angesehen werden,[26] hingegen postuliert Donati auch für diesen Konstruktionstyp eine Derivationshypothese und somit eine zugrunde liegende satzhafte Struktur. Die beiden Alternativen sollen hier anhand des folgenden Beispiels illustriert werden:

(6-44) Anna è più bella che alta.

Für die Postulierung einer Koordinationsstruktur führen Napoli & Nespor (1986: 638f.) überzeugende Argumente an, u.a. die in Abschnitt 2.3.4.2 erläuterte Bevorzugung von Strukturen, in denen die verglichenen Elemente nur durch *che* getrennt unmittelbar gegenübergestellt werden (so genannte „balancierende" Strukturen):

(6-45) X (più) che Y

Darüber hinaus spricht die Tatsache, dass die gegenüber gestellten Terme eine identische Struktur aufweisen, auch wenn sie keinen Konstituentenstatus haben, für eine Koordinationsstruktur:

(6-46) Mi piacciono i quaderni più con che senza le spirali. (Napoli & Nespor 1986: 638)

Beispiele wie (6-46) werden in der Literatur als Fälle von so genanntem *Right Node Raising* (RNR) analysiert, ein Mechanismus, bei dem zwei Konjunkte ein gemeinsames Element aufweisen (hier: die DP *le spirali*), wobei das linke Konjunkt oberflächenstrukturell keine Konstituente bilden kann (hier: *con*).[27] Wichtig ist, dass dieses Phänomen charakteristisch für Koordinationsstrukturen ist (vgl. auch Abschnitt 6.1.1). Eine weitere bereits kurz erwähnte Operation, die in *che*-Komparativen möglich, in Subordinationsstrukturen (und in *di*-Komparativen) jedoch ausgeschlossen ist, ist das so genannte *Gapping*, bei dem

---

[26] Allerdings wurde in Abschnitt 6.1.1 deutlich, dass eine Analyse des Standardmarkers als Koordinator nicht automatisch eine Basisgenerierungshypothese mit sich bringt: ein Gegenbeispiel bildet etwa Lechner (2004).

[27] Es gibt diverse Analysen für RNR, auf die hier im Einzelnen nicht eingegangen werden kann. In der Regel wird es als Tilgung eines rechtsperiphären Elements aus einem nicht-finalen Konjunkt unter Identität interpretiert (vgl. Lechner 2004: 96). Doch bereits der Name der Operation weist darauf hin, dass eine Analyse, wonach das betreffende Element nicht gelöscht, sondern aus einem nicht finalen in ein finales Konjunkt bewegt wird (durch Rechtsbewegung) ebenfalls möglich ist. Von einer solchen Analyse von RNR gehen auch Napoli & Nespor (1986: 650, Fn.32) aus. Diese widerspricht allerdings – wie bereits mehrmals erwähnt – dem aktuellen Stand der Theorie.

zwei Konjunkte ein identisches Verb aufweisen, das im finalen Konjunkt gelöscht wird und eine Lücke (engl. *gap*) hinterlässt:[28]

(6-47) Ha portato più libri Gino con la bicicletta che Luigi con la macchina.

Man beachte, dass zumindest die Postulierung einer *Gapping*-Operation impliziert, dass die sich daraus ergebenden *che*-Komparative aus satzhaften abgeleitet sind. Diese Annahme ist für das Italienische insofern nicht ganz unproblematisch, als die entsprechend zugrunde gelegte satzhafte Variante zu (6-47) ungrammatisch oder wenigstens stark markiert ist (vgl. auch Abschnitt 2.3.3.2):

(6-48) ??Ha portato più libri Gino con la bicicletta che Luigi ne ha portati con la macchina.

Insgesamt kann man sagen, dass es einige Evidenz für die Ähnlichkeit der *che*-Komparative (nicht jedoch der *di*-Komparative) mit Koordinationsstrukturen gibt. Allerdings ist diese Feststellung bei näherer Betrachtung weniger aufschlussreich, als sie auf den ersten Blick erscheint, denn über die Analyse von Koordinationsstrukturen besteht mindestens genauso wenig Konsens wie über die von VKen, wenn nicht noch weniger. Napoli & Nespor gehen sogar davon aus, dass es sich bei der Koordination gar nicht um *einen* Typ von syntaktischer Struktur handelt:

> [...] we do not claim that *che* falls between sister nodes which together form a constituent of the same category as the items that flank *che*. We explicitely reject this configurational definition of coördination not only for *che*, but for all the coördinators [...]. Instead we define „coördinator" in a functional sense and believe that no one syntactic configuration adequately covers all the types of coördination found in Italian (or English, either). (Napoli & Nespor 1986: 639)

Demnach ist der Verweis auf eine Ähnlichkeit zwischen VKen und Koordinationsstrukturen ohne einen konkreten Analysevorschlag zunächst einmal wenig aussagekräftig.

Gemäß Napolis & Nespors Analyse von (6-44) wird zuerst die Struktur (6-49)a generiert, die durch anschließende Extraposition des Vergleichskomplements (vgl. Bresnan 1973) die Linearisierung (6-49)b ergibt:[29]

---

28 In der vorliegenden Analyse werden solche Daten als Fälle von so genannter *Across The Board* (ATB)-Bewegung analysiert, vgl. Abschnitt 6.1.3.

29 Genau genommen postulieren Napoli & Nespor für phrasale *che*-Komparative zwei Strukturen, die sie mit der Möglichkeit von zwei unterschiedlichen Lesarten begründen: eine graduelle (*degree reading*) und eine absolute negative Lesart (*absolute negative reading*, vgl. Napoli & Nespor 1986: 633). Letztere wurden als „Metakomparative" aus der vorliegenden Untersuchung ausgeschlossen (vgl. Abschnitt 2.3.5), so dass im Folgenden lediglich auf die Struktur von *che*-Komparativen mit gradueller Lesart eingegangen wird.

(6-49) Struktur phrasaler *che*-Komparative (vgl. Napoli & Nespor 1986: 641, 626)

a. Tiefenstruktur

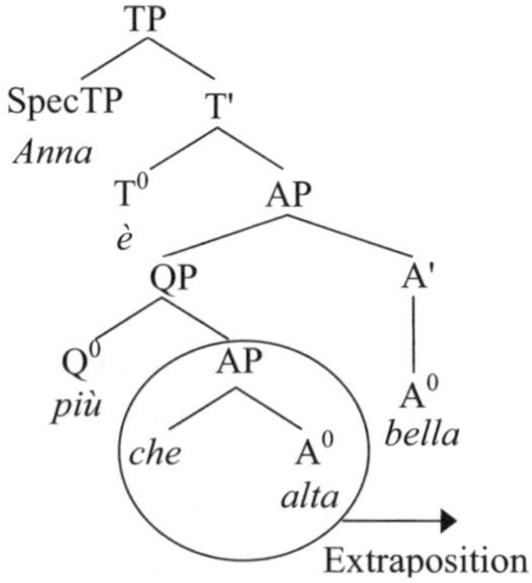

b. Oberflächenstruktur

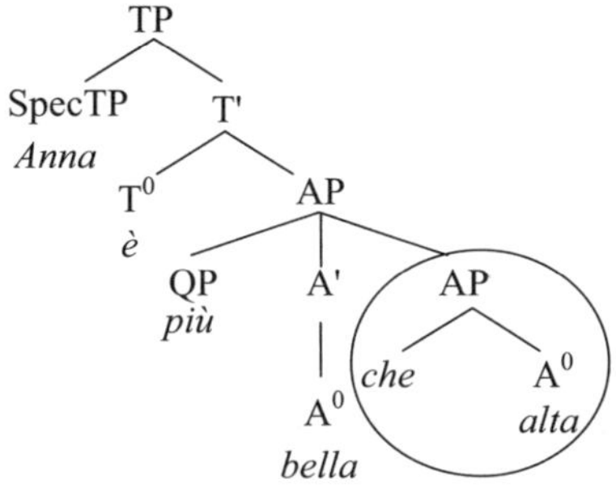

Abgesehen von den in Kapitel 3 bereits ausführlich diskutierten Problemen von Rechtsextraposition und ternären Strukturen weist diese Lösung auch für eine Koordinationsstruktur ein gravierendes Problem auf: Die AP *che alta* wird hier als Schwester von A' (*bella*) aufgefasst, wie dies auch aus der Beschreibung der Rechtsextrapositionsregel deutlich wird, die von (6-49)a zu b führt, nämlich als „movement of the AP complement of *più* to the right of A'" (Napoli & Nespor 1986: 641). Demnach bilden die beiden verglichenen Elemente weder eine Konstituente (zumindest nicht ohne den Komparator *più*) noch weisen sie denselben kategorialen Status auf. Das erscheint eine ziemlich erstaunliche Annahme für eine Koordinationsstruktur und widerspricht auch Napolis & Nespors eigenen Angaben: „[...] *che* must introduce an item of the same syntactic category as that of the item to which the comparison is made [...]" (Napoli & Nespor 1986: 635).

Ein weiteres Problem der Analyse Napolis & Nespors besteht darin, dass sie keine wesentlichen strukturellen Unterschiede zwischen *di*- und *che*-Komparativen vorsieht, wie die entsprechende Analyse von *di*-Komparativen verdeutlicht:

(6-50) Struktur phrasaler *di*-Komparative (vgl. Napoli & Nespor 1986: 625, 626)

a. Tiefenstruktur

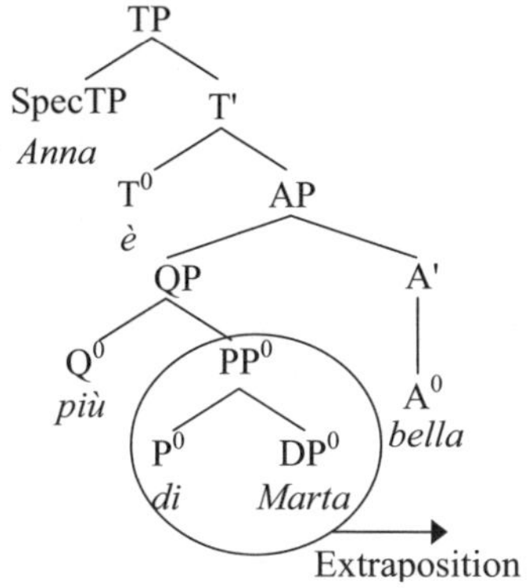

b. Oberflächenstruktur

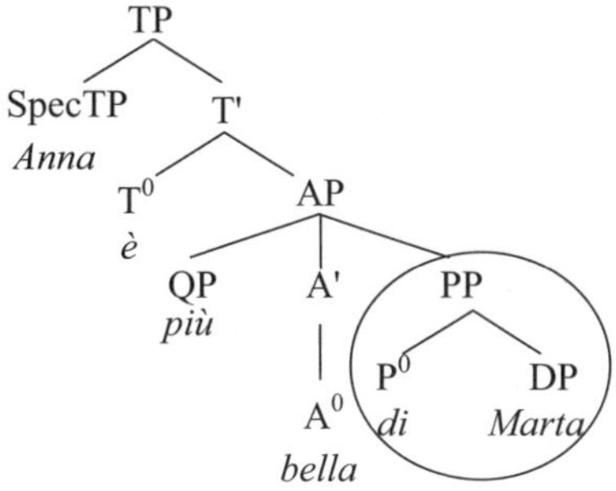

Der einzige Unterschied zwischen den Strukturen in (6-49) und (6-50), besteht darin, dass *che* – anders als *di* – nicht projiziert und seine kategoriale Markierung neutral ist, so dass die gesamte Vergleichsphrase den kategorialen Status der Schwester von *che* übernimmt. Somit zeichnet lediglich die kategoriale Transparenz den Koordinator *che* gegenüber der Präposition *di* aus. Dass die in Abschnitt 2.3.4 festgestellten strukturellen Unterschiede zwischen *di-* und *che-*Komparativen nicht aus der Analyse hervorgehen, kann daher sicherlich als Manko dieses Ansatzes angesehen werden.[30]

Ein potentieller Unterschied zwischen *di-* und *che-*Komparativen, der von Napoli & Nespor gesehen wird, ist, dass letztere Tilgungsphänomene zulassen. Hier wird eine Ableitung aus vollen Vergleichssätzen zumindest in einzelnen Fällen für möglich gehalten, wohingegen *di-*Vergleichsphrasen immer als basisgenerierte PPen eingestuft werden. Darüber hinaus wird der Umstand konstatiert, dass finite Verbformen mit dem Standardmarker *che* nicht möglich sind, was angesichts des „neutralen" Koordinatorstatus von *che* zumindest überraschend erscheint, zumal andere Koordinatoren (z.B. *e, o*) durchaus finite Verbformen erlauben. Hier wird weder eine Erklärung geliefert noch das Problem thematisiert, dass durch *Gapping* erzeugte phrasale Strukturen demnach aus ungrammatischen *che-*Vergleichssätzen deriviert werden müssten.

Eine alternative Analyse für phrasale *che-*Komparative liefert Donati (2000). Sie geht davon aus, dass diese aus zugrunde liegenden Vergleichssätzen des *che-*Typs abgeleitet werden.[31] Auf die Details der Analyse von Vergleichssätzen soll in Abschnitt 6.2 eingegangen werden, für die hiesigen Zwecke genügt es zu wissen, dass Donati (in Anlehnung an breite Teile der VK-Forschung, vgl. etwa Chomsky 1977) eine koverte *wh-*Bewegung postuliert. Demnach kann etwa für die phrasale *che-*VK (6-44) die folgende satzhafte Struktur zugrunde gelegt werden:[32]

(6-51) [$_{TP}$ Anna è [e]] [$_{FocP}$ [$_{DegP}$ più [$_{QP}$ Q bella]]] che [$_{CP}$ *wh-*Op [$_{TP}$ ~~Anna è [e]~~] [$_{FocP}$ [e] alta]].

Obwohl Donati für alle phrasalen VKen eine Ellipse-Operation in Form von Reduplikation annimmt (vgl. auch 6.1.2), sieht sie einen wesentlichen Unterschied zwischen der *che-* und der *di-*Vergleichsphrase darin, dass in letzterer eine TP, hier hingegen eine CP als Derivationsbasis zugrunde liege. Ein weiterer Unterschied zu der in (6-23) und (6-24) illustrierten Analyse von *di-*Komparativen zeigt sich darin, dass die hier ebenfalls postulierten Fokusphrasen – im Gegensatz zu den Annahmen aus Rizzi (1997) – nicht linksperipher, sondern

---

30 Napoli & Nespor postulieren zwar für *che-*Komparative mit gradueller Lesart noch die *Output-*Bedingung (6-45), die in diesen Konstruktionen (nicht jedoch in *di-*Komparativen) die Rechtsextraposition motiviert. Als reine Linearisierungsbedingung betrifft diese jedoch nicht die syntaktische Struktur der Konstruktion, sondern sie wird postsyntaktisch erfüllt. Es handelt sich demnach (in modernen Termini) um eine reine PF-Bedingung.

31 Obwohl sie die Derivation dieses Typs von Vergleichssatz, den sie im Italienischen als höchst markiert charakterisiert (vgl. Abschnitt 2.3.3.2), nicht explizit darstellt, kann man diese indirekt aus ihren Ausführungen zum französischen Vergleichssatz ableiten, mit dem der *che-*Typ alle Eigenschaften teile (vgl. Donati 2000: 205).

32 Donati erfasst auch die in phrasalen (ebenso wie in satzhaften) *che-*Komparativen mögliche Negation (vgl. Grimaldi 2005a). Da diese im vorliegenden Rahmen jedoch nicht berücksichtigt wird, wird dieser Aspekt im Folgenden ausgeklammert.

in einer nicht näher ausgeführten Position angesiedelt sind.[33] In der folgenden Baumdarstellung ist die Klammerstruktur (6-51) visualisiert:

(6-52) Analyse phrasaler *che*-Komparative (gemäß Donati 2000: 200)

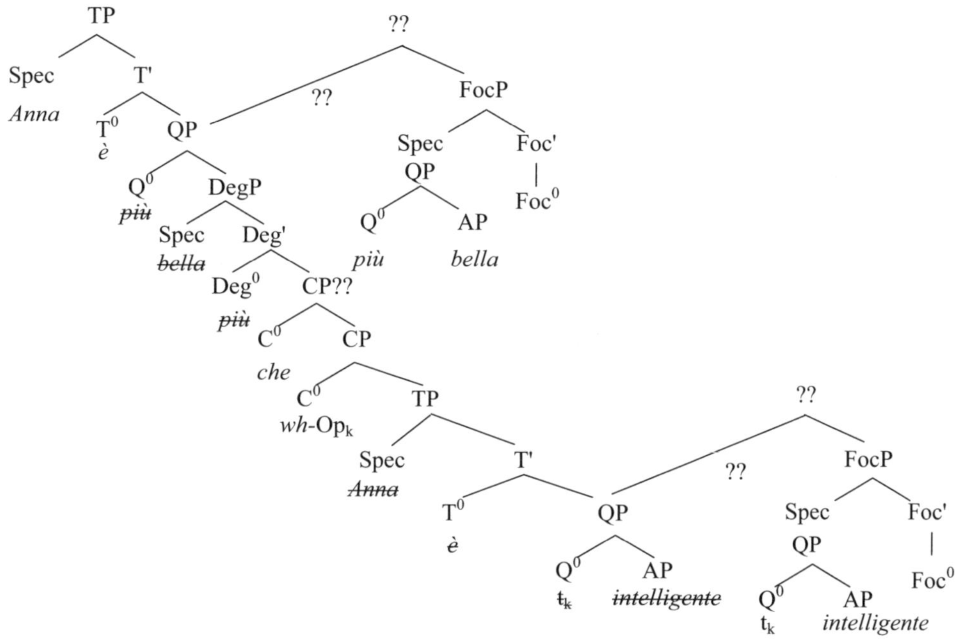

Abgesehen davon, dass unklar bleibt, wie die Fokusphrasen in die Struktur eingebettet werden sollen und wie die scheinbar notwendige Rechtsbewegung in die Fokuspositionen motiviert werden soll, liegt ein gravierendes Problem darin, dass *più bella* nach Donatis VK-Analyse (vgl. auch Baumstruktur (3-77)) keine Konstituente bildet und demnach auch nicht als solche fokussiert werden kann. Somit lässt sich die von Donati vorgeschlagene Analyse phrasaler *che*-Komparative in dieser Form nicht aufrecht erhalten. Ein weiteres Problem, das in der o.g. Graphik durch die Fragezeichen hinter der von *che* projizierten CP gekennzeichnet wurde, besteht in der Einbettung des Standardmarkers, der zwar nach Donati als Komplementierer angesehen werden muss (vgl. Donati 2000: 141), jedoch in der von ihr postulierten Struktur explizit außerhalb der Vergleichssatz-CP anzusiedeln ist.[34] Hinzu kommt, dass – wie bereits mehrfach erwähnt – satzhafte *che*-Komparative im Standarditalienischen relativ marginal und markiert sind und ihnen in der Regel der *wh*-Typ (mit *di quanto*) vorgezogen wird (vgl. Abschnitt 2.3.3.1). Es ist unklar, weshalb sie dennoch als Basis für die Ableitung phrasaler Komparative zur Verfügung stehen sollten, zumal gerade

33 Eine TP-interne Fokusposition im Sinne Bellettis (2004), wonach auch oberhalb der *v*P eine linke Peripherie mit Fokus- und Topikpositionen angenommen werden kann, in der u.a. postverbale Subjekte angesiedelt werden, kommt hier nicht in Frage, da die Rest-TP ohne die in die Fokusposition bewegte QP redupliziert werden muss.

34 Darauf wird in Abschnitt 6.2.4 näher eingegangen.

die von Donati gewählten Beispiele nicht einmal zu den wenigen satzhaften *che*-Beispielen gehören, die von den Sprechern am ehesten akzeptiert werden (vgl. Abschnitt 2.3.3.2).

Insgesamt ist zu sagen, dass bislang keine zufriedenstellende Lösung für die Analyse phrasaler *che*-Komparative vorliegt. Ideal wäre eine Lösung, die der Tatsache gerecht wird, dass in phrasalen *che*-Komparativen (und Äquativen) ein direkter Kontrast zwischen parallelen Termen vorliegen muss, nicht jedoch in *di*-Komparativen. Darüber hinaus muss dem Umstand Rechnung getragen werden, dass der Standardmarker *che* – im Gegensatz zu *di* – Vergleichsstandards mit eindeutig elliptischer Struktur selegieren darf:

(6-53) a. Laura compra più/altrettanti pomodori al mercato *che* zucchine dall'ortolano.
b. *Laura compra più pomodori al mercato *di* zucchine dall'ortolano.

In (6-53)a muss im Vergleichsstandard ein zugrunde liegendes Verb postuliert werden (*comprare*), das aufgrund von Identität mit dem Verb im Matrixsatz getilgt wird. Ohne dieses Verb hätten [*zucchine*] und [*dall'ortolano*] keinen lexikalischen Selektor und könnten keine gemeinsame Konstituente bilden.

In Anlehnung an Lechner soll im Folgenden angenommen werden, dass in phrasalen *che*-Komparativen eine Koordinationsstruktur vorliegt. Anders als bei Lechner wird diese Struktur jedoch auf phrasale *che*-Komparative beschränkt. Denn im Italienischen zeigen nur diese die von Lechner beobachteten typischen *Conjunction Reduction*-Eigenschaften. Im Fall der phrasalen *che*-Komparative spricht darüber hinaus die nur in diesen (und nicht in *di*-Komparativen) beobachtete Tendenz zur direkten Kontrastierung strukturell paralleler Konstituenten für eine Koordinationsanalyse. Anders als bei Lechner soll außerdem auf eine obligatorische Rechtsextraposition des Vergleichskomplements als Voraussetzung für die Koordinationsstruktur (also auf das so genannte *Than-Raising*, vgl. Abschnitt 6.1.1) verzichtet werden.

Der Grund für die Entstehung einer Koordinationsstruktur kann im Italienischen auf den (phrasalen) Standardmarker *che* zurückgeführt werden, der sowohl in Komparativen als auch in Äquativen als Koordinator angesehen werden kann. Abgesehen davon, dass diese Annahme in der Forschungsliteratur zumindest für Komparative durchaus geläufig ist (vgl. u.a. Napoli & Nespor 1986), gibt es weitere Kontexte, in denen *che* in Koordinationsstrukturen auftritt. Ein Beispiel ist die Koordination mit *sia ... che*. Man beachte, dass solche Strukturen eine vollkommen parallele Distribution zu *che*-Komparativen und -Äquativen aufweisen, wie dies aus der Gegenüberstellung der folgenden Daten deutlich wird:[35]

(6-54) a. Maria mangia *più/altrettanti* biscotti *che* caramelle.
b. Mario è *più/altrettanto* simpatico *che* intelligente.
c. Mario guida *più/altrettanto* prudentemente *che* velocemente.
d. Laura compra *più/altrettanti* pomodori al mercato *che* zucchine dall'ortolano.

(6-55) a. Maria mangia *sia* biscotti *che* caramelle.
b. Mario è *sia* simpatico *che* intelligente.
c. Mario guida *sia* prudentemente *che* velocemente.
d. Laura compra *sia* pomodori al mercato *che* zucchine dall'ortolano.

---

[35] Ähnliche Parallelen beobachtet Galant für phrasale Komparative im Spanischen im Vergleich zu Koordinationsstrukturen mit sp. *ni ... ni* und *y ... y*. (vgl. Galant 1998: 288).

Interessant ist, dass ebenso wie phrasale *che*-Komparative und -Äquative auch *sia* ... *che*-Konstruktionen keine finiten Verbformen im zweiten Konjunkt dulden:

(6-56) a. *Maria *più* mangia *che* beve.
b. *Maria *sia* mangia *che* beve.

Unproblematisch sind hingegen infinite Verbformen:

(6-57) a. Maria ama *più/altrettanto* mangiare *che* bere.
b. Maria ha *più/altrettanto* mangiato *che* bevuto.
c. Maria ama *sia* mangiare *che* bere.
d. Maria ha *sia* mangiato *che* bevuto.

Demnach scheint *che* als Koordinator ein Merkmal [-finit] zu implizieren.[36] Eine ausführliche Ausarbeitung einer entsprechenden Koordinationsanalyse kann an dieser Stelle nicht erfolgen, da die Struktur des Vergleichskomplements wie gesagt nicht im Fokus der vorliegenden Arbeit steht. Jedoch soll anhand der komparativischen Beispiele in (6-54) zumindest in Grundzügen skizziert werden, wie eine mögliche Formalisierung aussehen könnte.

Ausgangspunkt ist die Annahme, dass die gesamte VK durch das Auftreten von *che* als Koordinationsstruktur analysiert wird. Dies führt dazu, dass sich die Struktur dieser phrasalen Konstruktionen in einigen Punkten von der bisher postulierten VK-Struktur unterscheidet. Seit Kaynes Antisymmetriehypothese wird für die Koordination folgende Struktur angenommen:[37]

(6-58) Koordinationsanalyse nach Kayne (1994: 58)

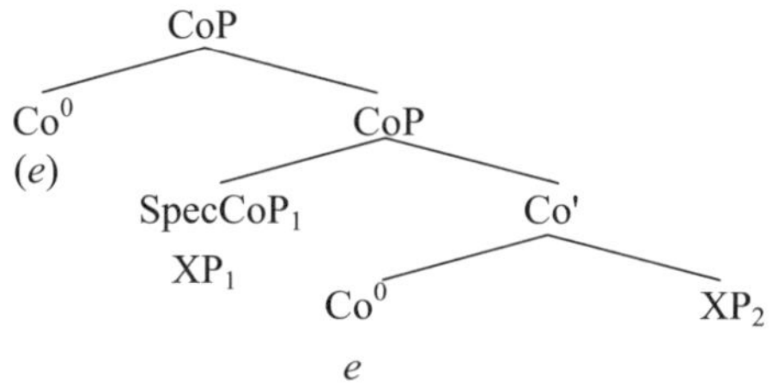

Die Koordinationsphrase besteht aus zwei Koordinationsköpfen, wobei im Spezifikator und im Komplement des unteren Kopfes die beiden Konjunkte (hier XP_1 und XP_2) angesiedelt sind (in einfachen Koordinationsstrukturen, z.B. mit einfachem it. *e*, bleibt der erste Kopf phonologisch unrealisiert). Dieselbe Struktur soll im Folgenden für phrasale *che*-VKen angenommen werden:

---

36 Möglicherweise sorgt dieses Merkmal dafür, dass Vergleichssätze des *che*-Typs im Italienischen eher marginal sind. Für den Versuch einer Erklärung vgl. Abschnitt 6.2.4.

37 Es gibt dabei verschiedene Varianten: Munn (1992), an dessen Analyse sich Kayne orientiert, schlägt beispielsweise eine Struktur vor, bei der das zweite Konjunkt rechts an das erste adjungiert, was von Kayne natürlich ausgeschlossen wird. In den letzten Jahren wurden für VKen mehrfach asymmetrische Koordinationsstrukturen vorgeschlagen, vgl. u.a. Galant (1998), Lechner (2004) sowie Rijkshoek (1998).

(6-59) Koordinationsanalyse phrasaler *che*-Komparative

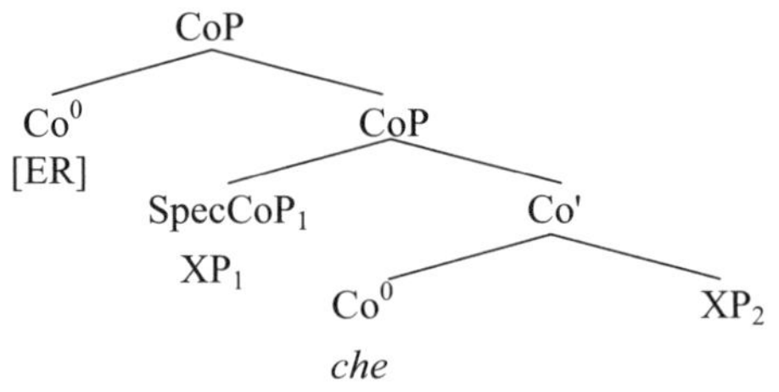

Die Motivation für diese Reanalyse liegt im Koordinator *che* begründet. Dieser entspricht dem unteren Kopf, der eine Koordinationsphrase wie die in (6-58) projiziert, deren oberer Kopf im Fall der Komparative das Merkmal [ER] trägt. Die beiden kontrastierten Elemente werden in die Komplement- und Spezifikatorposition von *che* eingesetzt. Die Struktur der kontrastierten Elemente ist prinzipiell beliebig, wichtig ist jedoch, dass sie identisch sein müssen, da nur strukturell gleiche Konstituenten koordiniert werden dürfen. Darüber hinaus wird postuliert, dass sich der obere Koordinationskopf [ER] aus der CoP bewegen kann, um an den nächsthöheren Kopf zu adjungieren. Dies soll anhand der Beispiele (6-54)a-d illustriert werden:

(6-60) Analyse phrasaler *che*-Komparative
a. Maria mangia...[38]

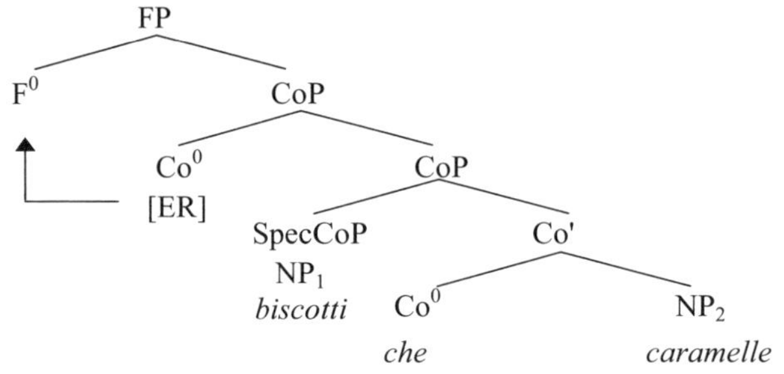

b. Mario è...

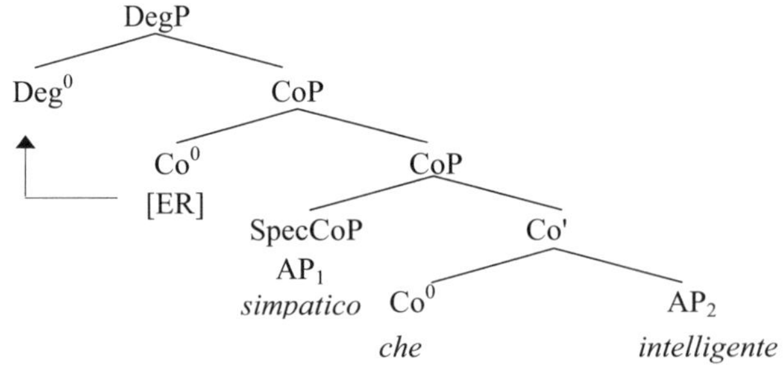

---

[38] Im Fall der Äquative dient *altrettanto* als [EQ]-Realisierung, das im Unterschied zum komparativischen *più* mit dem ersten Konjunkt nach Numerus und Genus overt kongruiert. Dies liegt an der Adjunktion des Co-Kopfes an den funktionalen Kopf F^0, in dem – wie in Abschnitt 5.1 erläutert – φ-Merkmale kodiert sind, deren Einsetzung wie in (5-13) beschrieben erfolgt.

c. Maria guida...[39]

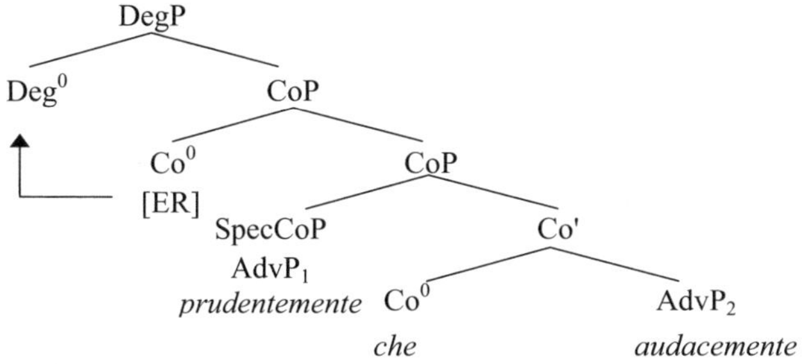

d. Laura...[40]

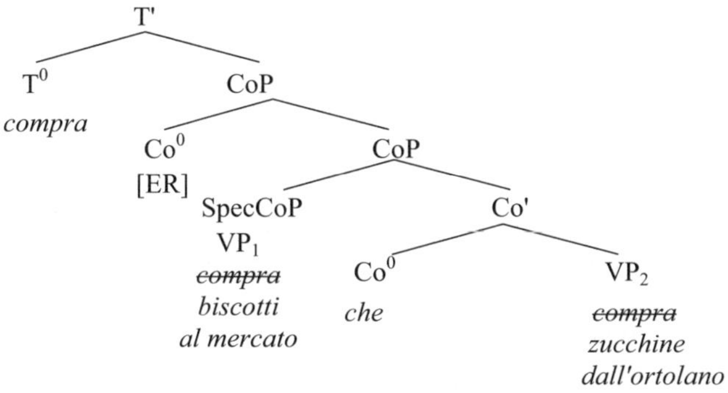

Beispiele (6-60)a-c entsprechen den Strukturen für adjektivische, nominale und adverbiale VKen, wie sie in Kapitel 5 erarbeitet wurden. Der einzige Unterschied besteht in der Einsetzung von [ER] in die Derivation: Dieses wird nicht mit einem Deg-Kopf in das Komplement der jeweiligen lexikalischen Kategorie eingesetzt, sondern aufgrund der durch *che* vorgegebenen Koordinationsstruktur in den oberen Koordinationskopf. Die Bewegung ergibt sich aus der in Kapitel 5 beschriebenen Sondierung durch die jeweilige funktionale Kategorie.[41] In Beispiel (6-60)d findet das so genannte *Across The Board Movement* statt, bei dem dasselbe Element aus zwei koordinierten Elementen extrahiert und in eine außerhalb der Koordination angesiedelte Projektion bewegt wird (vgl. Abschnitt 6.1.1). Dass sich der Koordinationskopf mit dem Merkmal [ER] in diesem Fall nicht nach T^0 bewegt, entspricht den bereits beobachteten Verhältnissen in verbalen VKen (vgl. Abschnitt 5.2).

Hingegen scheint die Tatsache, dass in dem rechten Konjunkt ebenfalls eine finite Verbform steht, zunächst der bereits angeführten Beobachtung zu widersprechen, dass *che* eine direkte Kontrastierung finiter Verbformen nicht erlaubt (vgl. (6-56)). Man muss allerdings

---

[39] Man beachte, dass hier zwar eine DegP in das Komplement eines Verbs eingesetzt wird, diese jedoch nicht dazu dient, das Verb zu quantifizieren, also die Q-Position des Verbs zu binden. Denn dazu wäre, wie in Kapitel 5 mehrfach erläutert, eine QP notwendig.

[40] Genau genommen muss zwischen der TP und der CoP eine *v*P postuliert werden, in deren Spezifikator das Subjekt *Laura* generiert und anschließend nach SpecTP bewegt wird.

[41] Dabei kann die CoP aufgrund ihrer kategorialen Transparenz sowohl <G>- als auch <Q>-Positionen sättigen.

berücksichtigen, dass die Koordination auf VP-Ebene stattfindet, dass jedoch Finitheit erst in T^0 kodiert ist. Somit handelt es sich bei den bewegten verbalen Köpfen streng genommen (noch) nicht um finite Verbformen. Die in (6-57) erwähnten Beispiele von unmittelbarem Kontrast zwischen infiniten Verbformen ergeben sich ebenfalls dadurch, dass hier im Fall der Partizipien einfache VPen (bzw. je nach Theorie Partizipialphrasen) (vgl. (6-57)b), im Fall der Infinitivformen infinite TPen koordiniert werden (vgl. (6-57)a. Somit verstoßen auch diese Fälle nicht gegen das Merkmal [-finit] des Koordinators *che*.

Man beachte, dass im Fall der verbalen VK in (6-60)d – im Gegensatz zu den anderen drei Fällen – kein Subkomparativ vorliegt, da hier der Vergleichsstandard nicht in direktem Kontrast zu einem (lexikalisch davon verschiedenen) Restriktor steht (vgl. Abschnitt 2.3.5). Der Restriktor ist hier nämlich das Verb *comprare*, das in beiden Konjunkten identisch ist: In direktem Kontrast stehen vielmehr seine Argumente (bzw. Adjunkte). Demnach ist diese Struktur im Italienischen für alle phrasalen *che*-Komparative und -Äquative gültig, die einen unmittelbaren Kontrast realisieren, und nicht nur für phrasale Subkomparative und Subäquative.

Eine Analyse von phrasalen *che*-VKen als Koordinationsstrukturen weist übrigens den Vorteil auf, dass sie die Ungrammatikalität von *che* vor DPen vorhersagt (vgl. Abschnitt 2.3.4 sowie Donati 2000: 141). Diese wird von Belletti (1991: 847) folgendermaßen formuliert: „il SN [i.e. die Nominalphrase, Anm. L.G.] su cui verte la comparazione e segue *che* non può mai essere preceduto da articolo o altro modificatore prenominale“. Postuliert man eine Koordination gleicher Konstituenten, folgt diese Beschränkung automatisch aus der Tatsache, dass der Restriktor in nominalen VKen keinen DP-Status hat (vgl. Abschnitt 5.1): Somit kann auch im zweiten Konjunkt keine DP enthalten sein. Eine Ausnahme bilden Fälle, in denen ein verbaler Restriktor mit direktem Objekt vorliegt und der Vergleichsstandard mit der Objekt-DP kontrastiert wird (vgl. Abschnitt 2.3.4.2). In diesem Fall stellt *che* den bevorzugten Standardmarker dar (vgl. 2-102).

Ein möglicher Einwand gegen diese Analyse könnte lauten, dass sie eine starke Ähnlichkeit zu den in Abschnitt 3.3.2 kritisierten Schalenanalysen der VK aufweist. Diese ist darauf zurückzuführen, dass die Schalenanalysen ebenso wie die von Kayne (1994) vorgeschlagene (und hier übernommene) Koordinationsanalyse ursprünglich mit dem Ziel erarbeitet wurden, ternäre symmetrische Strukturen in binäre antisymmetrische zu konvertieren. Somit kann die hier postulierte Koordinationsstruktur tatsächlich als eine Art Schale angesehen werden, jedoch treten die an den Schalenanalyse kritisierten Aspekte nicht auf: Die kategoriale Markierung der gesamten CoP stellt beispielsweise kein Problem dar, da Koordinationsstrukturen bekanntlich nach außen hin die kategoriale Markierung der durch sie koordinierten Elemente aufweisen. Da beide Konjunkte strukturell identisch sind, muss hier die als problematisch eingestufte These, wonach die externe kategoriale Markierung der gesamten „Schale“ (hier: der CoP) über eine Kopf/Spezifikator-Relation erfolgt, nicht vertreten werden. Weiterhin wird hier im Gegensatz zu den Schalenanalysen keinesfalls postuliert, dass die funktionalen Koordinationsköpfe in irgendeiner Weise θ-Rollen an die jeweiligen lexikalischen Konjunkte vergeben. Vielmehr erfolgt die θ-Rollen-Vergabe durch die jeweilige lexikalische Kategorie (z.B. durch das Verb in (6-60)d) vollkommen unabhängig von der Koordinationsstruktur.

Ein weiterer Vorteil der hier vorgeschlagenen Analyse besteht darin, dass sie die in Abschnitt 2.3.4.2 erwähnte offensichtlich übereinzelsprachlich gültige Tatsache, dass synthetische Komparativformen in phrasalen *che*-Komparativen nicht lizensiert sind (vgl. Belletti 1978: 139, Fn. 5), korrekt vorhersagt:

(6-61) *Mario è migliore che intelligente.

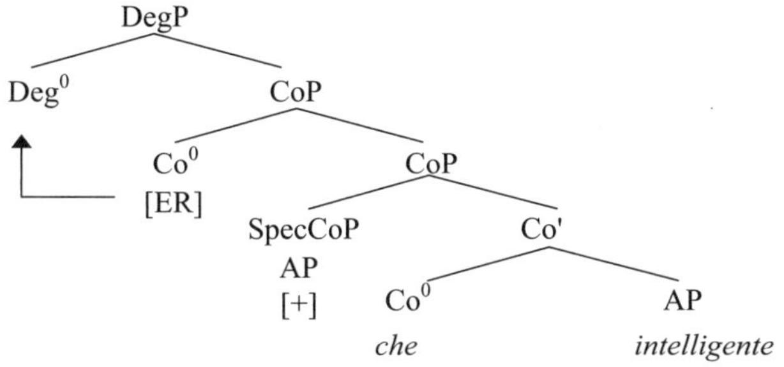

Gemäß dem in (5-96)o angegebenen Vokabeleintrag für *migliore*, braucht diese synthetische Form die folgende Einsetzungsumgebung:

(6-62) Vokabeleintrag für *migliore*:
/miʎʎor-/ ↔ Deg^0/A^0 / ___ [ER]

Eine solche Einsetzungsumgebung ist hier jedoch nicht gegeben, so dass sich die Ungrammatikalität von (6-61) automatisch ergibt. In Sprachen, die produktive synthetische Komparativbildung aufweisen, lässt sich wie in Abschnitt 2.3.4.2 erwähnt Ähnliches beobachten. So ist der folgende Satz im Deutschen ungrammatisch, was sich aus der Postulierung einer Struktur wie (6-61) auch für das Deutsche ergeben würde:

(6-63) *Laura ist schöner als intelligent.[42]

Interessant ist jedoch, dass eine entsprechende Konstruktion, in der nicht zwei Adjektive, sondern zwei Argumente des Adjektivs kontrastiert werden, lizensiert ist:

(6-64) Laura ist stolzer *auf Hans* als *auf Peter*.

Die kontrastierten PPen stellen interne Argumente des Adjektivs *stolz* dar. Die entsprechende Struktur ist analog zu (6-60)d, wobei hier eine Schalenanalyse der Adjektivphrase postuliert wird, in deren unteren Spezifikator die jeweilige PP angesiedelt ist:

---

[42] Auch im Deutschen wird durch die Koordinationsstruktur eine analytische Form erzwungen, wobei für den oberen Co-Kopf die Vokabel *eher* eingesetzt werden kann:
i. Laura ist eher schön als intelligent.
Man beachte, dass die entsprechende nicht koordinierende satzhafte Struktur unproblematisch ist:
ii. Laura ist schöner als sie intelligent ist.

(6-65) Laura ist ...

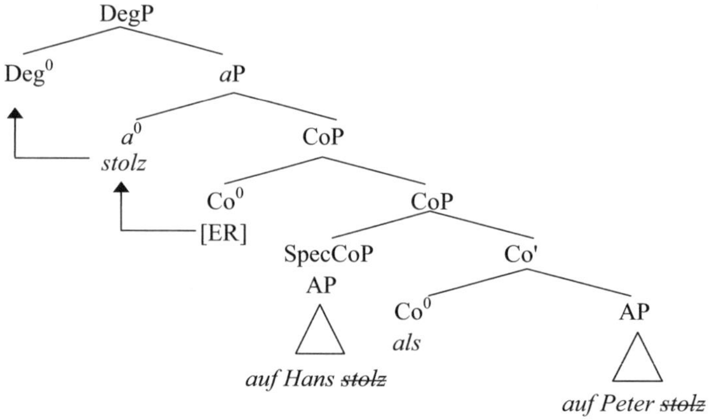

Hier kann das Affix *-er* an den adjektivischen *a*-Kopf adjungieren, mit dem es sich dann regelmäßig nach Deg^0 bewegt (vgl. Abschnitt 5.3).

Vereinzelt sind vollkommen grammatische Fälle möglich, in denen kein unmittelbarer Kontrast vorzuliegen scheint und nichtsdestotrotz *che* als Standardmarker auftritt, vgl. folgendes Beispiel:

(6-66) A Londra ci sono più parchi che nelle altre città. (Schwarze 1995: 689)

Vermutlich haben hier weitere Derivationsschritte stattgefunden, die die zugrunde liegende Struktur verdunkeln. An erster Stelle ist die Topikalisierung der PP *a Londra* zu nennen. Die unmarkierte Satzstellung müsste demnach folgendermaßen lauten:

(6-67) Ci sono più parchi a Londra che nelle altre città.

In (6-67) liegt zwar ein direkter Kontrast vor, jedoch tritt *più* nicht unmittelbar vor der ersten PP auf, sondern hat sich offensichtlich weiter bewegt. Dies wird an einem ähnlichen Beispiel deutlicher:

(6-68) Ho dato più libri a Gianni che a Maria.

Ein detaillierter Lösungsansatz würde eine ausführlichere Studie erfordern, hier sei vorläufig vorgeschlagen, dass nur eine Teilstruktur der Verbalphrase Teil der Koordination ist, nämlich V'. Aufgrund der kategorialen Transparenz der Koordinationsphrase für die externe Struktur sowie dank der Möglichkeit, sogar Konstituenten unterhalb der Wortebene zu koordinieren (vgl. z.B. dt. *auf- und abgehen*), erscheint diese Annahme nicht weiter problematisch. Die beiden V'-Strukturen enthalten das Verb und das jeweilige indirekte Objekt:[43]

---

[43] Auch hier fehlt die Ebene der kleinen *v*P zwischen TP und VP, die hier aus Vereinfachungsgründen vernachlässigt wurde.

(6-69) Ho dato più libri a Gianni che a Maria

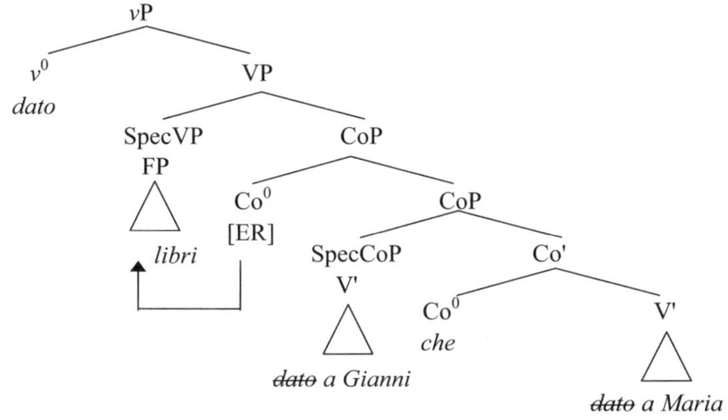

Das direkte Objekt *libri* hat denselben Status wie bisher für durch Komparatoren quantifizierte Nominalphrasen angenommen, nämlich FP. Das Verb bewegt sich durch *Across The Board*-Bewegung nach T^0. Was das Merkmal [ER] betrifft, so dient es offensichtlich dazu, das Op-Merkmal der nominalen funktionalen Kategorie zu überprüfen. Dies wird u.a. dadurch deutlich, dass der EQ-Komparator *altrettanto* in einer parallelen Struktur mit der NP kongruiert:

(6-70) Ho dato *altrettanti libri* a Gianni che a Maria.

Demnach muss eine Adjunktion von Co^0 an F^0 angenommen werden. Das Problem ist, dass hier keine c-Kommando-Relation zwischen F^0 und Co^0 besteht, d.h. der F-Kopf sollte überhaupt nicht in der Lage sein, zu sondieren und somit das [ER]-Merkmal zu finden. Eine mögliche Lösung besteht darin, dass die Sondierung nicht durch F^0, sondern durch T^0 erfolgt. Dadurch wird das Ziel Co^0[ER] für Bewegung freigeschaltet. Da T^0 jedoch (wie mehrmals erwähnt) kein HAF-Merkmal für Operatorkopfbewegung hat, kann sich Co^0 nicht nach T^0 bewegen. Hingegen hat F ein solches HAF-Merkmal. Obwohl die Sonde in F^0 aus ihrer Position nicht in der Lage ist, selbst nach einem Ziel zu suchen, kann sie ein bereits für Bewegung freigeschaltetes Ziel anziehen. Dadurch kann sie ihr uninstantiiertes Op-Merkmal mit [ER] sättigen.[44]

Es gibt übrigens einen weiteren interessanten Umstand, der für die hier angenommene Analyse spricht: In Abschnitt 6.1.1 wurde Hankamers Hypothese vorgestellt, wonach es zwei phrasale Komparativtypen gibt, von denen nur eines Extraktion erlaubt und damit keinen Inselstatus aufweist. Zwar wurde bereits erläutert, dass eine Extraktion des Vergleichsstandards allein im Italienischen nicht möglich ist (vgl. Fn. 8), interessant ist jedoch zu beobachten, wie sich die beiden Konstruktionstypen im Fall einer Extraktion der VK im en-

---

[44] Diese Lösung ist zugegebenermaßen nicht optimal, und möglicherweise muss eine andere Motivation für die Bewegung des Komparators gefunden werden. Dafür spräche, dass auch in Koordinationsstrukturen eine entsprechende nicht absolut kontrastierende Struktur möglich ist, für die ebenfalls eine Lösung gefunden werden müsste:

i. Ho dato sia libri a Gianni che a Maria.

gen Sinne verhalten. Dies soll anhand einiger typischer phrasaler *di-* und *che*-Komparative gezeigt werden:

(6-71) a. Anna ama Carlo più di Luca.
b. Anna pesa più di 80 kg.
c. Oggi fa più caldo di ieri.

(6-72) a. Maria mangia più biscotti che caramelle.
b. Mario è più simpatico che intelligente.
c. Mario guida più prudentemente che velocemente.

Geht man davon aus, dass für phrasale (und satzhafte) *di*-Komparative die in den Kapiteln 3 bis 5 erarbeitete Analyse, für *che*-Komparative hingegen die eben vorgestellte Koordinationsstruktur postuliert werden muss, würde man erwarten, dass in ersteren, nicht jedoch in letzteren die Extraktion der VK im engen Sinne möglich sein sollte. Dies ist auch tatsächlich der Fall:

(6-73) a. Più di chi Anna ama Carlo?
b. Più di quanto pesa Anna?
c. Più di quando fa caldo oggi?

(6-74) a. *Più che cosa Maria mangia biscotti?
b. *Più che cosa Mario è simpatico?
c. *Più che come Mario guida prudentemente?

Die Grammatikalität von (6-73) ergibt sich automatisch aus der in dieser Arbeit postulierten internen Struktur der VK (vgl. auch Abschnitt 3.1.3), die Ungrammatikalität von (6-74) ist hingegen darauf zurückzuführen, dass die VK im engen Sinne innerhalb der eben erläuterten Koordinationsstruktur keine Konstituente bildet.

Was phrasale Äquative betrifft, gelten grundsätzlich dieselben Überlegungen. Der einzige Unterschied besteht in der obligatorischen Kongruenz des Komparators (*altrettanto*) bei nominalen Restriktoren, die aus den Vokabeleinträgen für φ in (5-13) folgt. Außerdem ist – wie in Abschnitt 2.4.3 erläutert – eine größere Flexibilität der Standardmarker zu beobachten, was ihr Auftreten in den verschiedenen Strukturen betrifft. Zwar tritt *che* ausschließlich als Koordinator auf, jedoch findet man gelegentlich auch *quanto* in Koordinationsstrukturen, dann jedoch in Kombination mit *tanto* (Beispiele aus Belletti 1991: 836):

(6-75) a. Ho parlato altrettanto a ragazzi che a ragazze
b. Ho parlato tanto a ragazzi quanto a ragazze.

Man beachte, dass *tanto* in solchen Koordinationsstrukturen immer obligatorisch ist, auch in nicht-nominalen VKen.[45] Somit scheint das Auftreten von [EQ] im Zusammenhang mit einer Koordinationsstruktur eine obligatorische Realisierung auszulösen, im Gegensatz zu den in 4.5.4 beobachteten Verhältnissen. Offensichtlich muss das (seltene) Auftreten von

[45] Dass *tanto* unter bestimmten Bedingungen als Deg(/Q)-Element und damit als Komparator analysiert werden kann, wurde in Abschnitt 4.5.5 ausführlich erläutert.

[EQ] mit *quanto* in einer Koordinationsstruktur zu diesen Bedingungen hinzugefügt werden. Dass *altrettanto* immer obligatorisch ist, kann nun ebenfalls auf sein Auftreten in Koordinationsstrukturen zurückgeführt werden. Das in Abschnitt 4.5.4 angenommene vorläufige Merkmal [*che*] kann somit als Koordinationsmerkmal umgedeutet werden, das in VKen die notwendige Realisierung zweier Koordinationsköpfe erzwingt.[46]

Zusammenfassend ist zu sagen, dass die hier vorgestellte Koordinationsanalyse für phrasale *che*-Komparative sowie *che*- (und gelegentlich *quanto*)-Äquative lediglich einen ersten Ansatz darstellt, der einer ausführlicheren Ausarbeitung bedarf. Die Grundidee besteht in einer Verknüpfung der Analyse Napolis & Nespors (1986), gemäß der in *che*-Komparativen eine Koordinationsstruktur vorliegt, mit Donatis Hypothese, dass die *che*-Phrase – zumindest in manchen Fällen – eine reduzierte Struktur darstellt. Dabei kommen ähnliche Ellipse-Phänomene zur Anwendung wie in „echten" Koordinationen (z.B. *Across The Board Movement*). Die hier in Anlehnung an Kayne (1994) vorgeschlagene Koordinationsstruktur ist dabei – im Gegensatz zu anderen Koordinationsanalysen (vgl. u.a. Lechner 2004) – mit der in Kapitel 5 entworfenen syntaktischen Derivation von VKen insofern kompatibel, als an einer Selektionsbeziehung von Komparator und Standardmarker festgehalten wird, die in dieser Arbeit als wesentliche Charakteristik von VKen eingestuft wurde. Jedoch führt die Reanalyse von VKen als Koordinationsstrukturen im Fall direkter Kontrastierung zu einigen Unterschieden zu nicht koordinierten VKen, deren Details noch weiter ausgearbeitet werden müssen. Es muss u.a. genauer erklärt werden, wie die Sättigung des θ-Rasters der entsprechenden Restriktoren durch eine CoP zu leisten ist. Hier ist anzunehmen, dass der Co-Kopf, der die Vergleichsrelation kodiert, auch Informationen über die Möglichkeiten der Sättigung von <Q>- bzw. <G>-Positionen enthält. Die genauere kategoriale und semantische Merkmalsspezifizierung des Co-Kopfes, der die Vergleichsrelation kodiert, sowie die entsprechende Erweiterung der Vokabelliste (5-94), wird Aufgabe zukünftiger Untersuchungen sein.

Dass die nicht als Koordinatoren eingestuften Standardmarker *di* (in seltenen Fällen) und *quanto* (häufiger) in solchen Koordinationsstrukturen vorkommen und dass umgekehrt *che* (vor allem im Norditalienischen) gelegentlich auch in nicht koordinierten VK-Strukturen auftreten kann, kann nach den bisherigen Erkenntnissen nur darauf zurückgeführt werden, dass sich das Italienische, was die Struktur von VKen angeht, in einer Transitionsphase befindet (vgl. Donati 2000: 6). Diese Vermutung erscheint insbesondere angesichts der in Kapitel 2 mehrfach erwähnten, zum Teil gegensätzlichen Grammatikalitätsurteilen italienischer MuttersprachlerInnen sowie der teilweise widersprüchlichen Angaben in Grammatiken des Italienischen plausibel.

Im folgenden Abschnitt soll auf die Struktur des Vergleichssatzes in italienischen Komparativen und Äquativen eingegangen werden. Dabei wird noch einmal auf den Status von *quanto* in phrasalen Äquativen zurückzukommen sein.

---

[46] Warum in VK-Koordinationsstrukturen und in *sia* ... *che*-Koordinationen, nicht jedoch in „normalen" Koordinationen mit *e*, zwei overte Koordinationsköpfe notwendig sind, kann an dieser Stelle nicht genau beantwortet werden. Möglicherweise hat dies mit der Kontrastierung der Elemente zu tun, die durch zwei overte Koordinatoren stärker hervorgehoben wird. Dass Fokusphänomene in VKen eine Rolle spielen, vor allem dann, wenn mehrere Kontrastpaare vorhanden sind, kann nicht in Abrede gestellt werden. Eine Formalisierung würde an dieser Stelle jedoch zu weit führen (vgl. dazu u.a. Donati 2000 und Grimaldi 2005c).

6.2 Der Vergleichssatz in Komparativen und Äquativen

In Abschnitt 2.3.3 wurden für italienische Komparative drei Arten von Vergleichssätzen ermittelt: der *wh*-, der *che*- und der *di quello che*-Typ, wobei ersterer als der unmarkierte Fall angesehen werden kann. Im Folgenden soll noch einmal auf diesen Konstruktionstyp eingegangen werden, da er sowohl in Komparativen als auch in Äquativen auftritt. Darüber hinaus soll gezeigt werden, wie sich aus dessen Analyse der in Abschnitt 2.4.2 erläuterte widersprüchliche Status von *quanto* in italienischen Äquativen ergibt. Schließlich soll ein kurzer Ausblick auf die Analyse anderer Vergleichssatztypen erfolgen.

6.2.1 Die *wh*-Bewegungsanalyse des Vergleichssatzes

Wie in Abschnitt 2.3.3.1 gezeigt enthält der im Italienischen unmarkierte Typ von Vergleichssatz sowohl in Komparativen als auch in Äquativen das overte *wh*-Element *quanto*. Innerhalb der Forschung zu VKen gibt es eine seit Chomsky (1977) weit verbreitete Analyse von Vergleichssätzen, die diese als Fälle von *wh*-Bewegung einstuft. Der Grund dafür liegt darin, dass VKen einigen Beschränkungen unterliegen, die als symptomatisch für *wh*-Bewegung angesehen werden können. Bevor diese Gemeinsamkeiten mit anderen Fällen von *wh*-Bewegung näher erläutert werden, soll die *wh*-Bewegungsanalyse kurz skizziert werden.

Einen typischen Fall von *wh*-Bewegung stellen die traditionell als *Ergänzungsfragen* und in der GG als *wh*-Interrogative bezeichneten Konstruktionen:

(6-76) Cosa compra Maria?

Das Verb *comprare* ist ein zweiwertiges Verb, d.h. es fordert zwei Argumente, ein externes (das die θ-Rolle <Agens> erhält) und ein internes (θ-Rolle <Thema>). Das externe Argument wird durch die DP *Maria* besetzt, hingegen scheint der einzig mögliche Kandidat für das interne Argument das Interrogativpronomen *cosa* zu sein. Allerdings besetzt *cosa* nicht die Komplementposition von *comprare*, sondern die satzinitiale Position. Dieser Umstand sowie die Subjektendstellung ergibt den für Interrogative typischen „Inversionseffekt".

In der GG werden Interrogativpronomina wie it. *cosa, quando, chi* usw. als *wh*-Elemente bezeichnet, da ihre englischen Entsprechungen die Graphemfolge <wh> enthalten (z.B. engl. *what, when, who* usw.). Das Besondere an diesen Elementen ist, dass es sich dabei nicht um referentielle Ausdrücke handelt (wie dies etwa durch die traditionelle Einstufung als „Pronomina" nahegelegt werden könnte), sondern um so genannte Operatoren. Diese zeichnen sich dadurch aus, dass sie auf Teilen der syntaktischen Struktur operieren (d.h. Skopus haben) und eine Variable binden. Im Fall von (6-76) kann die Bedeutung des Satzes mit dem entsprechenden Operator folgendermaßen verdeutlicht werden:

(6-77) ‚Für welches x gilt: Anna kauft x?'

Demnach operiert der *wh*-Operator *cosa* (‚Für welches x gilt') auf den gesamten Satz (‚Anna kauft x') und bindet eine Variable in der Position, in der eine thematische Lücke zu sein scheint, nämlich in der Position des internen Arguments. In der GG wird diese semantische Struktur syntaktisch durch die so genannte *wh*-Bewegung abgebildet, bei der das *wh*-Element, das in der Position der Variable basisgeneriert wird, nach SpecCP bewegt wird, um auch syntaktisch Skopus über den Bereich zu nehmen, über den er operiert. Damit die Bewegung syntaktisch lizensiert wird, muss der entsprechende funktionale C-Kopf ein *wh*-Merkmal enthalten. Als Ergebnis der Bewegung verbleibt in der ursprünglichen Position eine Spur, die der oben genannten Variable x entspricht. Die semantische Bindung der Variable durch den Operator entspricht der syntaktischen Kettenbildung zwischen dem bewegten Element und seiner Spur.[47] Dies sei anhand einer Baumstruktur illustriert:[48]

(6-78) *Wh*-Bewegung

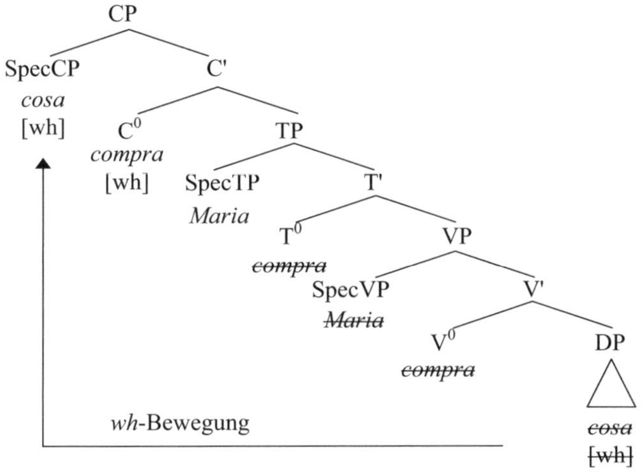

Dass diese Spur die Komplementposition der VP besetzt, wird auch daran deutlich, dass die Einsetzung eines overten Komplements in (6-76) ein ungrammatisches Ergebnis liefern würde:

(6-79) *Cosa compra pomodori Anna?

Die durch die Operatorbewegung hinterlassene „Lücke" darf also nicht durch phonologisches Material gefüllt werden. Bei nicht abhängigen Interrogativsätzen, ist der Komplementierer C^0 in der Regel phonologisch leer, dies ist jedoch nicht zwangsläufig der Fall:

---

47 Da die Bewegung aus einer Argument- in eine Nicht-Argumentposition erfolgt, spricht man auch von A'-Bewegung (= A-Bar-Bewegung).

48 Die Bewegung des Verbs erfolgt nach Rizzi aufgrund des so genannten *wh*-Kriteriums (vgl. Rizzi 1991). Für eine Reformulierung im minimalistischen Rahmen vgl. u.a. Chomsky (2000) sowie Pesetsky & Torrego (2001). Ob für die romanischen Sprachen tatsächlich $T^0 \rightarrow C^0$-Bewegung angenommen werden sollte, ist innerhalb der Forschung nach wie vor umstritten und kann an dieser Stelle nicht diskutiert werden.

> I will assume that the rule (43) [i.e. die *wh*-Bewegungsregel: „move *wh*-phrase into COMP", Chomsky (1977: 85)] places a *wh*-phrase within the COMP node to the left of [±WH], which is realized phonetically as *that, for*, or null. (Chomsky 1977: 85f.)

Ein Beispiel von *wh*-Bewegung, in der der Komplementierer overt sein kann, ist der Relativsatz.[49] Hierbei sind im Italienischen folgende Fälle zu unterscheiden:

(6-80) a. Il ragazzo [$_{CP}$ di cui$_i$ [$_C$ Ø [$_{TP}$ mi sono dimenticata t$_i$]]]...
b. Il ragazzo [$_{CP}$ Op$_i$ [$_C$ che [$_{TP}$ ho incontrato t$_i$]]]...

In (6-80)a ist SpecCP durch einen overten *wh*-Operator (nämlich das durch Präposition regierte Relativpronomen) besetzt, während der C-Kopf leer ist. In (6-80)b ist der C-Kopf overt durch den Komplementierer *che* gefüllt, hingegen bleibt die SpecCP-Position phonologisch unrealisiert. Die Struktur entspricht in beiden Fällen der in (6-78) dargestellten, mit dem Unterschied, dass tiefenstrukturell beide Positionen innerhalb der CP besetzt sind (jeweils durch *wh*-Operator und Komplementierer), jedoch eine von beiden aufgrund des so genannten *Doubly Filled Comp Filter* (DFCF) getilgt werden muss.[50] In Relativsätzen des Standardenglischen ist es sogar möglich, sowohl den *wh*-Operator als auch den Komplementierer phonologisch unrealisiert zu lassen:

(6-81) The man [$_{CP}$ Op$_i$ [$_C$ Ø [$_{TP}$ I saw t$_i$]]]...

Seit Chomsky (1981) wird nicht mehr angenommen, dass der Operator in (6-80)b und (6-81) getilgt wird, sondern dass er abstrakt (also phonologisch leer) ist (vgl. auch Donati 2000: 16). Einen solchen abstrakten Operator postuliert Chomsky auch in englischen VKen, wobei der Komplementierer hier ebenfalls phonologisch unrealisiert bleibt:[51]

(6-82) John is taller than [$_{CP}$ Op$_i$ [$_C$ Ø [$_{IP}$ Mary is t$_i$]]].

Diese Analyse nimmt Chomsky nicht nur für Komparative und Äquative, sondern beispielsweise auch für die in Abschnitt 2.6 genannten Ausmaß-VKen an (obwohl er letztere

---

49 Eine Alternative zur im Folgenden skizzierten *wh*-Bewegungsanalyse des Relativsatzes bildet die so genannte *Raising*-Analyse des Relativsatzes (vgl. u.a. Bianchi 1999, 2000; Kayne 1994). Diese wurde bereits im Zusammenhang mit (4-6) diskutiert (vgl. auch Abschnitt 6.2.4).

50 Dieser besagt, dass Kopf und Spezifikator einer CP nicht von vornherein gleichzeitig phonologisch gefüllt sein dürfen, vgl. Chomsky (1977: 86). Dieser Filter wird im Minimalismus nicht mehr postuliert, statt dessen werden verschiedene lexikalische Einträge für C^0 angenommen.

51 Dieser Umstand ist von einigen Kritikern übersehen worden, die meinten, Chomsky würde *than* als Komplementierer einstufen (vgl. Donati 2000: 16f., Lechner 2004: 4). Dies behauptet Chomsky jedoch keineswegs (er stuft lediglich *that* und *for* als Komplementierer ein). Es gibt vielmehr indirekte und direkte Hinweise darauf, dass er gegenteiliger Meinung ist. Zum einen zeigt seine Klammerung des folgenden Beispiels, dass sich *than* außerhalb der CP befindet (vgl. Chomsky 1977: 88):
i. Mary isn't different than [what she was five years ago]
Außerdem sagt er im Zusammenhang mit Beispiel i explizit, dass er *than* (ebenso wie *as*) als Präposition einstuft: „Proceeding, we may treat *as*, *than* as prepositions [...]" (Chomsky 1977: 88).

nicht als VKen betrachtet). Anhand des folgenden Beispiels zeigt er eine mögliche Analyse für diese Konstruktionen:

(6-83) John is tall [enough [$_{CP}$ Op$_i$ for us to see t$_i$]]. (Chomsky 1977: 100, Notation L.G.)

Der einzige Unterschied zwischen dieser Analyse und der von Komparativen ist, dass *for* – im Gegensatz zu *than* – als Komplementierer analysiert wird.

Ein Argument für die *wh*-Analyse von VKen liefern Chomsky einige Dialekte des Englischen, die – ebenso wie das Italienische – im Vergleichssatz eine overte *wh*-Phrase aufweisen:

(6-84) John is taller than [$_{CP}$ what$_i$ [$_C$ Ø [$_{IP}$ Mary is t$_i$]]]. (Chomsky 1977: 87, Notation L.G.)

Gemäß Chomsky entspricht die Struktur von VKen im Standardenglischen der in (6-84), mit dem Unterschied, dass hier ein abstrakter *wh*-Operator vorliegt. Für italienische VKen ist der *wh*-Bewegungsansatz insbesondere deshalb interessant, weil hier mit dem *wh*-Typ wie gesagt ein Vergleichssatz vorliegt, in dem wie in (6-84) overte *wh*-Elemente (*quanto, come, dove, quando*) auftreten. Darüber hinaus werden *wh*-Vergleichssätze in der Literatur einhellig als der geläufigste Typ bezeichnet, der in Komparativen, Äquativen und Similativen zu finden ist:

(6-85) a. Anna è più bella di *quanto* lo è Laura.
b. Anna è bella *quanto* lo è Laura.
c. Anna mangia *come* lo fa Laura.

Dennoch ist es natürlich wünschenswert, auch für Daten, in denen kein overtes *wh*-Element auftritt (wie im Standardenglischen, in anderen Vergleichssätzen des Italienischen und in anderen Sprachen, wie Französisch, Deutsch u.v.a.m.), unabhängige Evidenz für eine solche zugrunde liegende Struktur zu finden. Solche Evidenz liefern einige Phänomene, die sowohl in unumstrittenen Fällen von *wh*-Bewegung, wie *wh*-Interrogativen, als auch in VKen zu beobachten sind. Es handelt sich dabei um die so genannten Insel- und Überkreuzungseffekte, die als diagnostisch für *wh*-Bewegung angesehen werden können.[52]

Ein bekannter Inseleffekt ist der so genannte *Complex NP Constraint* (CNPC):[53] Dieser besagt, dass aus komplexen DPen, d.h. aus DPen mit satzhaftem Komplement, nicht extrahiert werden darf. Dies gilt sowohl für *wh*-Interrogative als auch für VKen:

(6-86) a. *Quanti biscotti$_i$ hai [$_{DP}$ la certezza [$_{CP}$ t$_i$ che ne abbia mangiati t$_i$ Giulia]]?
b. *Maria ha mangiato più biscotti di quanti$_i$ Paolo ha [$_{DP}$ la certezza [$_{CP}$ t$_i$ che ne abbia mangiati t$_i$ Giulia]]]. (Donati 2000: 10, Notation L.G.)

---

52 Diese Argumente werden in der Literatur immer wieder angeführt, so dass sie hier nur kurz angerissen werden sollen. Für eine detaillierte Auflistung vgl. Chomsky (1977), für Gegenargumente, die insbesondere Subkomparative betreffen, vgl. Bresnan (1975). Eine ausführliche Zusammenfassung der Diskussion, die auch italienische Daten berücksichtigt, liefert Donati (2000: Kapitel 1).

53 Der CNPC geht auf Ross (1967) zurück, und somit auf eine Zeit, in der Abneys DP-Analyse noch nicht eingeführt worden war. Im Folgenden wird die Bezeichnung CNPC zwar beibehalten, jedoch eine DP-Analyse der Nominalphrase vorausgesetzt.

In (6-86)b müsste das *wh*-Element *quanti* aus der untersten CP extrahiert werden, die wiederum in einer DP enthalten ist. Die Extraktion führt erwartungsgemäß ebenso wie in (6-86)a zu einem ungrammatischen Satz. In späteren Ansätzen wurde der CNPC als Spezialfall der allgemeineren Subjazenzbedingung subsumiert, nach der Bewegung nicht mehr als einen Grenzknoten überschreiten darf (vgl. Haegeman 1994: 402). Da für das Italienische DP und CP als Grenzknoten gelten (vgl. Müller & Riemer 1998: 148, Fn. 63 und Rizzi 1982), ergibt sich der CNPC aus der Überschreitung der zwei Grenzknoten CP und DP.[54] Obwohl im minimalistischen Rahmen Filter wie der CNPC nicht mehr als Beschränkungsregeln, sondern lediglich als Folgen von merkmalbasierten Komputationsfehlern aufgefasst werden, bleibt die Argumentation Chomskys in diesem Punkt unberührt. Denn es geht nicht darum, den CNPC als Filter für *wh*-Bewegung zu postulieren, sondern darum, dass dieser Inseleffekt als Folge von Bewegung auftritt und somit eine Evidenz für *wh*-Bewegung darstellt. Dadurch, dass dieser Effekt auch in VKen zu beobachten ist, erscheint es plausibel, letztere ebenfalls als Fall von *wh*-Bewegung anzusehen.

Neben den Inseleffekten sind auch so genannte Überkreuzungseffekte symptomatisch für das Vorliegen von Bewegung. Diese treten auf, wenn eine Konstituente durch Bewegung eine koreferentielle Konstituente „kreuzt“. Ein Beispiel hierfür führt Bresnan (1975: 28, Notation L.G.) auf:

(6-87) a. The students [$_{CP}$ who$_i$ [$_{TP}$ t$_i$ thought [$_{CP}$ they$_i$ would flunk didn't flunk]]].
b. *The students [$_{CP}$ who$_i$ [$_{TP}$ they$_i$ thought [$_{CP}$ t$_i$ would flunk didn't flunk]]].

Im Relativsatz (6-87)a bewegt sich das *wh*-Element *who* aus der Subjektposition (SpecTP) in den Spezifikator der oberen CP. Es wird keine koreferentielle Konstituente gekreuzt, und somit ist das Ergebnis grammatisch. In (6-87)b hingegen wird *who* aus der unteren CP herausbewegt und kreuzt auf dem Weg in den Spezifikator der oberen CP die koreferentielle Konstituente *they* in SpecTP. Dabei entsteht ein Überkreuzungseffekt, und der Satz ist demnach ungrammatisch. Dieselbe Beobachtung kann für die analogen VKen (6-88)a und b gemacht werden, wie die folgenden Beispiele zeigen (vgl. Chomsky 1977: 90, Notation L.G.):

(6-88) a More students flunked than [$_{CP}$ *wh*-Op$_i$ [$_{TP}$ t$_i$ thought [$_{CP}$ they$_i$ would flunk]]].
b. *More students flunked than [$_{CP}$ *wh*-Op$_i$ [$_{TP}$ they$_i$ thought [$_{CP}$ t$_i$ would flunk]]].

Wie in (6-87)b wird das *wh*-Element auch in (6-88)b über eine koreferentielle Konstituente bewegt und bewirkt insofern einen Überkreuzungseffekt. Zwar bleibt das *wh*-Element (*wh*-Op) im Englischen phonologisch unrealisiert (vgl. Chomsky 1977: 86), dennoch unterliegt auch diese koverte *wh*-Bewegung offenbar denselben Gesetzmäßigkeiten und Beschränkungen wie die overte *wh*-Bewegung im Relativsatz.

Der Vorteil von Chomskys Ansatz besteht darin, dass er keine konstruktionsspezifische Regel wie z.B. Bresnans *Comparative Deletion* benötigt.[55] Die Prozesse, die in VKen ab-

---

[54] Genau genommen CP und NP, da die Grenzknotentheorie ebenfalls vor Abneys DP-Hypothese (1987) formuliert wurde.

[55] Vgl. (3-52). Der zweite Grad bzw. die zweite Quantität wird im Vergleichssatz durch den *wh*-Operator repräsentiert. Gegen eine Tilgungsregel im Sinne Bresnans spricht nach Chomsky übrigens auch, dass es VKen gibt, in denen kein „Kopf“ identifiziert werden kann:

i. Mary is (more or less) as she was five years ago. (Chomsky 1977: 88) laufen, sind auch in anderen Fällen von *wh*-Bewegung zu beobachten, einschließlich der Tilgung des *wh*-Elements bzw. der Postulierung eines phonologisch leeren *wh*-Elements, was unabhängig von VKen etwa auch in Relativsätzen nötig ist. Die Annahme einer konstruktionsspezifischen Regel für VKen wäre redundant und somit unnökonomisch (vgl. Chomsky 1977: 89).

6.2.2 *Wh*-Kopfbewegung

Donati (1997; 2000) greift Chomskys *wh*-Analyse wieder auf und versucht einige Probleme zu lösen, die sich vor allem bei der Übertragung der Analyse auf Subkomparative ergeben. Denn Subkomparative verhalten sich auf den ersten Blick scheinbar anders als andere *wh*-Bewegungskonstruktionen. Das Hauptproblem liegt darin, dass sie offenbar nicht der *Pied Piping*-Bedingung unterliegen, d.h. die vom *wh*-Element modifizierte Konstituente verbleibt in ihrer Basisposition und wird nicht mit dem *wh*-Operator nach SpecCP bewegt:

(6-89) a. John has more friends than Op_i Bill has t_i enemies.
b. *John has more friends than [Op enemies]$_i$ Bill has t_i.
(6-90) a. The table is longer than Op_i the door is t_i wide.
b. *The table is longer than [Op wide]$_i$ the door is t_i.

In den entsprechenden *wh*-Interrogativen muss die *Pied Piping*-Bedingung hingegen erfüllt sein, wie die folgenden Beispiele mit umgekehrten Grammatikalitätsbedingungen zeigen:

(6-91) a. *[How many]$_i$ does Bill have t_i friends?
b. [How many friends]$_i$ does Bill have t_i?
(6-92) a. *How_i is the door t_i wide?
b. [How wide]$_i$ is the door t_i?

Donati schlägt eine Modifikation der *wh*-Bewegungsanalyse von VKen vor, die es ermöglicht, dieses besondere Verhalten von Vergleichssätzen gegenüber Interrogativsätzen zu erfassen und gleichzeitig dieselbe Analyse für Komparative und Subkomparative gewährleistet. Sie besteht darin, dass in Vergleichssätzen keine *wh*-Phrase nach SpecCP bewegt wird, sondern ein *wh*-Kopf nach C^0. Demnach unterscheidet Donati zwischen *wh*-Kopf- und *wh*-Phrasenbewegung: Erstere sei u.a. in Vergleichssätzen und Freien Relativsätzen anzutreffen, letztere in Interrogativsätzen, wie anhand der Analyse der folgenden italienischen Beispiele illustriert werden soll:[56]

In einem solchen Fall wäre unklar, wodurch das zu löschende Material ermittelt und regiert werden sollte.

[56] Ein auffälliger Unterschied zwischen (6-93)a und b besteht darin, dass die durch das *wh*-Element modifizierte NP im ersten Fall lexikalisch realisiert wird, im zweiten hingegen durch das Klitikum *ne*. Allerdings ist dieser Unterschied nur darauf zurückzuführen, dass die NP in der VK bereits im Matrixsatz enthalten ist und eine Wiederholung daher redundant wäre. Dass dies kein prinzipieller Unterschied zwischen Vergleichssätzen und Interrogativsätzen ist, wird dadurch deutlich, dass ein entsprechender Fragesatz, in dem die NP ebenfalls durch ein Klitikum realisiert wird, ebenfalls möglich ist, sofern ein entsprechender Kontext eine Redundanz erzeugt:

i. A: Che buoni i biscotti!
B: Ma quanti *ne* hai mangiati?

(6-93) a. Quanti biscotti mangia Anna?
b. Maria mangia più biscotti di quanti ne mangia Anna.

(6-94) *Wh*-Bewegung...

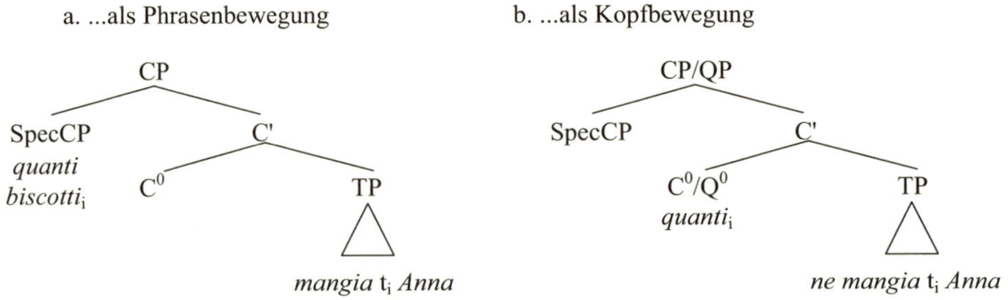

Das Besondere an der *wh*-Bewegungsanalyse im Vergleichssatz bestehe also darin, dass sich nur der *wh*-Kopf, ohne sein lexikalisches (hier: NP-)Komplement bewegt. Das erkläre das unterschiedliche Verhalten der subkomparativischen Vergleichssätze (6-89) und (6-90) gegenüber den entsprechenden Interrogativsätzen in (6-91) und (6-92). In ersteren verbleibt die NP/AP *in situ*, in letzteren wird sie mit der *wh*-Phrase mitbewegt.

Ein Problem für diese Analyse bilden nominale Subkomparative im Italienischen:

(6-95) *Ho mangiato più biscotti di quante abbia mangiate/o caramelle.

Wie in Abschnit 2.3.5 bereits erwähnt wurde, sind solche Konstruktionen im Italienischen grundsätzlich ungrammatisch. Nach Donatis Analyse wäre dieser Umstand nicht zu erwarten, denn der Q-Kopf *quante* sollte in der Lage sein, sich allein nach C^0 zu bewegen. Dass dies dennoch nicht möglich ist, führt Donati auf ein unabhängiges Phänomen zurück:

> In questo caso, il responsabile sembra essere l'accordo. A livello di generalizzazione empirica, si osserva che l'accordo all'interno della proiezione nominale estesa „congela" la struttura, proibendo alla testa di tipo determinante di abbandonare la struttura. (Donati 2000: 42)

Dies erkläre auch, weshalb adjektivische Subkomparative, in denen keine Kongruenz zwischen dem Q-Kopf und der lexikalischen Phrase besteht, vollkommen grammatisch sind:

(6-96) Mario è più furbo di quanto non sia intelligente.

Der Vorteil der *wh*-Kopfbewegungsanalyse Donatis besteht darin, dass sie – im Gegensatz zu den Analysen Bresnans und Chomskys – eine strukturelle Gleichbehandlung von Komparativen und Subkomparativen erlaubt. Der einzige Unterschied zwischen diesen Konstruktionen liegt darin, dass im ersten Fall die NP bzw. AP/AdvP im Vergleichssatz durch ein Klitikum realisiert wird, um Redundanz zu vermeiden.

Eine zweite Besonderheit dieser Analyse liegt im bisher außer Acht gelassenen Umstand, dass der Vergleichssatz in (6-94)b – im Gegensatz zum entsprechenden Interrogativsatz – keine CP, sondern eine QP(/CP) ist. Dies folgt aus Donatis Auffassung von Kopfbewegung, nach der der bewegte Kopf projiziert, was in einem neu eingeführten Projektionsprinzip zum Ausdruck kommt:[57]

(6-97) *Proprietà di Proiezione* (PDP)
I tratti in posizione di testa proiettano
I tratti in posizione di specificatore non proiettano. (Donati 2000: 92)

Dieses Prinzip hat den Vorteil, dass es eine Lücke schließt, die im Minimalismus (nach Chomsky 1995) tatsächlich besteht: Denn durch die Motivation von Bewegungsphänomenen durch die Merkmalsüberprüfung gibt es kein Kriterium mehr, um zu entscheiden, ob ein Kopf oder eine Phrase bewegt werden soll.[58] Hinzu kommt, dass mit der Abschaffung des X-bar-Schemas und der Einführung der so genannten *Bare Phrase Structure* nicht mehr genau bestimmt werden kann, ob einfache Elemente Kopf- oder Phrasenstatus haben. Vielmehr können sie beides gleichzeitig sein (*min/max*). Donatis Projektionsprinzip liefert daher ein strukturelles Unterscheidungskriterium zwischen Kopf- und Phrasenbewegung, das eine Alternative zur Annahme reiner PF-Kopfbewegung darstellt. Zwar lässt auch dieses Prinzip zunächst offen, weshalb manchmal Phrasen und manchmal Köpfe bewegt werden, da die merkmalsbasierte *Checking*-Theorie sowohl eine Überprüfung in einer Kopf/Spezifikator-Relation als auch durch Kopfadjunktion zulässt. Donati selbst führt aber die Wahl der Bewegungsart auf die Selektionseigenschaften der übergeordneten Kategorie zurück, die eine Kopfbewegung erzwingen kann, damit die äußere Struktur die richtigen Selektionsbedingungen erfüllt. Dies verdeutlicht sie am Beispiel von Freien Relativsätzen, die sie ebenfalls als Fälle von Kopfbewegung analysiert, mit dem Unterschied, dass hier kein Q-, sondern ein D-Kopf bewegt wird, was einen DP-Status des Freien Relativsatzes zur Folge hat, vgl. das folgende Beispiel:

(6-98) Paolo conosce chi sta parlando con Maria (Donati 2000: 91).

Gemäß Donati ist *chi* ein D-Kopf, der durch *wh*-Bewegung aus SpecTP gehoben wird und an den C-Kopf adjungiert (vgl. Donati 2000: 91):[59]

---

[57] Es sei darauf hingewiesen, dass diese Annahme – wie Donati selbst einräumt – gegen minimalistische Prinzipien verstößt. Nach Chomsky ist es nämlich immer das Ziel der Bewegung, das projiziert, und nicht das bewegte Element: „There are [...] fairly solid grounds for assuming that the target of movement projects, whether the operation is substitution or adjunction, overt or covert" (Chomsky 1995: 260).

[58] Auch die konzeptuelle Trennung von *Agree* und *Move*, die durch das Sondenkonzept in den Minimalismus Einzug findet (vgl. Abschnitt 1.4.1), kann dieses Problem nicht lösen.

[59] Demnach können *wh*-Elemente nach Donati sowohl D- als auch Q-Status haben, ein Umstand der nicht explizit erläutert wird. Man beachte, dass gemäß Donati auch *quanto* sowohl ein D- als auch ein Q-Kopf sein kann. Im ersten Fall projiziere es Vergleichssätze, im zweiten Freie Relativsätze (vgl. Donati 2000: 71):
i. Oggi sono venuti più invitati di quanti ne sono venuti ieri.
ii. Oggi sono venuti più invitati di quanti sono venuti ieri.
Gemäß Donati ist in i das Klitikum *ne* obligatorisch, in ii hingegen ausgeschlossen. Dies gehe mit einem semantischen Unterschied einher: In ii werde Koreferentialität zwischen den beiden Referentengruppen impliziert, in i nicht. Dies führt sie auf den (definiten) D-Status von *quanti* in ii zu-

(6-99) Paolo conosce…

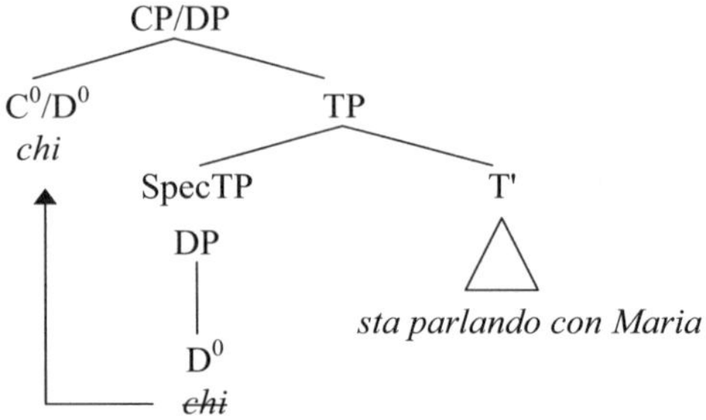

In (6-99) verlangt das Verb *conoscere* eine DP und keine CP als Komplement, daher muss sich der D-Kopf *chi* nach C^0 bewegen, damit die ganze Struktur zur CP/DP wird. Hingegen verlangt das Verb *chiedersi* im folgenden Beispiel ein CP-Komplement (indirekter Fragesatz, vgl. Donati 2000: 90):

(6-100) Paolo si chiede chi sta parlando con Maria.

Hier muss sich *chi* als DP nach SpecCP bewegen, damit die Selektionsbedingungen des Matrixverbs erfüllt werden.

Ein Problem von Donatis *wh*-Kopfbewegungsanalyse besteht darin, dass diese eine „lange“ Bewegung impliziert, die innerhalb der VP ihren Anfang nimmt und bei C^0 endet. Diese verstößt damit gegen das bereits erwähnte *Head Movement Constraint*, wonach kein Kopf zwischen Ausgangsposition und Ziel der Kopfbewegung intervenieren darf (vgl. Kapitel 3, Fn. 37). Im Vergleichssatz interveniert jedoch mindestens der T-Kopf zwischen dem Ausgangspunkt innerhalb der VP und der Zielposition C^0. Um dieses Problem zu lösen, unterscheidet Donati – wie in Abschnitt 5.1 bereits angeführt – zwischen zwei Arten von Kopfbewegung: A-Kopfbewegung und A'-Kopfbewegung. Demnach wären V^0, T^0 und C^0 A-Köpfe und könnten die lange Bewegung des *wh*-Kopfes, der als Operator als A'-Kopf angesehen werden kann, nicht blockieren.

---

rück. Allerdings ist nicht ganz klar, warum der durch *di* eingeleitete Satz in ii kein Vergleichssatz sein sollte. Schließlich ist er ebenso wie seine Entsprechung in i in einer vom Komparator *più* selegierten VK eingebettet. Ähnliches gilt für Vergleichssätze vom *di quello che*-Typ: Auch diese werden von Donati als Relativsätze eingestuft und gegen Vergleichssätze abgegrenzt. M.E. handelt es sich hierbei um eine nicht legitime Abgrenzung. Auch Colombo betont, dass Begriffe wie *frase comparativa* keine syntaktische Kategorie darstellen: „le nozioni di ‚frase comparativa' e ‚modale' sono pertanto fondate sul piano nozionale (del tutto legittimo e importante, beninteso), non su quello sintattico formale“ (Colombo 1991: 316). Donati selbst hält übrigens nicht durchgängig an dieser Unterscheidung fest. An manchen Stellen scheint sie eine Identität der beiden Strukturen zu postulieren: „The basic idea is that, like free relatives, comparative clauses are defective relative clauses involving the movement of a determiner-like head to C^0“ (Donati 1997: 151). Auch das folgende aktuellere Zitat schließt einen Gegensatz zwischen Relativsätzen und Vergleichssätzen aus: „La frase comparativa [...] non è una semplice frase, ma un sintagma quantificato complesso; in altre parole, una frase relativa di quantità“ (Donati 2000: 192). Zum Status verschiedener Vergleichssatztypen vgl. auch Abschnitt 6.2.4.

Diese Analyse hat den Vorteil, dass sie einerseits den Unterschied zwischen Interrogativen und (homonymen) Freien Relativsätzen strukturell herleiten kann (*wh*-Phrasenbewegung vs. *wh*-Kopfbewegung) und dass sie andererseits den Zwitterstatus von Freien Relativsätzen, die sowohl satzhaften, als auch nominalen Charakter aufweisen, erklärt. Dieser Umstand liegt gemäß der *wh*-Kopfbewegungsanalyse darin begründet, dass der bewegte *wh*-Kopf (ebenfalls) projiziert. Somit überträgt er seinen Q-Status auf die eigentlich erwartete CP-Struktur und es ergibt sich eine CP/QP.[60] Diese Auffassung hat übrigens in jüngster Zeit innerhalb der generativen Forschung viel Anklang gefunden. So plädiert u.a. auch Chomsky für eine solche Möglichkeit:

> Consider, for example, *wh*-movement of the LI [i.e. lexical item, Anm. L.G.] *what* to SPEC-C, forming (4), *t* a copy of *what*:
> (4) what [C [you wrote t]]
> If C projects [...], then (4) can be, for example, the interrogative complement of *wonder* in *I wonder what you wrote*. Iatridou et al. (2001) and Donati (in press) [i.e. Donati 2006, Anm. L.G.] point out that *what* may also project [...], yielding the free relative object of *I read what you wrote*, interpreted as a DP headed by *what*. [...] that is possible only when the phrase that is moved is a head; there can be no free relative interpretation in *I read what book you wrote*. (Chomsky 2005: 11)[61]

Somit kann die Postulierung einer *wh*-Kopfbewegungsanalyse für freie Relativsätze und Vergleichssätze als Mechanismus angesehen werden, der innerhalb der neueren minimalistischen Forschung durchaus auf Konsens stößt.[62]

6.2.3 Der Status von *quanto*

Die bisher postulierte *wh*-Kopfbewegungsanalyse für den Vergleichssatz sei an dieser Stelle noch einmal kurz rekapituliert und an die in der vorliegenden Arbeit getroffenen Annahmen über die Struktur von VKen angepasst. Beginnen wir mit dem folgenden Komparativsatz:

(6-101) Laura compra più pomodori di quanti ne compra Anna

Die *wh*-Phrase *quanti*, die als QP im Sinne einer quantifizierten Nominalphrase mit Argumentstatus eingestuft werden kann, bildet das direkte Objekt des Verbs *mangiare* und wird als Kopf aus ihrer Basisposition innerhalb der Verbalphrase herausbewegt und an C^0 adjun-

---

60 Alternative Analysen postulieren beispielsweise eine CP-Struktur, die von einer leeren QP (bzw. DP in nicht komparativischen Freien Relativsätzen) selegiert wird. Gegenüber solchen Analysen hat Donatis Ableitung den Vorteil, dass sie keine (obligatorisch) leere Kategorie postulieren muss.

61 Iatridou u.a. (2001) ziehen unabhängig von Donati ebenfalls eine Kopfbewegungsanalyse von Freien Relativsätzen in Betracht: „[...] relative clauses are a case of movement that projects" (Iatridou u.a. 2001).

62 Dieser Typ von Kopfbewegung, den offensichtlich auch Chomsky (2005) akzeptiert, hat nicht nur semantische, sondern auch syntaktische Folgen, denn er kann die kategoriale Markierung des Zielkopfes manipulieren. Demnach kann es sich dabei nicht um PF-Bewegung handeln, was zusätzliche Evidenz gegen Chomskys Versuch, Kopfbewegung vollständig auf PF zu übertragen, liefert (vgl. Abschnitt 1.4.1).

giert. Es findet eine so genannte Operator-Kopfbewegung statt, die sich dadurch auszeichnet, dass sie „lang“ ist, d.h. der bewegte Kopf kann auf seinem Weg andere Köpfe überspringen, sofern es sich dabei nicht um Operatoren handelt. Als Ergebnis der Bewegung liegt ein C/Q-Kopf vor. Da gemäß Donati im Fall von Kopfbewegung immer beide Köpfe projizieren (vgl. (6-97)), hat die vom C/Q-Kopf projizierte Phrase den kategorialen Status einer CP/QP und damit einen Zwischenstatus zwischen einer nominalen und einer satzhaften Konstituente.

(6-102) *Wh*-Kopfbewegungsanalyse des Komparativsatzes

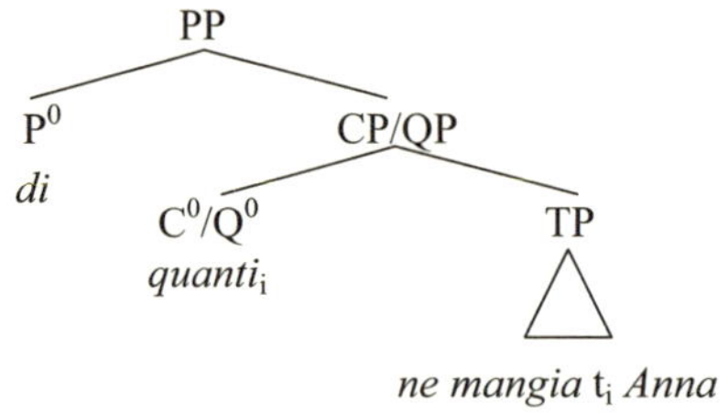

Ein wünschenswerter Effekt dieser Analyse besteht darin, dass der Standardmarker *di* somit eine CP/QP-Struktur selegiert, also eine Struktur, die (auch) nominalen Status hat.[63] Demnach kann *di* in dieser Konstruktion – ebenso wie in phrasalen Komparativen – als Präposition bzw. Kasusmarker eingestuft werden und hätte damit in allen Komparativen denselben Status.[64] Im Übrigen können auch andere Präpositionen Freie Relativsätze selegieren:

(6-103) a. $[_{PP}$ Con $[_{QP}$ quanto mi hai dato]] non posso pagare neanche la bolletta.
b. $[_{PP}$ Per $[_{QP}$ quanto mi riguarda]] possiamo dimenticare la faccenda.

Man beachte, dass der Standardmarker bzw. die Präposition *di* nicht in der Lage wäre, eine gewöhnliche (finite) CP zu selegieren. Erst der durch die *wh*-Kopfbewegung erreichte nominale Status (QP) macht eine Selektion durch *di* möglich.[65]

In Abschnitt 2.4.2 wurde bereits festgestellt, dass komparativische und äquativische Vergleichssätze eine starke formale Ähnlichkeit aufweisen:

(6-104) a. Laura mangia più biscotti di *quanti ne mangia Anna.*
b. Laura mangia tanti biscotti *quanti ne mangia Anna.*

Es ist daher vorgeschlagen worden, dass sich der äquativische Vergleichssatz in (6-104)b von seiner komparativischen Entsprechung lediglich dadurch unterscheidet, dass er keinen

63 Die QP ist gemäß Donati eine funktionale Projektion der Nominalphrase, die ebenso wie die DP Argumentstatus hat. Man kann sie mit der von uns in Abschnitt 5.1 als FP bezeichneten Projektion identifizieren.

64 Hingegen muss Donati in phrasalen Komparativen von einem Komplementierer *di* ausgehen, da sie eine Derivationsanalyse phrasaler *di*-Komparative vertritt (vgl. Abschnitt 6.1.2).

65 Eine Alternative, gemäß der der Standardmarker *di* keine Präposition sondern ein Komplementierer wäre, würde ebenfalls nicht erklären, weshalb *di* einen finiten Satz selegieren kann. Denn der Komplementierer *di* selegiert im Italienischen nur TPen mit dem Merkmal [-finit]. Er wird daher gemäß Rizzis (1997) Split-CP-Hypothese in der untersten CP-Position angesiedelt, nämlich FinP.

Standardmarker aufweist (vgl. Schwarze 1995: 683). Im Folgenden soll angenommen werden, dass dies tatsächlich der einzige Unterschied zwischen komparativischen und äquativischen Vergleichssätzen ist.[66] Im Gegensatz zu Schwarze möchte ich aber vorschlagen, dass der Freie Relativsatz nicht direkt angefügt, sondern ebenfalls durch einen präpositionalen Standardmarker eingeleitet wird. Dieser wird in italienischen Äquativen jedoch phonologisch nicht realisiert. Demnach kann man für den Äquativsatz (6-104)b die folgende Struktur annehmen:

(6-105) Analyse des Vergleichssatzes in Äquativen

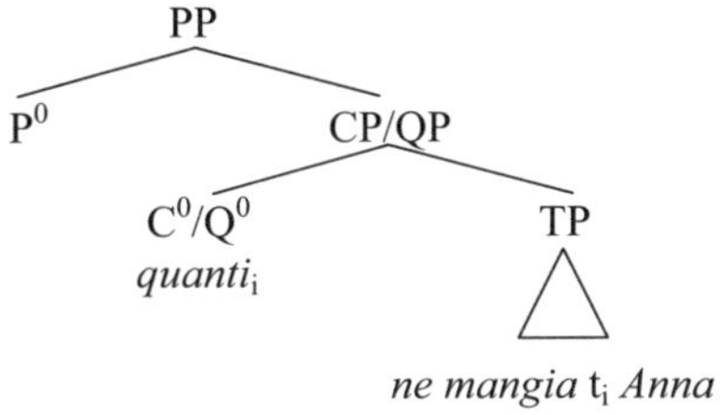

Es stellt sich natürlich die Frage, weshalb man hier eine (phonologisch) leere Position postulieren sollte. Ein Grund liegt darin, dass diese Position nicht in allen Sprachen leer ist, da es Sprachen gibt, die den Standardmarker overt realisieren, nicht jedoch das *wh*-Element, vgl. z.B. das Englische:

(6-106) a. I ate more cookies than (*wh*-Op) you ate.
b. I ate as many cookies as (*wh*-Op) you ate.

Dass es sich bei *than* und *as* im Englischen um Standardmarker und nicht um *wh*-Elemente handelt, wird u.a. daran deutlich, dass beide – zumindest in einigen englischen Varietäten – neben dem overten *wh*-Element *what* auftreten können (vgl. Bresnan 1975: 72):[67]

(6-107) a. It's longer *than what* it was.
b. We don't have as many apples *as what* we need.

Es muss lediglich noch geklärt werden, weshalb der Standardmarker in italienischen Äquativen keiner phonologischen Realisierung bedarf (im Gegensatz etwa zu den Verhältnissen im Englischen). Gemäß der in Kapitel 3 vorgeschlagenen Analyse besteht zwischen Komparator und Standardmarker in VKen eine Selektionsbeziehung, was u.a. dadurch begründet wurde, dass bestimmte Komparatoren bestimmte Standardmarker selegieren müssen (vgl. Abschnitt 3.1.3):

(6-108) a. più ...di/che/*da/*per.
b. così... *di/che/da/*per.
c. troppo... *di/*che/*da/per.

---

[66] Mit Ausnahme des bereits erwähnten fakultativen Auftretens von Konjunktiv und Negation in Komparativen, nicht jedoch in Äquativen.

[67] Leider lässt Bresnan offen, um welche englischen Dialekte es sich genau handelt.

Da sich die jeweiligen Komparatoren vor allem durch die Art der Vergleichsrelation unterscheiden, die im Deg-Kopf kodiert ist, kann man annehmen, dass eine Überprüfungsrelation zwischen Komparator und Standardmarker erfolgt, bei der festgestellt wird, ob der entsprechende Standardmarker für die jeweilige Vergleichsrelation lizensiert ist. Demnach müssen auch Standardmarker eine Merkmalsspezifizierung für die Vergleichsrelation aufweisen. Für die hier relevanten Konstruktionen bedeutet dies, dass im P-Kopf ein Merkmal ([ER] bzw. [EQ]) vorliegen muss, das mit dem des selegierenden Deg-Kopfes übereinstimmt:

(6-109) Komparator/Standardmarker-Beziehung in italienischen...

a. Komparativen

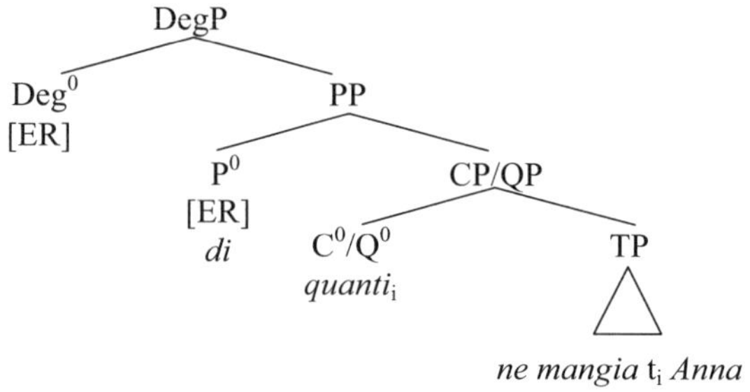

b. Äquativen

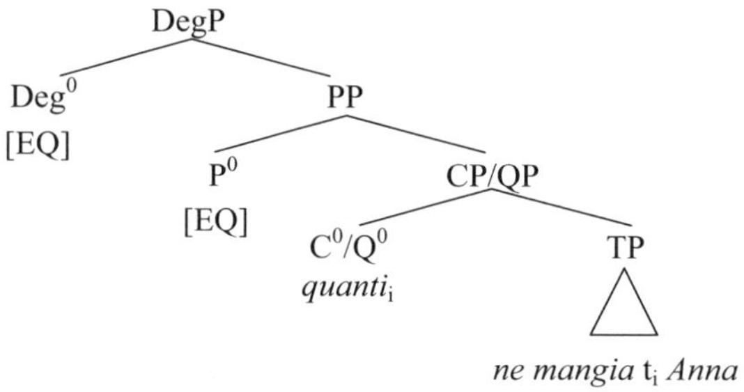

Was die Kodierung der Vergleichsrelation in Äquativen betrifft, wurde [EQ] in Abschnitt 4.5.4 als unmarkierter Wert eingestuft, der dafür sorgt, dass entsprechend kodierte Deg-Köpfe im Italienischen getilgt werden können. Eine entsprechende Tilgungsregel soll hier auch für den Standardmarker im Italienischen annehmen:

(6-110) Lösche P^0[EQ]:
Der P-Knoten wird gelöscht, wenn er nur unmarkierte Werte aufweist.

Die Tilgung des P-Knotens bzw. der dort kodierten Merkmale hat – wie bereits erläutert – zur Folge, dass in diesen kein phonologisches Material eingesetzt werden kann. Gemäß den Annahmen der *Distributed Morphology* dürfen morphologische Regeln die syntaktische Struktur oberhalb der Endknoten jedoch nicht modifizieren, so dass hier nicht die gesamte PP-Ebene wegfällt, sondern lediglich die in P^0 kodierten Merkmale, die für die Vokabeleinsetzung entscheidend sind:

(6-111) Struktur der äquativischen VK im engen Sinne nach Anwendung von (6-110)

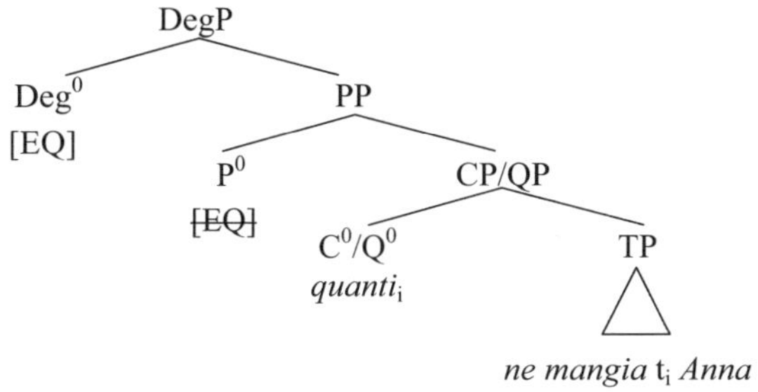

Wie bereits im Zusammenhang mit *tanto* erwähnt (vgl. Abschnitt 4.5.4) finden die Tilgungsmechanismen nach *Spell-Out* statt, d.h. die Merkmale von P^0 bleiben auf LF erhalten. Auch hier kann das Missverhältnis von PF und LF als Grund für den scheinbaren Zwitterstatus von *quanto* angesehen werden: Er führt dazu, dass dieses Element als Standardmarker reanalysiert wird. Gemäß Roberts & Roussou (2002) kann Grammatikalisierung aus generativer Sicht dadurch beschrieben werden, dass Elemente innerhalb des Strukturbaums in einer höheren funktionalen Projektion reanalysiert werden: „[...] grammaticalization can be seen as the result of upward reanalysis [...]" (Roberts & Roussou 2003: 194). Ich möchte vorschlagen, dass dies besonders dann geschieht, wenn der höher stehende Kopf bei der Vokabeleinsetzung nicht phonologisch realisiert wird. Diese Annahme sei im Folgenden näher erläutert.

Im vorliegenden Strukturbaum gerät das *wh*-Element *quanto* nach Adjunktion an C^0 in eine Kopfposition, die unterhalb von P^0 liegt. P^0 bleibt nach erfolgter Tilgung auf PF phonologisch leer, der C/Q-Kopf wird hingegen durch die Vokabel /kwanto/ realisiert. Auf LF werden jedoch sowohl die Merkmale von P^0 als auch die von C^0/Q^0 interpretiert. Es ergibt sich somit eine Situation, in der zwei adjazente Positionen interpretiert werden, aber nur eine phonologisch realisiert wird. Daher kann *quanto* als Element reanalysiert werden, das nicht den C/Q-Kopf, sondern den P-Kopf darstellt. Als solches kann es dann auch als Standardmarker in phrasalen Äquativen eingesetzt werden, da diese im Grunde dieselbe Struktur aufweisen, mit dem einzigen Unterschied, dass der Standardmarker keinen freien Relativsatz (also keine QP in Donatis bzw. FP in unseren Termini), sondern eine DP selegiert:[68]

(6-112) Maria è intelligente quanto *me*.

Diese Reanalyse als Standardmarker und damit als P-Kopf erklärt übrigens auch die Fähigkeit von *quanto*, in phrasalen Äquativen wie (6-112) Kasus zu vergeben. In Abschnitt 2.3.4.2 wurde darauf hingewiesen, dass das Italienische in den nicht koordinierenden VKen so genannte *Fixed Case Comparatives* im Sinne Stassens (1985: 28) bildet, d.h. VKen, in

---

68 Es bliebe noch zu klären, wie die Kongruenz von *quanto* in solchen eindeutig phrasalen Konstruktionen formalisiert werden kann:

i. Gianni ha fatto tanti viaggi *quanti* te/*tu. (Belletti 1991: 844)

Hierfür ist eine eingehende Analyse syntaktischer Kongruenzphänomene innerhalb der Nominalphrase notwendig, die den Rahmen der vorliegenden Arbeit sprengen würde.

denen der Standardmarker den Kasus des Vergleichsstandards bestimmt.[69] Diese Fähigkeit gilt somit auch für *quanto*, sobald es als Standardmarker reanalysiert wird.

Eine solche Grammatikalisierung vom *wh*-Element zum Standardmarker ist im Übrigen auch außerhalb des Italienischen belegt: Heine & Kuteva verweisen beispielsweise darauf, dass der ungarische Komparativ-Standardmarker *mint* (‚als') aus einem gleichnamigen „Interrogativadverb" *mint* (‚wie') und damit einem *wh*-Element entstanden sei (vgl. Heine & Kuteva 2002: 177). Hier wäre natürlich zu prüfen, ob das entsprechende „Interrogativadverb" auch in Freien Relativsätzen auftritt. Es gibt jedoch auch im Deutschen einen solchen Fall, nämlich den Äquativ-Standardmarker *wie*, der gemäß Heine & Kuteva (ebd.) ebenfalls aus dem synonymen *wh*-Element grammatikalisiert wurde. Hier liegt in jedem Fall ein *wh*-Element vor, das auch in Freien Relativsätzen vorkommt:

(6-113) Wie du dich verhalten hast, ist ein starkes Stück.

Im Übrigen kann dt. *wie* in einigen deutschen Varietäten in Vergleichssätzen mit dem Komparativstandardmarker *als* kookkurrieren (vgl. Hahnemann 1999: 63) und verhält sich damit analog zu it. *quanto* in satzhaften Komparativen (Beispiele aus *Google* 9.12.2005):

(6-114) a. Fast noch besser als wie Mister Gimpl und Tjuning-Paul mitterannanner.
b. Giptoch nix schöneret als wie Römer zu vertrimmen. (Asterix auf Ruhrdeutsch)

Abschließend sollen noch die weiteren Vergleichssatztypen, die in italienischen Komparativen und – zumindest teilweise – in Äquativen vorkommen, kurz thematisiert werden.

6.2.4 Weitere Vergleichssatztypen

In Abschnitt 2.3.3 wurden neben dem *wh*-Vergleichssatz zwei weitere Typen von Vergleichssätzen in italienischen Komparativen angenommen: der *che*-Typ und der *di-quello-che*-Typ. Obwohl solche Vergleichssätze im Italienischen marginal sind, soll abschließend kurz auf einige Möglichkeiten ihrer Analyse eingegangen werden, da solche Typen in anderen Sprachen die kanonische Variante des Vergleichssatzes darstellen. Es sollen daher einige Überlegungen darüber angestellt werden, wie sich diese Vergleichssätze in Kompatibilität mit den bisherigen Annahmen analysieren lassen. Dabei werden zum Vergleich das Französische, das Spanische, das Englische und das Deutsche berücksichtigt.

Was den *di quello che*-Typ betrifft, wurde in 2.3.3.3 bereits angenommen, dass hier ein Relativsatz mit nominalem Antezedens vorliegt. Der Unterschied zwischen diesem Typ und den bereits besprochenen *wh*-Typ bestünde also darin, dass in letzterem ein Freier Relativsatz in letzterem hingegen ein Relativsatz mit Antezedens vorliegt. Für Relativsätze existieren in der Literatur mindestens zwei konkurrierende Analysen, auf die in der vorliegenden Arbeit bereits eingegangen wurde. Es kann an dieser Stelle weder die Debatte zwischen Vertretern der beiden Analysen wiedergegeben noch eine Entscheidung für eine der beiden

---

[69] Hingegen erfolgt die Kasusvergabe in den in Abschnitt 6.1.3 erläuterten koordinierenden VKen durch das Verb, so dass der Vergleichsstandard denselben Kasus erhält wie das damit kontrastierte Element (vgl. Abschnitt 2.3.4.2).

im Fall von italienischen Vergleichssätzen getroffen werden. Sie sollen lediglich anhand eines italienischen Vergleichssatzes gegenübergestellt werden:

(6-115) Leggo più libri di quelli che legge Anna.

Gemäß der in 6.2.1 besprochenen *wh*-Bewegungsanalyse kann man für den Vergleichssatz in (6-115) die folgende Struktur postulieren:

(6-116) *Wh*-Bewegungsanalyse des Relativsatzes (vgl. u.a. Chomsky 1977)

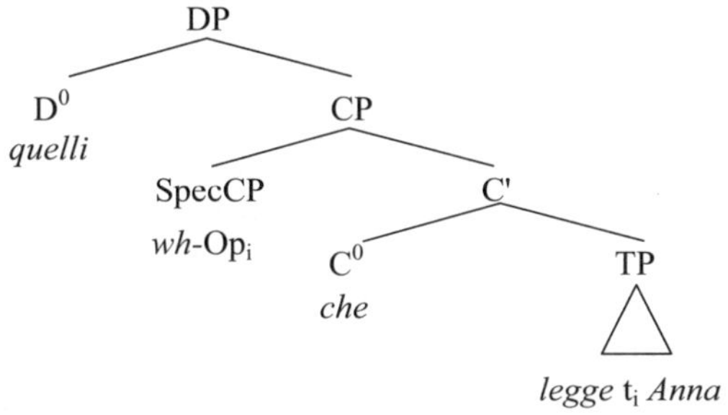

Man beachte, dass hier die Option einer *wh*-Kopfbewegung nicht zur Verfügung steht, da der C-Kopf bereits durch den Komplementierer *che* besetzt ist.

Gemäß der *Raising*-Analyse des Relativsatzes wird der nominale Antezedens hingegen aus seiner Argumentposition im Relativsatz in den Spezifikator der Relativsatz-CP bewegt (vgl. (4-6)). Im Fall des Vergleichssatzes stellt sich dabei die Frage, ob *quelli* als nominaler Antezedens oder aber als Determinierer eingestuft werden muss, der die Relativsatz-CP selegiert. Die zweite Lösung ergibt die gleiche Struktur wie die *wh*-Bewegungsanalyse (vgl. (6-116)), da hier das nominale Element leer ist und *quello* ebenfalls den D-Kopf besetzt. Hingegen besetzt *quello* in (6-117) nach Bewegung aus der Komplementposition der Verbalphrase die SpecCP-Position, wobei der Determiniererkopf in diesem Fall leer bleibt:

(6-117) *Raising*-Analyse des *di-quello-che*-Vergleichssatzes mit *quello* als nominalem Antezedens

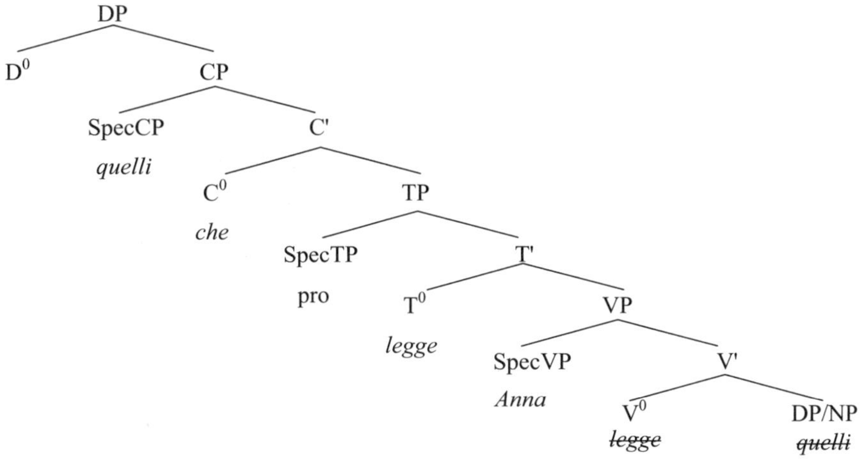

Ohne auf die genauen Annahmen und Probleme der *Raising*-Analyse eingehen zu können, sei hier lediglich darauf hingewiesen, dass auch in diesen Strukturen keine Kopfbewegung vorgesehen ist, sondern eine Phrasenbewegung der DP (bzw. NP) nach SpecCP. (6-117) ist diejenige, die der oben vorgestellten Kopfbewegungsanalyse des *wh*-Vergleichssatzes am nächsten kommt. Dabei wird das Pronomen *quelli* analog zu *quanti* im *wh*-Typ aus einer Argumentposition im Vergleichssatz an den Rand desselben bewegt. Interessant ist in diesem Zusammenhang, dass in diesem Vergleichssatztyp die von Donati für den *wh*-Typ konstatierte *Anti-Pied-Piping*-Bedingung nicht zutrifft, wie das folgende Beispiel zeigt:

(6-118) Leggo più libri di quei libri che legge Anna.

Zwar klingt der Satz etwas redundant, dies ist jedoch auf den in 2.3.3.3 bereits erläuterten Umstand zurückzuführen, dass die im Vergleichssatz genannten Bücher in der Menge der im Matrixsatz bezeichneten Bücher enthalten ist.[70] Wichtig ist jedoch, dass hier gemäß der Analyse in (6-117) eine volle DP/NP bewegt wird; somit wäre die Annahme einer Kopfbewegung nicht nur nicht möglich, sondern auch nicht den Verhältnissen angemessen.

Eine Sprache, in der dieser Relativsatztyp die bevorzugte Variante des Vergleichssatzes darstellt, ist das Spanische, vgl. das folgende Beispiel:

(6-119) Juan come mas galletas de lo/las que come Pedro.

Die Homonymie des Pronomens mit dem bestimmten Artikel könnte hier eine Analyse gemäß (6-116) nahelegen, dies lässt sich jedoch ohne eine genauere Untersuchung der Verhältnisse im Spanischen nicht genau bestimmen.[71] Insgesamt ist festzuhalten, dass für die Analyse dieses Vergleichssatztyps eine genauere Diskussion der Struktur des Relativsatzes notwendig ist, die den Rahmen der vorliegenden Arbeit sprengen würde.

Im Fall des *che*-Vergleichssatzes liegen die Dinge komplizierter, da hier mehrere potentielle Strukturen in Frage kommen. Auf den ersten Blick lässt sich dieser Typ mit den kanonischen Vergleichssätzen im Französischen und Englischen vergleichen, in denen ebenfalls „nur" ein Standardmarker und kein overtes *wh*-Element vorkommt:

(6-120)	it.	Maria è più intelligente che tu non creda.
	frz.	Jean mange plus de biscuits que tu ne crois.
	engl.	Jean eats more cookies than you believe.

In Abschnitt 6.1.3 (vgl. (6-52)) wurde eine Analyse des *che*-Vergleichssatzes vorgestellt, die gemäß Donati (2000) nicht nur als zugrunde liegende Struktur für phrasale *che*-Kompa-

---

[70] Eine entsprechende Subkomparativkonstruktion ist ebenfalls aus rein semantischen Gründen auszuschließen:

i. #Leggo più giornali di quei libri che legge Anna.

Da die Menge der Bücher im Vergleichssatz keine Untermenge der Menge der Bücher im Matrixsatz sein kann, ist für Satz i keine Interpretation zugänglich.

[71] Die oberflächliche Form allein ist kein Garant für das Vorliegen eines Relativsatzes: So zeigen etwa Matos & Brito (2008: 310) anhand des kanonischen Vergleichssatzes im europäischen Portugiesisch überzeugend, dass die Form *do que* (im Gegensatz etwa zu span. *de lo que*) mittlerweile grammatikalisiert ist und hier keine Relativsatzstruktur mehr postuliert werden kann.

rative, sondern generell als Analyse des hier als *che*-Typ bezeichneten Vergleichssatzes sowie explizit für den Vergleichssatz im Französischen (vgl. Donati 2000: 23) und Englischen (vgl. Donati 2000: 23) postuliert werden kann. Bei der Diskussion von (6-52) wurde bereits das Problem der Lokalisierung und des Status des Standardmarkers in diesen Konstruktionen angedeutet. Geht man davon aus, dass auch hier ein (abstrakter) *wh*-Operator vorhanden ist, kann der Standardmarker nicht den Kopf der CP besetzen. Denn gemäß der Standard-*wh*-Analyse (vgl. Chomsky 1977 sowie Abschnitt 6.2.1) würde der *wh*-Operator dann vor dem Komplementierer stehen. Dies entspricht aber nicht der Linearisierung, die in den Sprachen mit overtem *wh*-Operator anzutreffen ist, z.B. dem Italienischen. Postuliert man mit Donati (2000) eine *wh*-Kopfbewegungsanalyse (vgl. Abschnitt 6.2.2) steht der C-Kopf für den Standardmarker ebenfalls nicht zur Verfügung, da er bereits durch den *wh*-Operator besetzt ist, wie die folgende Graphik illustriert:

(6-121) Analyse des *che*-Typs mit *wh*-Kopfbewegung

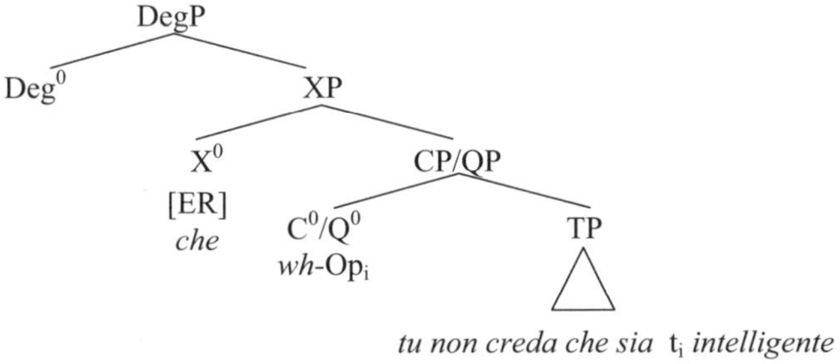

Somit muss in beiden Versionen der *wh*-Analyse angenommen werden, dass sich der Standardmarker außerhalb der Vergleichssatz-CP befindet, unabhängig davon, ob dieser als Präposition/Kasusmarker (vgl. Chomsky 1977 sowie Fn. 51) oder als Komplementierer (vgl. Donati 2000: 141) eingestuft wird. Was engl. *than* betrifft, erscheint eine Einstufung als Präposition aufgrund der Möglichkeit der Kasusmarkierung plausibel.[72] Hingegen lässt sich für frz. *que* eine solche Kasusmarkierung nicht konstatieren, da hier im starken Pronominalsystem der Akkusativ nicht overt markiert wird und damit keine Konstellation möglich ist, in der morphologischer Kasus sichtbar würde. Demnach würde für das Französische die Lösung, *que* als Komplementierer einzustufen, zunächst einleuchtender erscheinen.

Man beachte jedoch, dass auch im Französischen eine alternative Option eines Vergleichssatzes existiert:

(6-122) Jean mange plus de biscuits que ce que tu crois.

Hier liegt ebenso wie im it. *di quello che*-Typ sowie im Spanischen ein Relativsatz mit overtem Antezedens (*ce*) vor. Es kann also angenommen werden, dass hier zwei Positionen für *que* notwendig sind: die untere Position für den (Relativsatz-)Komplementierer *que* und eine obere Position für den Standardmarker *que*. Diese obere Position muss sich außerhalb

---

72 Im Englischen besteht – wie in 6.1.1 besprochen – zwar auch die Möglichkeit, dass *than* eine DP mit Nominativkasus regiert, allerdings wurde hier davon ausgegangen, dass in diesem Fall eine aus einem Vergleichssatz abgeleitete elliptische Vergleichsphrase vorliegt.

der CP befinden und kann wohl mit der Position von it. *di* und engl. *than* gleichgesetzt werden. Somit lässt sich eine Lokalisierung des Standardmarkers außerhalb des Vergleichssatzes auch für französische Beispiele wie (6-120)b vertreten. Daraus folgt aber auch, dass nicht nur *than*, sondern auch der französische Standardmarker *que* nicht als Komplementierer des Vergleichssatzes eingestuft werden können. Zu einem ähnlichen Schluss kommt auch Hahnemann (1999: 235f.) für dt. *wie* und *als*. Sie geht davon aus, dass beide weder als Komplementierer noch als Präpositionen analysiert werden können, sondern vielmehr die Funktion von Vergleichspartikeln (hier: Standardmarker) erfüllen. Dies ist im Fall des Deutschen insofern plausibel, als diese Sprache nur so genannte *derived case comparatives* kennt und die Standardmarker somit keinen Kasus vergeben.[73]

Im Italienischen sind Sätze des *che*-Typs wie in Abschnitt 2.3.3.2 erläutert gegenüber dem *wh*-Typ sekundär und werden in der Regel als stark markiert empfunden. Am ehesten erscheinen Fälle grammatisch, in denen der eigentliche Vergleichsstandard implizit bleibt und ein epistemisches Verb vorkommt (vgl. auch die Diskussion um (2-83)):

(6-123) Maria è più intelligente che tu non creda (~~che sia intelligente~~).

Es stellt sich die Frage, ob sich für das Italienische die Existenz eines Standardmarkers *che* (analog zu frz. *que*), der oberhalb eines *wh*-Operators vorkommen kann, vertreten lässt. Denn im Gegensatz zu „vollwertigen" Standardmarkern wie frz. *que* oder engl. *than* ist it. *che* in phrasalen Komparativen und Äquativen lediglich in Fällen zulässig, in denen eine Koordinationsstruktur plausibel erscheint, so dass es dort als Koordinator eingestuft wurde (vgl. Abschnitt 6.1.3). In satzhaften Komparativen ist es hingegen nur begrenzt lizensiert, insbesondere dann, wenn der Vergleichsstandard syntaktisch „unsichtbar" ist. Außerdem treten *che*-Vergleichssätze nicht in Äquativen, sondern nur in Komparativen auf, obwohl *che* in phrasalen Äquativen durchaus lizensiert ist.[74] Eine vollkommene Parallelisierung von it. *che* mit frz. *que* in VKen erscheint daher m.E. mehr als fraglich.[75]

Da das Hauptaugenmerk dieser Arbeit auf der internen Struktur der VK und nicht auf einer genauen Analyse des Vergleichskomplements liegt, kann die Frage nach der Struktur

---

[73] Für dt. *wie* nimmt Hahnemann zwei homophone Lexeme an: „Das eine *wie* leitet als Interrogativ- und Exklamativadverb Hauptsätze ein und als subordinierende Konjunktion die analogen abhängigen Sätze. Das andere *wie* verfügt über drei Lesarten als koordinierende Konjunktion, Identifikationspartikel und Vergleichspartikel, die semantisch relativ nah verwandt sind" (Hahnemann 1999: 236). In generativen Termini entspricht das erste *wie* einem *wh*-Element, das zweite einem Standardmarker (bzw. Koordinator). Somit ähnelt das Verhalten von *wie* dem von it. *quanto*, d.h. man kann ebenfalls annehmen, dass es durch Grammatikalisierung vom *wh*-Element zum Standardmarker geworden ist, der auch Vergleichsphrasen einleiten kann (vgl. auch Abschnitt 6.2.3). Im Unterschied zu *quanto* kann es allerdings keinen Kasus vergeben, was an der bereits erwähnten Eigenschaft des Deutschen liegt, lediglich *derived case comparatives* aufzuweisen: „Auffällig ist weiterhin, daß bei Vergleichsstrukturen immer Kasuskongruenz zwischen den beiden Vergleichsgliedern realisiert sein muss" (Hahnemann 1999: 235).

[74] Damit ist gemeint, dass in Äquativen Vergleichssätze des *che*-Typs nicht möglich sind: Es gibt natürlich in anderen VKen Vergleichssätze, die durch *che* eingeleitet werden, z.B. in EXT-VKen (vgl. Abschnitt 2.6.3). Diese Vergleichssätze zeigen jedoch völlig andere Verhältnisse, deren ausführliche Darstellung den Rahmen der vorliegenen Arbeit sprengen würde.

[75] Eine Ausnahme bildet höchstens das Regionalitalienische Norditaliens.

des *che*-Vergleichssatzes an dieser Stelle nur tentativ beantwortet werden. Ich möchte vorschlagen, dass die geringe Akzeptabilität des *che*-Vergleichssatzes im (Standard-)Italienischen darin begründet liegt, dass *che* hier als einfacher Komplementierer eines gewöhnlichen Relativsatzes analysiert werden kann.[76] Die Markiertheit dieses Typs ergibt sich dadurch, dass eine solche Struktur kein geeignetes Komplement für den Komparator *più* darstellt. Man kann hierbei eine gewisse Parallele zu so genannten „generalisierten" Relativsätzen ziehen (Beispiele aus Stark 2009: 7f.):

(6-124) a. [...] l'unica posizione *che* posso stà' è qui sotto [...].
b. le fotografie *che* io parlavo con Gioacchino Calabrò [...].

Solche Daten sind ebenfalls markiert und werden unter dem Stichwort *che polivalente* in der Regel als typisches Merkmal des *italiano popolare*, also eines Substandards, angeführt.[77] In der Standardsprache würde man statt *che* ein durch eine Präposition eingeleitetes Relativpronomen (also ein *wh*-Element) erwarten:

(6-125) a. [...] l'unica posizione *in cui/nella quale* posso stare è qui sotto [...].
b. le fotografie *di cui/delle quali* io parlavo con Gioacchino Calabrò [...].

Geht man davon aus, dass der *wh*-Vergleichssatz im Italienischen die kanonische Option darstellt, kann man zwischen (6-126)a und b eine ähnliche Beziehung annehmen wie zwischen den Daten in (6-124) und (6-125):[78]

(6-126) a. Maria è più intelligente *che* tu non creda.
b. Maria è più intelligente *di quanto* tu non creda.

Eine solche Markiertheit ist im Französischen nicht anzutreffen, obwohl dort – wie auch im Spanischen – generalisierte Relativsätze in der Regel ebenfalls als Substandard-Phänomene eingestuft werden (vgl. Stark 2009). Dagegen gelten im Spanischen ähnliche Markiertheitsverhältnisse für *que*-Vergleichssätze wie für finite *che*-VKen (vgl. auch Price 1990). Entscheidend scheint hier die Frage zu sein, welcher Vergleichssatztyp in der jeweiligen Sprache als kanonisch anzusehen ist: Wird ein relativischer Typ bevorzugt (z.B. der *de lo que*-Typ im Spanischen, der *wh*-Typ im Italienischen), wird der *che*- bzw. *que*-Typ als generalisierter Relativsatz reanalysiert und damit als markiert empfunden.

---

76 Dies setzt natürlich eine Analyse des Relativsatzes voraus, in der it. *che* nicht als Relativpronomen, sondern als Komplementierer analysiert wird, wie dies beispielsweise in der *wh*-Bewegungsanalyse der Fall ist (vgl. u.a. Chomsky 1977) sowie Jones (1996) für eine ausführliche Argumentation anhand von frz. *que*.

77 Vgl. aber Stark (2009) für eine kritische Diskussion dieser Einstufung.

78 Ein Unterschied zwischen den klassischen generativen Relativsätzen und dem hier postulierten Satztyp besteht darin, dass in ersteren durch die Wahl von *che* scheinbar die Selektionsbedingungen des Verbs im Relativsatz verletzt werden, hier wird hingegen die Selektionsbedingung eines Elements außerhalb des Relativsatzes verletzt, nämlich des Komparators *più*. Für diesen Unterschied, der möglicherweise ein starker Einwand gegen die hier vorgeschlagene Analyse darstellt, kann an dieser Stelle keine Erklärung geliefert werden.

Eine ähnliche Meinung scheint implizit auch Belletti zu vertreten, wie aus dem folgenden Zitat deutlich wird:

> [...] c'è un uso di *che*, in parte coincidente con *di*, che si osserva in espressioni come: *abbiamo lavorato più che tu non creda*, accanto alla forma standard *abbiamo lavorato più di quanto tu non creda*. Un uso in un certo senso esteso di *che* lo si trova anche in locuzioni fisse quali: *in men che non si dica, più che altro, più che mai*. (Belletti 1991: 847, Hervorhebung L.G.)

Neben dem Umstand, dass hier ein ähnliches Beispiel wie (6-126) angeführt wird, in dem ein epistemisches Verb und ein impliziter Vergleichsstandard vorkommen, lässt auch der Hinweis auf eine „ausgeweitete Verwendung" an eine Interpretation im Sinne eines *che polivalente* denken. Ähnliche Kontexte, in denen eine durch *che* eingeleitete CP einen Freien Relativsatz „ersetzt", lassen sich übrigens auch außerhalb von VKen finden:

(6-127) a. Che tu sappia, Maria è arrivata?
b. Per quanto tu sappia, Maria è arrivata?

Es bleibt Aufgabe zukünftiger Untersuchungen zu verifizieren und ggf. zu erklären, weshalb lediglich formelhaft anmutende Vergleichssätze mit epistemischen Verben wie *credere, pensare* usw. bessere Grammatikalitätsurteile erhalten.[79]

Abschließend seien die postulierten Strukturen des kanonischen Vergleichssatzes im Französischen, Deutschen und Englischen im Kontrast zum italienischen *che*-Typ graphisch illustriert.

(6-128) a. Vergleichssatz im Französischen/Deutschen/Englischen mit *wh*-Kopfbewegungsanalyse[80]

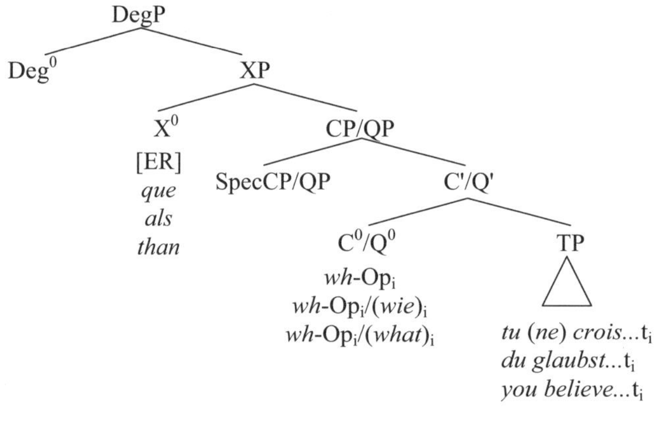

[79] Nach meiner vorläufigen Einschätzung sorgt die Abwesenheit eines expliziten Vergleichsstandards dafür, dass die Verletzung der Selektionsbeschränkung von *più* als weniger stark abweichend empfunden wird.

[80] Die in Klammern dargestellten Alternativen sind diatopisch markiert.

b. *che*-Vergleichssatz als generalisierter Relativsatz

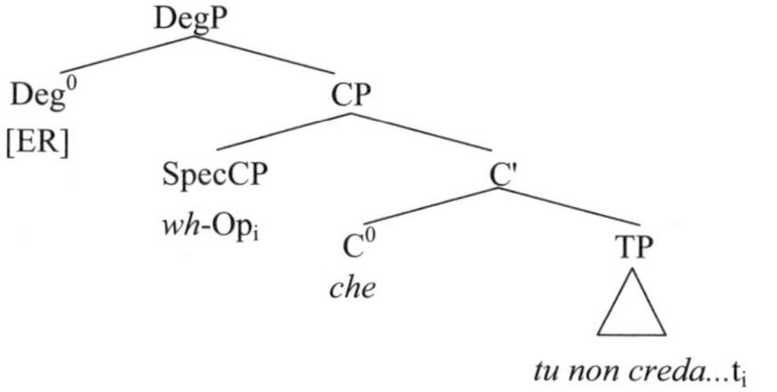

Der Unterschied zwischen (6-128)a und b besteht somit darin, dass der Standardmarker im Deutschen, Englischen und Französischen nicht innerhalb, sondern außerhalb des Relativsatzes angesiedelt ist.[81] Da es sich bei (6-128)b um einen gewöhnlichen (generalisierten) und nicht um einen Freien Relativsatz handelt, findet hier *wh*-Phrasenbewegung des abstrakten *wh*-Operators statt.

Zum Schluss soll noch kurz auf die Frage eingegangen werden, ob in den eben genannten Vergleichssätzen mit epistemischen Verben eine CP-Ellipse postuliert werden kann, wie dies in der Paraphrase in (6-123) scheinbar nahe gelegt wird. Kennedy & Merchant machen darauf aufmerksam, dass solche Vergleichssätze im Englischen eine scheinbar merkwürdige Beschränkung aufweisen: Tritt das Verb im Vergleichssatz im Passiv auf, ist das Auftreten eines Expletivums nämlich ungrammatisch, wie das folgende Beispiel zeigt (vgl. Kennedy & Merchant 2000b):

(6-129) a. *The committee took much longer to decide than it was expected.
b. The committee took much longer to decide than was expected.

Sie erklären diese Daten damit, dass hier ein DP-ähnliches Element in der Struktur vorhanden ist, das als <Thema> des epistemischen Verbs fungiert. Gemäß der Passivmorphologie erhält dieses zugrunde liegende Element Nominativkasus, daher ist das Auftreten eines nominativmarkierten Expletivums in (6-129)a ungrammatisch. Im Italienischen lässt sich dieser Kontrast nicht feststellen, da es als Nullsubjektsprache kein (overtes) Expletivum besitzt. Grundsätzlich ist die Postulierung eines zugrunde liegenden DP-Elements mit der o.g. Analyse jedoch gut vereinbar. Denn epistemische Verben können nicht nur CPen sondern auch nominale Elemente selegieren, und Relativpronomina sind nominale Elemente. Somit könnte der in (6-128)b postulierte *wh*-Operator gemäß der *wh*-Bewegungsanalyse des Relativsatzes direkt aus der Komplementposition des epistemischen Verbs extrahiert werden; die Postulierung einer elidierten CP wäre dann nicht notwendig.

---

81 Alternativ könnte man eine Split-CP-Hypothese *à la* Rizzi (1997) annehmen, wonach die entsprechenden Standardmarker unterschiedliche Positionen innerhalb der CP besetzen. Auf eine solche Option wird in Abschnitt 7.2 kurz eingegangen.

6.3 Zusammenfassung

Man kann zusammenfassend festhalten, dass im Italienischen sowohl für phrasale als auch für satzhafte VKen mehrere Optionen anzutreffen sind. Was das für die italienische VK-Forschung zentrale Problem des Auftretens verschiedener Standardmarker in phrasalen Komparativen und Äquativen betrifft, konnte gezeigt werden, dass die in den Abschnitten 2.3.4 und 2.3.5 festgestellten distributionellen Unterschiede zwischen *di* und *che* in Komparativen auf strukturelle Unterschiede der jeweiligen Vergleichskomplemente zurückzuführen sind. Demnach können *di*-Vergleichsphrasen als basisgenerierte PPen analysiert werden, deren Derivation mit der hier erarbeiteten VK-Analyse kompatibel ist. Hingegen wurde für *che*-Komparative eine Koordinationsstruktur postuliert, die zwar in einigen Punkten weitere Präzisierungen erfordert, jedoch grundsätzlich ebenfalls aus den in der vorliegenden Arbeit gemachten Annahmen ableitbar ist. Es konnte außerdem gezeigt werden, dass auch phrasale *che*-VKen, die oberflächlich keinen direkten Kontrast aufweisen, mit einer Koordinationsanalyse erfasst werden können. Eine ähnliche strukturelle Differenzierung zwischen einer präpositional eingeleiteten und einer koordinierten Struktur kann auch für die Standardmarker *quanto* und *che* in Äquativen getroffen werden, wobei sich *quanto* jedoch als relativ flexibel erweist, was die Einsetzung in die eine oder andere Struktur angeht.

Dieser Umstand wurde als kennzeichnend für *quanto* identifiziert, dessen Einstufung sich in italienischen Äquativen bis heute als besonders problematisch gestaltet (vgl Abschnitt 2.4.2). Dies lässt sich darauf zurückführen, dass *quanto* als *wh*-Element in satzhaften Komparativen und Äquativen anzusehen ist, das in Freien Relativsätzen (und demzufolge in Vergleichssätzen des *wh*-Typs) eine *wh*-Kopfbewegung erfährt. Da die Position des Standardmarkers aufgrund einer morphologischen Tilgungsregel in satzhaften Äquativen des Italienischen phonologisch leer ist, wird *quanto* als Standardmarker reanalysiert und erhält damit die Merkmale des äquativischen Standardmarkers, inklusive der Fähigkeit zur Kasusvergabe. Anders als der *wh*-Vergleichssatz, der als (indefiniter) Freier Relativsatz im Sinne Donatis (2000) analysiert wurde, lässt sich der *di quello*-Typ als (definiter) Relativsatz mit Antezedens auffassen. Der *che*-Vergleichssatz wurde hingegen als generalisierter Relativsatz interpretiert, in dem *che* als Komplementierer auftritt. Somit unterscheidet sich dieser von den scheinbar ähnlichen Vergleichssätzen im Französischen und Englischen.

Insgesamt ist festzuhalten, dass Vergleichssätze im Italienischen eine eher untergeordnete Rolle spielen: Sie gelten als stark distanzsprachlich und werden tendentiell zugunsten von Vergleichsphrasen vermieden:

> le comparative frasali non sono comuni in italiano. Se sono senz'altro presenti nel giudizio dei parlanti, appaiono „difficili" e pragmaticamente o stilisticamente marcate in molti casi, e non sono mai preferite al loro corrispettivo sintagmatico. (Donati 2000: 5)

Ähnliches stellt Hahnemann auf Grundlage einer empirischen Untersuchung auch für das Deutsche fest: „Dafür, dass sie so häufig Thema von Untersuchungen sind, sind satzförmige Gradvergleiche erstaunlich selten realisiert" (Hahnemann 1999: 55). Es wäre interessant zu prüfen, ob sich daraus eine sprachenübergreifende Generalisierung ableiten lässt.

7 Zusammenfassung und Ausblick

7.1 Zusammenfassung der Ergebnisse

Zu Beginn dieser Arbeit wurde das Ziel formuliert, eine Analyse der internen Struktur italienischer VKen in einem minimalistischen Rahmen zu entwerfen, die keine konstruktionsspezifischen Mechanismen (wie z.B. obligatorische Rechtsextraposition) in die Theorie einführen muss. Weiterhin sollte eine solche Analyse in der Lage sein, die verschiedenen Typen von VKen einheitlich zu erfassen.

Für die Realisierung dieses übergeordneten Ziels war es zunächst notwendig, eine zumindest vorläufige Definition des Untersuchungsgegenstands zu formulieren, ein – wie sich zeigte – nicht einfaches Unterfangen. Denn so schwer eine syntaktische Definition auch fällt („Eine syntaktische Theorie als solche ist nicht in der Lage zu sagen, was ein Vergleich ist [...]“, Schwarze 1970: 319), erwiesen sich rein semantische Kriterien als ebenso ungeeignet, um eine VK zu definieren. Daher wurden für die Definition des Untersuchungsgegenstandes sowohl morphosyntaktische als auch semantische Kriterien formuliert. Semantisch wurde das Vorliegen einer Vergleichsrelation, also einer Beziehung zwischen einem Referenz- und einem Standardwert, als wesentlich bestimmt. Aus morphosyntaktischer Sicht wurde das Auftreten eines Komparator/Standardmarker-Paares, das für eine gewisse Zweiteiligkeit der Struktur von Vergleichskonstruktion sorgt, als relevant ermittelt. Auf Grundlage dieser Definition wurden die folgenden Typen von VKen bestimmt: Komparative, Äquative, Similative und Ausmaß-VKen.

In der Forschung wurde eine starke Tendenz zur FH-Analyse der VK konstatiert, derzufolge Komparatoren als funktionale Deg-Köpfe innerhalb der erweiterten Adjektivphrase aufgefasst werden. Diese lässt sich jedoch nur schwer auf nominale und verbale VKen übertragen, was für das Italienische insofern besonders problematisch ist, als hier in der Regel dieselben Komparatoren auftreten wie in adjektivischen VKen. Als vielversprechender Versuch einer transkategorialen Erfassung quantifizierender und graduierender Ausdrücke wurde der Ansatz von Doetjes (1997) identifiziert. Dieser erlaubt jedoch keine einheitliche Analyse von VKen, da er – abhängig von der Einstufung des Komparators als Gradkopf oder komplexen Quantifizierer – zwei grundsätzlich verschiedene Strukturen von VKen postuliert. Darüber hinaus wurden in Kapitel 3 zahlreiche Argumente für eine direkte Selektionsbeziehung zwischen Komparator und Vergleichskomplement angeführt. Diese lässt sich jedoch mit den von Doetjes postulierten Strukturen nicht ohne Annahme von „unorthodoxen“ Mechanismen wie Rechtsadjunktion oder Rechtsextraposition realisieren. Solche Mechanismen wurden aus syntaktischen und semantischen Gründen ausgeschlossen. Stattdessen wurde für eine Einbettung der VK im engen Sinne in die Komplementposition des jeweiligen lexikalischen Restriktors plädiert. Diese erlaubt einerseits, an der Selektionsbeziehung zwischen Komparator und Vergleichskomplement festzuhalten, und ermöglicht andererseits eine einheitliche Analyse von VKen unabhängig von der Art des Restriktors. Das in der Forschung vielfach konstatierte unterschiedliche Distributionsverhalten von Komparatoren sowohl im Sprachvergleich als auch innerhalb einer Einzelsprache wurde unter anderem darauf zurückgeführt, dass in manchen VKen eine Q-Schicht auftritt. Demnach weisen nominale und verbale VKen immer eine komplexe Deg/Q-Schicht auf, adjektivische hingegen nur dann, wenn ein entsprechend markiertes Q^0 (z.B. [-] oder [+Fok]) in der Enumeration vorkommt. Somit konnten die folgenden Basisstrukturen für die VK im engen Sinne postuliert werden:

(7-1) Die Basisstruktur der VK (vorläufig)

a. mit einfacher Deg-Schicht b. mit komplexer Deg/Q-Schicht

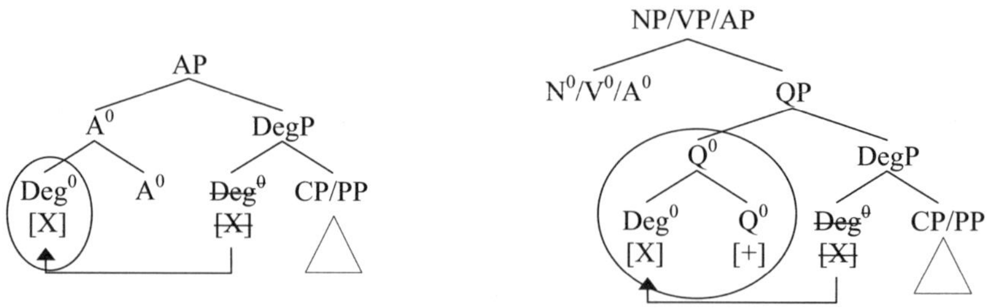

Die in den obigen Graphiken eingekreisten Strukturen bilden die übereinzelsprachliche syntaktische Grundlage für die Realisierung des Komparators: Die tatsächliche phonologische Realisierung hängt von einzelsprachspezifischen morphologischen Faktoren ab. Um diese zu erfassen, erwies sich die *Late Insertion*-Hypothese der *Distributed Morphology* als besonders geeignet, wonach funktionale Elemente, zu denen auch die genannten Komparatoren zählen, erst postsyntaktisch mit phonologischem Material gefüllt werden. Dabei wurden für die einzelnen italienischen VK-Typen Vokabeleinträge erarbeitet, die hier noch einmal wiederholt werden sollen:

(7-2) Vokabelliste für italienische VKen

a.	/meno/	↔	Deg^0	/	___ Q^0[-] [ER]
b.	/pju/	↔	Deg^0(/Q^0)	/	___ [ER]
c.	/ko'si/	↔	Deg^0	/	___ [EQ]
		↔	Deg^0	/	___ [EXT]
d.	/abbastantsa/	↔	Deg^0(/Q^0)	/	___ [SUF]
e.	/trɔpp-/	↔	Deg^0(/Q^0)	/	___ [EXC]
f.	/altrettant-/	↔	Deg^0(/Q^0)	/	___ [EQ, *che*]
g.	/talmente/	↔	Deg^0/Adv^0	/	___ [EXT]
h.	/tant-/	↔	Deg^0(/Q^0)	/	___ [EXT]
i.	Ø	↔	Q^0	/	Deg^0[ER] ___ [-]

j.	/pɔk-/	↔	Q^0	/ ___ [-]
k.	/tant-/	↔	Q^0	(*Default*)
l.	/ko'si/	↔	Mod^0	(*Default*)
m.	/tal-/	↔	Deg^0/A^0	/ ___ [EXT]
n.	/peddʒor-/	↔	Deg^0/A^0	/ ___ [ER/-]
o.	/miʎʎor-/	↔	Deg^0/A^0	/ ___ [ER]
p.	/pɛddʒo/	↔	Deg^0/Adv^0	/ ___ [ER/-]
q.	/mɛʎʎo/	↔	Deg^0/Adv^0	/ ___ [ER]

Darüber hinaus wurden zwei postsyntaktische morphologische Regeln postuliert, die einige Besonderheiten des Italienischen bei der Realisierung unmarkierter Werte erklären:

(7-3) Fusionsregel:
Q^0 und Deg^0 fusionieren, wenn Q^0 lediglich unmarkierte Werte trägt.

(7-4) Lösche Deg^0[EQ](/Q^0[+]):
Der Deg-Knoten wird gelöscht, wenn er nur unmarkierte Werte aufweist.
Der fusionierte Deg/Q-Knoten wird gelöscht, wenn er nur unmarkierte Werte aufweist.

Mit der Fusionsregel wurde der Tatsache Rechnung getragen, dass in VKen mit unmarkiertem Q^0[+] die Realisierung des Quantifiziererkopfes in der Regel ausbleibt, die Tilgungsregel erklärt hingegen die Möglichkeit komparatorloser Äquativkonstruktionen im Italienischen. Beide Regeln stehen in vollem Einklang mit den Prinzipien der *Distributed Morphology*, da sie die syntaktische Struktur selbst nicht manipulieren, sondern lediglich auf den Endknoten operieren. Durch diese Regeln konnte u.a. erklärt werden, warum in italienischen adjektivischen und verbalen Äquativen kein overter Komparator notwendig ist:

(7-5) a. Ho dormito Ø quanto Gianni.
b. Maria è Ø bella quanto Gianni.

Insgesamt konnte die relativ komplexe Datenlage des Italienischen durch die genannten Vokabeleinträge und Regeln, und damit durch ein überschaubares Maß an Annahmen, adäquat erfasst werden.

Die vorgeschlagene Analyse ermöglichte weiterhin eine genauere Angabe der in Kapitel 2 nur vorläufig formulierten morphosyntaktischen Kriterien für die Definition von VKen: Der Komparator kann demnach syntaktisch gesehen als Deg- (seltener: Mod-) bzw. Deg/Q-Kopf aufgefasst werden, dessen phonologische Realisierung von einzelsprachspezifischen morphologischen Faktoren abhängt. Der Deg- (bzw. Mod-)Kopf selegiert ein durch einen Standardmarker eingeleitetes Vergleichskomplement und bildet mit ihm die VK im engen Sinne. Diese wird wiederum in das Komplement des Restriktors eingesetzt. Die oberflächenstrukturelle Linearisierung der VK wurde schließlich in Kapitel 5 durch weitere Derivationsschritte motiviert, die einerseits von der funktionalen Struktur des Restriktors und andererseits von der semantischen Notwendigkeit einer Verknüpfung der skalaren und der referentiellen Position des jeweiligen Restriktors abhängen. Diese wurden im Rahmen des Sondenmodells des neueren Minimalismus formalisiert. Daraus ergeben sich für die drei möglichen Arten von Restriktoren die folgenden Ableitungen von VKen:[1]

(7-6) Derivation der nominalen VK (*...più pomodori di Laura*)

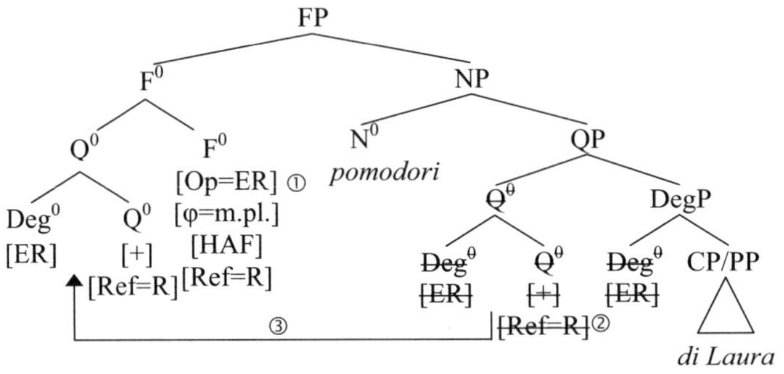

① = Instantiierung des Operatormerkmals in F^0 mittels Sondierung.
② = Übertragung der in F^0 kodierten referentiellen θ-Position des Nomens auf Q^0.
③ = Bewegung des komplexen Q-Kopfes nach F^0 (Inkorporation).

(7-7) Derivation der verbalen VK (*...dorme più di Laura*)

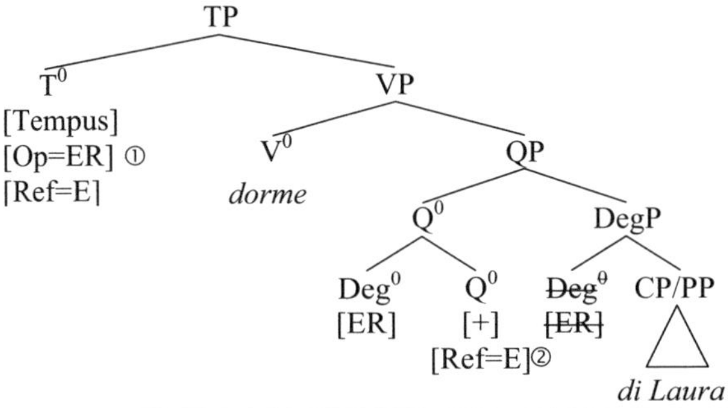

① = Instantiierung des Operatormerkmals in T^0 mittels Sondierung.
② = Übertragung der in T^0 kodierten referentiellen θ-Position des Verbs auf Q^0.

1 Die folgenden Strukturen können als Output-Strukturen der Syntax angesehen werden: Zu diesem Zeitpunkt haben weder morphologische Prozesse noch die späte Vokabeleinsetzung funktionaler Elemente stattgefunden.

(7-8) Derivation der adjektivischen VK ohne Q-Schicht (*...più bello di Laura*)

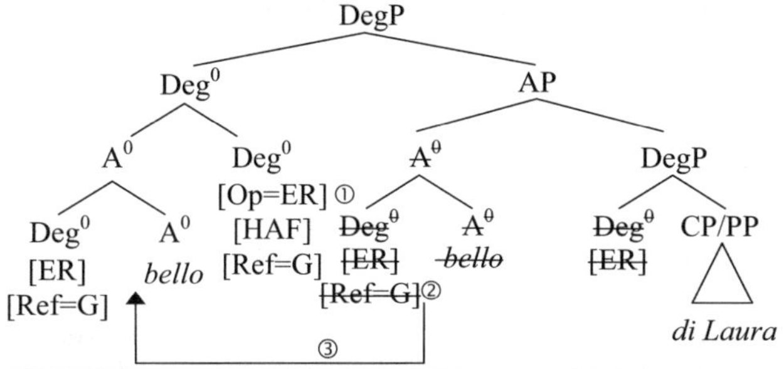

① = Instantiierung des Operatormerkmals im oberen Deg^0 mittels Sondierung.
② = Übertragung der im oberen Deg^0 kodierten referentiellen θ-Position des Adjektivs auf den unteren Deg-Kopf.
③ = Bewegung des komplexen A-Kopfes nach Deg^0 (Inkorporation).

(7-9) Derivation der adjektivischen VK mit Q-Schicht (*...meno bello di Laura*)

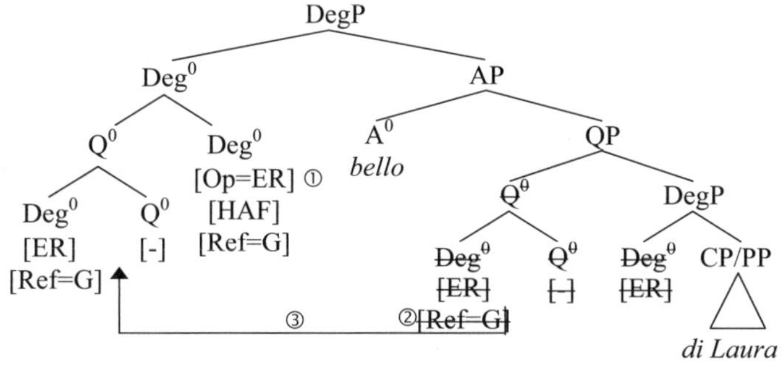

① = Instantiierung des Operatormerkmals im oberen Deg^0 mittels Sondierung.
② = Übertragung der im oberen Deg^0 kodierten referentiellen θ-Position des Adjektivs auf den unteren Deg-Kopf.
③ = Bewegung des komplexen Q-Kopfes nach Deg^0 (Inkorporation).

Im Fall der so genannten attributiven VKen wurde angenommen, dass es sich dabei um adjektivische VKen handelt, deren Referenzmerkmal nicht durch die funktionale Superstruktur des Adjektivs, sondern durch die des modifizierten Nomens instantiiert wird:

(7-10) Derivation der attributiven VK (*...più bei ragazzi di Gianni*)

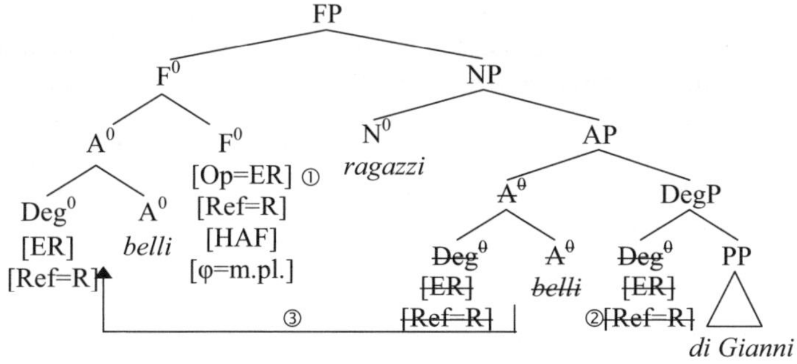

① = Instantiierung des Operatormerkmals in F^0 mittels Sondierung.
② = Übertragung der in F^0 kodierten referentiellen θ-Position des Nomens auf Deg^0.
③ = Bewegung des komplexen A-Kopfes nach F^0 (Inkorporation).

Dank dieser Analyse konnten auch italienische VKen mit dem Komparator *tale* erfasst werden. Dieser wurde als synthetische EXT-Form (aus engl. *extent*) identifiziert, die – bis auf die Art der Vergleichsrelation ([EXT] statt [ER]) – analog zu den synthetischen Komparativformen *migliore* und *peggiore* analysiert werden kann (vgl. Vokabeln (7-2)m-q). Die Tatsache, dass nicht nur in Komparativen, sondern auch in anderen VKen synthetische Formen zu finden sind, konnte als zusätzliche Evidenz für eine gemeinsame Behandlung verschiedener VK-Typen gewertet werden.

Abschließend wurde auf die Struktur des Vergleichskomplements im Italienischen eingegangen. Hier wurde im Einklang mit dem Großteil der Forschung dafür plädiert, dass die verschiedenen Typen von phrasalen Komparativen (*di* vs. *che*) unterschiedliche Strukturen aufweisen. Während phrasale *di*-Komparative als basisgeneriert eingestuft wurden, wurde für *che*-Komparative eine Koordinationsstruktur postuliert, bei der zum Teil weitere Operationen auftreten. Dieselben Strukturen konnten auch für Äquative angenommen werden, wobei hier der Standardmarker *quanto* durch sein potentielles Auftreten in beiden Strukturen auffiel. Dieser Umstand wurde auf den oftmals konstatierten besonders problematischen Status von *quanto* zurückgeführt, das in der Forschungsliteratur teils als *wh*-Element teils als komparativische Präposition eingestuft wird (vgl. Abschnitt 2.4.2). Diese kontroverse Charakterisierung konnte als Folge eines Grammatikalisierungsprozesses vom *wh*-Element zum Standardmarker erklärt werden, deren Erfassung durch eine Übertragung von Donatis (2000) Kopfbewegungsanalyse des Komparativsatzes auf den Äquativsatz gemäß generativen Annahmen über Grammatikalisierungsprozesse (vgl. Roberts & Roussou 2003) formalisiert wurde.

7.2 Offene Fragen und Ausblick

Im Rahmen der vorliegenden Arbeit konnte gezeigt werden, dass die Analyse von VKen mit der funktionalen Superstruktur des lexikalischen Restriktors verknüpft ist. In diesem Zusammenhang wäre eine noch stärkere Verbindung von VK-Forschung und Forschung über funktionale Kategorien sicherlich ein Desideratum. Hierbei könnte genauer festgelegt werden, welche funktionale Kategorie innerhalb der Nominalphrase für die Verknüpfung von referentieller und <Q>-Position verantwortlich ist. Was die funktionale Struktur der Adjektivphrase betrifft, wäre zu prüfen, ob hier tatsächlich nur Gradmodifikatoren anzusiedeln sind oder ob auch andere Modifikatoren eine ähnliche Funktion einnehmen können. In letztem Fall sollte die bisher ausschließlich berücksichtigte DegP durch eine allgemeinere funktionale Kategorie ersetzt werden, die möglicherweise auch Modifikatoren der Art und Weise (Mod-Köpfe) umfasst. Letztere wurden insbesondere im Zusammenhang mit Verben als mögliche Alternativen zu Deg-Köpfen identifiziert.

Bezogen auf verbale VKen bleibt die Frage, weshalb T^0 im Rahmen der Sondierung keine Bewegung der QP auslöst, weiterhin offen. Die vorläufig postulierte Hypothese, nach der das Ausbleiben der Operatorbewegung auf die gleichzeitige Verbbewegung nach T^0 zurückgeführt werden könnte, wäre nur für die romanischen Sprachen, nicht jedoch beispielsweise für das Englische, eine mögliche Lösung.

Eine weitere Frage, die durch eine stärkere Interaktion der Forschung zu VKen mit der Forschung zu Graduierung und Quantifizierung in verschiedenen Sprachen beantwortet werden könnte, lautet, ob quantifizierende und graduierende Ausdrücke immer zuerst in das Komplement der jeweiligen lexikalischen Kategorie eingesetzt werden oder ob sie – sofern sie kein Vergleichskomplement selegieren – auch direkt als Köpfe in die funktionale Schicht ihres Restriktors gelangen können. Angesichts der Tatsache, dass die Unterscheidung zwischen Bewegung (*Internal Merge*) und direkter Einsetzung (*External Merge*) im neueren Minimalismus keine theoretische Relevanz mehr hat, hätte eine unterschiedliche Behandlung verschiedener Typen quantifizierender und graduierender Ausdrücke jedoch vermutlich kaum Konsequenzen. Darüber hinaus wurde gezeigt, dass auch andere potentielle θ-Positionen (z.B. <Possessor>) verschiedene Möglichkeiten der Entladung erlauben.

Dass die hier vorgeschlagene Analyse nicht nur das Italienische adäquat erfassen kann, wurde an mehreren Stellen verdeutlicht, in denen Ähnlichkeiten mit den Verhältnissen in anderen Sprachen hervorgehoben wurden. Sie lässt sich aber auch auf Phänomene übertragen, die das Italienische nicht kennt, wie z.B. das so genannte *Degree Fronting* im Englischen:

(7-11) engl. as/too/less/more/so economic an arrangement.

Hier kann beispielsweise eine attributive VK gemäß (7-10) postuliert werden, bei der sich der entsprechenden Deg/A-Kopf in eine funktionale Projektion oberhalb des unbestimmten Artikels bewegt:

(7-12) Analyse von Konstruktionen mit *Degree Fronting*

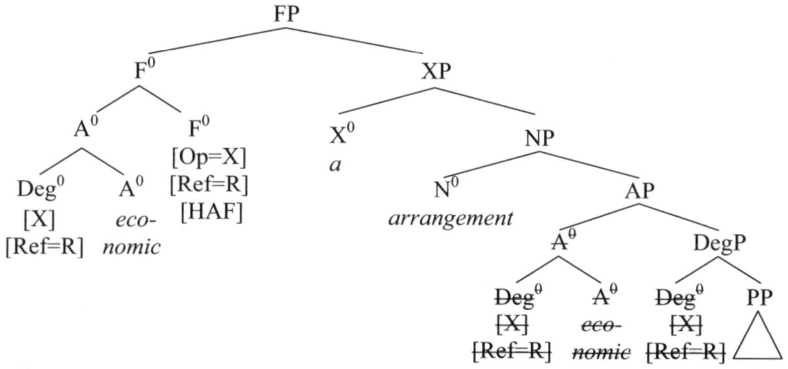

Es bliebe natürlich genauer zu klären, weshalb die sondentragende Kategorie in diesen Fällen eine höhere Position einnehmen muss als im Italienischen sowie in anderen englischen VKen.

Was die Quantifizierung von Verben angeht, wurde angedeutet, dass hier offensichtlich eine genauere Unterscheidung zwischen Verben, die eine <Q>-Position aufweisen, und solchen, die – wie Adjektive – über eine <G>-Position verfügen (z.B. die so genannten *Psych*-Verben, vgl. Kapitel 3, Fn. 55), notwendig ist. Diese Unterscheidung hat sich in Bezug auf italienische VKen als syntaktisch nicht relevant erwiesen, da hier graduierbare und quantifizierbare Verben dasselbe Verhalten aufweisen. Jedoch wird der Unterschied beispielsweise in verbalen Ausmaß-VKen des Deutschen overt realisiert:

(7-13) a. Ich laufe *so viel*, dass mir die Füße weh tun. (Verb mit <Q>-Position)
b. Ich liebe Dich *so sehr*, dass mir das Herz weh tut. (Verb mit <G>-Position)

Man beachte, dass für VKen wie (7-13)b, in denen das Verb über eine <G>-Position verfügt, nichtsdestotrotz eine größere syntaktische Komplexität postuliert werden muss als für entsprechende adjektivische Konstruktionen:

(7-14) Hans ist *so* (**sehr*) groß, dass ihm der Rücken weh tut. (Adjektiv mit <G>-Position)

Noch komplexer erscheint die Situation, wenn man deverbale Adjektive berücksichtigt:

(7-15) Hans ist *so* (*sehr*) verliebt, dass ihm das Herz weh tut.

VKen mit deverbalen Adjektiven scheinen eine Zwischenstellung zwischen verbalen und adjektivischen Strukturen einzunehmen. Das zeigt jedoch noch einmal deutlich, dass die Art des Restriktors unabhängig von der Art der θ-Position für die syntaktische Realisierung wesentlich bleibt.

Eine grundsätzliche Aufgabe, die in zukünftigen Untersuchungen zu leisten wäre, ist eine Ermittlung von Vokabellisten für Komparatoren in den verschiedenen Sprachen sowie die Festlegung der morphologischen Prozesse, die sich in den VKen dieser Sprachen vollziehen. In diesem Zusammenhang wurde angemerkt, dass in Sprachen wie dem Deutschen oder Englischen ebenso wie im umgangssprachlichen Italienisch eine Tendenz zu verzeichnen ist, wonach in positiven VKen keine Fusion erfolgt. Dieser Umstand äußert sich vor allem darin, dass in diesen Sprachen für verbale und nominale VKen oft morphologisch komplexe Komparatoren zur Verfügung stehen, wie die folgenden kontrastiven Daten zeigen:

(7-16)	engl.	as many	/so many	/-er many (→ more)[2]	/too many	people
	it.	altrettante	/tante	/più	/troppe	persone

Mit der vorliegenden Arbeit liegt nunmehr ein Modell vor, mit dem sich solche Unterschiede auch formal erfassen lassen.

Es gibt noch zahlreiche ungelöste „Rätsel" im Zusammenhang mit VKen, die größtenteils nicht nur das Italienische betreffen, z.B. die Frage nach der Negation in Komparativen, die in ähnlicher Form auch im Französischen und anderen romanischen Sprachen anzutreffen ist (vgl. Kapitel 2, Fn. 32) oder aber die Rolle von Maßphrasen (MPen) im Zusammenhang mit VKen. So wurde m.E. bislang nicht bemerkt, dass MPen als Vergleichsstan-

---

2 Hier stellt sich natürlich die Frage, auf welcher Ebene die Fusion von *-er many* zu *more* postuliert werden soll. Entweder wird *more* als lexikalisierte synthetische Komparativform aufgefasst, die in einen fusionierten Knoten eingesetzt werden muss, dann müsste jedoch für die Komparation auch im Englischen eine Fusionsregel angenommen werden. Alternativ könnte man eine morphophonologische Anpassungsregel (*Readjustment Rule*) postulieren, die erst nach der Vokabeleinsetzung operiert. Letzteres erscheint an dieser Stelle plausibler.

dard in Äquativkonstruktionen in manchen Sprachen möglich sind, in anderen hingegen nicht:

(7-17)	a.	it.	*Maria è (tanto) alta quanto due metri.
	b.	dt.	*Hans ist so groß wie zwei Meter.
	c.	engl.	The porch was as high as ten feet. (Larson 1991:52)

Auf den ersten Blick würde sich eine semantische Erklärung für die Inakzeptabilität der Daten in (7-17)a-b aufdrängen, die z.B. auf der folgenden Definition von Maßphrasen beruhen könnte:

> For the time being I shall assume that an MP like ‚6 feet' denotes an *equivalence class* (see Cresswell 1976, Klein 1980), that is, the set of all things in the domain that have a dimension equal to „6 feet". (Zamparelli 2000:286)

Danach wäre das Auftreten einer MP in Äquativkonstruktionen semantisch (oder pragmatisch) redundant, da beide eine Äquivalenzrelation ausdrücken. Das würde jedoch nicht erklären, weshalb solche Daten im Englischen unproblematisch sind, wie (7-17)c zeigt.

Eine weitere Frage betrifft den genauen Status der Standardmarker in Vergleichssätzen und Vergleichsphrasen. Hier wurden einerseits Parallelen zu homonymen Komplementierern, Präpositionen und Koordinatoren, andererseits aber auch einige Unterschiede festgestellt. Auch ließ sich keine übereinzelsprachliche Generalisierung bezüglich des genauen Status der Standardmarker formulieren, genausowenig wie für Vergleichsphrasen und vor allem Vergleichssätze eine einheitliche übereinzelsprachlich gültige Struktur angenommen werden konnte. Vielmehr lassen sich alle Vergleichskomplemente auf außerhalb von VKen belegte Strukturen zurückführen, z.B. Präpositionalphrasen, Koordinationsstrukturen sowie (Freie) Relativsätze. Jedoch scheint jede Sprache unterschiedliche Typen von Strukturen als kanonische Variante – insbesondere für den Vergleichssatz – zu besitzen. Eine Möglichkeit, diese Unterschiede zu erfassen, besteht darin, eine „gesplittete" linke Peripherie *à la* Rizzi (1997) anzunehmen, in der wenigstens zwei Komplementiererpositionen ($Force^0$ und Fin^0) vorhanden sind. Da erstere vor, letztere hingegen nach *wh*-Operatoren lokalisiert ist, ließe sich die in Abschnitt 6.2 konstatierte unterschiedliche Distribution der Standardmarker auf ihre unterschiedliche Position innerhalb der linken Peripherie zurückführen. Eine ähnliche Lösung wird in Belletti (2001b) zumindest im Ansatz skizziert, sie ist jedoch meines Wissens bislang nicht weiter verfolgt worden. Berücksichtigt man darüber hinaus Kaynes Hypothese, wonach Komplementierer innerhalb der TP generiert und erst durch Bewegung in die linke Peripherie gelangen,[3] könnte man annehmen, dass für Standardmarker wie z.B. it. *di* und *che* grundsätzlich drei Positionen zur Verfügung stehen: eine TP-interne Position (z.B. für *di* als Präposition und *che* als Koordinator), eine Position in der FinP (z.B. für *che* im it. Vergleichssatz) und eine in der ForceP (z.B. it. *di* im *wh*-Vergleichssatz, engl. *than*, dt. *als*). Dies würde das scheinbar heterogene Verhalten dieser Elemente erklären.

Um solche und weitere Fragen erschöpfend zu beantworten, sind eingehende Untersuchungen notwendig, die einerseits die Daten einer Sprache möglichst detailliert erfassen und andererseits den Sprachvergleich im Blick behalten. Die vorliegende Studie, die an vielen Stellen offen ist, um eine Interaktion zwischen Syntax, Morphologie, Phonologie und

---

3 Vgl. Kayne (1999: 289f.). Ich danke Cecilia Poletto für diesen Hinweis.

Semantik zu erfassen sowie eine sprachübergreifende Vergleichbarkeit zu ermöglichen, kann hoffentlich als Ausgangspunkt für die zukünftige Forschung dienen.

Literatur

Abney, Steven (1987): *The English Noun Phrase in its Sentential Aspect.* Diss., Department of Linguistics and Philosophy, MIT, Cambridge, Mass.

Agard, Frederick B. & Robert J. Di Pietro (1965): *The Grammatical Structures of English and Italian.* Chicago: University of Chicago Press.

Alexiadou, Artemis (1997): *Adverb Placement. A case study in antisymmetric syntax.* Amsterdam/ Philadelphia: John Benjamins.

Andersen, Paul K. (1983): *Word order typology and comparatives.* Amsterdam/Philadelphia: John Benjamins.

Aoun, Joseph & Yen-hui A Li (2003): *Essays on the representational and derivational nature of grammar: the diversity of wh-constructions.* Cambridge, Mass. [u.a.]: MIT Press.

Arregi, Karlos (2000): „How the Spanish Verb Works". Ms. University of Florida, Gainesville.

Austin, Jennifer R., Stefan Engelberg & Gisa Rauh (2004): „Current issues in the syntax and semantics of adverbials". In: Jennifer R Austin, Stefan Engelberg, Gisa Rauh (Hgg.): *Adverbials.* Amsterdam/Philadelphia: John Benjamins (Linguistik Aktuell/Linguistics Today 70), 1-43.

Baker, Mark C. (1988): *Incorporation: a theory of grammatical function changing.* Chicago/London: The University of Chicago Press.

Battaglia, Salvatore & Vincenzo Pernicone (1951): *La grammatica italiana.* Turin: Chiantore.

Belletti, Adriana (1978): „Strutture coordinate e possessivi". In: *Rivista di grammatica generativa* 3, 127-142.

– (1991): „Le frasi comparative". In: Lorenzo Renzi, Giampaolo Salvi (Hgg.): *Grande grammatica italiana di consultazione.* Bd. II: *I sintagmi verbale, aggettivale, avverbiale. La subordinazione.* Bologna: Il Mulino, 832-853.

– (1992): „Agreement and Case in Past Participial Clauses in Italian". In: Tim Stowell, Eric Wehrli (Hgg.): *Syntax and Semantics.* Vol.26: *Syntax and the Lexicon.* New York: Academic Press, 21-44.

– (2001a): „La frase comparativa in italiano antico". Ms.

– (2001b): „Speculations on the possible source of expletive negation in Italian comparative clauses". In: Guglielmo Cinque, Giampaolo Salvi (Hgg.): *Current Studies in Italian Syntax. Essays offered to Lorenzo Renzi.* Amsterdam [u.a.]: Elsevier, 19-37.

– (2004): „Aspects of the low IP area". In: Luigi Rizzi (Hg.): *The Structure of IP and CP. The Cartography of Syntactic Structures.* Oxford: Oxford University Press (Oxford Studies in Comparative Syntax), 16-51.

Belletti, Adriana & Luigi Rizzi (1996): „Su alcuni casi di accordo del participio passato in francese e in italiano". In: Paola Benincà, Guglielmo Cinque, Tullio De Mauro, Nigel Vincent (Hgg.): *Italiano e dialetti nel tempo. Saggi di grammatica per Giulio Lepschy.* Roma: Bulzoni, 7-22.

Bernstein, Judy B. (1993): *Topics in the syntax of nominal structure across Romance.* Diss., CUNY.

Bhatt, Rajesh & Pancheva, Roumyana (2004): „Late Merger of Degree Clauses". In: *Linguistic Inquiry* 35, 1-45.

Bianchi, Valentina (1999): *Consequences of Antisymmetry: Headed Relative Clauses.* Berlin: Mouton de Gruyter.

– (2000): „The raising analysis of relative clauses: a reply to Borsley". In: *Linguistic Inquiry* 31, 123-140.

Blank, Andreas (1997): *Prinzipien des lexikalischen Bedeutungswandels am Beispiel der romanischen Sprachen.* Tübingen: Niemeyer.

Boer, Minne-Gerben de (1998): „Appunti sulla storia recente delle costruzioni comparative in italiano". In: Paolo Ramat, Elisa Roma (Hgg.): *Sintassi storica. Atti del XXX congresso internazionale della società di linguistica italiana.* Rom: Bulzoni (SLI 39), 671-686.

Borsley, Robert D. (1997): „Relative Clauses and the Theory of Phrase Structure". In: *Linguistic Inquiry* 28, 629-647.

Bouchard, Denis (1998): „The distribution and interpretation of adjectives in French: a consequence of Bare Phrase Structure". In: *Probus* 10, 139-183.

Bowers, John (1993): „The syntax of predication". In: *Linguistic Inquiry* 24, 591-656.

Bracco, Claudio (1980): „On the Island Character of Italian ‚Quanto' Comparatives". In: *Journal of Italian Linguistics* 1, 19-46.

Bresnan, Joan (1973): „Syntax of the comparative clause construction in English". In: *Linguistic Inquiry* 4, 275-343.

– (1975): „Comparative Deletion and constraints on transformations". In: *Linguistic Analysis* 1, 25-74.

Burger, Harald (1973): *Idiomatik des Deutschen.* Tübingen: Niemeyer.

Cardinaletti, Anna & Giuliana Giusti (2005): „La categorizzazione sintattica dei quantificatori". In: Gabriele Bersani Berselli, Fabrizio Frasnedi (Hgg.): *Le semantiche: studi interdisciplinari su senso e significato.* Bologna: Gedit, 123-148.

Cardinaletti, Anna & Michael Starke (1999): „The typology of structural deficiency: A case study of the three classes of pronouns". In: Henk Van Riemsdijk (Hg.): *Clitics in the languages of Europe.* Berlin: Mouton de Gruyter (Empirical Approaches to Language Typology, 20-5), 145-233.

Carnie, Andrew (2002): *Syntax. A Generative Introduction.* Oxford: Blackwell.

Cinque, Guglielmo (1991): *Teoria linguistica e sintassi italiana.* Bologna: Il Mulino.

– (1994): „On the evidence for partial N-movement in the Romance DP". In: Guglielmo Cinque et al. (Hgg.): *Paths towards Universal Grammar: Studies in honor of Richard S. Kayne.* Washington, DC: Georgetown University Press, 85-110.

– (1999): *Adverbs and Functional Heads.* New York/Oxford: Oxford University Press.

Chomsky, Noam (1977): „On *wh*-movement". In: Peter Culicover, Tom Wasow, Adrian Akmajian (Hgg.): *Formal syntax.* New York: Academic Press, 71-132.

– (1981): *Lectures on Government and Binding.* Dordrecht: Foris.

– (1995): *The Minimalist Program.* Cambridge, Mass. [u.a.]: MIT Press.

– (2000): „Minimalist Inquiries: the Framework". In: Roger Martin, David Michaels, Juan Uriagereka (Hgg.): *Step by Step. Essays on Minimalist Syntax in Honor of Howard Lasnik.* Cambridge, Mass. [u.a.]: MIT Press, 89-155.

– (2001a): „Derivation by Phase". In: Michael Kenstowicz (Hg.): *Ken Hale. A Life in Language.* Cambridge, Mass. [u.a.]: MIT Press, 1-52.

– (2001b): „Beyond Explanatory Adequacy". *MIT Occasional Papers in Linguistics* 20: 1-28

– (2005): „On Phases". Ms. MIT, Cambridge, Mass.

Chomsky, Noam & Howard Lasnik (1993): „Principles and Parameters Theory". In: J. Jacobs, A. von Stechow, W. Sternfeld (Hgg.): *Syntax. An international handbook of contemporary research.* Berlin: Walter de Gruyter.

Coene, Martine & Yves D'Hulst (2003): „Introduction: The syntax and semantics of noun phrases. Theoretical background". In: Martine Coene,Yves D'Hulst (Hgg.): *From NP to DP. Volume 1: The syntax and semantics of noun phrases.* Amsterdam/Philadelphia: John Benjamins (Linguistik Aktuell 55).

Colombo, Adriano (1991): „*Come, quanto* e le frasi comparative". In: Luciano Giannelli et al. (Hgg.): *Tra Rinascimento e strutture attuali. Atti del Primo Convegno della Società Internazionale di Linguistica e Filologia Italiana, Siena, 28-31 marzo 1989.* Bd. I. Turin: Rosenberg & Sellier, 305-316.

CORIS = *CORIS/CODIS. Corpus di italiano scritto*. Centro Interfacoltà di linguistica teorica e applicata. Università di Bologna. 2001. http://corpora.dslo.unibo.it/coris_ita.html (gesehen am 31.01.2009).

Corver, Norbert (1990): *The Syntax of Left Branch Extraction*. Diss., Department of Linguistics, University of Tilburg.

– (1993): „A Note on Subcomparatives". In: *Linguistic Inquiry* 24, 773-781

– (1997): „*Much*-support as Last Resort". In: *Linguistic Inquiry* 28, 119-164.

Crisma, Paola (1991): *Functional Categories inside the Noun Phrase: a Study on the Distribution of Nominal Modifiers*. Diss., Università di Venezia.

– (1993): „On Adjective Placement in Romance and Germanic Event Nominals". In: *Rivista di Grammatica Generativa* 18, 61-100.

– (1996): „On the configurational nature of adjectival modification". In: Karen Zagona (Hg.): *Grammatical Theory and Romance Languages*. Amsterdam/Philadelphia: John Benjamins, 59-71.

Cresswell, Max J. (1976): „The semantics of degree". In: Barbara Partee (Hg.): *Montague Grammar*. New York: Academic Press, 261-292.

Dardano, Maurizio & Pietro Trifone (1997): *La nuova grammatica della lingua italiana*. Bologna: Zanichelli.

Davidson, Donald (1980): *Essays on Action and Events*. Oxford: Clarendon Press.

Delfitto, Denis & Jan Schroten (1991): „Bare plurals and the number affix in DP". In: *Probus* 3, 155-185.

Devoto, Giacomo (1968): *Avviamento alla etimologia italiana. Dizionario etimologico*. Florenz: Le Monnier.

Diatto, Alda & Rita Mortara (1980): *Grammatica, struttura ed evoluzione della lingua italiana*. Turin: Petrini.

Doetjes, Jenny (1997): *Quantifiers and Selection. On the distribution of quantifying expressions in French, Dutch and English*. Diss., Leiden University, Den Haag.

— (2005): „How special are adjectives with respect to gradability?". Ms. (Handout zum Vortrag beim „Workshop on the Semantics of Adjectives and Adverbs", Barcelona, 18.03.2005)

Donati, Caterina (1997): „Comparative clauses as free relatives: A raising analysis". In: *Probus* 9, 145-166.

– (2000): *La sintassi della comparazione*. Padua: Unipress.

– (2002): *Sintassi elementare*. Rom: Carocci (Università 431).

– (2006). „On Wh-head-movement". In: Cheng, Lisa & Nobert Corver (Hgg.): *Wh-movement: Move on*. Cambridge, Mass. [u.a.]: MIT Press.

Embick, David & Morris Halle (2000): „Aspects of the Latin Conjugation". Ms. MIT, Cambridge, Mass.

Embick, David & Rolf Noyer (2004): „Distributed Morphology and the Syntax/Morphology Interface". In: Gillian Ramchand, Charles Reiss (Hgg.): *The Oxford Handbook of Linguistic Interfaces*. Oxford: University Press, 289-324.

Ernst, Thomas (2002): *The Syntax of Adjuncts*. Cambridge: Cambridge University Press (Cambridge Studies in Linguistics 96).

Farkas, Donka F. & Katalin E. Kiss (2000): „On the comparative and absolute reading of superlatives". In: *Natural Language and Linguistic Theory* 18, 417-455.

Gabriel, Christoph (2002): *Französische Präpositionen aus generativer Sicht*. Tübingen: Niemeyer (Linguistische Arbeiten 461).

Galant, Michael R. (1998): *Comparative Constructions in Spanish and San Lucas Quiavaní Zapotec*. Diss., University of California, Los Angeles.

Giusti, Giuliana (1991): „The Categorial Status of Quantified Nominals". In: *Linguistische Berichte* 136, 438-452.

– (1993): *La sintassi dei determinanti*. Padova: Unipress.
– (1997): „The categorial status of determiners". In: Liliane Haegeman (Hg.): *The New Comparative Syntax*. London/New York: Longman, 95-123.
Goldberg, Adele (1995): *Constructions: A Construction Grammar Approach to Argument Structure*. Chicago: The University of Chicago Press.
Grewendorf, Günther (2002): *Minimalistische Syntax*. Tübingen/Basel: Francke (UTB für Wissenschaft 2313).
Grice, Herbert P. (1993): „Logik und Konversation". In: Georg Meggle (Hg.): *Handlung, Kommunikation, Bedeutung*. Frankfurt/Main: Suhrkamp (Suhrkamp Taschenbuch Wissenschaft 1083), 243–265.
Grimaldi, Lucia (2000): *Abgrenzung und Typologie phraseologischer Vergleiche mit ,come' im Italienischen*. Berlin: FU Berlin (Romanistische Linguistik 12).
– (2005a): Italienische Vergleichskonstruktionen aus minimalistischer Sicht. Diss., FU Berlin.
– (2005b): „Review of Winfried Lechner, Ellipsis in Comparatives (Studies in generative grammar 72)". In: *The LINGUIST List*, 2005, March, week 1. http://linguistlist.org/issues/16/16-599.html (gesehen am 31.01. 2009).
– (2005c): „Wortstellungsphänomene im italienischen Vergleichssatz". In: Georg Kaiser (Hg.): *Romanische Syntax – generativ. Akten der Sektion „Generative Grammatik in Deutschland" des Romanistentags in Kiel*. Tübingen: Narr, 105-121.
Grimshaw, Jane (2005): „Extended Projection". In: Jane Grimshaw (Hg.): *Words and Structure*. Stanford/California: Center for the Study of Language and Information, 1-73.
Guerzoni, Elena & Yael Sharvit (2007): „A Question of Strength: On NPIs in Interrogative Clauses". In: *Linguistics and Philosophy* 30, 361-391.
Gutiérrez Ordóñez, Salvador (1994): *Estructuras comparativas*. Madrid: Arco Libros.
Haegeman, Liliane (^{2}1994): *Introduction to Government and Binding Theory*. Oxford: Blackwell.
Hahnemann, Suzan (1999): *Vergleiche im Vergleich. Zur Syntax und Semantik ausgewählter Vergleichsstrukturen mit* als *und* wie *im Deutschen*. Tübingen: Niemeyer (Linguistische Arbeiten, 397).
Halle, Morris (1997): „Distributed Morphology: Impoverishment and Fission". In: Benjamin Bruening, Yoonjun Kang, Martha McGinnis (Hgg.): *PF: Papers at the Interface. MIT Working Papers in Linguistics* 30, 425-449. Erneut abgedruckt in: Jacqueline Lecarme et al. (Hgg.) (2000): *Research in Afroasiatic Grammar: Papers from the Third Conference on Afroasiatic Languages, Sophia Antipolis France, 1996*. Amsterdam/Philadelphia: John Benjamins, 125-151.
Halle, Morris & Alec Marantz (1994): „Some key features of Distributed Morphology". In: Andrew Carnie, Heidi Harley, mit Tony Bures (Hgg.): *Papers on phonology and morphology. MIT Working Papers in Linguistics* 21, 275-288.
Hankamer, Jorge (1973): „Why there are two *than's* in English". In: *Proceedings of the 9th Annual Meeting of the Chicago Linguistics Society* (CLS 9), 179-191.
Haspelmath, Martin & Oda Buchholz (1998): „Equative and similative constructions in the languages of Europe". In: Johan van der Auwera (Hg.): *Adverbial Constructions in the Languages of Europe*. Berlin/New York: Mouton de Gruyter, 277-334.
Haumann, Dagmar (2004): „Degree Phrases versus Quantifier Phrases. A hybrid explanation for some distributional asymmetries", in: Austin, Jennifer R./ Engelberg, Stefan/Rauh, Gisa (Hgg.): *Adverbials. The interplay between meaning, context, and syntactic structure*. Amsterdam/ Philadelphia: John Benjamins (Linguistik Aktuell/Linguistics Today 70), 167-203.
Heine, Bernd & Tania Kuteva (2002): *World Lexicon of Grammaticalization*. Cambridge: Cambridge University Press.
Herczeg, Giulio (1978): „Sintassi delle proposizioni comparative nell'italiano contemporaneo". In: *Studi di grammatica italiana* 7, 317-351.
Hernández Alonso, Cesar (1984): *Gramática funcional del español*. Madrid: Gredos.

Heycock, Caroline & Roberto Zamparelli (2003): „Friends and colleagues. Plurality, coordination and the structure of DP". Ms., University of Edinburgh/Università di Bologna.

Higginbotham, James (1985): „On Semantics". In: *Linguistic Inquiry* 16, 547-593.

Iatridou, Sabine, Elena Anagnostopoulou & Roumyana Izvorski (2001): „Observations about the Form and Meaning of the Perfect". In: Michael Kenstowicz (Hg.): *Ken Hale: a Life in Language*. Cambridge, Mass. [u.a.]: MIT Press, 189-238.

Izvorski, Roumyana (1995): „A DP-shell for comparatives". In: *Proceedings of the CONSOLE* 3, 99-121.

Johnson, Kyle (2002): „Towards an Etiology of Adjunct Islands". Ms., University of Massachusetts at Amherst.

Jones, Michael A. (1993): *Sardinian Syntax*. London/New York: Routledge.

– (1996): *Foundations of French syntax*. Cambridge: Cambridge University Press.

Kaiser, Georg A. (2002): *Verbstellung und Verbstellungswandel in den romanischen Sprachen*. Tübingen: Niemeyer.

Kayne, Richard (1984): *Connectedness and binary branching*. Dordrecht: Foris.

– (1994): *The Antisymmetry of Syntax*. Cambridge, Mass. [u.a.]: MIT Press.

– (1999): „Prepositional complementizer as attractors". In: *Probus* 11, 39-73.

– (2008): „Why Isn't *This* a Complementizer?" Ms. http://www.nyu.edu/gsas/dept/lingu/people/faculty/kayne/papers/Kayne0608This.pdf (gesehen am 07.02.2009).

Kennedy, Christopher (1999): *Projecting the adjective. The syntax and semantics of gradability and comparison*. New York/London: Garland.

– (2005): „The Grammar of Comparison". Ms. (Handout zum Vortrag beim „Workshop on the Semantics of Adjectives and Adverbs", Barcelona, 18.03.2005).

Kennedy, Christopher & Louise McNally (2002): „Scale structure and the semantic typology of gradable predicates". Ms.

Kennedy, Christopher & Jason Merchant (2000a): „Attributive Comparative Deletion". In: *Natural Language and Linguistic Theory* 18, 89-146.

– (2000b): „The Case of the 'Missing CP' and the Secret Case". In: Sandy Chung, Jim McCloskey, Nathan Sanders (Hgg.): *Jorge Hankamer WebFest*. Online-Festschrift. http://ling.ucsc.edu/Jorge/kennedy_merchant.html (gesehen am 31.01.2009).

Klein, Ewan (1980): „A semantics for positive and comparative adjectives". In: *Linguistics and Philosophy* 4, 1-45.

Koch, Peter & Wulf Österreicher (1990): *Gesprochene Sprache in der Romania: Französisch, Italienisch, Spanisch*. Tübingen: Niemeyer.

Krifka, Manfred (2003): „Einführung in die Satzsemantik". Ms. Humboldt Universität, Berlin.

– (2004): „Syntax und Semantik der Graduierung". Ms. Humboldt Universität, Berlin.

Ladusaw, William A. (1979): *Polarity Sensitivity as Inherent Scope Relations*. Diss., Austin, Texas.

Laenzlinger, Christopher (2003): *Initiation à la syntaxe formelle du français. Le modèle Principes et Paramètres de la Grammaire Générative Transformationnelle*. Bern: Lang (Sciences pour la communication, 70).

– (2005): „French adjective ordering: Perspectives on DP-internal movement types". In: *Lingua* 115, 645-689.

Larson, Richard (1983): *Restrictive Modification: Relative Clauses and Adverbs*. Diss., University of Pennsylvania, Philadelphia.

– (1988): „On the Double Object Construction". In: *Linguistic Inquiry* 19, 335-391.

– (1990): „Double Objects Revisited: Reply to Jackendoff". In: *Linguistic Inquiry* 21, 589-632.

– (1991): „The Projection of DP (and DegP)". Ms.

Lechner, Winfried (1999): *Comparatives and DP-structure*. Diss., University of Massachusetts.

– (2001): „Reduced and phrasal comparatives“. In: *Natural Language and Linguistic Theory* 19, 683-735.
– (2004): *Ellipsis in Comparatives*. Berlin/New York: Mouton de Gruyter (Studies in Generative Grammar 72).
Lepschy, Anna L. & Giulio Lepschy (1988): *The Italian Language Today*. London: Hutchinson.
Lerner, Jan & Petra Dünges (2003): *Anaphern, Quantoren und Parallelität*. Tübingen: Narr (Tübinger Beiträge zur Linguistik 473).
Link, Godehard (1983): „The logical analysis of plurals and mass terms: A lattice-theoretical approach“. In: Rainer Bäuerle, Christoph Schwarze, Arnim von Stechow (Hgg.): *Meaning, Use and Interpretation of Language*. Berlin: Walter de Gruyter, 302–323.
Lohnstein, Horst (1996): *Formale Semantik und natürliche Sprachen. Einführendes Lehrbuch*. Opladen: Westdeutscher Verlag.
Longobardi, Giuseppe (1988): „I Quantificatori“. In: Renzi, Lorenzo & Giampaolo Salvi (Hgg.): *Grande grammatica italiana di consultazione*. Bd. I: *I sintagmi nominale e preposizionale*. Bologna: Il Mulino, 647-696.
– (1994): „Reference and Proper Names“. In: *Linguistic Inquiry* 25, 609-665.
– (2001): „The Structure of DPs: Some Principles, Parameters and Problems“. In: Baltin, Mark & Chris Collins (Hgg.): *The Handbook of Contemporary Syntactic Theory*. Malden, Mass. [u.a.]: Blackwell, 562-603.
Matos, Gabriela & Ana Brito (2008): „Comparative clauses and cross linguistic variation: a syntactic approach“. In: Olivier Bonami, Patricia Cabrero Hofherr (Hgg.): *Empirical Issues in Syntax and Semantics* 7, 307-329.
Matushansky, Ora (2005a): „The DP and the deepest“. Ms.
– (2005b): „Going through a phase“. In: Martha McGinnis, Norvin Richards (Hgg.): *Perspectives on Phases. MIT Working Papers in Linguistics* 49, 157-181.
Meier, Cécile (2003): „The meaning of *too*, *enough* and *so…that*“. In: *Natural Language Semantics* 11, 69-107.
Mensching, Guido (^{3}2004): *Einführung in die sardische Sprache*. Bonn: Romanistischer Verlag (Bibliothek romanischer Sprachlehrwerke 2) [Erste Auflage 1992].
– (2005): „Sonden und Phasen in romanischen Sprachen“. In: Georg Kaiser (Hg.): *Deutsche Romanistik – generativ*. Tübingen: Narr. (Tübinger Beiträge zur Linguistik 489), 123-143.
Mensching, Guido & Eva-Maria Remberger (2006): „Probes: Lack of Agreement in Romance“. In: Joâo Costa, Maria Cristina Figueiredo (Hgg.): *Studies on Agreement*. Amsterdam: John Benjamins (Linguistics Today 86), 173-201.
Moltmann, Friederike (1992): *Coordination and Comparatives*. Diss., Department of Linguistics and Philosophy, MIT, Cambridge, Mass.
Müller, Natascha & Beate Riemer (1998): *Generative Syntax der romanischen Sprachen. Französisch, Italienisch, Portugiesisch, Spanisch*. Tübingen: Stauffenburg,
Munn, Alan (1992): „A Null Operator Analysis of ATB Gaps“. In: *The Linguistic Review* 9, 1-26.
Napoli, Donna J. (1983): „Comparative Ellipsis: A Phrase Structure Analysis“. In: *Linguistic Inquiry* 14, 675-694.
Napoli, Donna J. & Marina Nespor (1976): „Negatives in comparatives“. In: *Language* 52, 811-838.
– (1986): „Comparative structures in Italian“. In: *Language* 62, 622-653.
Neeleman, Ad, Hans Van de Koot & Jenny Doetjes (2004): „Degree Expressions“. In: *The Linguistic Review* 21, 1-66.
Noyer, Robert R. (1997): *Features, Positions and Affixes in Autonomous Morphological Structure*. New York: Garland.
Oltra Massuet, Isabel (1999): „On the Constituent Structure of Catalan Verbs“, in: *MIT Working Papers in Linguistics* 33, 279-322.

Pesetsky, David & Esther Torrego (2001): „T-to-C-Movement: Causes and Consequences". In: Michael Kenstowicz (Hg.): *Ken Hale. A Life in Language.* Cambridge, Mass. [u.a.]: MIT Press, 355-426.

Pinkham, Jessica E. (1982): *The formation of comparative clauses in French and English.* Diss., Indiana University.

Pittner, Karin (1991): „Freie Relativsätze und die Kasushierarchie", in: Feldbusch, Elisabeth, Reiner Pogarell, Cornelia Weiß (Hgg.): *Neue Fragen der Linguistik. Akten des 25. Linguistischen Kolloquiums, Paderborn 1990.* Bd. I. Tübingen: Niemeyer, 341-347 (Linguistische Arbeiten 270).

Poletto, Cecilia (2006): „Parallel Phases: a study on the high and low left periphery of Old Italian". In: Mara Frascarelli (Hg.): *Phases of Interpretation* (Studies in generative grammar 91). Berlin: Mouton de Gruyter, 261-295.

Pomino, Natascha (2005): *Die spanische Verbalflexion in neueren generativen Ansätzen: Eine Analyse im Rahmen der ‚Distributed Morphology' in Kombination mit dem Sonden- und Phasenmodell.* Diss., FU Berlin.

– (2008): *Die spanische Verbalflexion in neueren generativen Ansätzen: Eine Analyse im Rahmen der ‚Distributed Morphology' in Kombination mit dem Sonden- und Phasenmodell.* Tübingen: Niemeyer (Linguistische Arbeiten 523).

Poole, Geoffrey (1996): „Optional Movement in the Minimalist Program". In: Werner Abraham, Samuel Epstein, Höskuldur Thráinsson, Jan-Wouter Zwart (Hgg.): *Minimal Ideas.* Amsterdam/ Philadelphia: John Benjamins, 199-216.

Price, Susan (1990): *Comparative constructions in Spanish and French syntax.* London/New York: Routledge.

Quine, Willard (1980): *Wort und Gegenstand.* Stuttgart: Reclam [Original: *Word and Object.* Cambridge, Mass.: MIT Press, 1960].

Radford, Andrew (2000): „NP Shells". In: *Essex Research Reports in Linguistics* 33, 2-20.

Rainer, Franz (1993): *Spanische Wortbildungslehre.* Tübingen: Niemeyer.

Reiter, Norbert (1979): *Komparative.* Diss., FU Berlin

Remberger, Eva-Maria (2002): *Eigenschaften und Position von Hilfsverben. Eine minimalistische Analyse am Beispiel des Italienischen und Sardischen.* Diss. FU Berlin

– (2006): *Hilfsverben. Eine minimalistische Analyse am Beispiel des Italienischen und Sardischen.* Tübingen: Niemeyer (Linguistische Arbeiten 504).

Rijkhoek, Paulien (1998): *On Degree Phrases and Result Clauses.* Diss., Rijksuniversiteit Groeningen (Groeningen Dissertations in Linguistics 27).

Ritter, Elizabeth (1991): „Two functional categories in noun phrases: Evidence from Hebrew". In: Susan D. Rothstein (Hg.): *Perspectives on Phrase Structure: Heads and Licensing* (Syntax and Semantics 25). San Diego [u.a.]: Academic Press, 37-62.

Rivara, René (1990): *Le système de la comparaison. Sur la construction du sens dans les langues naturelles.* Paris: De Minuit.

Rizzi, Luigi (1982): *Issues in Italian Syntax.* Foris: Dordrecht.

– (1988): „Il sintagma preposizionale". In: Lorenzo Renzi, Giampaolo Salvi (Hgg.): *Grande grammatica italiana di consultazione.* Bd. I: *I sintagmi nominale e preposizionale.* Bologna: Il Mulino, 507-531.

– (1990): *Relativized Minimality.* Cambridge, Mass. [u.a.]: MIT Press.

– (1991): „Residual verb second and the *wh*-Criterion". In: *Technical Reports in Formal and Computational Linguistics* 2. Nachgedruckt in: Adriana Belletti, Luigi Rizzi (Hgg.) (1996): *Parameters and Functional Heads.* New York/Oxford: Oxford University Press, 63-90.

– (1997): „The fine structure of the left periphery". In: Liliane Haegeman (Hg.): *Elements of Grammar: Handbook of Generative Syntax.* Dordrecht: Kluwer, 281-337.

Roberts, Ian (1994): „Two types of head movement in Romance". In: David Lightfoot, Norbert Hornstein (Hgg.): *Verb Movement.* Cambridge: Cambridge University Press, 207-242.

Roberts, Ian & Anna Roussou (2003): *Syntactic Change. A Minimalist Approach to Grammaticalization*. Cambridge: Cambridge University Press (Cambridge Studies in Linguistics 100).

Rohlfs, Gerhard (1937): „Sprachliche Berührungen zwischen Sardinien und Süditalien". In: *Donum natalicium Carolo Jaberg messori indefesso sexagenario oblatum a sodalibus Atlantis italico-helvetici*. Zürich/Leipzig: Niehans (Romanica Helvetica 4), 27-75.

– (1968): *Grammatica storica della lingua italiana e dei suoi dialetti. Bd. II: Morfologia*. Turin: Einaudi.

– (1969): *Grammatica storica della lingua italiana e dei suoi dialetti. Bd. III: Sintassi e formazione delle parole*. Turin: Einaudi.

Ross, John (1967): *Constraints on Variables in Syntax*. Diss., MIT, Cambridge, Mass.

Schwarze, Christoph (1970): *Untersuchungen zum sprachlichen Stil der italienischen Dichtungssprache bei Dante*. Bad Homburg: Gehlen.

– (^{2}1995): *Grammatik der italienischen Sprache*. Tübingen: Niemeyer [Erste Auflage 1988].

Schwarzschild, Roger (2002): „The grammar of measurement". In: *Proceedings of Semantics and Linguistic Theory* (SALT) 12, 225-245.

Scorretti, Mauro (1988): „Le strutture coordinate". In: Lorenzo Renzi, Giampaolo Salvi (Hgg.): *Grande grammatica italiana di consultazione*. Bd. I: *I sintagmi nominale e preposizionale*. Bologna: Il Mulino, 227-270.

Seewald, Uta (1996): *Morphologie des Italienischen*. Tübingen: Niemeyer (Romanistische Arbeitshefte 39).

Serianni, Luca (1988): *Grammatica italiana. Italiano comune e lingua letteraria. Suoni, forme, costrutti*. Turin: UTET.

Seuren, Pieter A. M. (1973): „The comparative". In: Ferenc Kiefer, Nicolas Ruwet (Hgg.): *Generative grammar in Europe*, Dordrecht, 528-564.

– (1984): „The comparative revisited". In: *Journal of Semantics* 3, 109-141.

Sportiche, Dominique (1988): „A theory of floating quantifiers and its corollaries for constituent structure". In: *Linguistic Inquiry* 19, 425-449.

– (1996): „Clitic constructions". In J. Rooryck, L. Zaring (Hgg.): *Phrase Structure and the Lexicon*. Bloomington: IULC Press, 213-276.

Stark, Elisabeth (2009): „Romance restrictive relative clauses between macrovariation and universal structures". In: *PhiN. Philologie im Netz* 47, 1-15.

Stassen, Leon (1985): *Comparison and universal grammar*. Oxford: Blackwell.

– (2001): „Comparative constructions". In: Martin Haspelmath, Ekkehard König, Wulf Oesterreicher, Wolfgang Raible (Hgg.): *Language typology and language universals. An international handbook*. Berlin/New York: Walter De Gruyter, Bd. 2, 993-997.

Stechow, Arnim von (1984a): „Comparing Semantic Theories of Comparison". In: *Journal of Semantics* 3, 1-77.

– (1984b): „My Reaction to Cresswell's Hellan's Hoeksema's and Seuren's Comments". In: *Journal of Semantics* 3, 183-199.

Stefanelli, Rossana (1990): „Studi sulla comparazione di disuguaglianza. I: L'origine della congiunzione comparativa *che*, la cosiddetta negazione espletiva e il congiuntivo della secondaria comparativa". In: *Studi di grammatica italiana* 14, 305-339.

– (1993): „Studi sulla comparazione di disuguaglianza. II: La sintassi della comparazione di disuguaglianza dall'italiano antico alla lingua moderna". In: *Studi di grammatica italiana* 15, 35-91.

Stowell, Timothy (1981): *Origins of phrase structure*. Diss., MIT, Cambridge, Mass.

Svenonius, Peter (2005): „What can decomposition do for you?". Ms. (Handout zum Vortrag beim „Workshop on the Semantics of Adjectives and Adverbs", Barcelona, 18.03.2005)

Szabolcsi, Anna & Marcel den Dikken (o.J.): „Islands". Ms.

Tesnière, Lucien (1980): *Grundzüge der strukturalen Syntax*. Stuttgart: Klett-Cotta [Original: *Éléments de syntaxe structurale*. Paris: Klincksieck, 1959].

Travis, Lisa (1984): *Parameters and Effects of Word Order Variation*, Diss., MIT, Cambride, Mass.

Vendler, Zeno (1957): „Verbs and times". In: *Philosophical Review* 66, 143-160.

Wandruszka, Ulrich (1991): „Frasi subordinate al congiuntivo". In: Lorenzo Renzi, Giampaolo Salvi (Hgg.): *Grande grammatica italiana di consultazione*. Bd. II: *I sintagmi verbale, aggettivale, avverbiale. La subordinazione*. Bologna: Il Mulino, 415-481.

Weinreich, Uriel (1966): „Explorations in semantic theory". In: Thomas A. Sebeok (Hg.): *Current Trends in Linguistics*. Bd. 3: *Theoretical Foundations*. Den Haag: Mouton, 395-417.

White, Jonathan (1998): „Syntax-LF mapping and the internal structure of comparatives". In: *UCL Working Papers in Linguistics* 10, 1-21.

Williams, Edwin (1975): „Small Clauses in English". In: Kimball, J. (Hg.): *Syntax and Semantics*. Bd. 4, 249-273. New York: Academic Press.

– (1981): „Argument Structure and Morphology". In: *The Linguistic Review* 1, 81-114.

Winter, Yoad (2004): „Cross-Categorial Restrictions on Measure Phrase Modification". Ms.

Zamparelli, Roberto (2000): *Layers in the determiner phrase*. New York: Garland.

Zingarelli, Nicola ([12]1999): *Vocabolario della lingua italiana*. Bologna: Zanichelli.

Zwarts, Joost (1992): *X'-Syntax – X'-Semantics. On the Interpretation of Functional and Lexical Heads*. Utrecht: LEd (OTS dissertation series).